Van Gogh tekenaar

DE MEESTERWERKEN

Deze publicatie verschijnt ter gelegenheid van de tentoonstelling
Van Gogh tekenaar. De meesterwerken.

Van Gogh Museum, Amsterdam, 2 juli 2005 – 18 september 2005

The Metropolitan Museum of Art, New York, 11 oktober 2005 – 31 december 2005

Van Gogh tekenaar

DE MEESTERWERKEN

SJRAAR VAN HEUGTEN

met medewerking van Marije Vellekoop *en* Roelie Zwikker

VAN GOGH MUSEUM | MERCATORFONDS

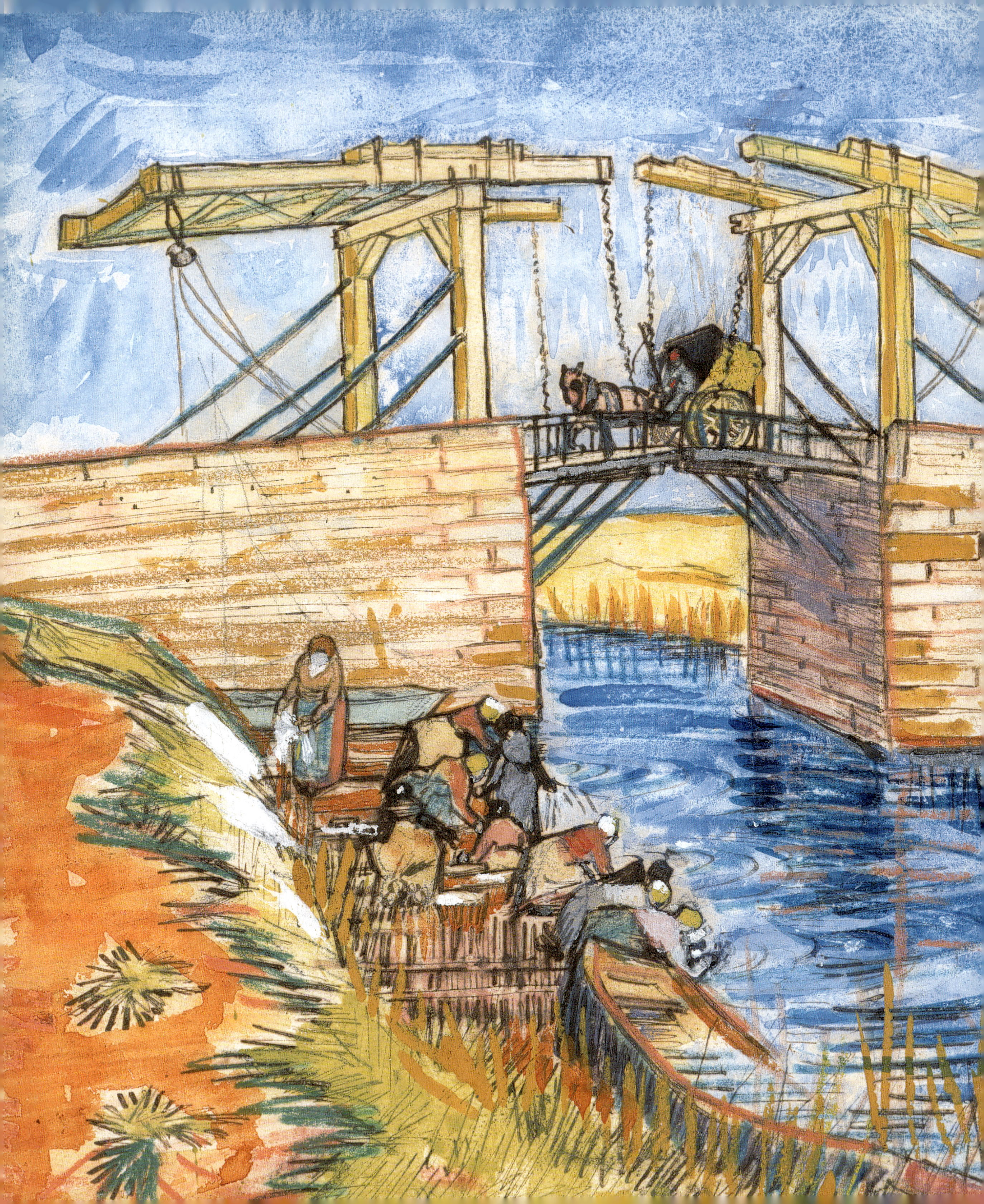

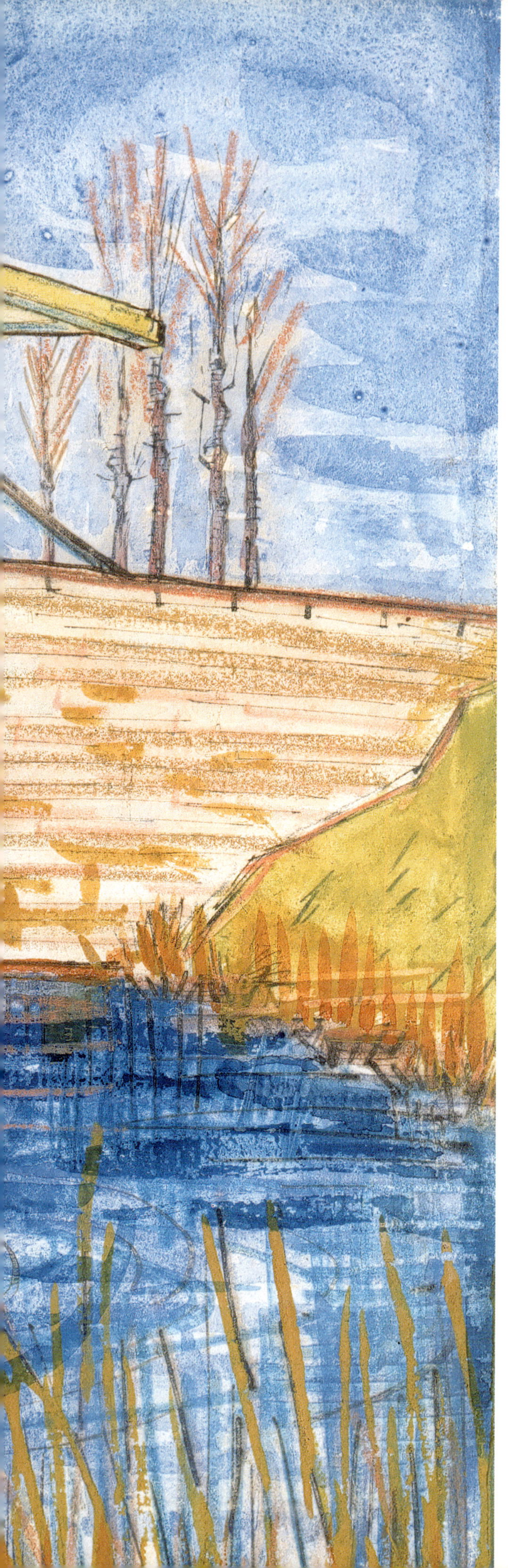

Woord van dank

Dit boek is geschreven naar aanleiding van de tentoonstelling *Van Gogh tekenaar. De meesterwerken*. Ik dank de vele collega's van het Van Gogh Museum en het Metropolitan Museum of Art die hebben meegewerkt aan de realisatie van de tentoonstelling, dit boek én de Engelstalige wetenschappelijke catalogus bij de tentoonstelling, *Vincent van Gogh. The Drawings*. De catalogus en de tentoonstelling kwamen tot stand in nauwe samenwerking met Susan Alyson Stein en Colta Ives.

Mijn dank voor de ondersteuning bij de totstandkoming van *Van Gogh tekenaar* gaat uit naar: Marije Vellekoop, Roelie Zwikker, Chris Stolwijk, Aukje Vergeest, Monique Hageman, Patricia Schuil, Suzanne Bogman, Ellen Jansen, Jantien Luttikhuizen, Aggie Langedijk, Michael Raeburn en de medewerkers van Tijdsbeeld & Pièce Montée in Gent en Mercatorfonds in Brussel.

SJRAAR VAN HEUGTEN, *Hoofd Collecties, Van Gogh Museum*

Woord vooraf

Vincent van Gogh is vooral bekend om zijn schilderijen. De meeste mensen associëren hem met zijn buitengewone talent voor kleur en zijn onvergetelijke pasteuze composities in olieverf op doek. Deze faam als schilder heeft lang zijn werk als tekenaar overschaduwd. Toch maakte Van Gogh veel meer werk op papier dan op doek. Immers voor hij ooit een penseel aanraakte, bekwaamde hij zich in het tekenen met potlood, houtskool en pen op papier. En zijn ontwikkeling als tekenaar is even fascinerend en dramatisch als zijn parallelle ontplooiing als olieverfschilder.

Dit boek biedt een zeldzame kans om kennis te maken met een aspect van Van Gogh dat nog onbekend en ondergewaardeerd is. In dit met een aantal van zijn beste werken op papier geïllustreerde boek wordt uiteengezet hoe tekenen een essentieel onderdeel werd van Van Goghs artistieke activiteit. Van zijn eerste aarzelende experimenten in hybride technieken tot de adembenemende kracht van de latere composities in rietpen en inkt, was tekenen voor hem veel meer dan een techniek om te schetsen, te experimenteren of om voorbereidende studies te maken. De energieke en levendige stijl van zijn tekeningen voedde die van zijn schilderijen. Op hun beurt beïnvloedden de schittering en helderheid van zijn schilderijen de tekeningen. Tal van zijn werken op papier waren bedoeld als volwaardig kunstwerk, en de meest geslaagde daarvan behoren tot zijn beste artistieke creaties.

Deze publicatie verschijnt naar aanleiding van een gemeenschappelijk tentoonstellingsproject van het Van Gogh Museum te Amsterdam en het Metropolitan Museum of Art te New York in 2005. De auteur, Sjraar van Heugten, is een van de belangrijkste Van Gogh-experts ter wereld en heeft jaren besteed aan het bestuderen en catalogiseren van de tekeningencollectie van het Van Gogh Museum. Dit museum bezit de grootste verzameling ter wereld van Van Goghs werken op papier, wat neerkomt op ongeveer de helft van de bewaarde tekeningen. Deze bleven jarenlang in het bezit van de familie en werden door de huidige eigenaar, de Vincent van Gogh Stichting, in permanente bruikleen gegeven aan het Van Gogh Museum. We moeten dankbaar zijn dat zoveel van deze fragiele en potentieel kwetsbare werken bewaard zijn gebleven. Juist vanwege deze kwetsbaarheid kunnen ze slechts zelden aan het publiek worden getoond. Deze publicatie die gebaseerd is op de gedetailleerde studie van de collectie van het Van Gogh Museum en van tekeningen in andere musea en in privé-collecties, geeft de lezer de kans om kennis te maken met een aantal topstukken van Van Goghs werk op papier en biedt tevens inzicht in de wijze waarop ze zijn ontstaan. Door de techniek en werkwijze in zijn tekeningen nader te bestuderen, leren we de kunstenaar beter kennen en kunnen we een glimp opvangen van de buitengewone energie en vitaliteit die aan de basis ligt van al zijn werk.

JOHN LEIGHTON, *Directeur, Van Gogh Museum*

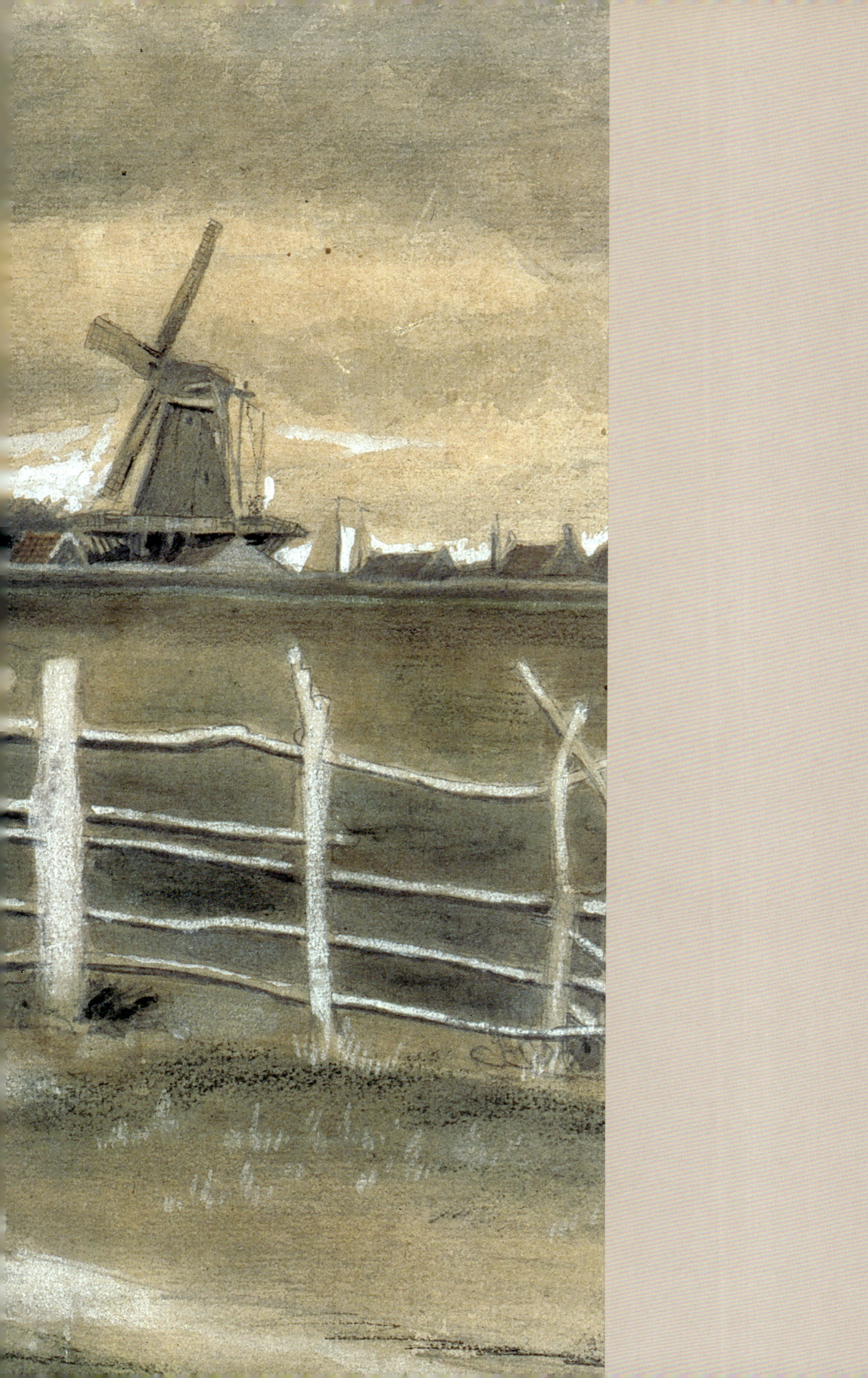

1880–1881

Borinage, Brussel, Etten

De vroege jaren

TOEN VINCENT VAN GOGH zich in 1880 op 27-jarige leeftijd op het tekenen toelegde als begin van een carrière als kunstenaar, deed nog weinig vermoeden dat dit een succes kon worden. In zijn jonge jaren had hij weliswaar getekend, maar dat had niet meer opgeleverd dan enkele verdienstelijke landschappen en stadsgezichten zonder pretenties (afb. 1). Terwijl kunstenaars als Henri de Toulouse-Lautrec en Pablo Picasso al in hun jeugd blijk gaven virtuoze tekenaars te zijn, moest Van Gogh zich de tekenkunst met vallen en opstaan eigen maken.

Het verloop van zijn carrière tot dan toe was roerig geweest. In 1876 had hij zijn jaren als handelaar bij de gerenommeerde kunstfirma Goupil weinig glorieus afgesloten. Hij was vervolgens mislukt als leraar en boekverkoper, en had daarna een poging om theologie te gaan studeren zien stranden. Ten slotte werd zijn tijdelijke aanstelling als evangelist in de Belgische Borinage niet verlengd. In 1879 was Van Gogh dan ook ten einde raad en zijn familie wist evenmin welke kant het met hem op moest. Theo suggereerde zulke uiteenlopende beroepen als lithograaf, boekhouder en krullenjongen, zus Anna schokte haar broer met het voorstel om bakker te worden.

Uiteindelijk was het toch Theo die hem op het idee bracht om kunstenaar te worden, daarmee ongetwijfeld reagerend op Van Goghs verzuchtingen dat hij zo'n weemoed had naar 'het land der schilderijen'. Aanvankelijk had hij zijn broers suggestie echter een zot idee gevonden, memoreerde hij enige jaren later vanuit Den Haag: 'Zeer wel herinner ik mij nu ge erover schrijft dat toen gij in der tijd er mij over gesproken hebt dat ik schilder zou worden, ik dacht dat het zeer ontoepasselijk was en er niet van hooren wilde' [213/184].

Zijn reserves ten spijt ging Van Gogh, die op dat moment nog in de Borinage woonde, doortastend aan de slag. Een docent die hem de basisprincipes van het tekenen kon bijbrengen en hem over zijn angsten heen kon helpen, had hij niet en daarom zocht hij zijn toevlucht in leerboeken.

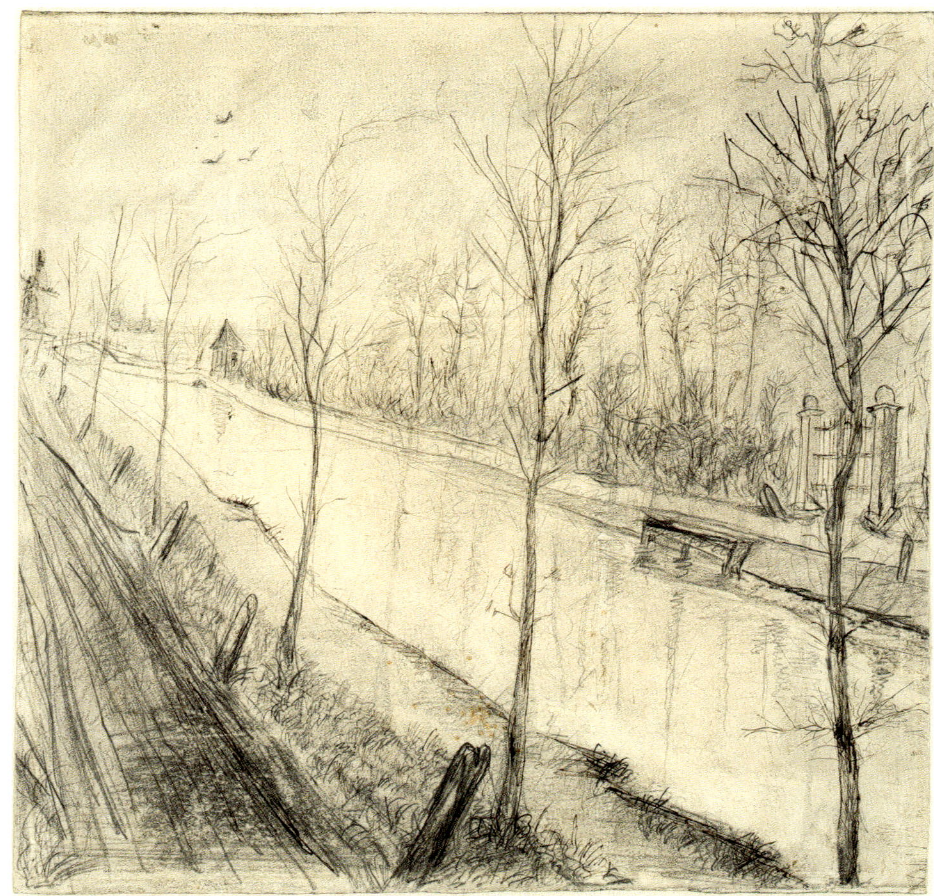

1
Kanaal
najaar 1872–voorjaar 1873
25 x 26 cm
Van Gogh Museum, Amsterdam

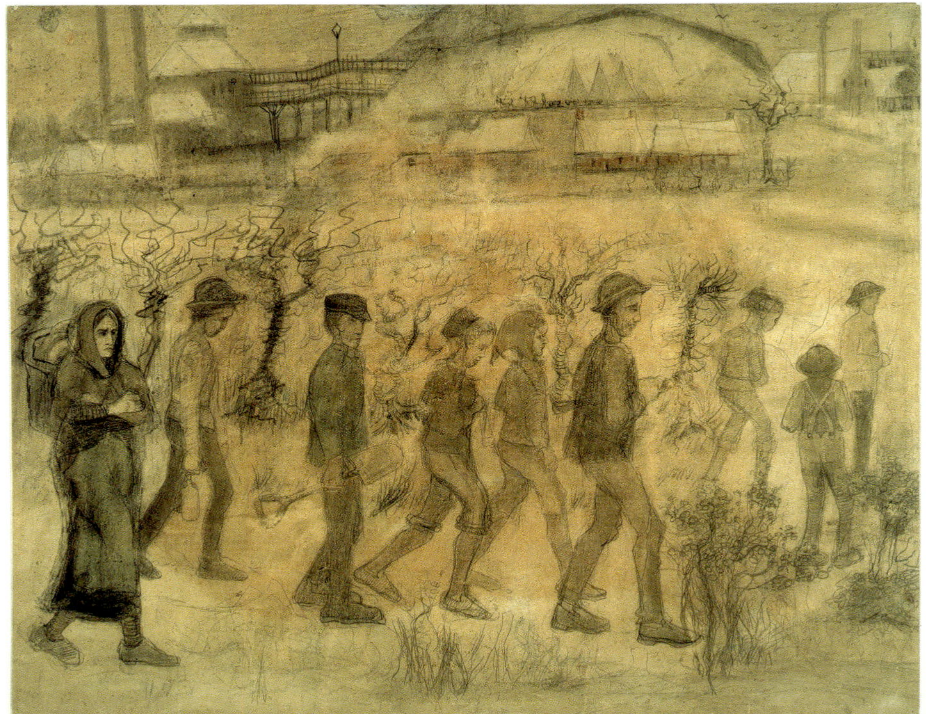

2
Mijnwerkers in de sneeuw
september 1880
44 x 56 cm
Kröller-Müller Museum, Otterlo

Zijn zelfvertrouwen groeide daardoor snel, zoals hij terugblikkend schreef: "'t Geen mij heeft doen ophouden te twijfelen is dat ik een begrijpelijk boek over perspectief las, Cassagne, Guide de l'Abc du dessin en 8 dagen daarna een interieur teekende van een keukentje met kagchel., stoel en tafel & venster op hun plaats en op hun pooten terwijl vroeger 't mij bepaald hekserij of toevalligheid scheen dat men diepte & juiste perspectief in een teekening had' [213/184].

In zijn beginjaren bleven de handboeken van Armand Cassagne (1823–1907) een onontbeerlijke steun voor Van Gogh. Cassagne was een weinig succesvolle landschapsschilder, tekenaar en lithograaf, maar zijn publicaties beleefden herdruk op herdruk, omdat hij het talent bezat om lastige zaken als perspectief en de weergave van proporties op eenvoudige wijze en helder weer te geven. Van Gogh las in ieder geval zijn *Guide de l'alphabet du dessin* (zoals de titel van het boek dat hij in zijn brief noemt in werkelijkheid luidt), een inleiding tot de genoemde onderwerpen. Later bestudeerde hij nog enkele meer diepgravende verhandelingen van deze auteur. Van Hermanus Gijsbertus Tersteeg (1845–1927), zijn vroegere chef in het Haagse filiaal van de kunsthandel Goupil, kreeg hij twee studieboeken toegestuurd; het ene handelde over perspectief, het andere was vermoedelijk *Esquisses anatomiques à l'usage des artistes* van John Marshall. Dit uitvoerige leerboek over de menselijke anatomie had hij in ieder geval iets later in Brussel in zijn bezit [159/138].

Tot zijn zelfontworpen leerprogramma hoorde ook het kopiëren van tekenvoorbeelden en van grafisch werk van bekende meesters. Kennelijk was

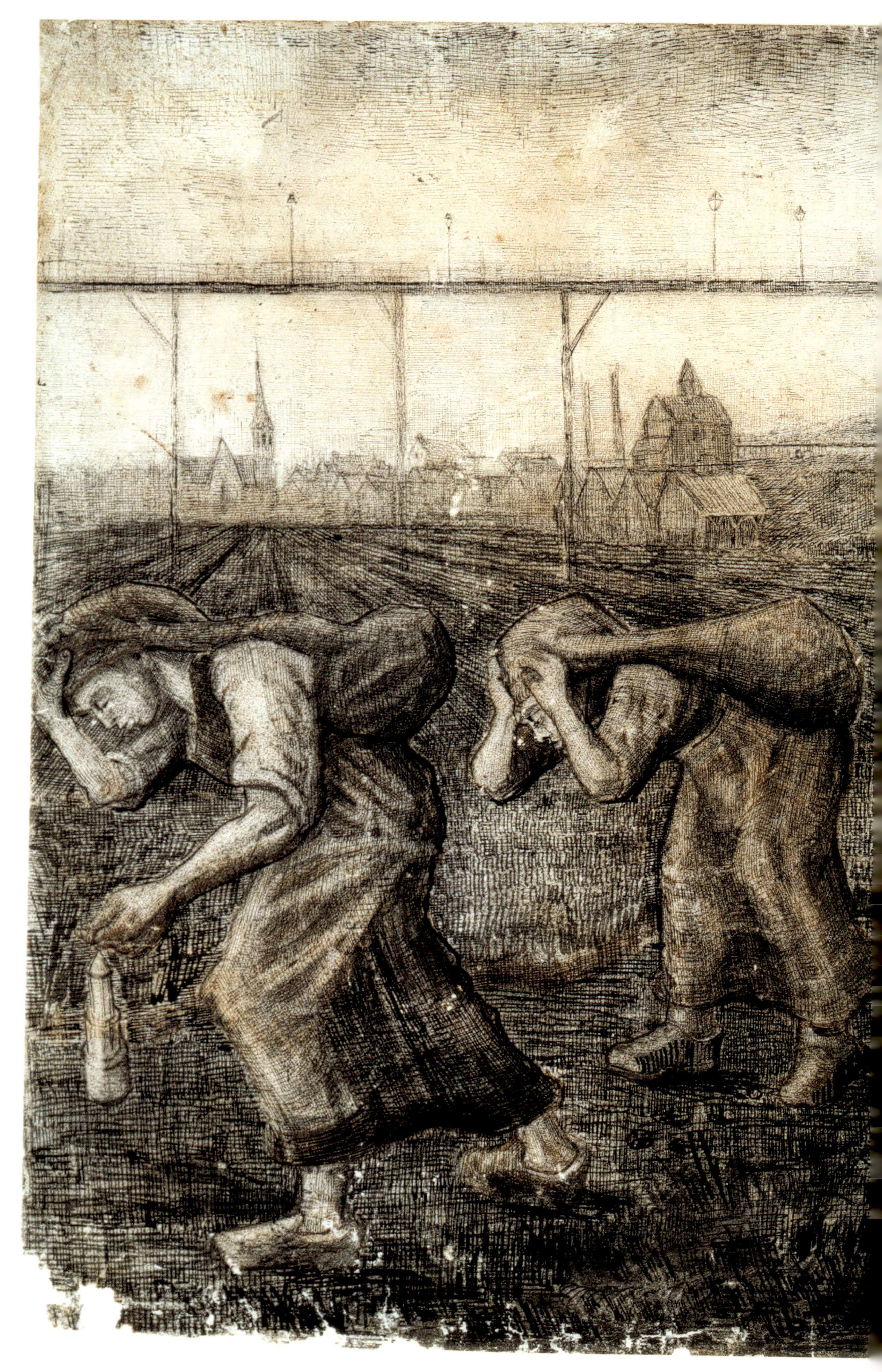

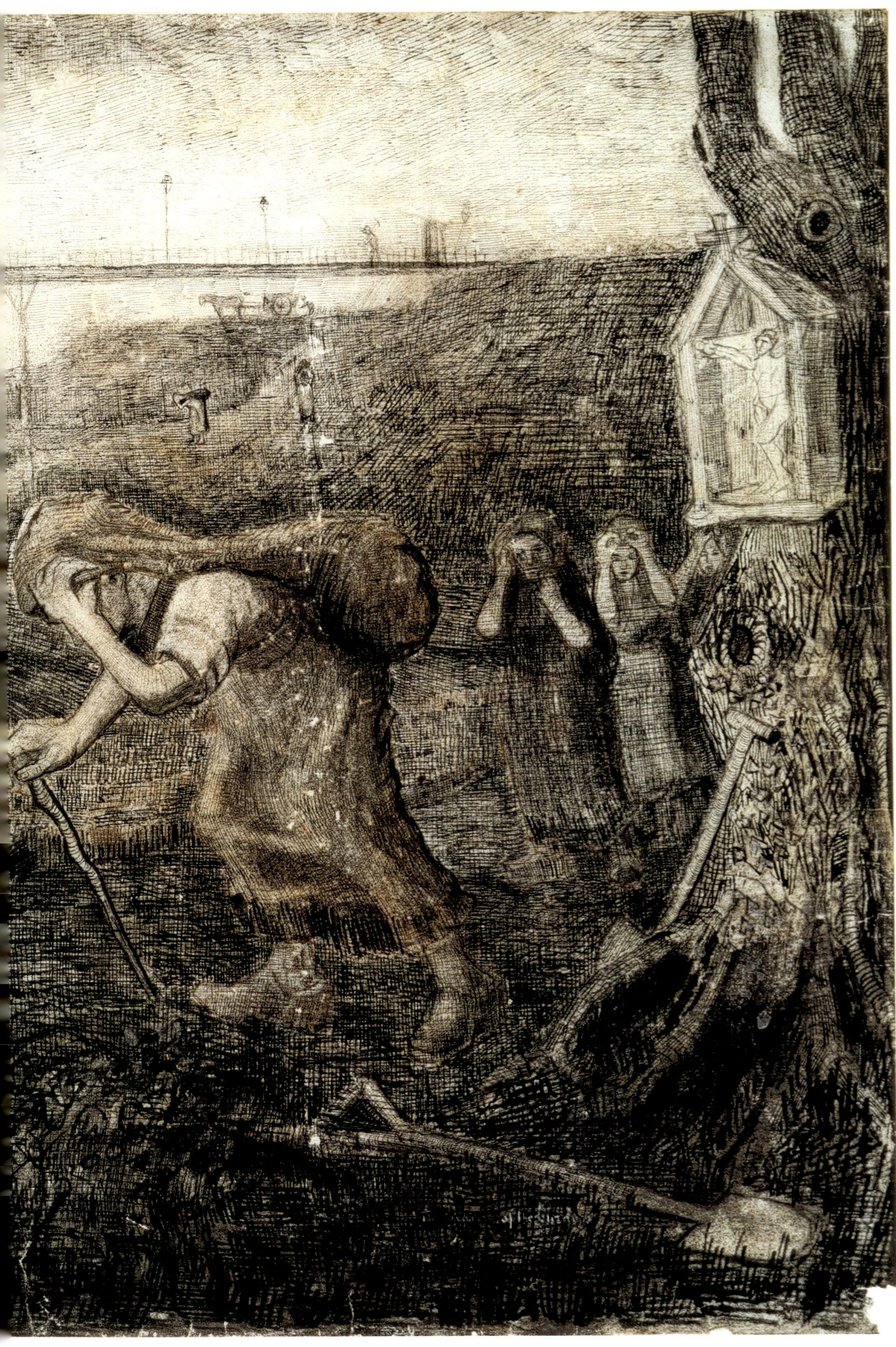

3
The bearers of the burden
begin 1881
43 x 60 cm
Kröller-Müller Museum,
Otterlo

hij enigszins bekend met het eigentijdse academisch kunstonderwijs, waarin hiervoor een belangrijke rol was weggelegd. Uit die eerste categorie ontving hij van Tersteeg twee portfolio's met lesmateriaal van Charles Bargue: de *Exercices au fusain*, voorbeelden van schematisch weergegeven naaktmodellen die bedoeld waren om in houtskool (fusain) te worden nagetekend; en de *Cours de dessin*, die bestond uit tekenvoorbeelden naar het werk van grote meesters. Van Theo kreeg hij om te oefenen prenten naar werk van Jean-François Millet (1814–1875), die hij zeer bewonderde.

Uit zijn correspondentie valt op te maken dat Van Gogh vele tientallen kopieën naar Bargue vervaardigde op ware grootte. Dat was een vrij fors formaat, waaraan hij zo gewend raakte dat hij het ook voor latere studies naar levend model zou handhaven. Geen enkele kopie bleef bewaard, omdat hij dit werk vernietigde toen zijn kunstenaarschap een hogere vlucht nam. In die beginmaanden maakte Van Gogh ook enkele zelfstandige tekeningen, waarvan er slechts één bekend is, dankzij een schets ervan in een brief: een wat onbeholpen voorstelling van mijnwerkers in de sneeuw (afb. 2).

De systematische manier waarop Van Gogh zijn studie ter hand nam, is kenmerkend voor zijn tien jaar durende carrière. Hij heeft in brede kring de naam vooral een spontaan en intuïtief werkend kunstenaar te zijn, wars van rigide voorschriften en gedegen voorbereiding. De expressieve kracht van zijn werk en de losse trant van zijn getekende en zijn geschilderde oeuvre ondersteunen deze opvatting, en ook in zijn brieven komt hij veelvuldig naar voren als een gevoelige, impulsieve en soms dwarse man. Als kunstenaar werkte Van Gogh echter altijd consequent en hield hij niet op serieus te studeren, zonder dat dit ten koste ging van vindingrijkheid en een hang naar het experiment.

VERDERE STAPPEN Om zich verder te kunnen ontplooien, vestigde Van Gogh zich in oktober 1880 in Brussel, een stad met rijke artistieke tradities waar vele kunstenaars woonden en werkten. Dankzij Theo kwam hij er in contact met de gerenommeerde Nederlandse landschapsschilder Willem Roelofs (1822–1897). Van hem kreeg hij het advies voortaan meer naar de natuur te gaan werken, waarmee Roelofs vooral bedoelde dat hij het kopiëren van grafiek en tekeningen los moest laten en naar driedimensionale voorbeelden moest gaan werken, zoals gipsafgietsels en levend model. In het verlengde daarvan schreef Van Gogh zich in voor het kostenloze onderwijs in de categorie tekenen naar antieke voorbeelden aan de Brusselse academie. Dat hij daar daadwerkelijk lessen heeft gevolgd, is onwaarschijnlijk, want er zijn geen resultaten van bekend en in zijn brieven vermeldt hij er niets over. Wel ging hij stug door met zijn boekstudie, al vond hij de materie vaak stierlijk vervelend. Hij besefte echter dat een dergelijke basis onontbeerlijk was om als kunstenaar te kunnen slagen.

In Brussel boekte Van Gogh vooral in moreel opzicht vooruitgang: hier verkeerde hij daadwerkelijk in een artistiek en stimulerend milieu, met zowel gelouterde kunstenaars zoals Roelofs voor goede raad, als jonge kunstenaars met wie hij zijn enthousiasme kon delen. Tot die laatsten behoorde Anthon van Rappard (1858–1892), die op dat moment reeds vier jaar bezig was zich te bekwamen en van wie Van Gogh dus het nodige kon leren. Tussen de (bijna) leeftijdgenoten ontwikkelde zich een hechte vriendschap; ook hadden ze een grote invloed op elkaars werkwijze en artistieke opvattingen.

Van Gogh probeerde in Brussel tekeningen met meer karakter te maken, maar slaagde daar slechts ten dele in. In zijn thematiek sloot hij aan bij die van de door hem bewonderde sociaal-realistische kunst, maar de voorstellingen zijn veelal onbeholpen en stijf weergegeven. Een verrassende uitschieter uit die tijd is de pentekening *The bearers of the burden* (afb.3), waarin de zwoegende figuren met hun zakken steenkool relatief goed zijn geslaagd en het deels industriële landschap verrassend van compositie is.

FACETTEN VAN HET BOERENLEVEN EN EERSTE LANDSCHAPPEN In april 1881 vestigde Van Gogh zich bij zijn ouders in het Noord-Brabantse Etten. Hoewel hij het kopiëren niet helemaal opgaf, ging zijn aandacht nu vooral uit naar aan de werkelijkheid ontleende motieven. Die vond hij zonder moeite in de landelijke omgeving en bij de plaatselijke boerenbevolking. Al in zijn jongensjaren, die hij doorbracht in Zundert, eveneens in Brabant, had hij een sterke liefde ontwikkeld voor het platteland, die ook zijn voorkeur voor het werk van kunstenaars als Millet en Jules Dupré (1811–1889)

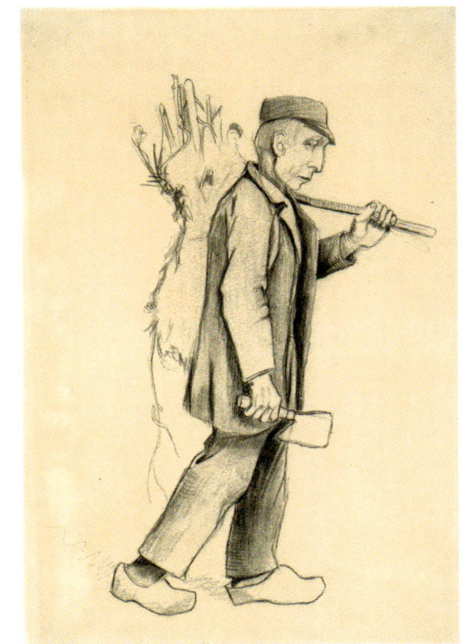

4
Man met een zak hout
najaar 1881
61 x 42 cm
Van Gogh Museum, Amsterdam

5
Jongen met een sikkel
eind oktober-begin november 1881
47 x 61 cm
Kröller-Müller Museum, Otterlo

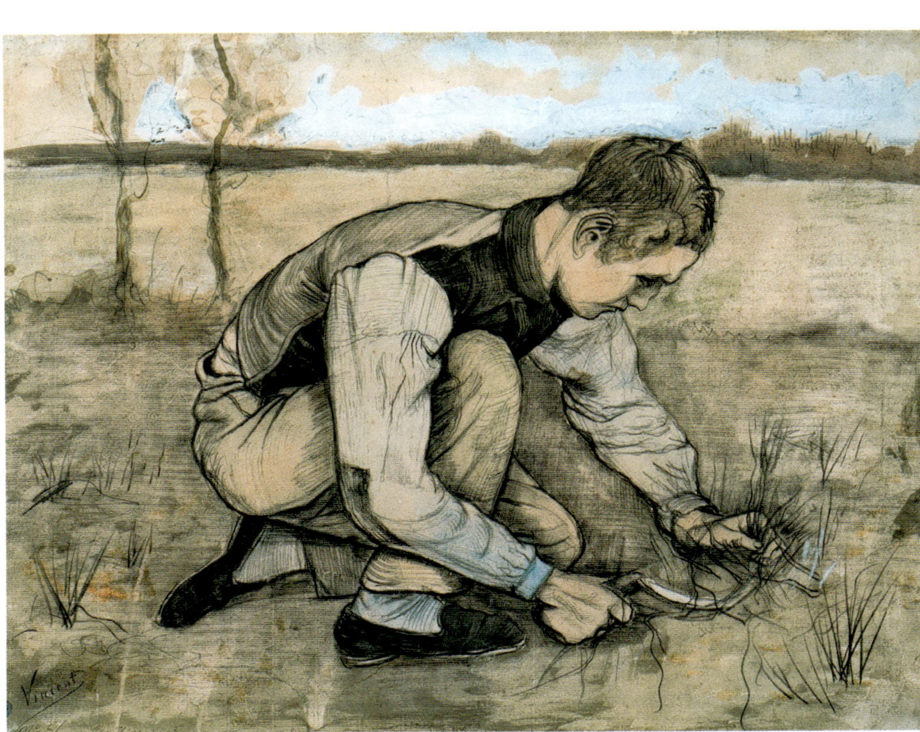

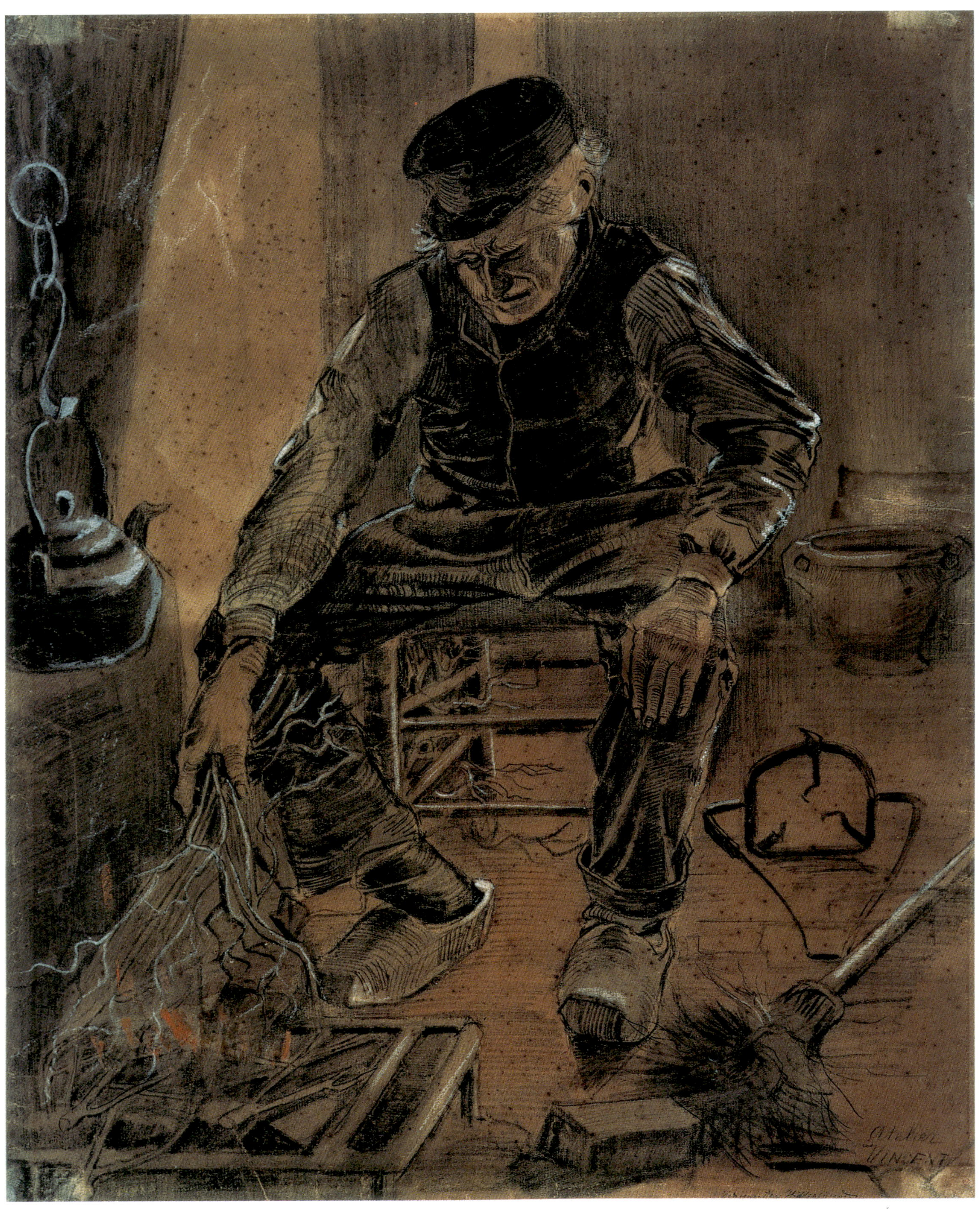
Atelier
VINCENT

bepaalde. Zijn bewondering voor dergelijke schilders grensde aan verafgoding, en in het bijzonder Millet zou een artistieke en, in latere jaren, ook geestelijk leidsman zijn. In hun voetsporen wilde hij een schilder van het boerenleven worden.

Van Gogh vond in Etten voldoende modellen en maakte tientallen, veelal op groot formaat uitgevoerde studies. Deze zijn wisselend in kwaliteit maar laten tevens een duidelijke vooruitgang zien. Om het zichzelf niet al te moeilijk te maken, gaf Van Gogh er nogal eens de voorkeur aan zijn figuren van opzij weer te geven en daarmee lastige perspectivische verkortingen van bijvoorbeeld armen te vermijden (afb. 4). Tegelijkertijd aarzelde hij niet om zijn modellen soms ingewikkelde houdingen te laten aannemen die het nodige vergden voor een juiste proportionering. Zo tekende hij de jonge tuinman van het gezin Van Gogh, Piet Kaufmann, die, met het ene been geknield en het andere gehurkt, met een kleine sikkel gras snijdt (afb. 5).

Een enkele keer waagde hij zich aan een meer complex aanzicht van een model. Het fraaiste voorbeeld daarvan is zonder twijfel de man die dorre twijgen op een vuurtje gooit (afb. 6). De man is zeer overtuigend weergegeven, niet alleen van voren, maar zelfs enigszins schuin van boven gezien, een krachttoer waar Van Gogh geheel in slaagde. Niet alleen zijn de proporties van de figuur goed getroffen, ook gaf hij zowel de man als het eenvoudige interieur een expressie van doorleefde soberheid.

Van Gogh maakte in Etten verscheidene interieurscènes met figuur, waaronder enkele opmerkelijk goed geobserveerde vrouwen die met huiselijke werkzaamheden bezig zijn (afb. 7). Ook tekende hij er de eerste voorstelling van een kenmerkend motief in zijn vroege werk: een treurende

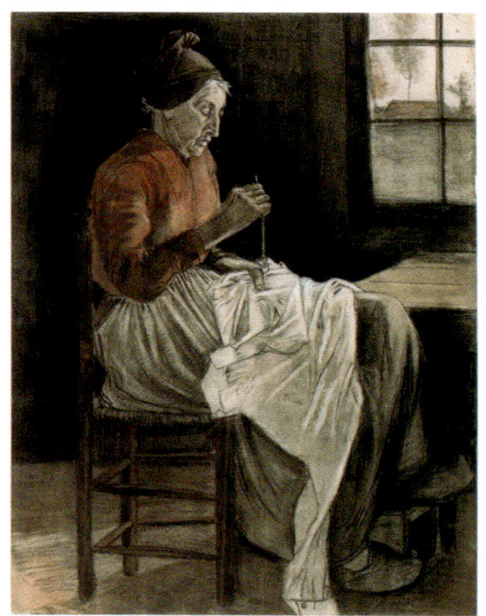

< 6
Een oude man die dorre rijzen op het vuur legt
november 1881
56 x 45 cm
Kröller-Müller Museum, Otterlo

7
Naaister
eind 1881
62 x 47 cm
Kröller-Müller Museum, Otterlo

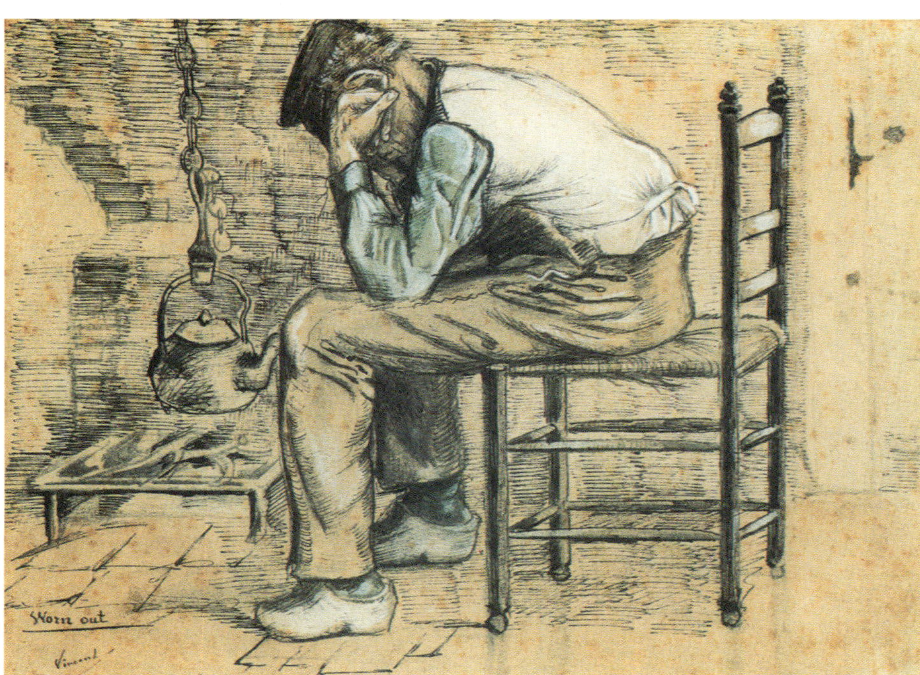

8
Worn out
zomer 1881
23 x 31 cm
Stichting P. en N. de Boer, Amsterdam

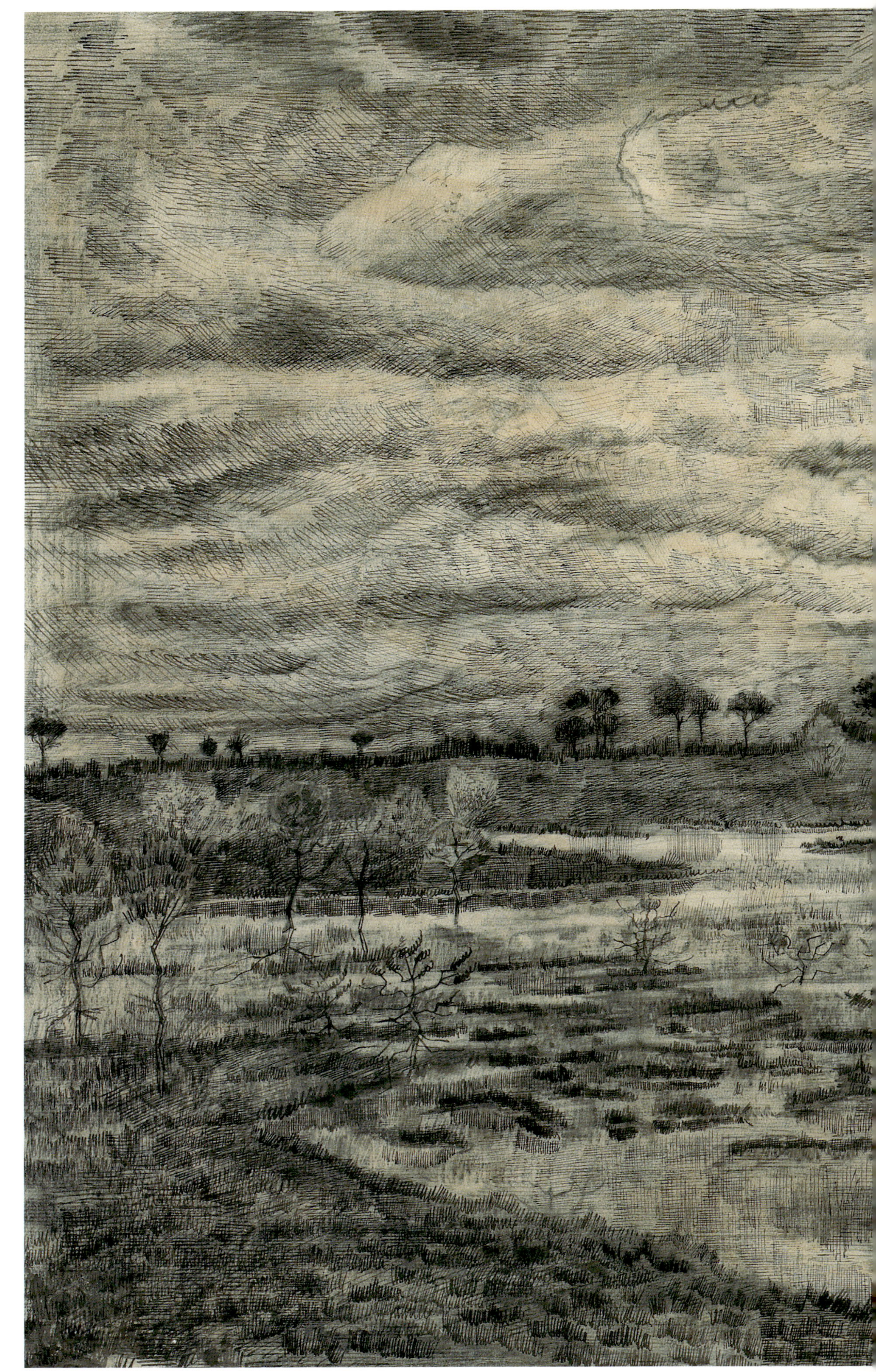

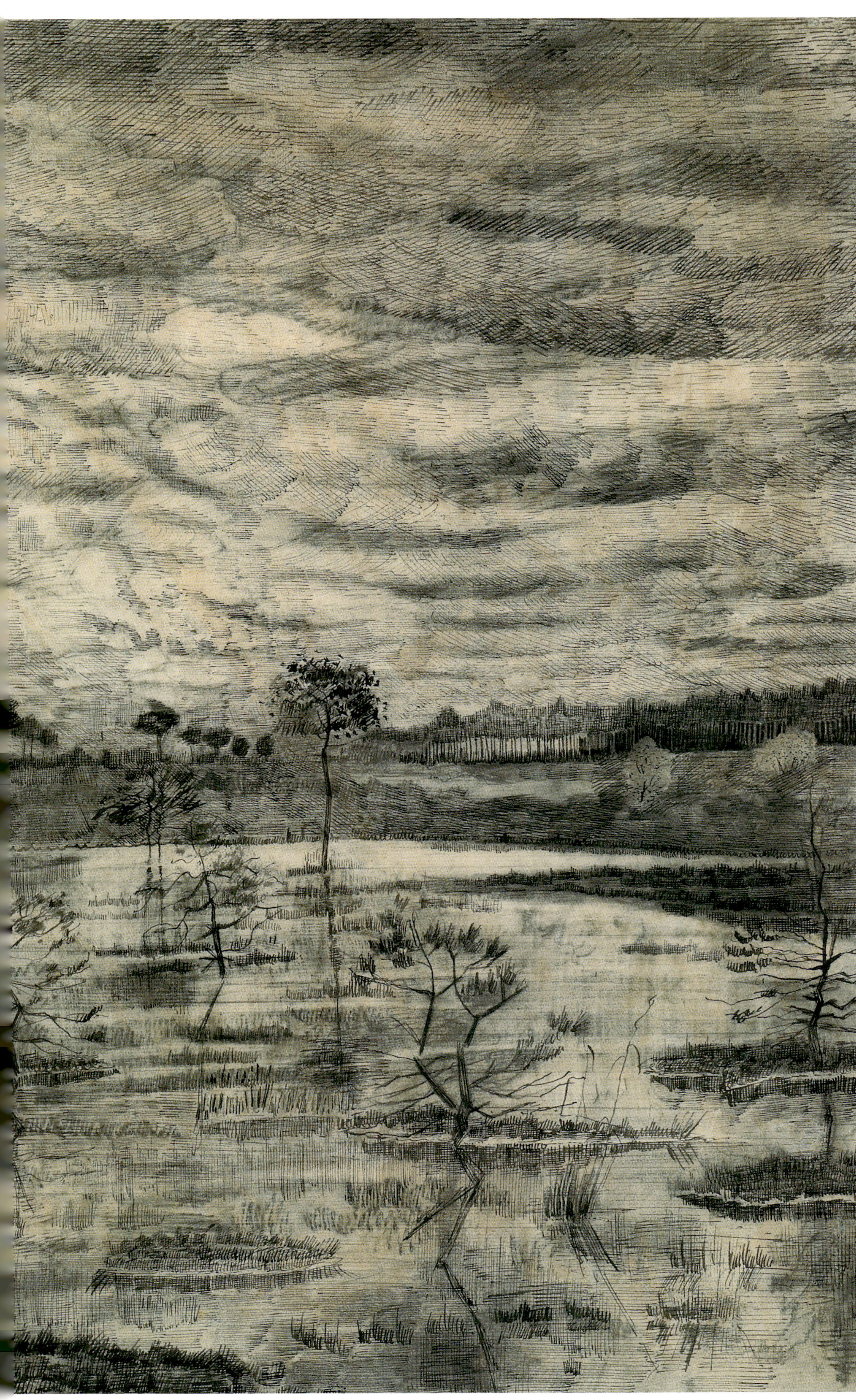

9
Een ven
juni 1881
47 x 59 cm
National Gallery
of Canada, Ottawa

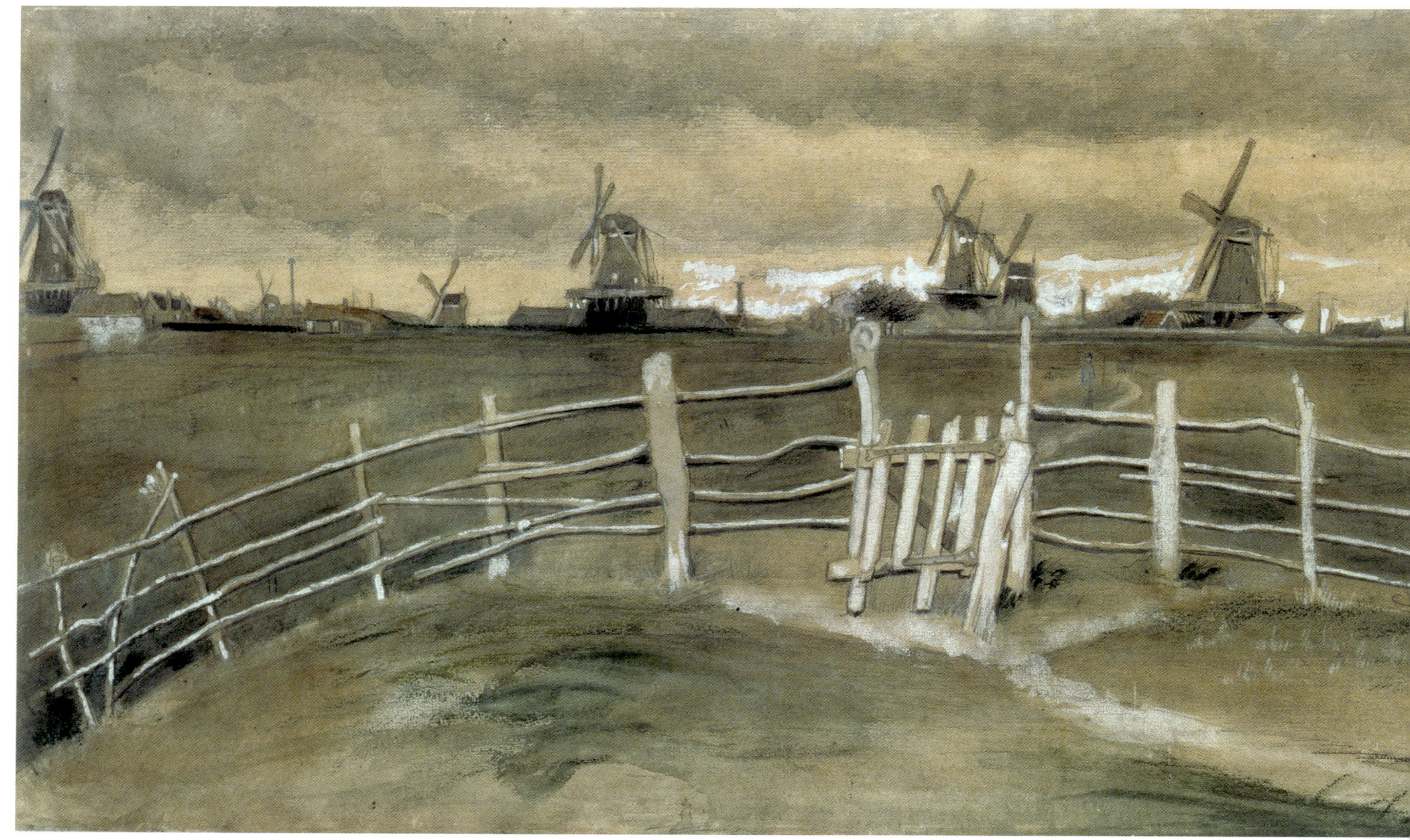

figuur bij een gedoofd vuur, het door zorgen geplaagde hoofd steunend in de handen (afb. 8). Hij gaf het blad de niets verhullende titel *Worn out* –'uitgeblust'–waarmee hij aansloot bij een vooral Engelse realistische beeldtraditie waarin aan het dagelijks leven ontleende voorstellingen werden voorzien van een veelzeggende, soms dramatische titel. Deze eerste versie is ambitieus, zowel in zijn thematiek als in de verzorgde uitwerking, en Van Gogh gaf er in zijn brieven blijk van dat hij er zeer aan hechtte. Het werk vertegenwoordigde de wending die hij graag aan zijn kunstenaarschap wilde geven. In vergelijking met de ingetogenheid van de man die hout op zijn haardvuur gooit, is de boodschap echter zwaar aangezet, terwijl ook de proporties van de treurende figuur, met zijn bijvoorbeeld veel te lange bovenbenen, niet deugen.

De omgeving van het dorp verleidde hem tot het maken van zijn eerste landschappen, een genre waarin hij in zijn latere Franse werk zou excelleren. De vroegste verkenningen tonen al zijn natuurlijke aanleg voor het vinden van vaak eenvoudige maar overtuigende motieven, die zijn uitgebeeld in geraffineerde composities. Een pentekening van een ven, bedekt met waterlelies, is hiervan een veelzeggend voorbeeld (afb. 9). Hierin buitte hij zijn

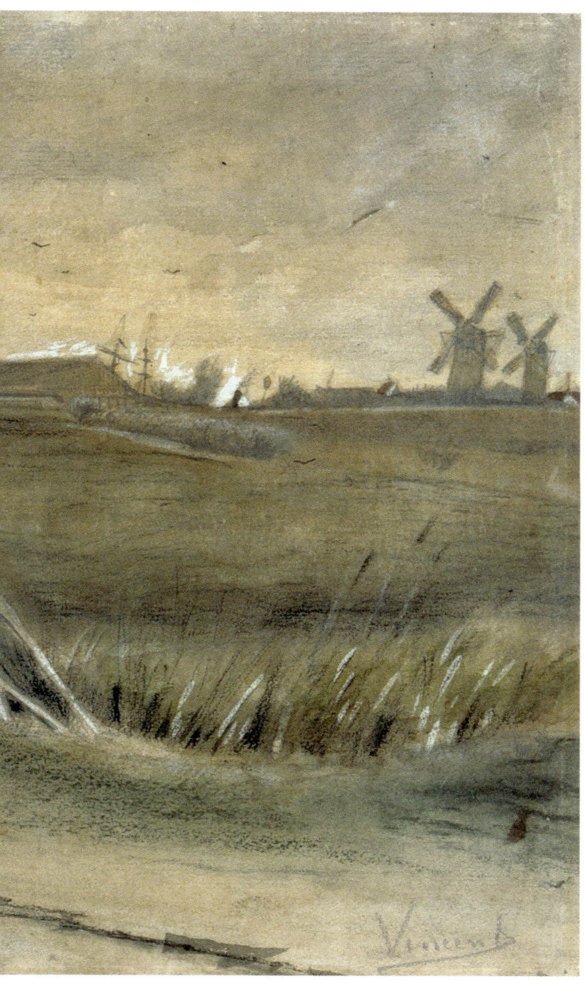

vaardigheid met de pen uit, maar ook in andere technieken wist hij feilloos landschapskarakteristieken te treffen, zoals in een langwerpige voorstelling van de molens op de Weeskinderendijk (afb. 10) in Dordrecht, die hij vanuit de trein had gezien toen hij zijn aangetrouwde neef Anton Mauve in augustus 1881 enkele dagen in Den Haag ging opzoeken. Op de terugweg was hij uitgestapt om het oer-Hollandse tafereel vast te leggen.

10
Molens te Dordrecht
augustus 1881
26 x 60 cm
Kröller-Müller Museum, Otterlo

BIJ MAUVE Anton Mauve (1838–1888) was een van de meest vooraanstaande schilders van de Haagse School en technisch zeer begaafd in zowel teken- als schildertechnieken. Van Gogh had dan ook begrijpelijkerwijs zijn oog op hem laten vallen als de leermeester die zijn kunst een zet kon geven. Het genoemde korte bezoek was een eerste verkenning daarvan geweest en had hem belangrijke nieuwe inzichten gegeven. Op zijn eigen verzoek werkte Van Gogh vervolgens eind november-midden december 1881 drie weken in het atelier van Mauve. Het was een periode van hard werken, waarin hij overdag schilderde en 's avonds tekende. Het schilderen was nieuw voor Van Gogh, maar ook bij het tekenen maakte hij kennis met zaken die hem tot dan toe zo goed als onbekend waren. Van Gogh had al wel waterverftekeningen gemaakt, maar Mauve, die een briljant aquarellist was, onderrichtte hem in de werkelijke beginselen van die kunst. Dit resulteerde in onder meer enkele grote aquarellen en een aantal kleinere werken, die Van Gogh als 'krabbels' omschreef [190/163]. Hoewel ze goed waren gemaakt en op groot formaat uitgevoerd, waren het studies om een techniek te leren beheersen. In thema – vrouwen doende met naaiwerk – en in compositie waren ze ongetwijfeld bewust eenvoudig gehouden. Zijn studie was er nog op gericht zich basiskennis eigen te maken. Zo leerde hij ook van Mauve dat hij zijn modellen van te dichtbij bestudeerde, waardoor hij niet in staat was om proporties goed in te schatten. In Etten had Van Gogh nog de neiging gehad om details in kleding, gezichten, handen en dergelijke aan te brengen. Na de drie weken bij Mauve (en dankzij de lessen die hij nog zou krijgen nadat hij eind december 1881 in Den Haag ging wonen) besefte hij dat te veel detaillering de aandacht van het hoofdmotief afleidde en zocht hij vaak naar een meer generaliserende weergave.

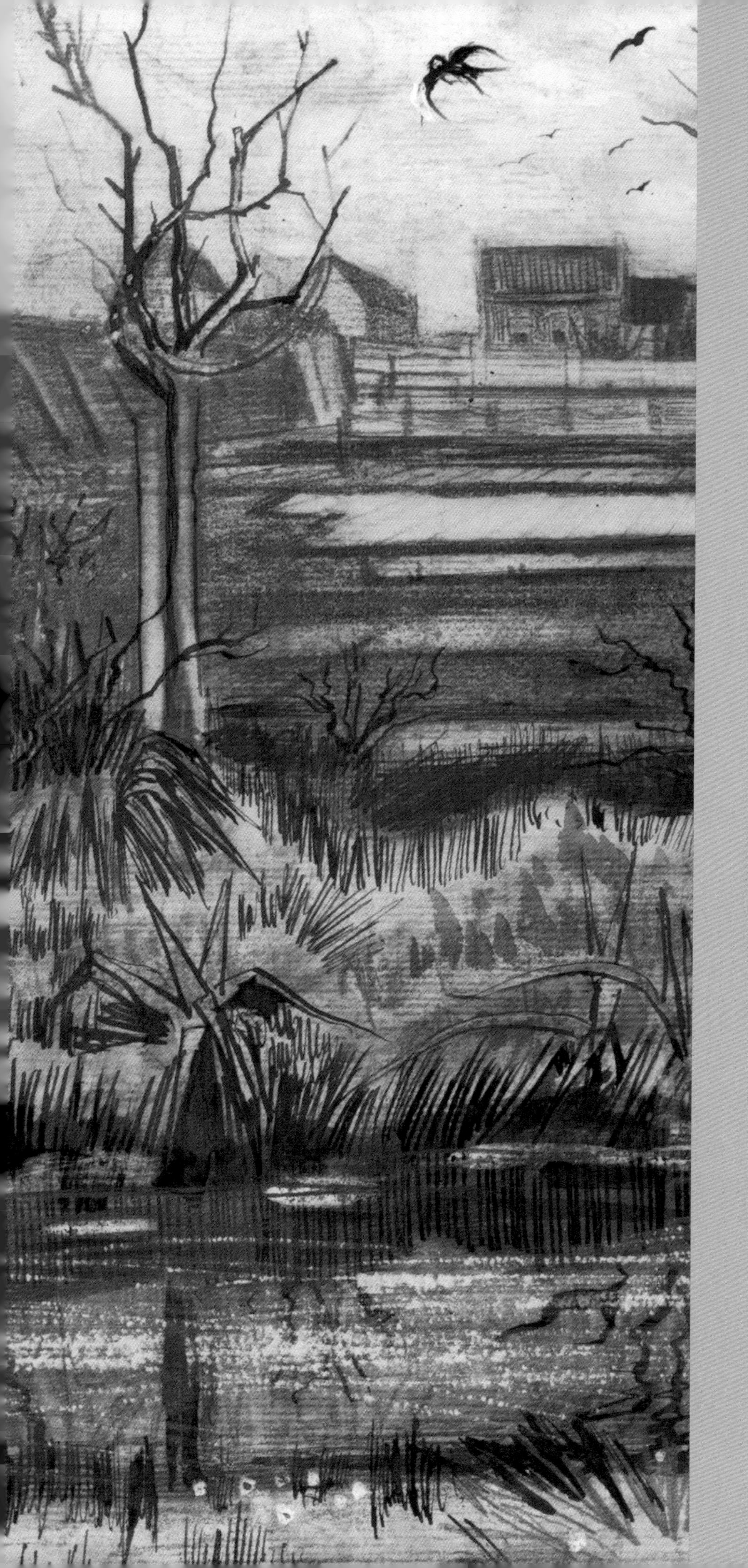

1881–1883

Den Haag en Drenthe

Stadsgezichten en types uit het volk

GROEIENDE ONMIN met zijn ouders en de aantrekkingskracht van de kunstenaarsstad Den Haag deden Van Gogh eind 1881 besluiten zich daar te vestigen. Aangezien hij vier jaar in het Haagse filiaal van de kunsthandel Goupil had gewerkt, kende hij de stad goed en wist hij dat er uitstekende mogelijkheden waren om zich verder te ontwikkelen. Hij wilde zich daarbij vooral op het tekenen naar levend model concentreren. Daartoe werden hem onverwachte kansen geboden doordat hij Sien Hoornik had leren kennen, met wie hij al snel ging samenwonen. Zij en haar familie zouden in Den Haag met grote regelmaat voor Van Gogh poseren.

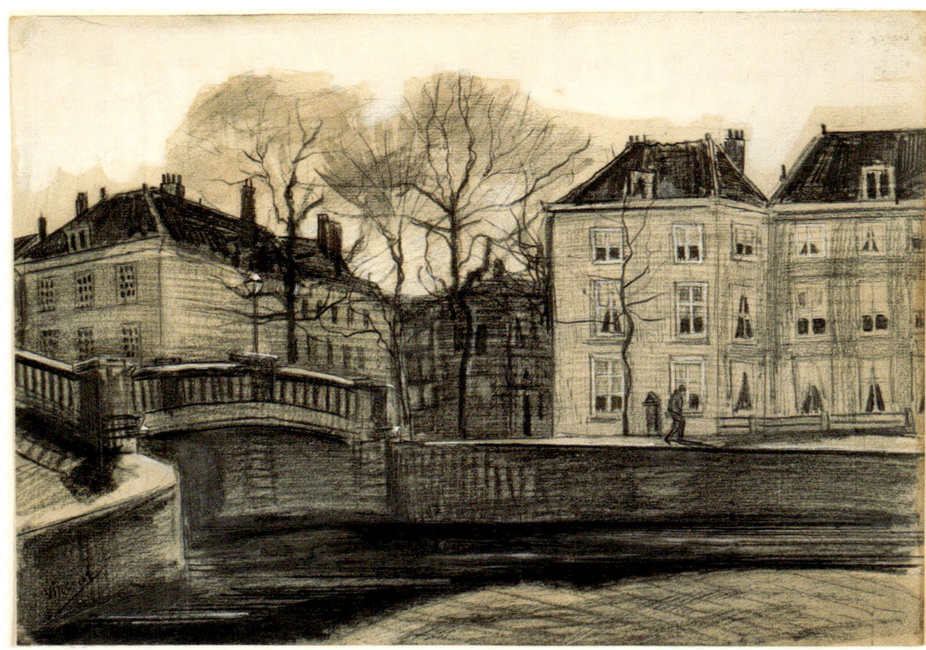

11
Brug en huizen op de hoek Herengracht-Prinsessegracht, Den Haag
maart 1882
24 x 34 cm
Van Gogh Museum, Amsterdam

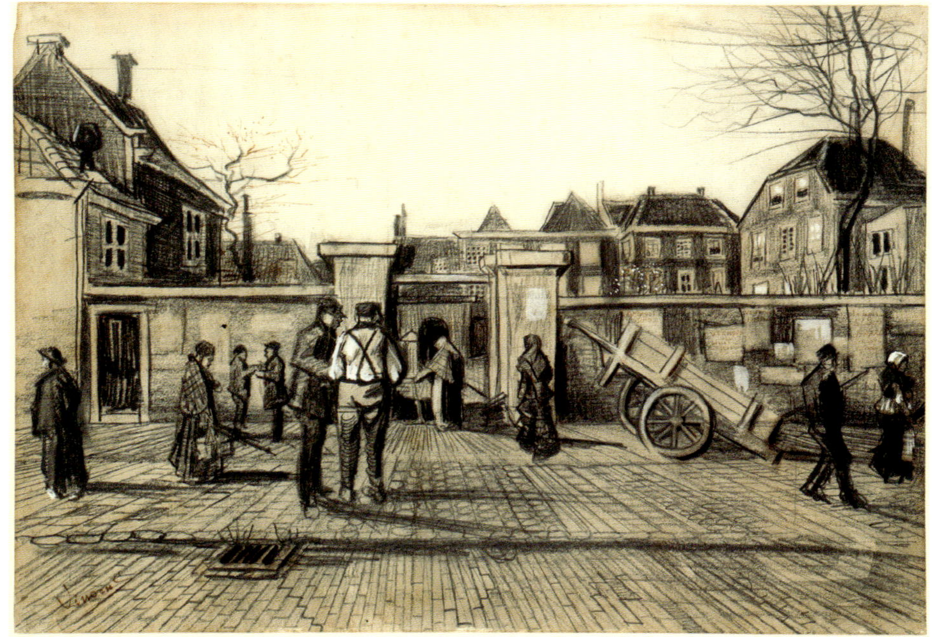

12
De ingang van de Bank van Lening, Den Haag
maart 1882
24 x 34 cm
Van Gogh Museum, Amsterdam

Van Gogh begon met de voorgenomen modelstudie, maar het Haagse stadsgezicht eiste enige tijd zijn aandacht op. In de tweede week van maart 1882 had zijn oom, de Amsterdamse kunsthandelaar Cornelis Marinus van Gogh, een bezoek gebracht aan zijn atelier en hem opdracht gegeven twaalf stadsgezichten te maken. Van Gogh vroeg voor die werken, 'hetzij met potlood hetzij met de pen', per stuk 2,50 gulden, en zijn oom beloofde een tweede en beter betaalde reeks te bestellen als dat eerste dozijn hem zou bevallen [210/181].

Van Gogh ging onmiddellijk aan de slag en kon Theo twee weken later melden dat de reeks af was. Kennelijk tot oom Cors tevredenheid, want die verleende hem een nieuwe opdracht van zes meer uitgewerkte Haagse stadsgezichten. Van Gogh voltooide deze in mei.

Het stadsgezicht zou tot de vaste genres in Van Goghs oeuvre gaan horen, maar het is opvallend dat hij slechts bij uitzondering bezienswaardige plekken weergaf die de steden waar hij verbleef typeerden. Dat geldt ook voor de tekeningen die hij voor zijn oom maakte. Een gezicht op de brug en huizen op de hoek Herengracht en Prinsessegracht kan met enige goede wil nog als het oude Den Haag worden beschouwd, maar ook hier is het pittoreske karakter van de stad niet uitgebuit (afb. 11). Van Gogh toonde liever de eigentijdse stad, zoals in zijn weergave van een groep mensen die wachten voor de ingang van de Bank van Lening (afb. 12). Ook gastanks, een verlaten ogend park met huizen en een al even weinig uitnodigend station behoren tot de onderwerpen van de reeks. Met die onderkoelde uitbeelding van stedelijke aanzichten sloot Van Gogh aan bij de eigentijdse, 'realistische' literatuur, maar er is ook een meer prozaïsche uitleg: voor hem waren deze tekeningen ook studies in perspectief waarin hij problemen van kunsttechnische aard wilde oplossen, en die inzet werkte door in het karakter van de werken.

Het is eveneens typerend dat de tweede reeks van werken voor oom Cor, die uitgewerkter en groter van formaat zijn, meer charme hebben dan de eerste groep. In enkele tekeningen worden de mogelijkheden van Van Gogh als tekenaar nadrukkelijk zichtbaar. Zo zijn een gezicht op een kwekerij (afb. 13) en een uitzicht over een timmermansloods en over de wasserij van

13
Kwekerij
aan de Schenkweg
april 1882
30 x 58 cm
The Metropolitan Museum
of Art, New York

>> 14
Timmermansloods
en werf
april 1882
28 x 47 cm
Kröller-Müller Museum,
Otterlo

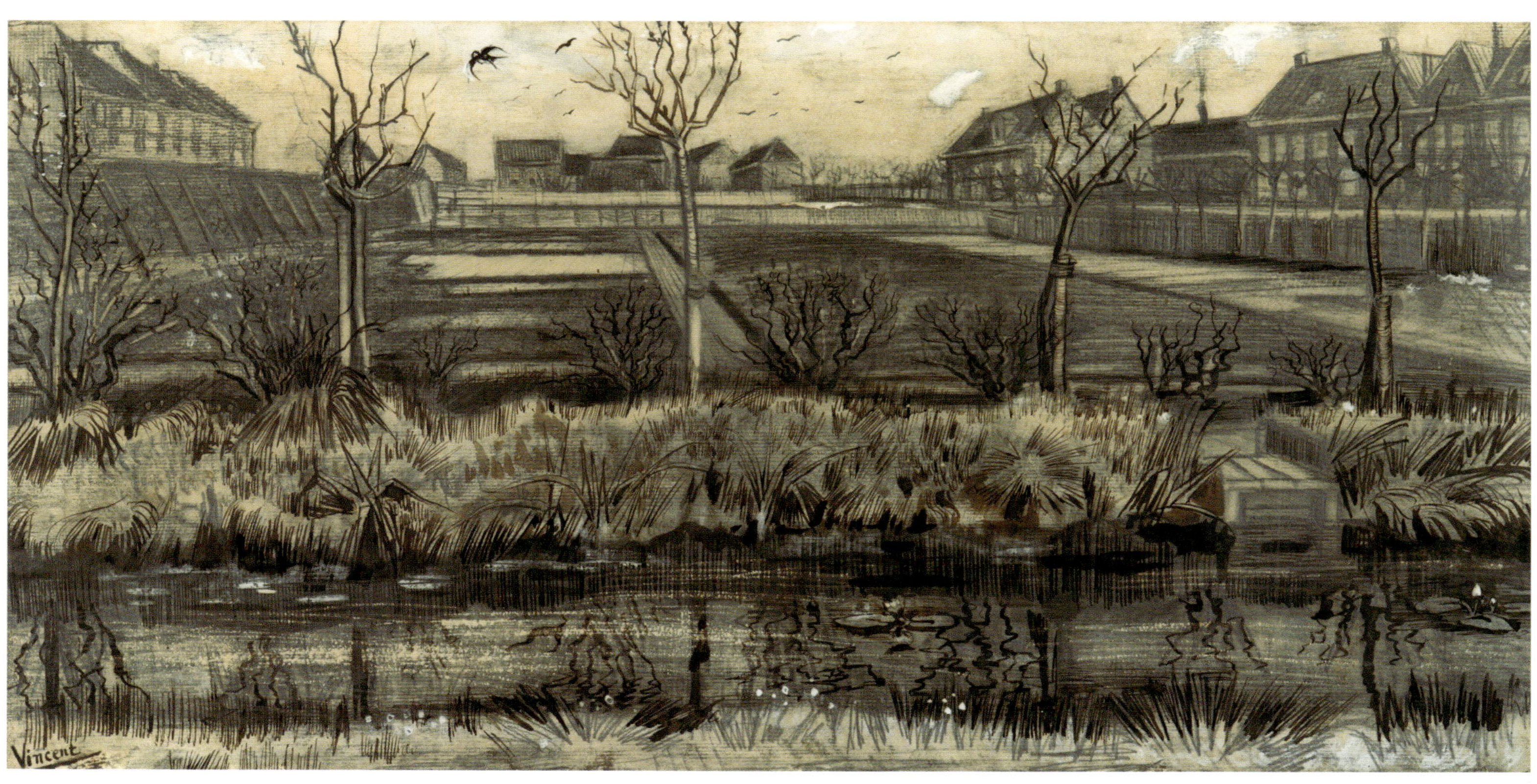

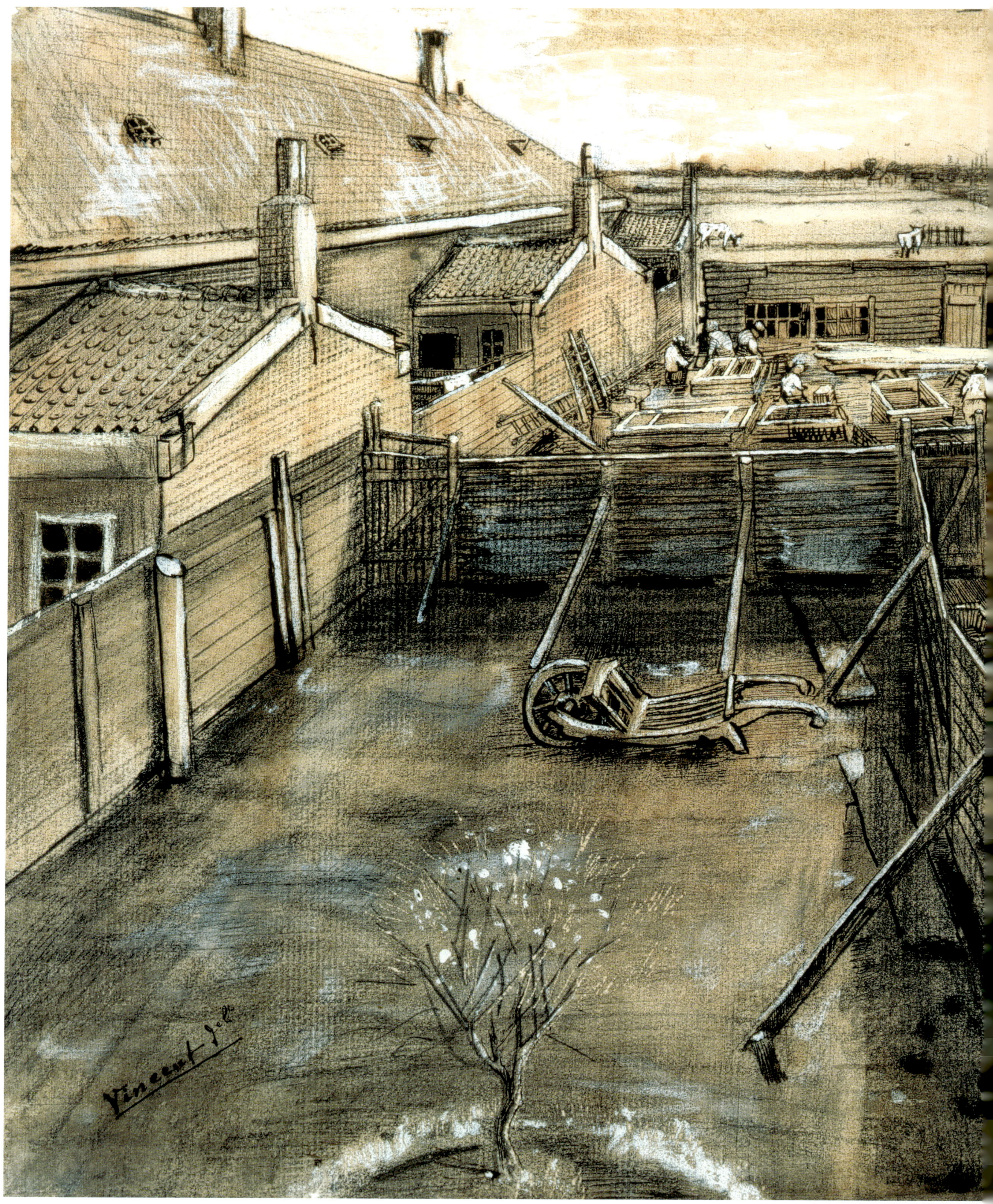
Vincent

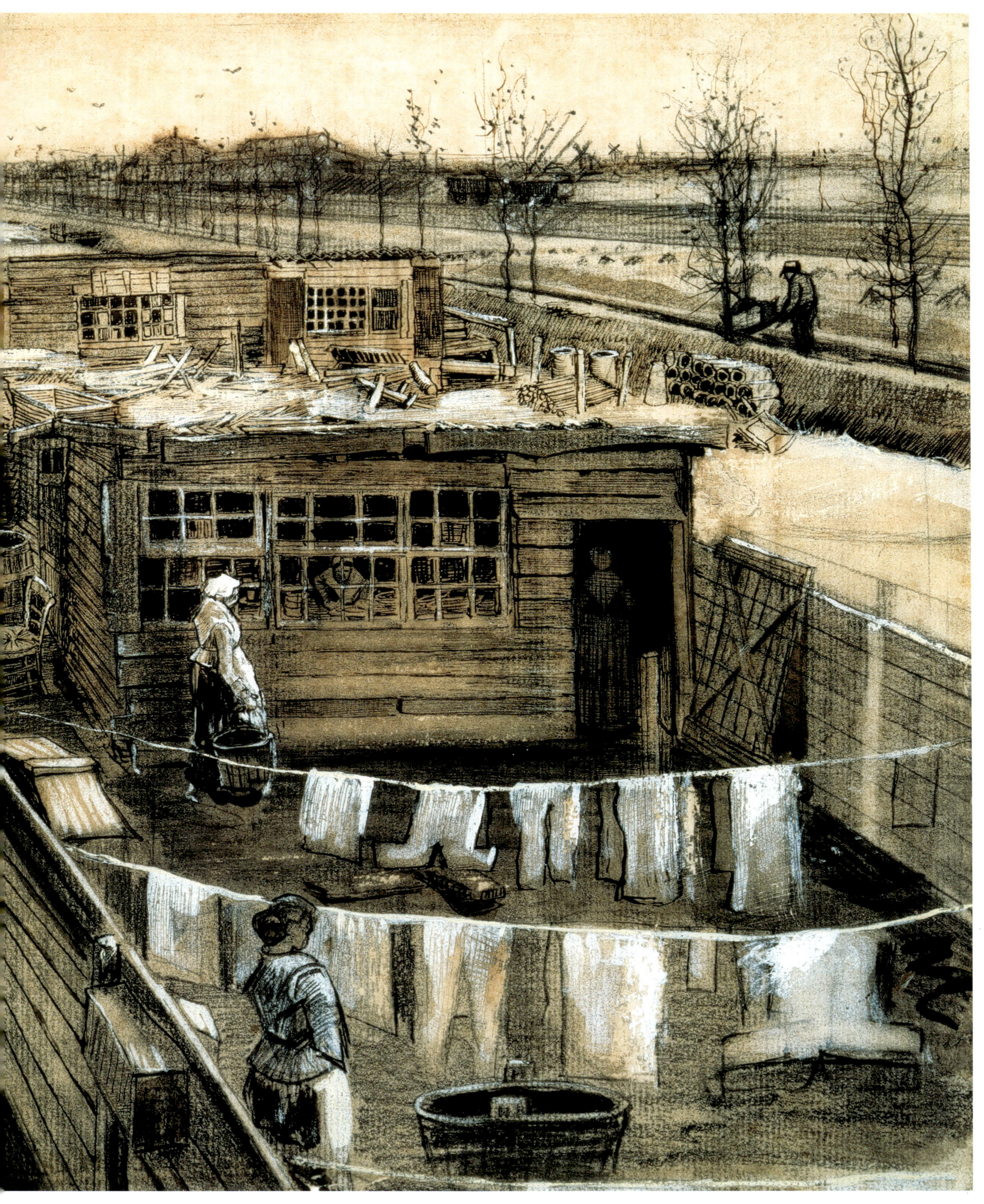

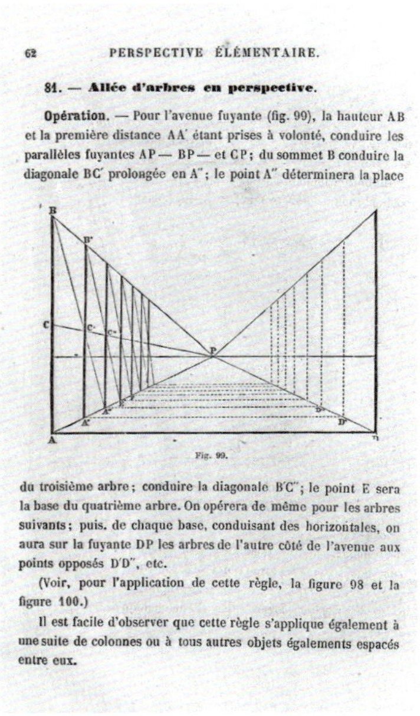

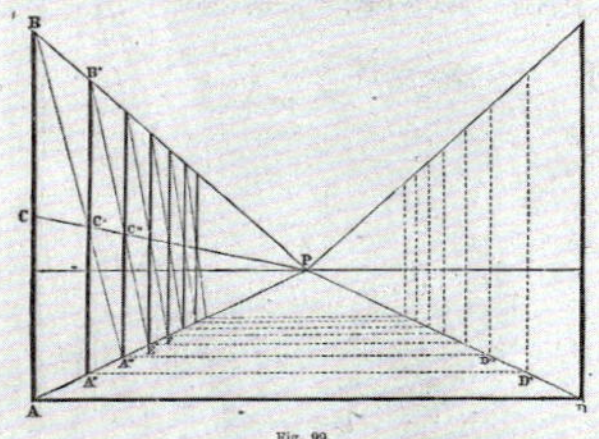

62 PERSPECTIVE ÉLÉMENTAIRE.

81. — Allée d'arbres en perspective.

Opération. — Pour l'avenue fuyante (fig. 99), la hauteur AB et la première distance AA′ étant prises à volonté, conduire les parallèles fuyantes AP — BP — et CP; du sommet B conduire la diagonale BC′ prolongée en A″; le point A″ déterminera la place

Fig. 99.

du troisième arbre; conduire la diagonale B′C″; le point E sera la base du quatrième arbre. On opérera de même pour les arbres suivants; puis, de chaque base, conduisant des horizontales, on aura sur la fuyante DP les arbres de l'autre côté de l'avenue aux points opposés D′D″, etc.

(Voir, pour l'application de cette règle, la figure 98 et la figure 100.)

Il est facile d'observer que cette règle s'applique également à une suite de colonnes ou à tous autres objets également espacés entre eux.

Van Goghs buurvrouw (afb. 14) origineel en gewaagd in compositie, en bijna uitdagend in de manier waarop ze met hun diversiteit aan beeldelementen de aandacht opeisen.

OEFENINGEN IN PERSPECTIEF EN PROPORTIE In Mauve vond Van Gogh uiteindelijk niet de verhoopte leermeester. Hun verhouding raakte begin 1882 in het slop, onder meer vanwege Mauves afkeuring over Van Goghs relatie met Sien, een prostituee en ongehuwde moeder. Van Gogh stak in Den Haag nog het nodige op van collega-kunstenaars, onder wie de jonge George Hendrik Breitner (1857–1923) en de gevestigde schilder Johannes Hendrik Weissenbruch (1824–1903), maar hij was in hoge mate weer aangewezen op zelfonderricht.

Met behulp van zijn leerboeken wist Van Gogh zich te bekwamen in het perspectief. Om bijvoorbeeld een rij boompjes, zoals in de innemende voorstelling *Landweg* (afb. 16), effectief weer te geven, kon hij terugvallen

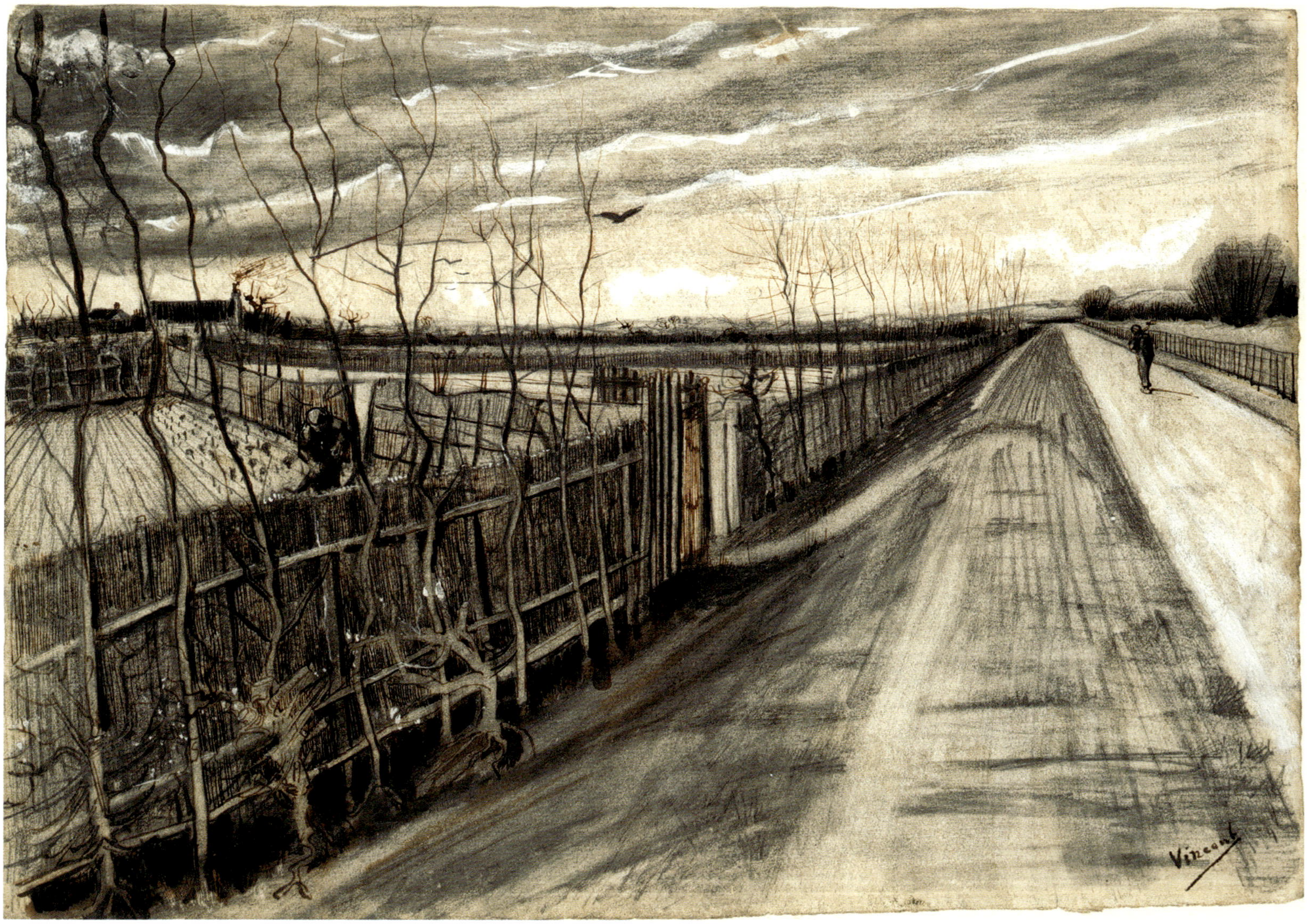

Het perspectiefraam Het perspectiefraam werkt volgens een eenvoudig principe: in het raam, dat aan een of twee palen wordt bevestigd, zijn draden gespannen in een bepaald patroon, bijvoorbeeld een kwadraatnet van horizontale en verticale draden, of een verticale, een horizontale en twee diagonale draden die elkaar in het midden snijden (afb. 17). Datzelfde patroon wordt in de correcte verhouding – het mag wel kleiner of groter zijn – op een vel papier of doek getekend. De kunstenaar zet het raam tussen zichzelf en zijn onderwerp en kan zo vrij eenvoudig diepte en proporties inschatten. Wel is het essentieel dat hij zijn ogen in dezelfde positie houdt ten aanzien van raam en onderwerp. Dat laatste is eenvoudiger met het patroon van vier lijnen die elkaar in het midden snijden – dat punt is meteen de focus – dan met het kwadraatnet met zijn vele oversnijdingen van draden. In Den Haag gebruikte Van Gogh echter alleen dat laatste type, zoals blijkt uit de vele resten van kwadraatnetten die op tekeningen uit die tijd zijn te vinden. Wonderlijk genoeg is in zijn brieven uit die tijd alleen de andere variant terug te vinden (afb. 18), die hij in zijn Franse jaren wel veelvuldig gebruikte.

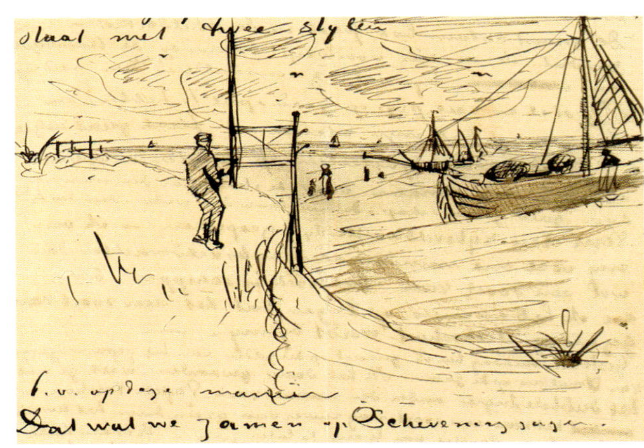

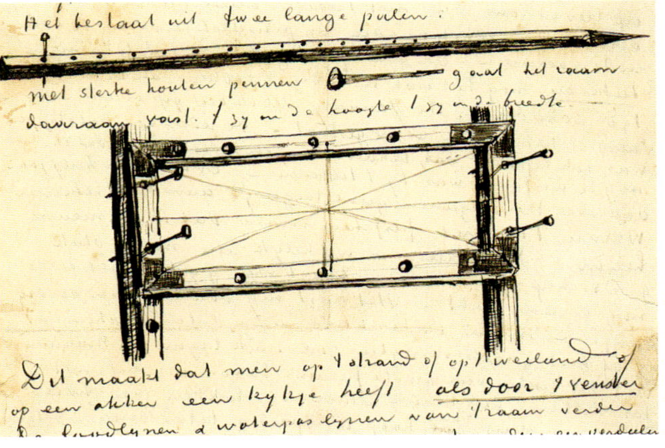

op Cassagne (afb. 15). Maar bij het tekenen naar de werkelijkheid voelde hij zich nog onvoldoende bekwaam om diepte en proporties altijd juist in te schatten. Daarom maakte hij gebruik van een instrument dat hij uit zijn leerboeken had leren kennen: het perspectiefraam. Hij wist dat de grote Duitse kunstenaar Albrecht Dürer (1471–1528) met een dergelijk apparaat had gewerkt en erover had geschreven, en zag daar ook voor zichzelf een waardevolle steun in. Aanvankelijk gebruikte hij een klein model dat gebaseerd was op methodes van Cassagne, maar in de tweede helft van 1882 koos hij meestal voor een groot exemplaar.

De stadsgezichten uit maart 1882 horen tot de vroegste werken die met dit hulpmiddel ontstonden. Van Gogh was erdoor in staat om bijvoorbeeld de ingewikkelde architectuur van de Bank van Lening en de andere panden overtuigend te vertalen naar het platte vlak (afb. 12). Dat hij toch nog problemen bleef houden met dergelijke materie bewijzen de figuren in de voorstelling, die hij later in het atelier toevoegde. Hun onderlinge afmetingen zijn niet erg geloofwaardig: de twee mannen op de voorgrond doen alle anderen op kleuters lijken.

Het perspectiefraam is in Van Goghs Haagse tekeningen alom aanwezig, of het nu was om greep te krijgen op de lastige opbouw van een stadsgezicht, of om de proporties van een figuur correct in te schatten, en hij zou

‹ 15
Allée d'arbres en perspective
illustratie uit Armand Cassagne,
Traité pratique de perspective appliquée au dessin artistique et industriel,
Parijs 1879

‹ 16
Landweg
maart-april 1882
25 x 34 cm
Van Gogh Museum,
Amsterdam

17
Schets in een brief aan Theo
van 5 augustus 1882 [254/222]
Van Gogh Museum,
Amsterdam

18
Schets in een brief aan Theo
van 5 augustus 1882 [255/223]
Van Gogh Museum,
Amsterdam

19
Oude vrouw met omslagdoek
maart 1882
57 x 32 cm
Van Gogh Museum, Amsterdam

> 20
Sorrow
april 1882
44 x 27 cm
Walsall Museum & Art Gallery, Walsall

er gedurende zijn verdere carrière – mogelijk zelfs tot in Auvers-sur-Oise – op blijven terugvallen.

FIGUURTEKENINGEN Hoewel de stadsgezichten een onverwacht groot beslag hadden gelegd op zijn tijd, had Van Gogh het tekenen naar model ondertussen niet uit het oog verloren. Dankzij Sien en haar familieleden was er een weliswaar eenzijdig, maar continu aanbod van modellen, en Van Gogh maakte daar gretig gebruik van. Ook vond hij tijdens zijn omzwervingen door de stad types die hij vastlegde, zoals een oude vrouw die hij zag toen hij met George Breitner op zoek was naar geschikte motieven (afb. 19). Aan Theo vertelde hij in april 1882 dat hij druk doende was met figuurstudies, al hadden landschappelijke en stedelijke motieven ook zijn aandacht: 'Ik kan 't figuur niet loslaten want dat is voor mij No 1 maar ik kan mij soms niet terughouden van buiten [werken]. Maar ik ben aan moeielijke dingen bezig die ik niet mag laten schieten. Dezen laatsten tijd maak ik veel studies van brokken van 't figuur: koppen, hals, borst, schouder. [...] Ik zou dol graag nog veel naaktstudies maken' [214/185]. Veel figuurstudies die hij maakte gingen echter verloren, vermoedelijk verreweg het merendeel, omdat ze ook nu op een goed moment hun nut verloren en door de kunstenaar werden vernietigd.

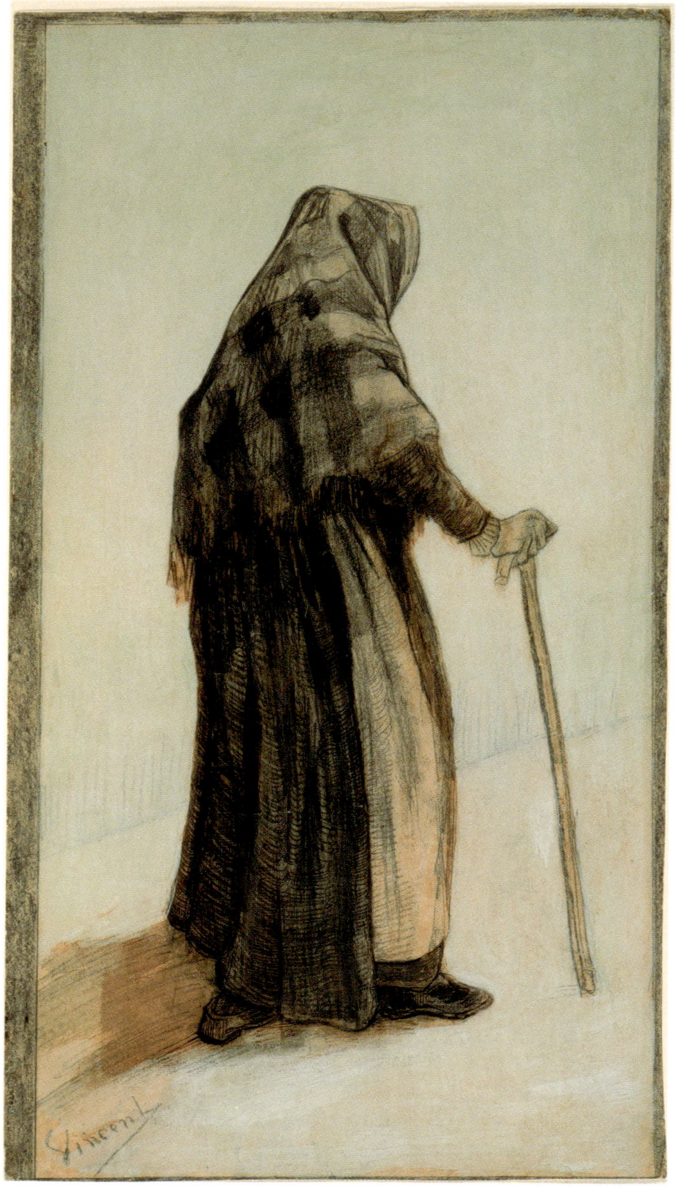

Een ambitieus werk was *Sorrow* (afb. 20), een aan *Worn Out* (afb. 21) verwante voorstelling van een treurende vrouw. De naakte vrouw, gezeten op een steen of boomstronk en in een beklemmende leegte, had voor Van Goghs doen een ongekend zware symbolische lading. Hoewel hij enthousiast was over *Sorrow*, bleef het een uitzonderlijk motief in zijn oeuvre, en hij zou nooit meer werken maken waarin de boodschap zo stevig werd aangezet.

AQUARELLEN: DORPSGEZICHTEN, STADSGEZICHTEN EN LANDSCHAPPEN Tot in de late zomer van 1882 domineerden stads- en dorpsgezichten en landschappelijke thema's het oeuvre van Van Gogh. Daarbij begon hij nu de mogelijkheden van kleur te verkennen. Theo en Tersteeg hadden hem er al tamelijk vroeg in dat jaar op gewezen dat aquarellen beter verkoopbaar waren dan zijn werk in zwarte tekenmaterialen, maar

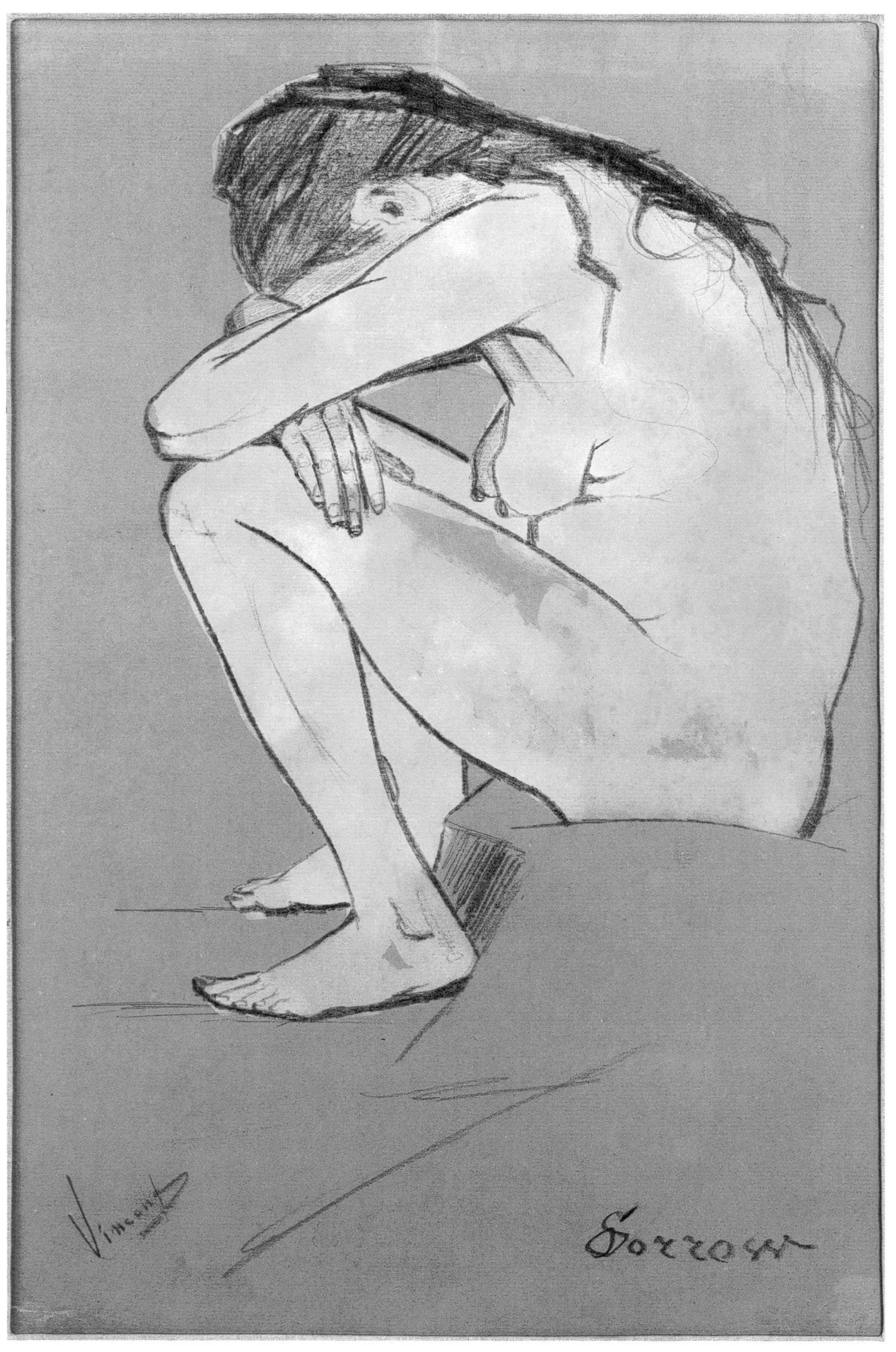
Vincent
Sorrow

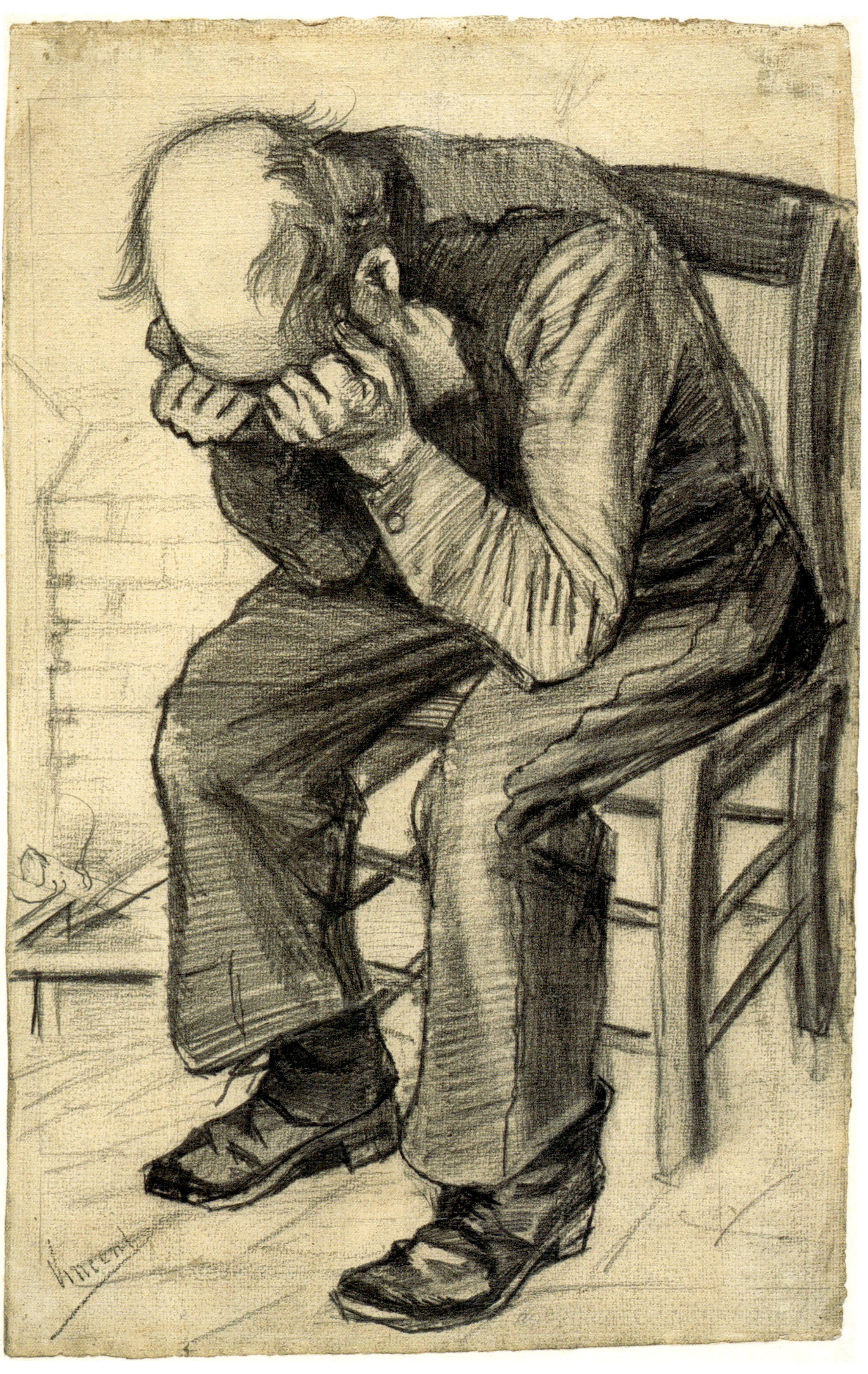

Van Gogh had halsstarrig geweigerd zijn koers te veranderen. Hij wilde het aantal artistieke problemen waar hij mee worstelde overzichtelijk houden. In de zomer van 1882 voelde hij zich echter gesterkt door het feit dat hij in de maanden daarvoor enkele geslaagde tekeningen had geproduceerd, zoals de genoemde werken waarvoor Den Haag hem motieven leverde (afb. 11–14 en 16). Daarnaast was hij ook in Scheveningen onderwerpen gaan zoeken. Dit vissersdorp was van oudsher populair bij kunstenaars en ook Van Gogh, die het goed kende dankzij de vele wandelingen die hij er in zijn jaren bij Goupil had gemaakt, werd erdoor gegrepen. Zijn vertrouwen in eigen kunnen was toegenomen en hij verzekerde Theo eind juli dat hij hem bij een bezoek aan Den Haag aquarellen zou laten zien. Aan de hand van enkele werken van een Scheveningse visdrogerij probeerde hij zijn broer nog te overtuigen dat zijn zelfgekozen leerproces nodig was geweest: 'In de zwart & witte scharrendroogerijen is dat geloof ik al te zien want gij kunt daar alles volgen & nagaan hoe de boel in elkaar zit en ziedaar, ik geloof dat het daarom komt dat ik nu veel vlotter werk met aquarel omdat ik zoo'n langen tijd juist op het meer correcte teekenen mijn best gedaan heb' [252/220].

< 21
Worn out
november 1882
50 x 32 cm
Van Gogh Museum, Amsterdam

Aquarel? Van Gogh bestempelde zijn waterverftekeningen altijd als aquarellen, maar in technisch opzicht zijn ze dat niet. Gedurende zijn Nederlandse jaren gebruikte hij vrijwel consequent gouache, dekkende waterverf die hij in uiteenlopende mate van verdunning opbracht. In een sterke oplossing benadert dit materiaal transparante waterverf, maar het mist het luchtige, heldere karakter daarvan. Van Gogh had in juni 1881 Armand Cassagnes *Traité d'aquarelle* (Parijs 1875) gelezen en zijn werkwijze is vermoedelijk een eigenzinnige variant op een techniek die daarin staat omschreven, de *aquarelle gouachée*, waarbij inderdaad met verdunde gouache wordt gewerkt om aquareleffecten te krijgen.

De door Van Gogh geconstateerde vooruitgang is inderdaad goed te zien in de verschillende voorstellingen van de scharrendrogerij. Een ervan, een zijaanzicht van dit bedrijfje, laat verscheidene huizen zien en zelfs een klein gezicht op Scheveningen, en is met de manden met opgeschoten fris groen op de voorgrond een kleurrijk en zomers tafereel (afb. 22). De snelle groei die Van Gogh als kunstenaar doormaakte, komt duidelijk naar voren in een spectaculair uitzicht over de daken van zijn huis aan de Haagse Schenkweg (afb. 23). Het perspectief van de rij daken sleept de kijker als het ware de voorstelling in, waarin tevens de al bekende timmermanswerf en, vastgeklemd tussen de weg rechts en de horizon, het station Rijnspoor te zien zijn.

NIEUWE FIGUURSTUDIE. VAN GOGHS VOORBEELDEN In september 1882 richtte Van Gogh zich weer met overgave op het tekenen van figuren, zijn grootste passie. Hij had onverwacht een gevarieerd aanbod aan modellen gekregen door zijn ontdekking van het Nederlands Hervormd Oudemannen-en-vrouwenhuis. Verschillende bewoners van deze instelling poseerden regelmatig voor Van Gogh. Zij waren voor hem ideale modellen: ze waren meestal beschikbaar, poseerden in vergelijking met professionele

22
Scharrendrogerij in Scheveningen
juli 1882
36 x 52 cm
Privé-collectie

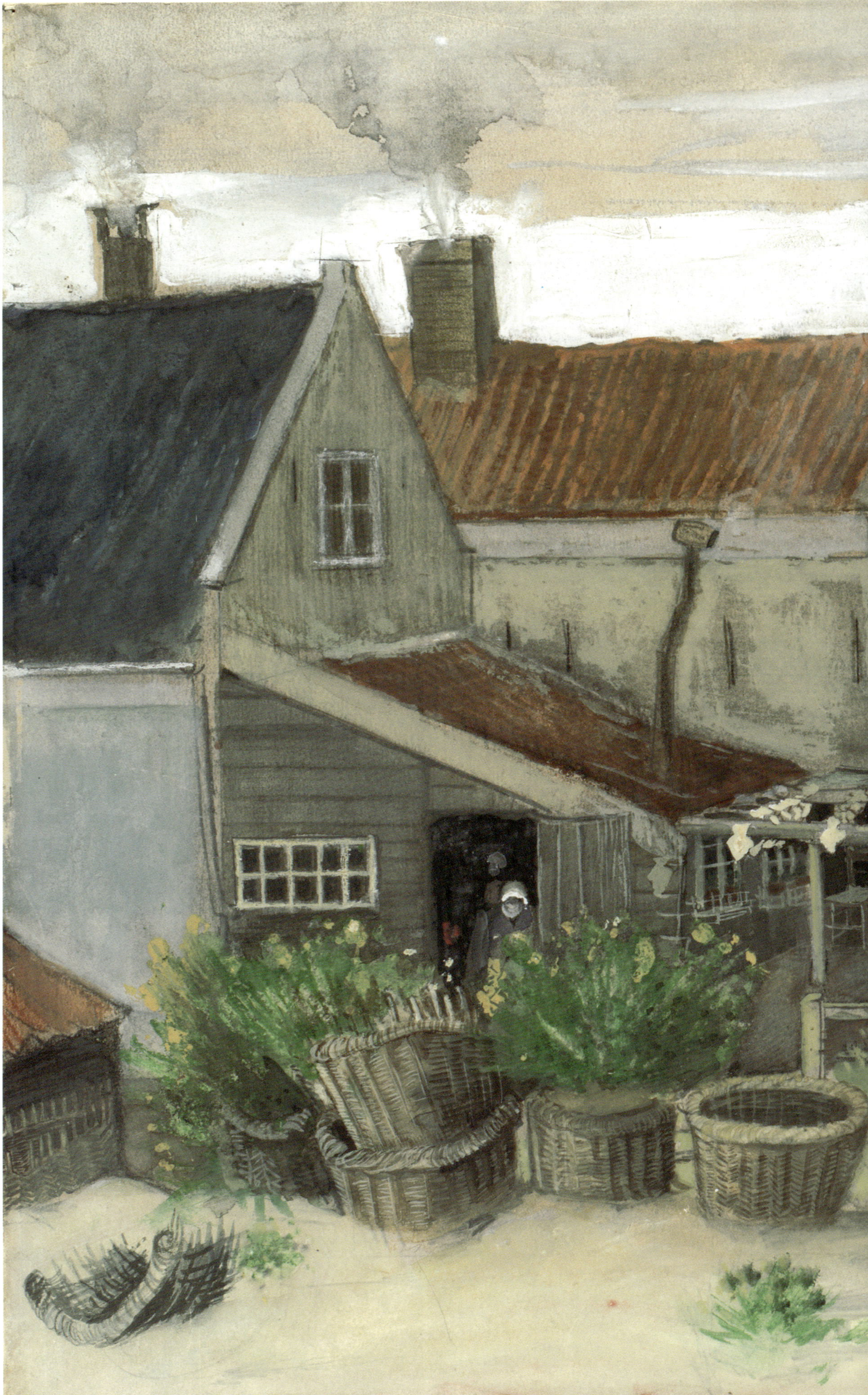

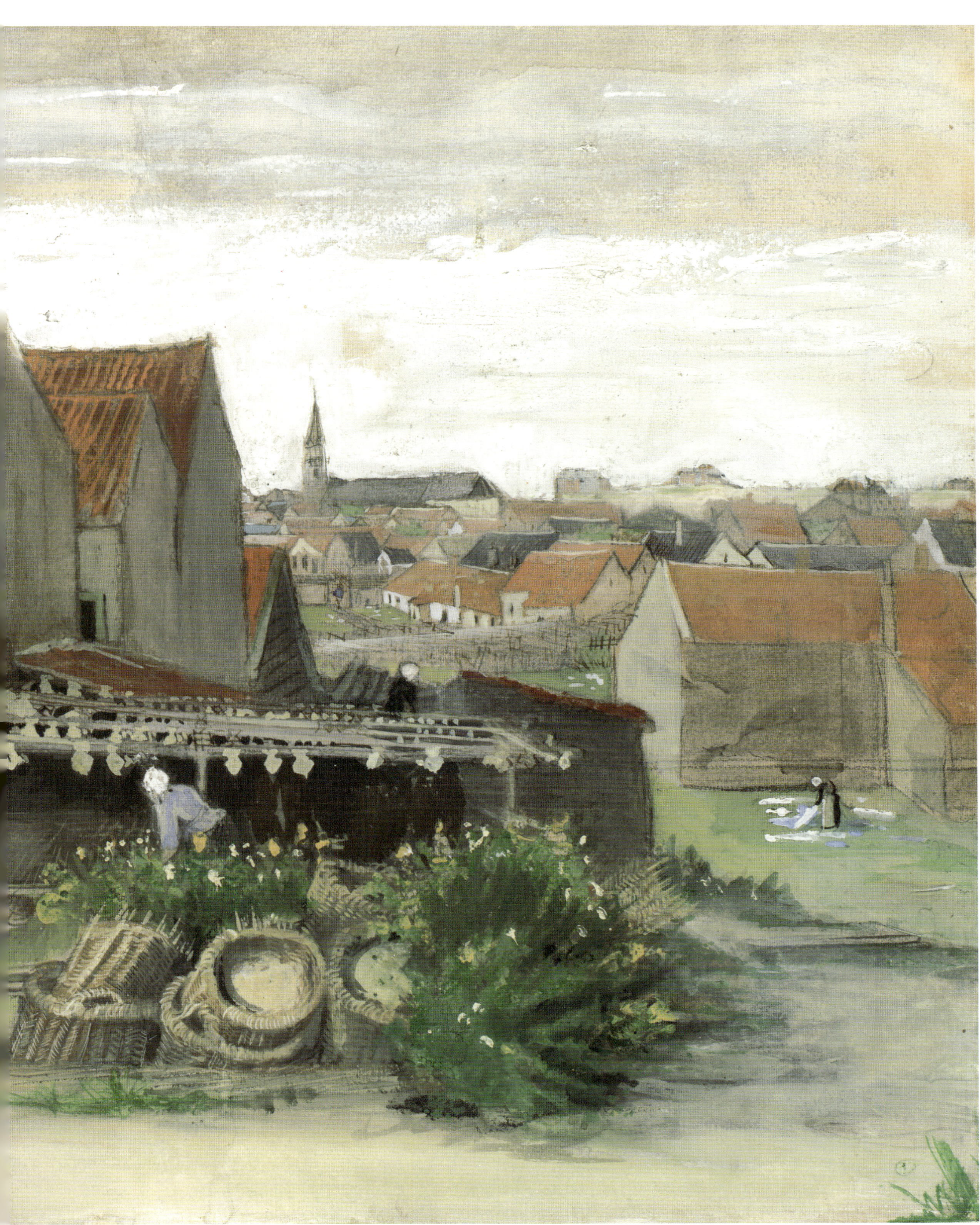

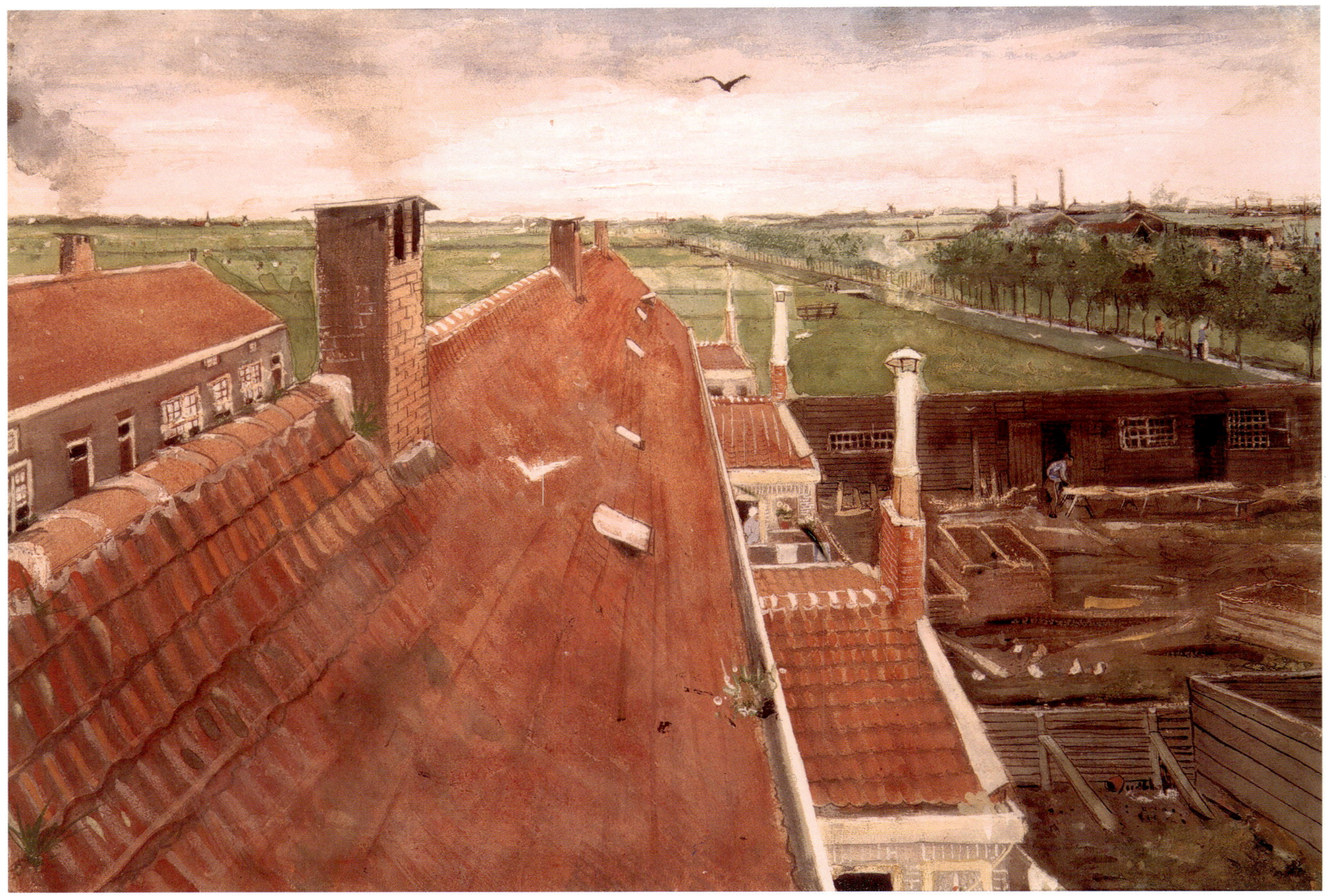

23
Daken
juli 1882
39 x 56 cm
Privé-collectie

modellen voor weinig geld ('een paar kwartjes voor een middag of morgen' [273/238]), en hun gezichten en lichamen waren getekend door het harde leven dat ze hadden moeten leiden.

Tot in november gaf Van Gogh hen tientallen malen weer in potloodtekeningen op groot formaat, in een krachtige, hoekige trant. Hij gebruikte daarvoor timmermanspotloden, die aanzienlijk steviger zijn dan normale potloden, zodat hij veel kracht kon zetten. Met hun brede grafietstiften kon hij zowel smalle als brede lijnen tekenen. Omdat hij deze zwaar aanzette, en bovendien graag op nat papier werkte, gebruikte hij *torchon,* een stevige kwaliteit ruw aquarelpapier. Veel van de figuren hebben door zijn werkwijze een uitdrukkingskracht die het doorleefde karakter van de modellen goed tot zijn recht laat komen.

Na zijn experimenten met kleur in de zomer concentreerde Van Gogh zich nu dus op het werken in zwart. Die keuze had ook te maken met zijn liefde voor prenten uit geïllustreerde Engelse en Franse tijdschriften als *The Graphic, The Illustrated London News* en *L'Illustration.* Hij was een ver-

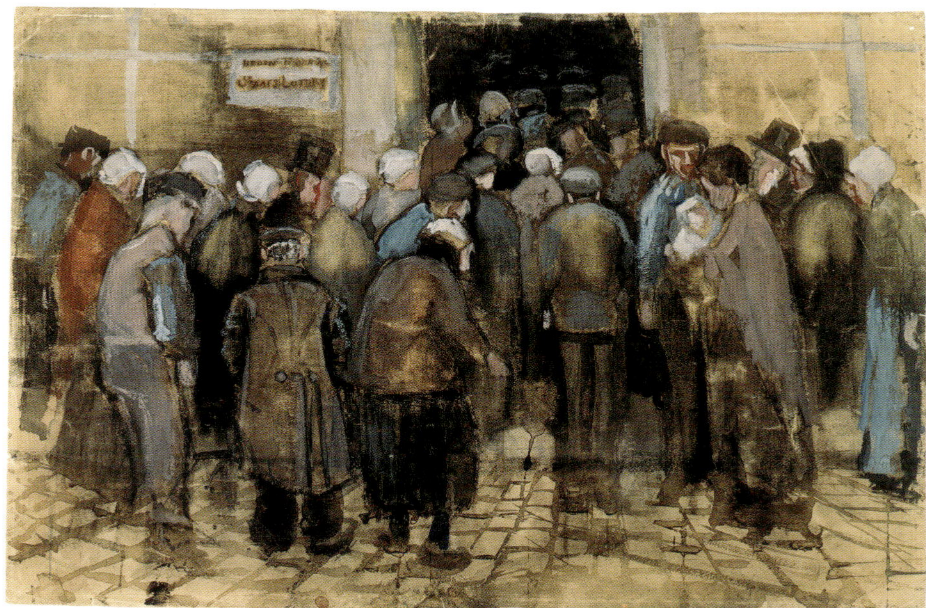

24
De armen en het geld
september-oktober 1882
38 x 57 cm
Van Gogh Museum,
Amsterdam

25
Hubert Herkomer
Heads of the people drawn from life, II: The agricultural labourer – Sunday
uit *The Graphic* 12
(9 oktober 1875)

26
Luke Fildes
Houseless and hungry
uit *The Graphic*,
Portfolio 1877

woede verzamelaar van deze reproducties, die hij uitknipte en opplakte. Zijn collectie, die thans in het Van Gogh Museum wordt bewaard, omvat circa 1400 bladen. Het zijn overwegend houtgravures (en in mindere mate litho's) die door vaardige grafici waren gemaakt naar originele tekeningen van door Van Gogh bewonderde kunstenaars als Hubert Herkomer (1849–1914) (afb. 25), Luke Fildes (1843–1927) (afb. 26) en Paul Renouard (1841–1919). Zij waren in staat figuren overtuigend weer te geven en realistisch te groeperen. Bovendien was hun thematiek ontleend aan het leven van alledag en met volkse types als hoofdrolspelers; precies de onderwerpen die Van Gogh in zijn eigen werk nastreefde. In september-oktober 1882 maakte hij de in opzet complexe waterverftekening *De armen en het geld* (afb. 24). Hierin wilde hij 'de oppositie van misère en dat soort van efforts de perdus [wanhoopspogingen]' uitbeelden van de armen die hun laatste geld opmaken aan een loterijbriefje dat hun leven een betere wending moet geven [271/235]. Vooralsnog had Van Gogh echter onvoldoende artistieke mogelijkheden om een dergelijke veeleisende compositie tot een goed einde te brengen.

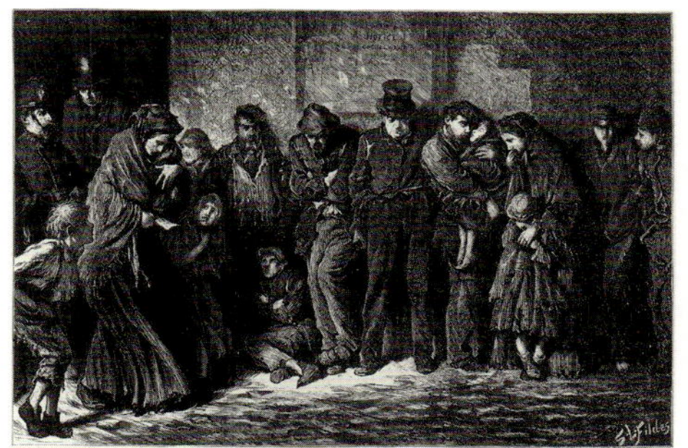

HET PORTRET VAN JOZEF BLOK In Den Haag had Van Gogh talrijke hoekige, ruwe 'koppen' in zwart en wit geschilderd en getekend, maar dat waren studies, bedoeld om een bepaald type weer te geven en dus niet als een karakteristieke uitbeelding van een bepaalde persoon. In november maakte Van Gogh echter een echte portrettekening, die om deze reden een uitzonderingspositie inneemt in zijn Nederlandse oeuvre: het *Portret van Jozef Blok* (afb. 27), verzorgd uitgevoerd in potlood en waterverf, en in de bakkebaarden nog wat verzwaard met zwart lithografisch krijt. Bij de Haagse straatboekhandelaar Blok (1832–1905) kocht Van Gogh de tijdschriften waar

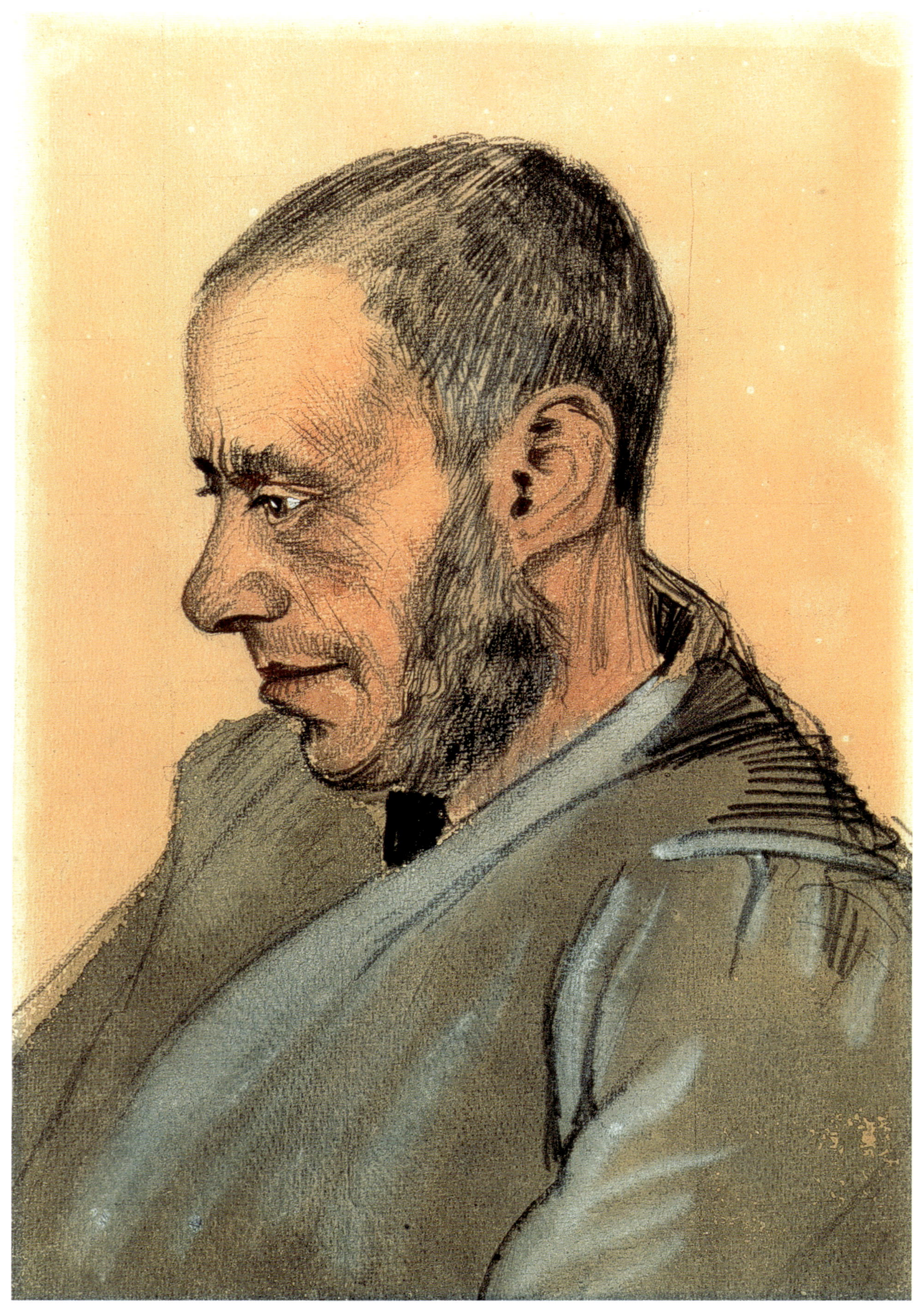

hij zijn geliefde illustraties uitknipte. Hij bewonderde de markante gezichten van de familie Blok en uitte tegenover Theo de wens om verscheidene leden van de familie vast te leggen [281/241]. Die wens ging in vervulling toen hij, in ruil voor enkele afleveringen van *The Graphic,* de vader en moeder van Blok (elk twee keer) portretteerde. Deze tekeningen zijn echter niet overgeleverd.

TECHNISCHE EXPERIMENTEN De bestudering van prenten uit tijdschriften leverde Van Gogh naast onderwerpen ook technische ideeën op. Hij wist dat de oorspronkelijke tekeningen eveneens in zwart en wit waren gemaakt en dat Engelse kunstenaars ze vanaf 1872 toonden in 'Black and White exhibitions' waarvan hij besprekingen kon lezen in *The Graphic.* Het werken met zwarte materialen sprak sterk tot Van Goghs verbeelding en leidde tot een experimenteerzucht zonder weerga in zijn oeuvre. Hij streefde ernaar om, net als zijn Engelse voorbeelden, een sterke expressie te bereiken met niet meer dan zwart- en grijsnuances, en beproefde met het oog daarop veel verschillende materialen. Sommige daarvan gaan weliswaar terug op zijn leerboeken, maar werden door Van Gogh op een eigenzinnige manier geïnterpreteerd. Andere danken hun ontstaan aan een kortstondig experiment met grafisch werk.

Van Gogh probeerde zijn potloodtekeningen meer cachet te geven door het grafiet met melk te bewerken, een idee dat vrijwel zeker was ontstaan nadat hij bij Cassagne had gelezen dat melk een fixeermiddel was voor potlood en krijt. Zo ontdekte hij dat de melk, zeker als die royaal wordt gebruikt, het grafiet zijn glans ontneemt en fluwelig zwart maakt, een effect dat hij zeer waardeerde en dat goed paste bij de realistische werken die hij wilde maken. De bewuste bladen hebben daardoor vaak een opvallend fixeervlak rondom de figuur, en af en toe zelfs witte vlekken waar een verhoudingsgewijs grote hoeveelheid melk opdroogde.

VAN GOGHS GRAFISCHE WERK Van de weinige grafische werken die Van Gogh in zijn carrière vervaardigde – negen litho's en één ets – hadden de zes litho's die hij in november 1882 maakte een grote invloed op zijn Haagse werk. Bovendien formuleerde Van Gogh bij dit project inhoudelijke artistieke gedachten die veelzeggend zijn voor zowel deze prenten als voor zijn tekeningen uit dezelfde tijd, en die in belangrijke mate geldig zouden blijven gedurende zijn hele carrière.

De reeks van zes bestond uit een litho naar *Sorrow* (afb. 28) en uit vijf min of meer nauwkeurige kopieën van recenter gemaakte figuurtekeningen in potlood, waaronder *Worn Out* (die als litho de al even zwaarmoedige titel *At Eternity's Gate* – 'Aan de poort van de Eeuwigheid' – meekreeg, afb. 29). Van Gogh miste in Nederland voorbeelden van het soort grafiek dat hij zelf verzamelde. Hier te lande bestonden daarvan slechts matige aftreksels, en

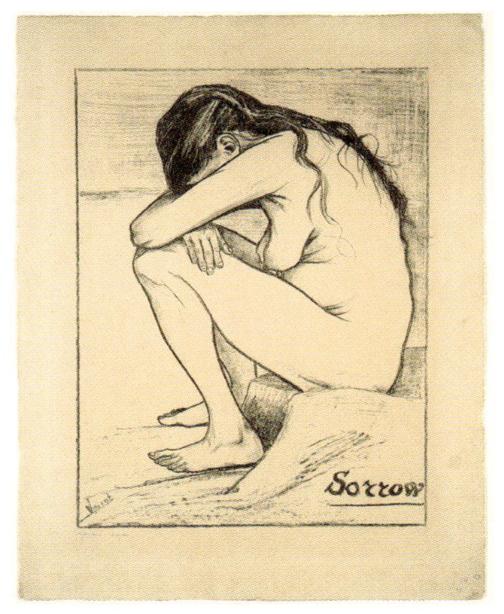

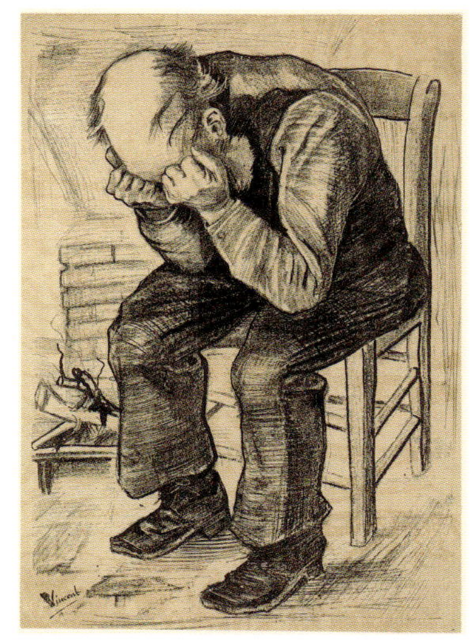

< 27
Portret van Jozef Blok
november 1882
38 x 26 cm
Van Gogh Museum, Amsterdam

28
Sorrow
november 1882
39 x 29 cm
Van Gogh Museum, Amsterdam

29
Worn out (At Eternity's Gate)
26–27 november 1882
40 x 34 cm
Van Gogh Museum, Amsterdam

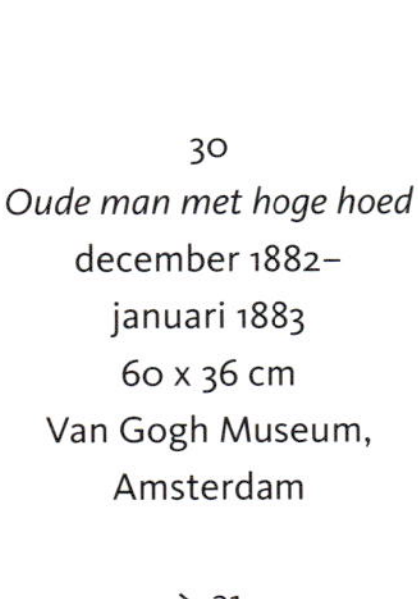

30
Oude man met hoge hoed
december 1882–
januari 1883
60 x 36 cm
Van Gogh Museum,
Amsterdam

> 31
Treurende vrouw
gezeten op een mand
januari-
februari 1883
47 x 29 cm
Kröller-Müller Museum,
Otterlo

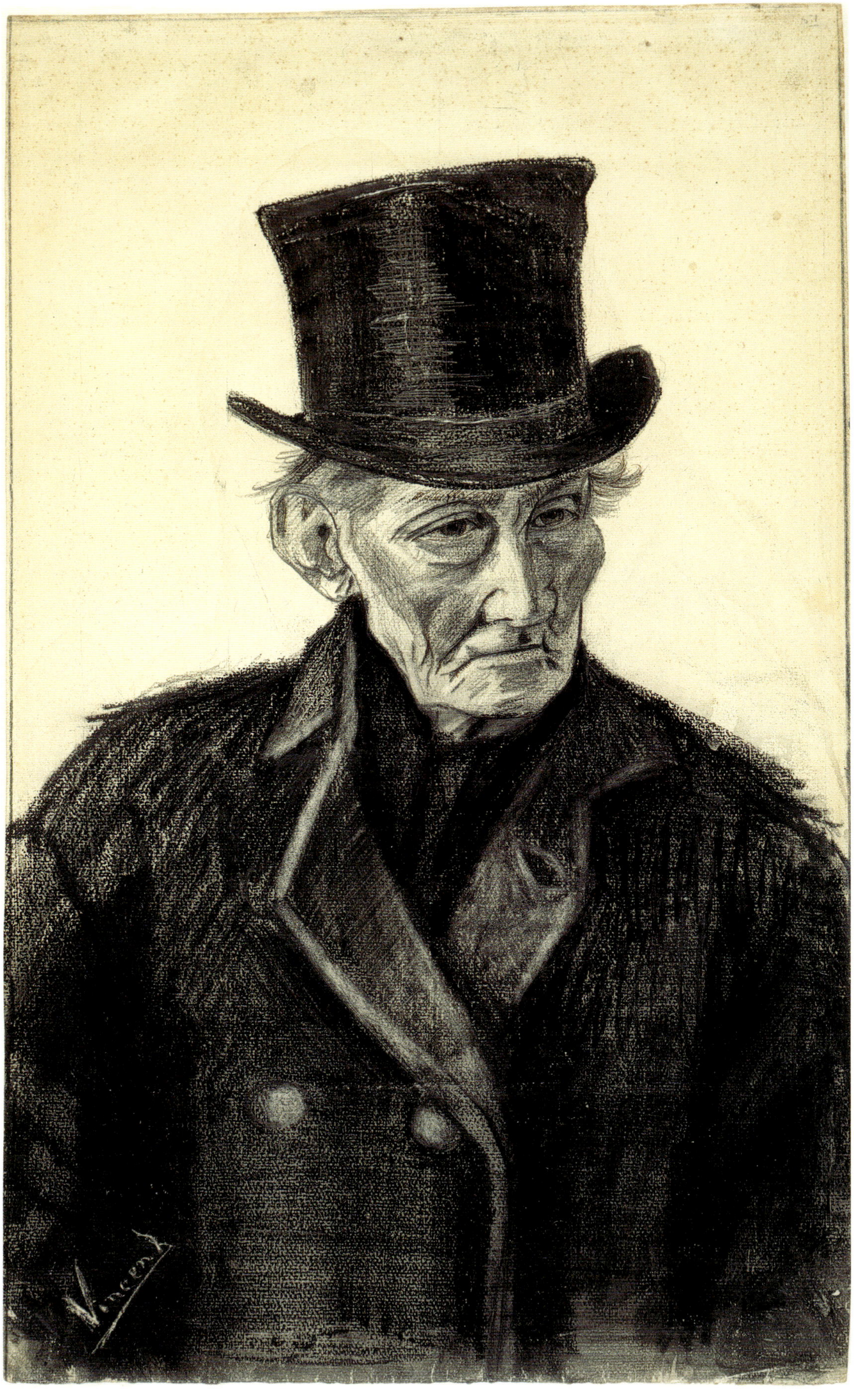

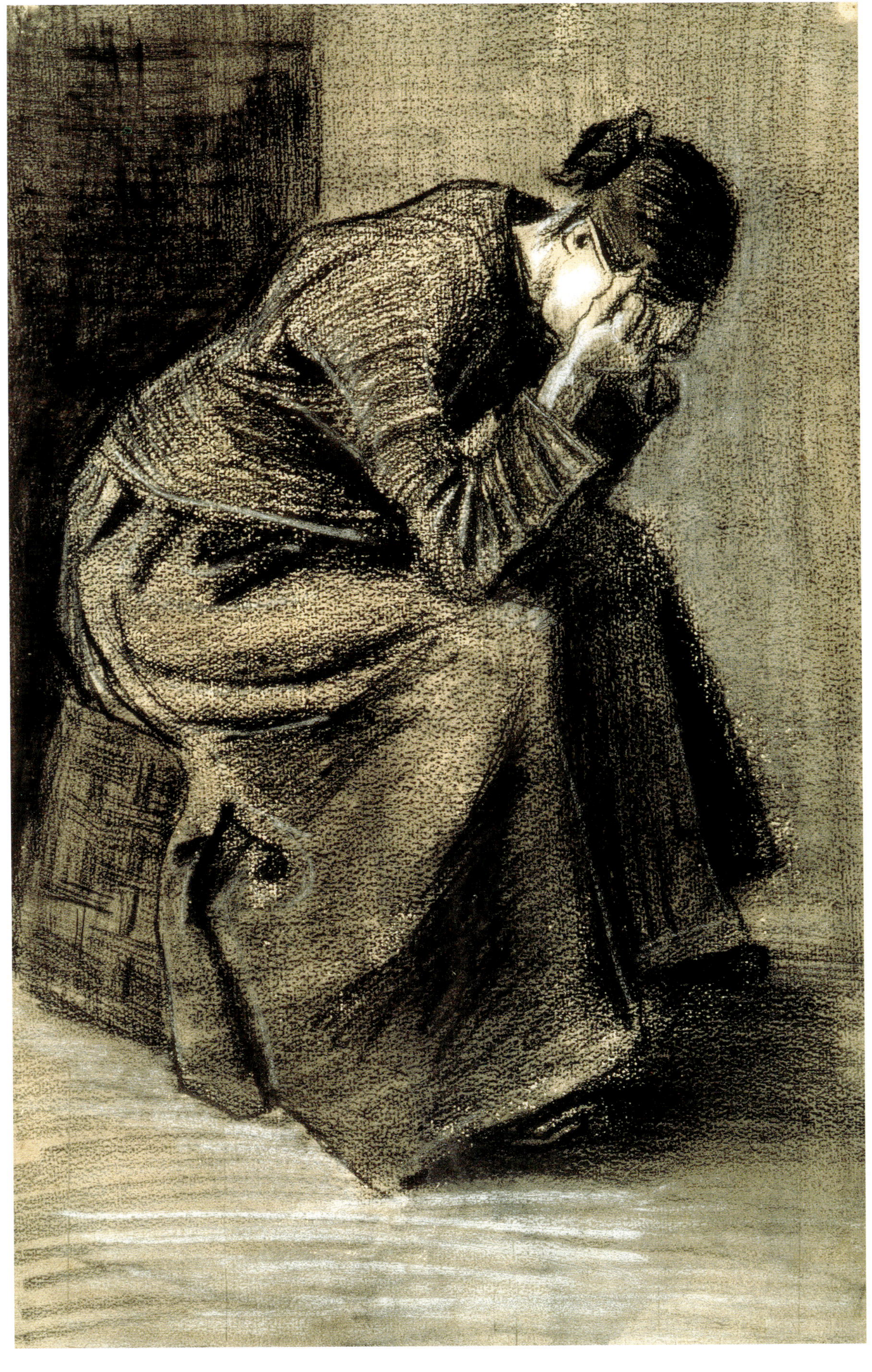

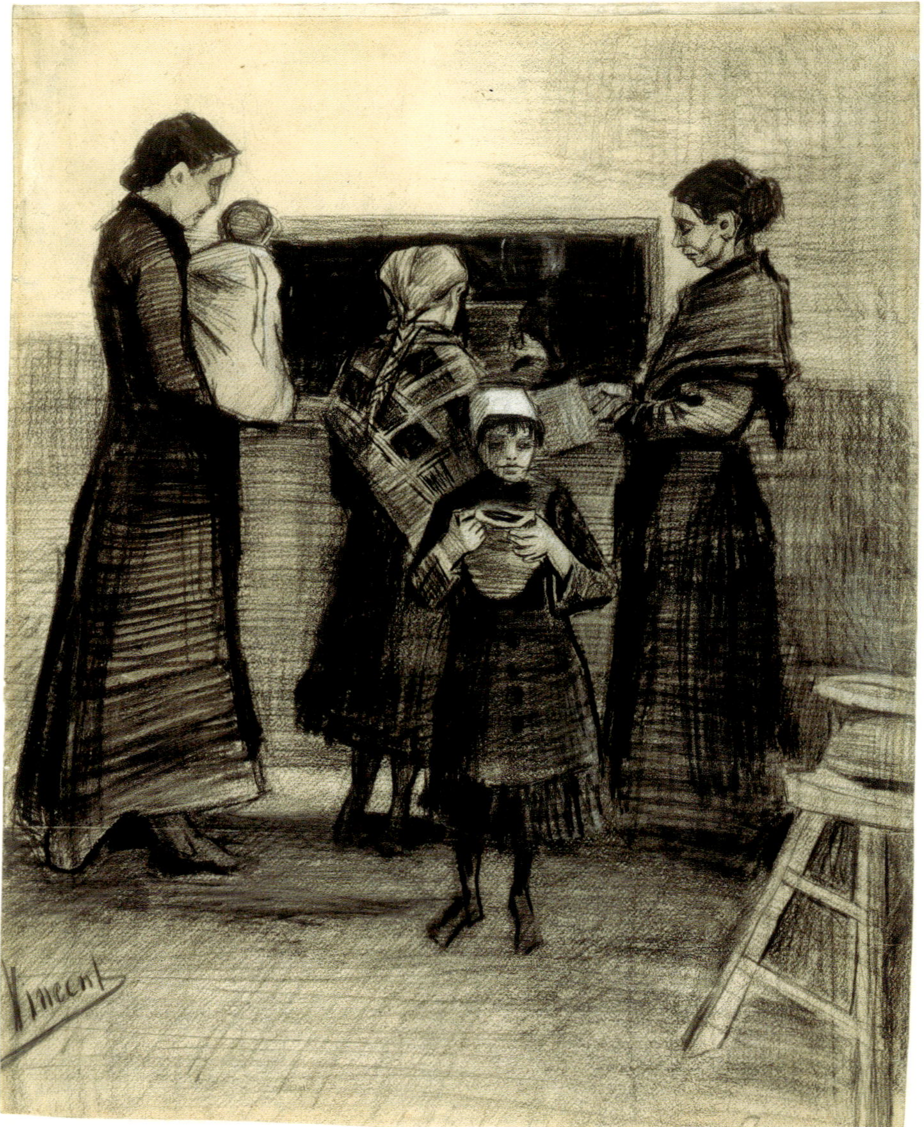

32
Soepuitdeling in een volksgaarkeuken
maart 1883
57 x 44 cm
Van Gogh Museum, Amsterdam

hij zag dan ook een gat in de markt. In navolging van kunstenaars als Hubert Herkomer wilde hij grafiek maken die betaalbaar en aantrekkelijk was voor de lagere klassen, ook wat onderwerp betreft: 'uit het volk voor het volk', zoals hij het omschreef [291/249, 293/251]. Hij dacht zelfs aan een vereniging van kunstenaars die dergelijke werken, die niet duurder mochten zijn dan vijftien cent, zouden produceren. Van Gogh had met zijn kunst de intentie om mensen troost te bieden, en zijn reeks prenten – los van de commerciële intenties die het project ook had – was daarvan een van de eerste, concrete uitingen. De zes litho's bleven uiteindelijk in het experimentele stadium steken en tot grotere oplages kwam het niet.

SCHILDEREN MET ZWART De ontdekking van het lithografisch krijt was Van Gogh zo goed bevallen dat hij dit vettige diepzwarte materiaal in december 1882 in zijn tekeningen ging gebruiken, naast potlood en pen of penseel in zwarte inkt. Hij kon zo een scala aan subtiele nuances van zwart verkrijgen en betitelde deze werkwijze als 'schilderen met zwart' [298/256]. Hoe effectief de expressie kan zijn die hij daarmee bereikte, bewijst de ingetogen *Oude man met hoge hoed* (afb. 30). Soms werkte Van Gogh louter met lithografisch krijt, en ook dan bleek het zich goed te lenen voor het realisme waar hij naar zocht, zoals in een nieuwe variant van zijn motief van een treurende persoon (afb. 31). In maart-juli 1883 breidde hij zijn 'schilderen met zwart' nog verder uit door ook drukinkt in zijn tekeningen toe te passen.

Bijzondere technieken In litho's wordt met naald en schraapijzer materiaal van de steen weggeschraapt om lichtere plekken te creëren. Dat wilde Van Gogh ook in zijn tekeningen toepassen, maar het vette lithokrijt liet zich niet van het papier wegkrassen. Van Gogh ontwikkelde daarom een speciale techniek: hij tekende eerst met potlood, en vervolgens met lithografisch krijt daaroverheen. Op het gladde grafiet liet dit krijt zich nu wel verwijderen, waardoor hij lichtere effecten kon bereiken.

Van Goghs enthousiaste materialenonderzoek leidde ook tot een herontdekking. In de zomer van 1882 had Theo hem een kleine hoeveelheid natuurlijk krijt toegestuurd – de meeste laat-19de-eeuwse krijtsoorten waren kunstmatig vervaardigd – dat hij steeds als 'bergkrijt' zou omschrijven. Aanvankelijk zag hij er niet veel in, maar zijn experimenten openden kennelijk zijn ogen, want in maart 1883 liet hij er zich in gloedvolle termen over uit. Het had de kleur van 'een omgeploegd land op een zomeravond' schreef hij aan Van Rappard [327/R 30] en tegenover Theo prees hij de 'zigeunersziel' van het krijt [326/272]. Hij maakte er, in combinatie met andere materialen, verscheidene tekeningen op fors formaat mee. Helaas werkte hij daarbij in veel gevallen op houthoudend papier, dat in de loop der tijd sterk verbruinde en de tekenmaterialen van hun nuances beroofde. Het belangrijkste blad, *Soepuitdeling in een volksgaarkeuken* (afb. 32), bleef echter goed bewaard: de typerende tint van het krijt – zwart met een duidelijk bruine zweem – komt er goed in tot zijn recht. Het is een uitgesproken ambitieus werk, waarmee Van Gogh in de voetsporen trad van de illustratoren die hij zo bewonderde: het sociaal-realistische onderwerp, de gratis verstrekking van soep aan de armen, zou uitstekend in *The Graphic* hebben gepast. Ook met de compositie met meer figuren greep hij hoog, al heeft het blad in dat opzicht nog steeds iets van de stijfheid die vroegere tekeningen zo kenmerken.

WEG UIT DEN HAAG In de 21 maanden die Van Gogh in Den Haag werkte, ontwikkelde hij zich tot een jonge kunstenaar die het voorbeeld volgde van meesters van de Haagse School als Mauve en Jozef Israëls (1824–1911) en van Barbizonkunstenaars als Millet en Jules Breton (1827–1906), en die tevens stevige inspiratie vond bij de werken van kunstenaars uit zijn grafische collectie. Weliswaar had hij kunnen profiteren van de kennis van gevestigde Haagse meesters, maar dat had een minder hoge vlucht genomen dan hij vermoedelijk had gewild. Bovendien was zijn relatie met Sien Hoornik in

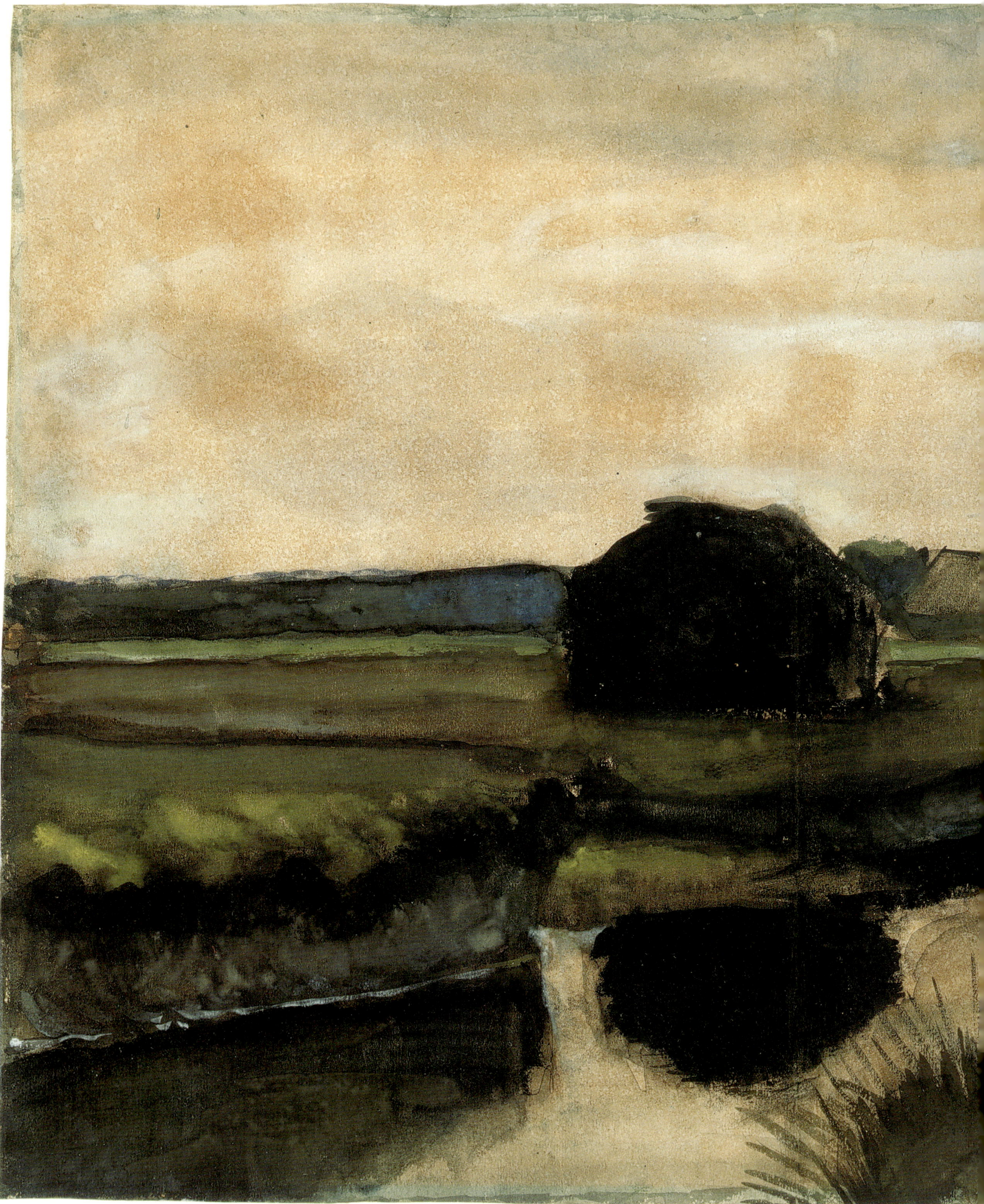

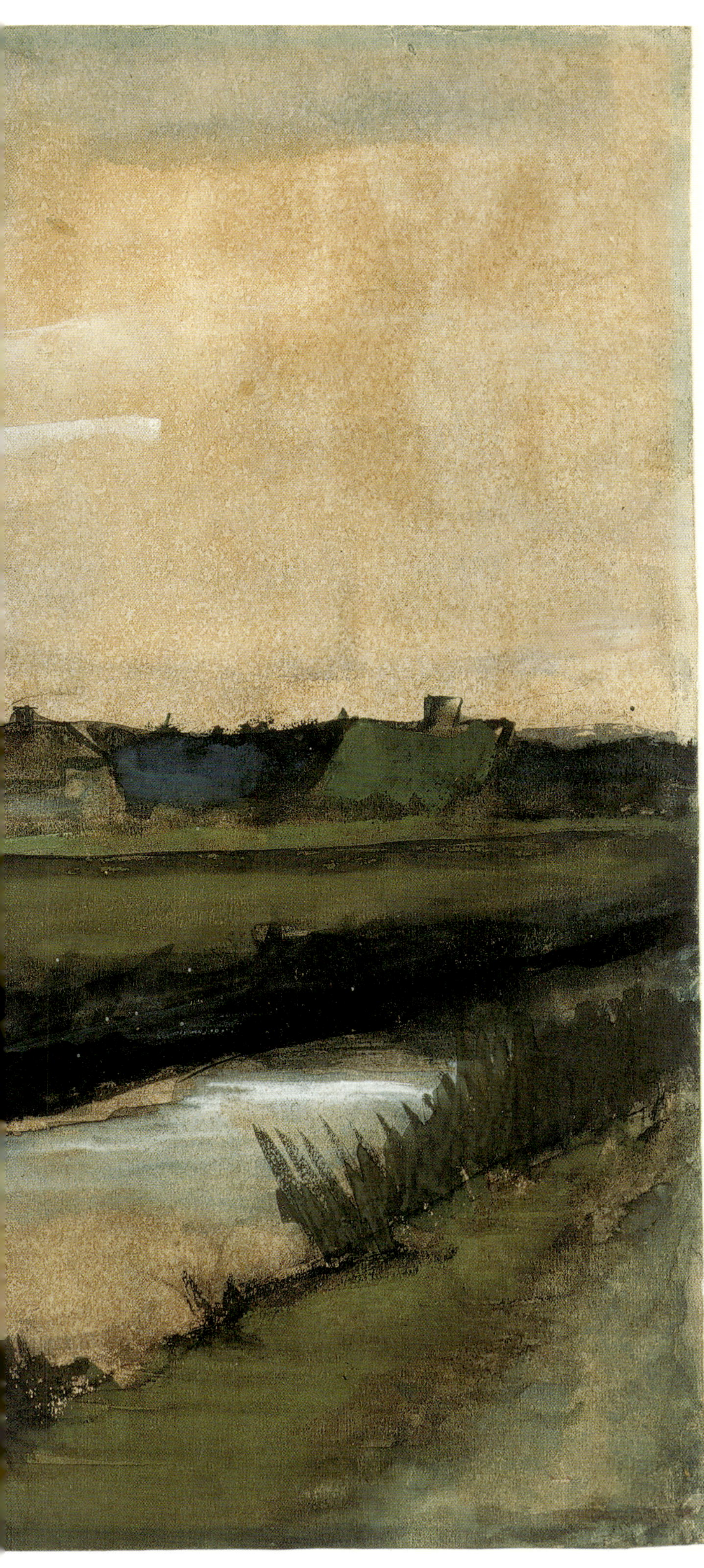

33
Landschap met turfhoop
en boerderijen
september-december 1883
42 x 54 cm
Van Gogh Museum,
Amsterdam

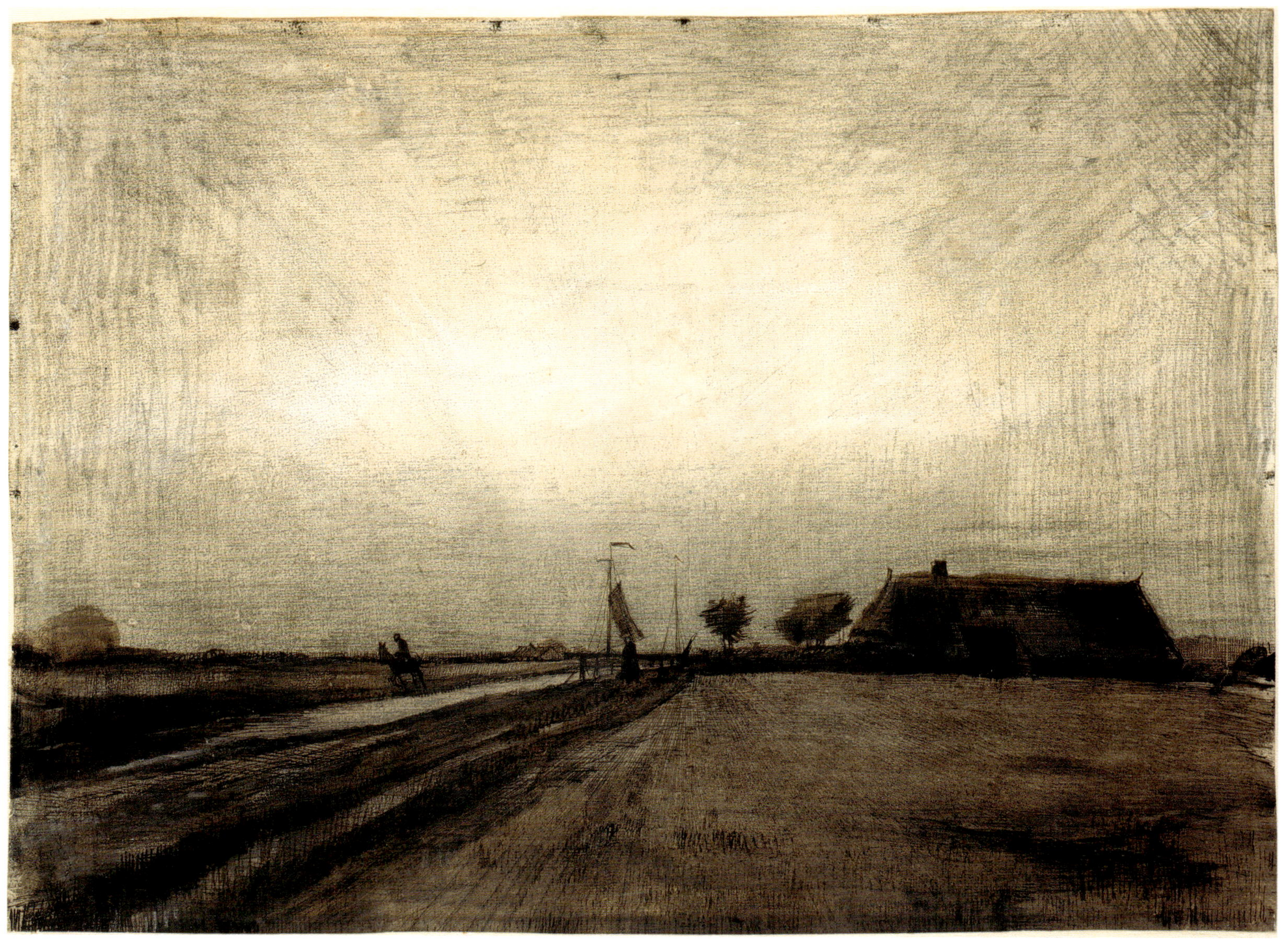

de loop van 1883 uitzichtloos geworden, en in de late zomer van dat jaar besloot hij Den Haag te verlaten om in Drenthe zijn geluk te gaan beproeven. Al enige tijd kende hij de verhalen over de landelijke schoonheid van deze provincie, en op 11 september kwam hij daar aan.

LANDSCHAPPEN EN GEBREK AAN MODELLEN Van Gogh had van bevriende kunstenaars begrepen dat het leven in Drenthe goedkoop was en dat hij er voor weinig geld modellen kon krijgen. Goedkoop of niet, de plaatselijke bevolking bleek huiverig om voor hem te poseren. Hij werd er bovendien geplaagd door materiaalgebrek en miste een atelier waar hij goed kon werken. Pogingen tot modelstudie in de herberg waarin hij in Hoogeveen zijn intrek had genomen liepen op niets uit.

< 34
Landschap in Drenthe
tweede helft september-begin oktober 1883
31 x 42 cm
Van Gogh Museum, Amsterdam

Het Drentse landschap viel hem in eerste instantie ook niet mee. Van Gogh had de verhalen van onder meer Mauve en Van Rappard in gedachten vertaald in beelden van de rustieke heidelandschappen die hij kende uit zijn jeugd, maar die bleken niet te stroken met de realiteit. De Drentse heide was uitgestrekt en verlaten: 'agaçant vervelend en vermoeiend als de woestijn, even onherbergzaam en als 't ware vijandig' [390/325]. In zijn beste tekeningen uit die tijd wist hij wel op overtuigende wijze effecten van de schemering weer te geven (afb. 33, 34). Op dat specifieke moment van de dag als de duisternis invalt, onderging het landschap naar zijn mening een opzienbarende gedaantewisseling: 'Die zelfde agaçant vervelende plek – 's avonds als een arm figuurtje door de schemering zich beweegt – als die uitgestrekte, door de zon verschroeide aardkorst donker uitkomt tegen de fijne lilas toonen van den avondhemel, en het donker blaauwe allerlaatste lijntje aan den horizon grond van lucht scheidt – kan subliem worden zóó als op een J. Dupré' [390/325].

Maar alles bij elkaar genomen liep zijn verblijf hier op een fiasco uit. Al na drie maanden vertrok hij gedesillusioneerd naar Nuenen, waar zijn vader inmiddels als dominee was aangesteld.

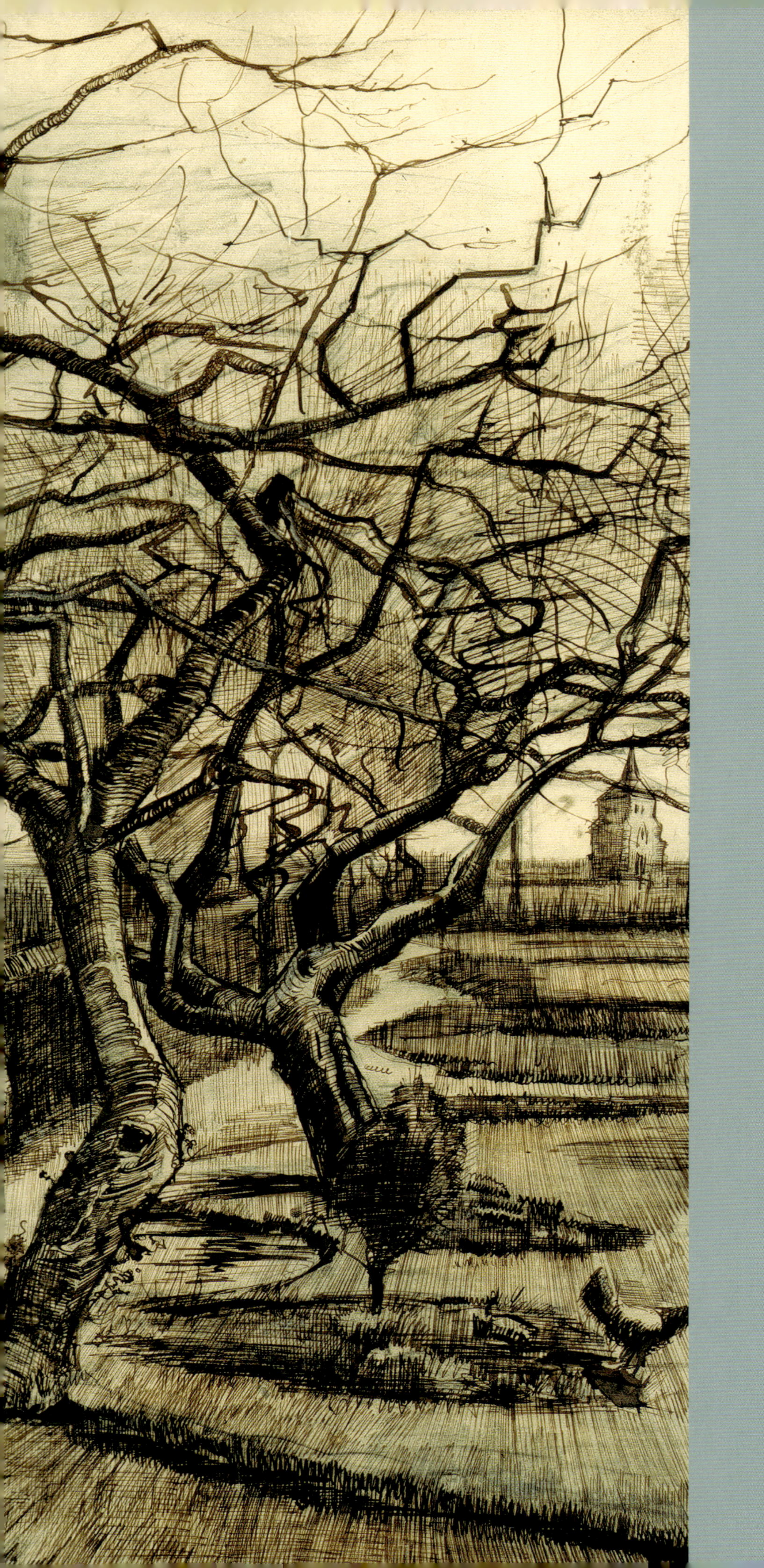

1883–1885
Nuenen

Het boerenleven centraal

VAN GOGH HAD HET OUDERLIJK HUIS IN ETTEN twee jaar eerder met hooglopende ruzie verlaten. De verhouding met zijn ouders was ondertussen enigszins verbeterd, maar veel hoop op een harmonieuze toekomst hadden ze geen van drieën. Al snel na aankomst in Nuenen bleken de geesten nog steeds slecht verenigbaar. Ondanks de moeizame verhouding zouden Van Goghs ouders hem blijven steunen, en zijn vader toonde, in ieder geval tegenover Theo, zelfs enig enthousiasme voor zijn tekeningen.

Van Gogh had in Den Haag al het nodige vernomen over de pittoreske kwaliteiten van Nuenen, en die hadden een belangrijke rol gespeeld bij zijn beslissing zich weer bij zijn familie te voegen. Het Brabantse dorp viel hem allerminst tegen en al snel vond hij er geschikte motieven. Hij begon zijn nieuwe omgeving vast te leggen in een groep betrekkelijk kleine pentekeningen van winterlandschappen met motieven die in zijn Nuenense werk terug zouden blijven keren: de oude toren in de akkers, het 'boerenkerkhof' nabij die toren en de fraaie tuin achter de pastorie – soms samengebracht in hetzelfde blad (afb. 35).

In brieven had zijn familie onder meer verteld over plaatselijke wevers. Dat had Van Goghs nieuwsgierigheid gewekt, want wevers hadden sinds het begin van zijn kunstenaarschap zijn bijzondere interesse. Zo was hij in 1879

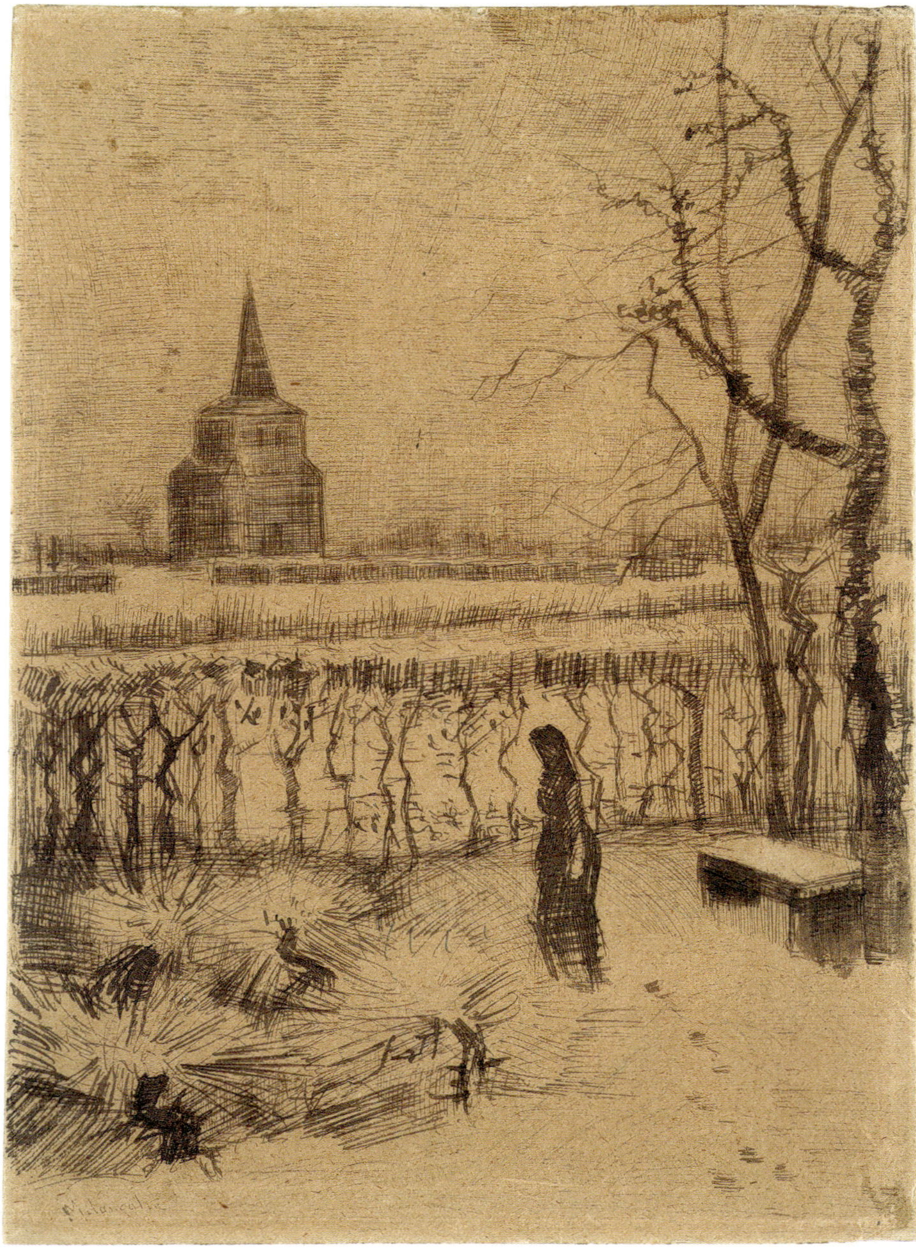

35
Melancholie
december 1883
29 x 21 cm
Van Gogh Museum, Amsterdam

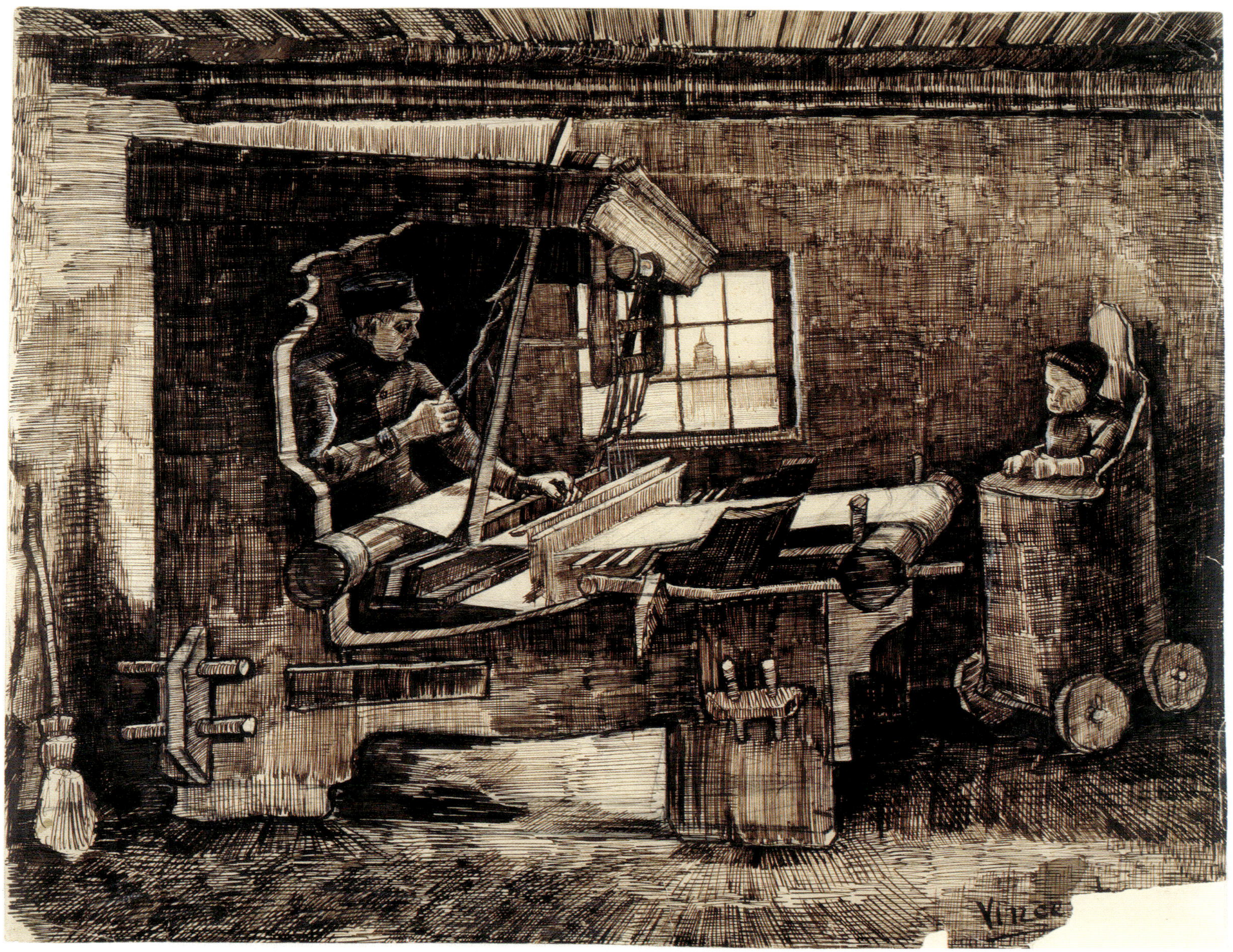

36
Wever, en baby in een kinderstoel
eind januari-begin februari 1884
32 x 40 cm
Van Gogh Museum, Amsterdam

tijdens een lange voettocht door België en Noord-Frankrijk, op weg naar het atelier van Jules Breton in Courrières, door weversdorpen gekomen en onder de indruk geraakt van de dromerige uitstraling van deze ambachtslieden. In Nuenen pakte hij het onderwerp, waarvoor hij ook commerciële mogelijkheden vermoedde, dan ook snel op: uit de periode december 1883–augustus 1884 zijn zestien volwaardige tekeningen in pen of aquarel met wevers bekend, alsmede tien schilderijen (die in sommige gevallen het voorbeeld vormden voor een van de tekeningen).

De zestien bladen maken duidelijk dat Van Gogh zelfvertrouwen en ambitie had ontwikkeld. De meeste zijn op een vrij fors formaat van ca. 30 x 40 cm, technisch sterk uitgewerkt en gesigneerd, kwaliteiten die erop wijzen dat hij ze rijp voor verkoop achtte. De tekeningen tonen de wever aan het werk, hetzij achter zijn getouw, hetzij bezig met andere aspecten van het

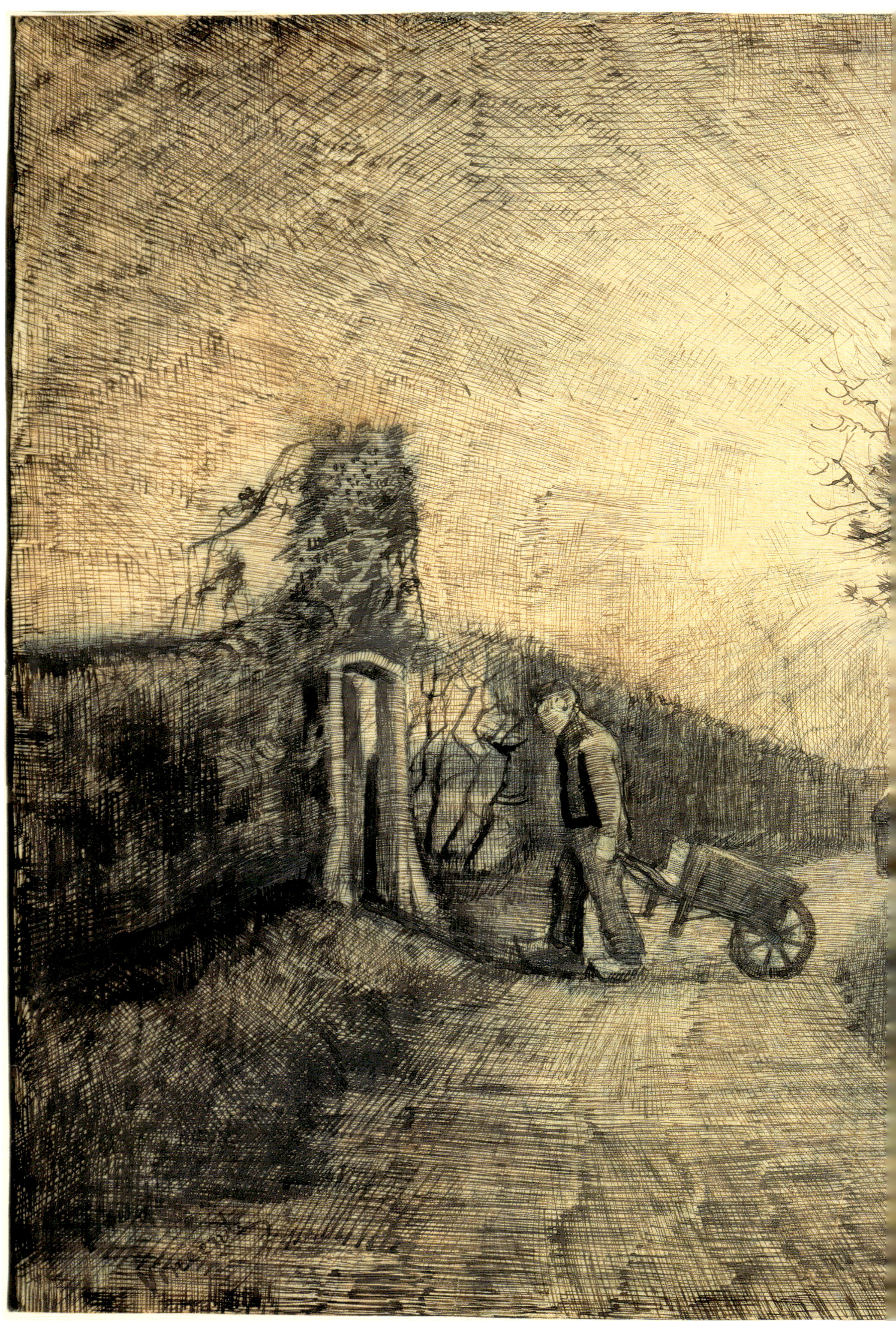

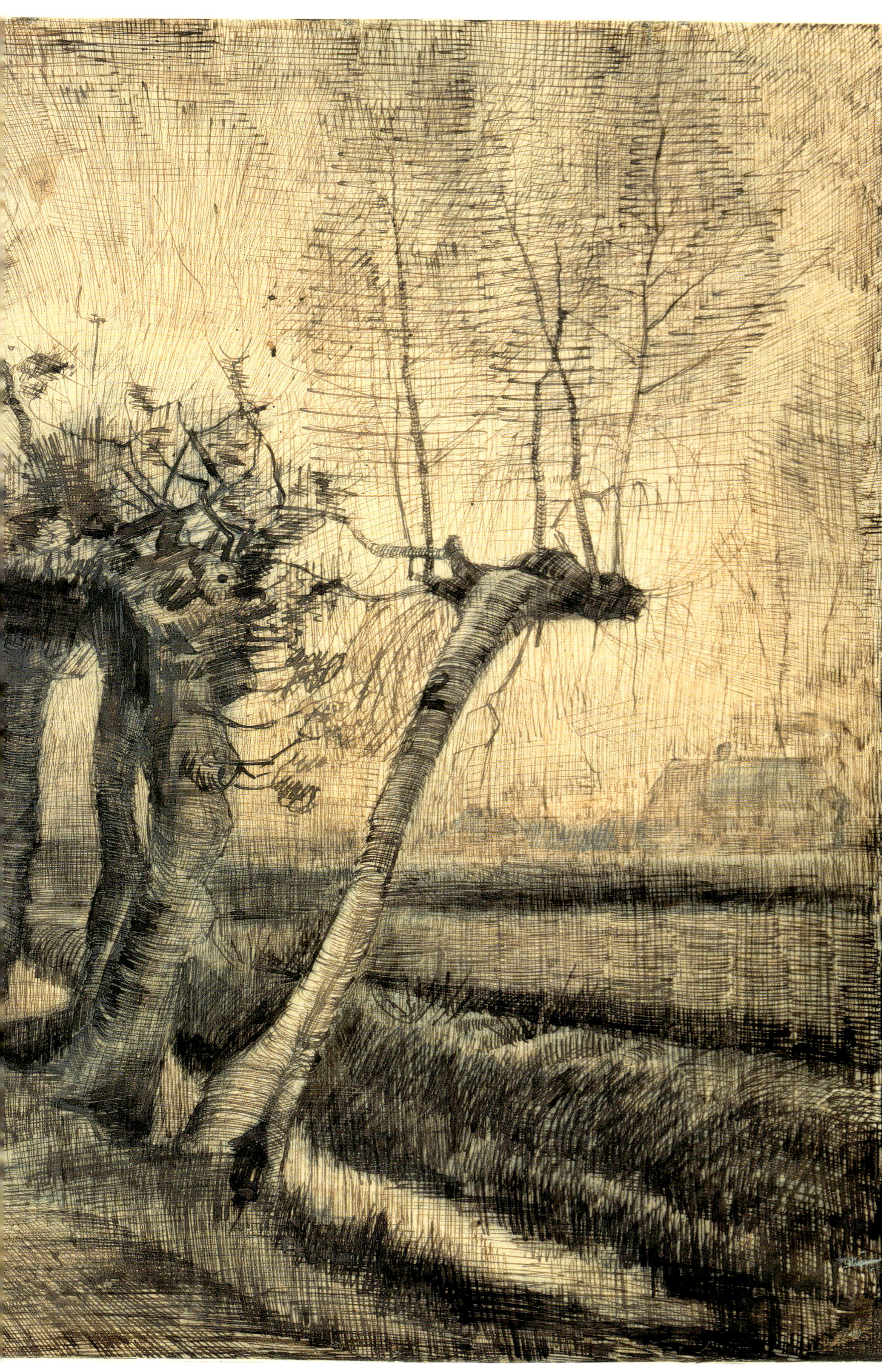

37
Achter de heggen
maart 1884
40 x 53 cm
Rijksmuseum,
Amsterdam

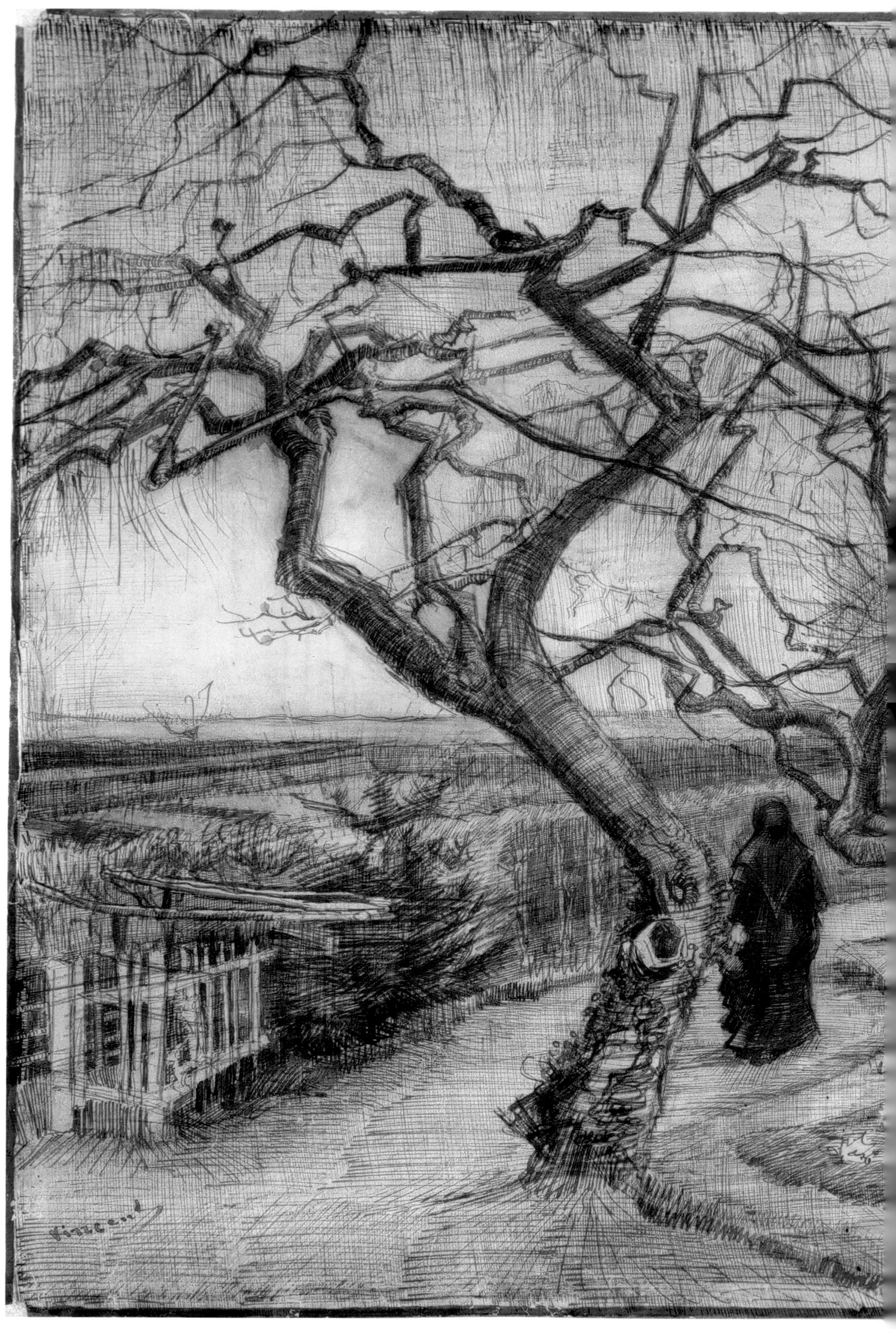

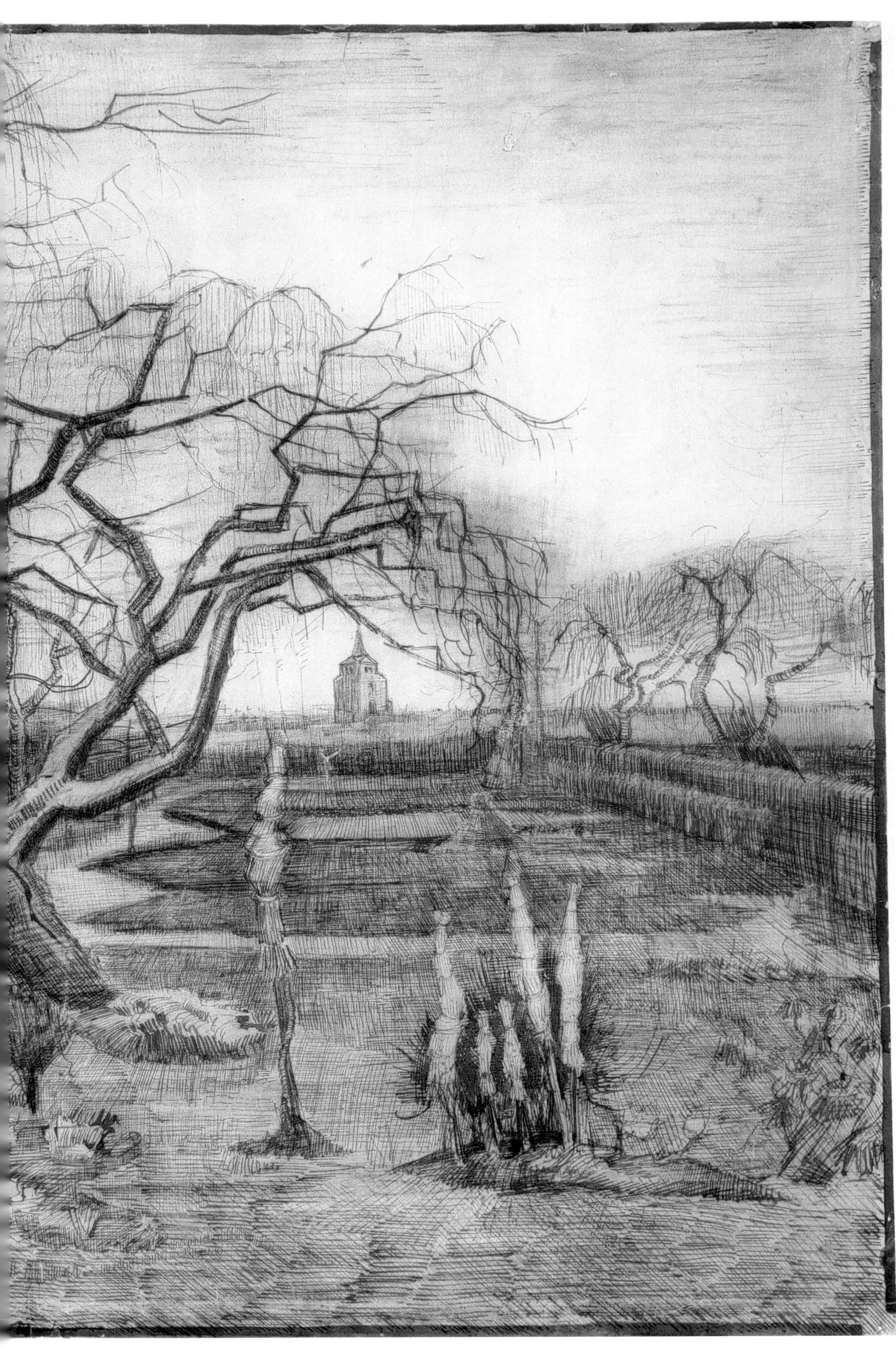

38
Wintertuin
maart 1884
40 x 55 cm
Van Gogh Museum,
Amsterdam

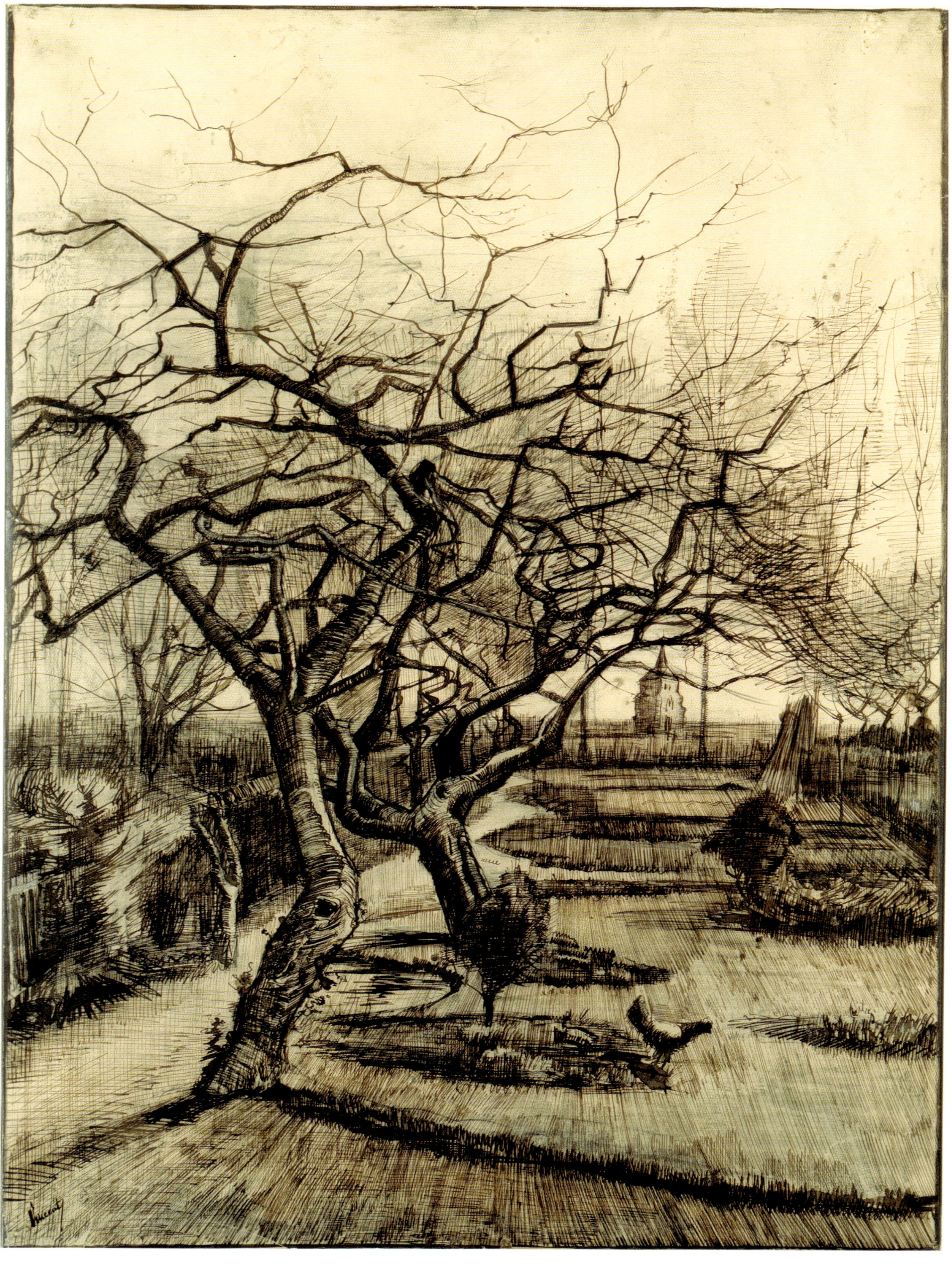

weven, zoals het ordenen van de draden. Een van de pentekeningen, gemaakt naar een schilderij, laat een huiselijk tafereel zien, want behalve de werkende man is er ook een baby in een kinderstoel in opgenomen (afb. 36). Zoals wel vaker liet Van Gogh zich inspireren door een boek, in dit geval George Eliots roman *Silas Marner*, waarin de onfortuinlijke wever Marner pas het geluk vindt nadat er een kind in zijn leven is gekomen. Over het algemeen moest hij zijn romantische beeld van de wevers echter bijstellen, want het bleken hardwerkende, arme arbeiders te zijn. Hij vond 'dikwijls iets gejaagds en onrustigs in de lui' [482/392], een meer melancholieke visie die zich in de meeste van de bladen weerspiegelt. Ze hebben een zekere grimmigheid die deels bedoeld is, maar ook wordt ingegeven door de overweldigende aanwezigheid van de weefgetouwen, die de wevers als massieve kooien omsluiten.

In maart en april 1884 concentreerde Van Gogh zich weer op het landschap. Dat leidde tot een imposante reeks van zeven pentekeningen (een

< 39
Wintertuin
maart 1884
51 x 38 cm
Szépművészeti Museum, Boedapest

40
Knotberken
maart 1884
39 x 54 cm
Van Gogh Museum, Amsterdam

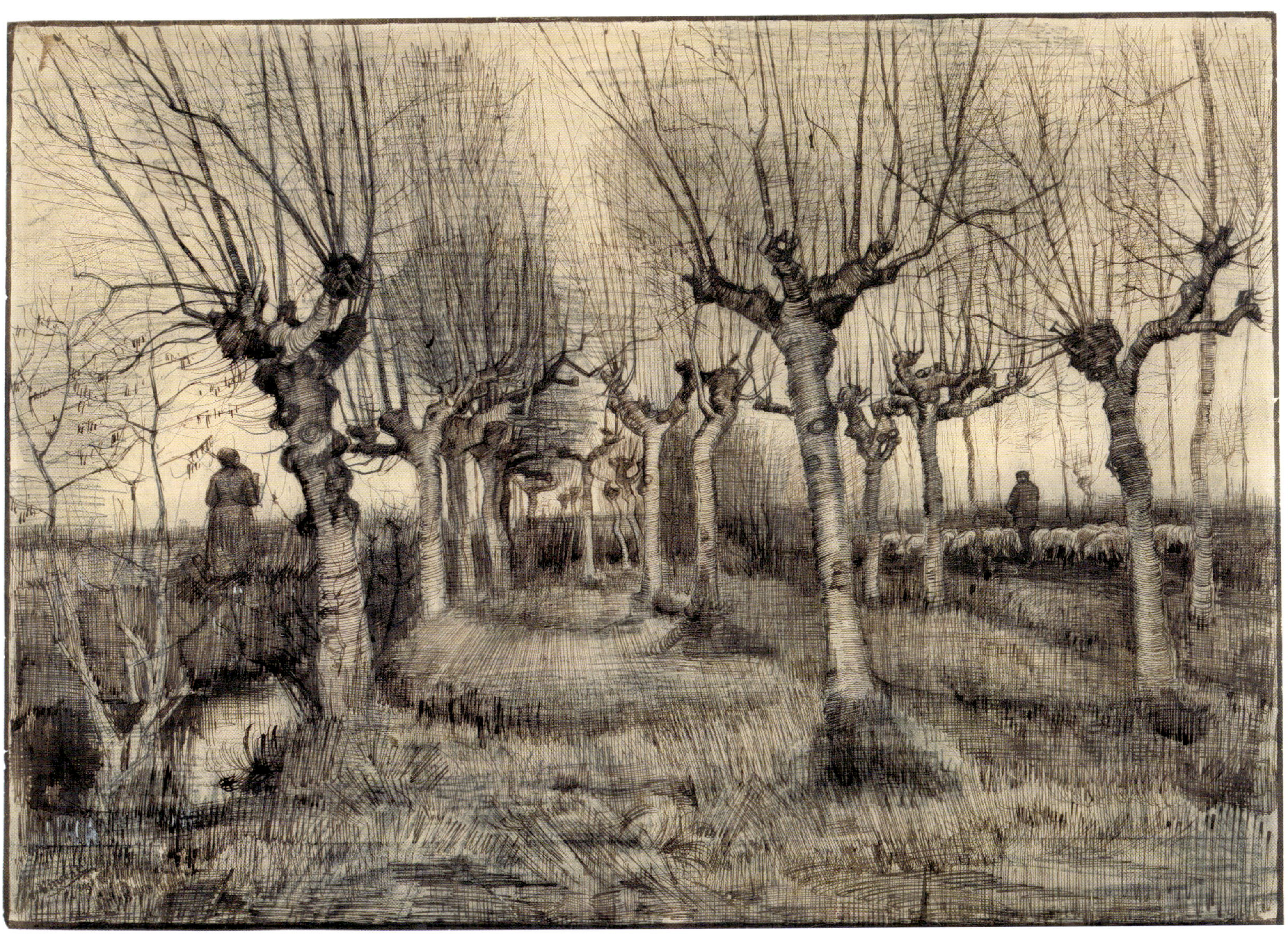

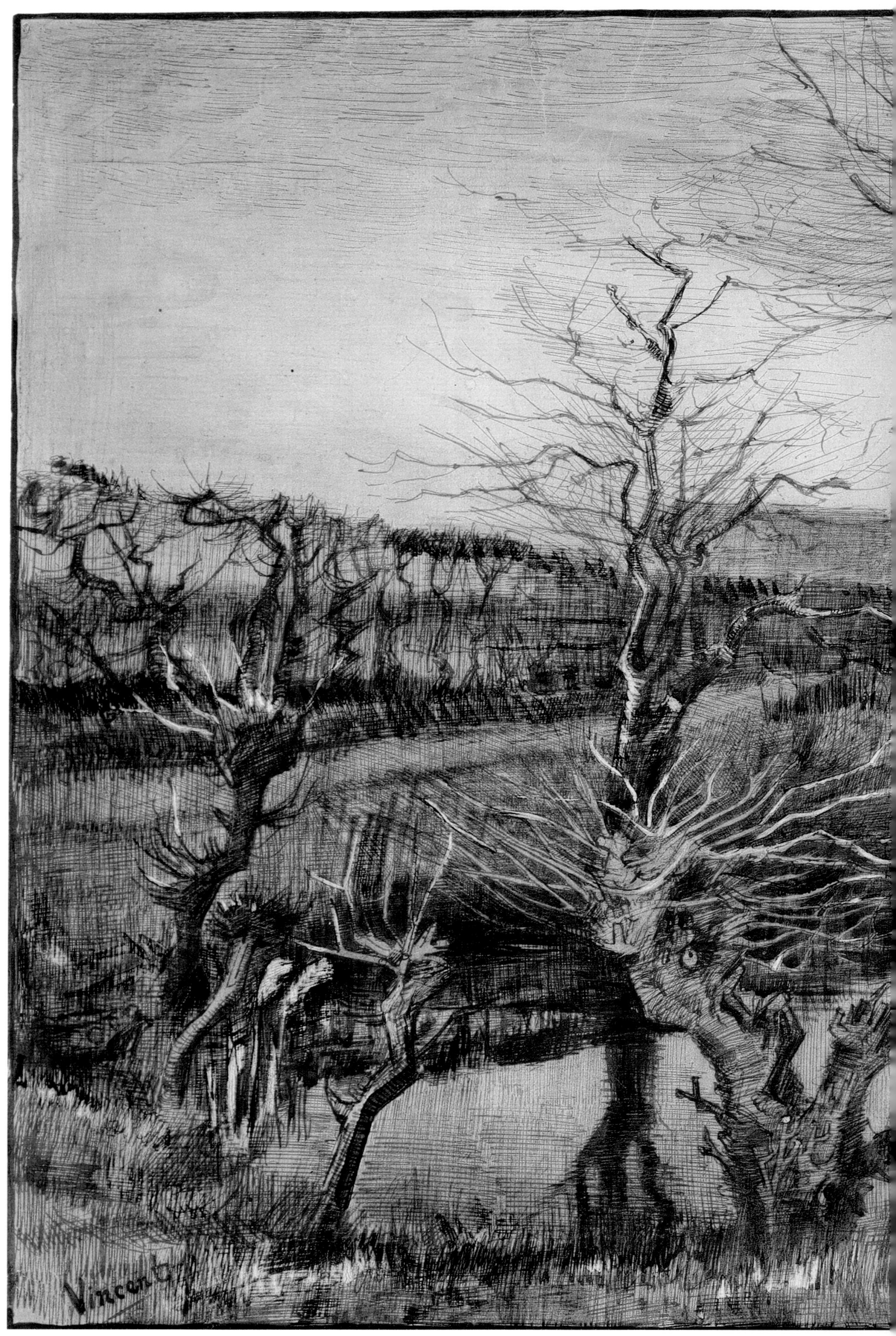
Vincent

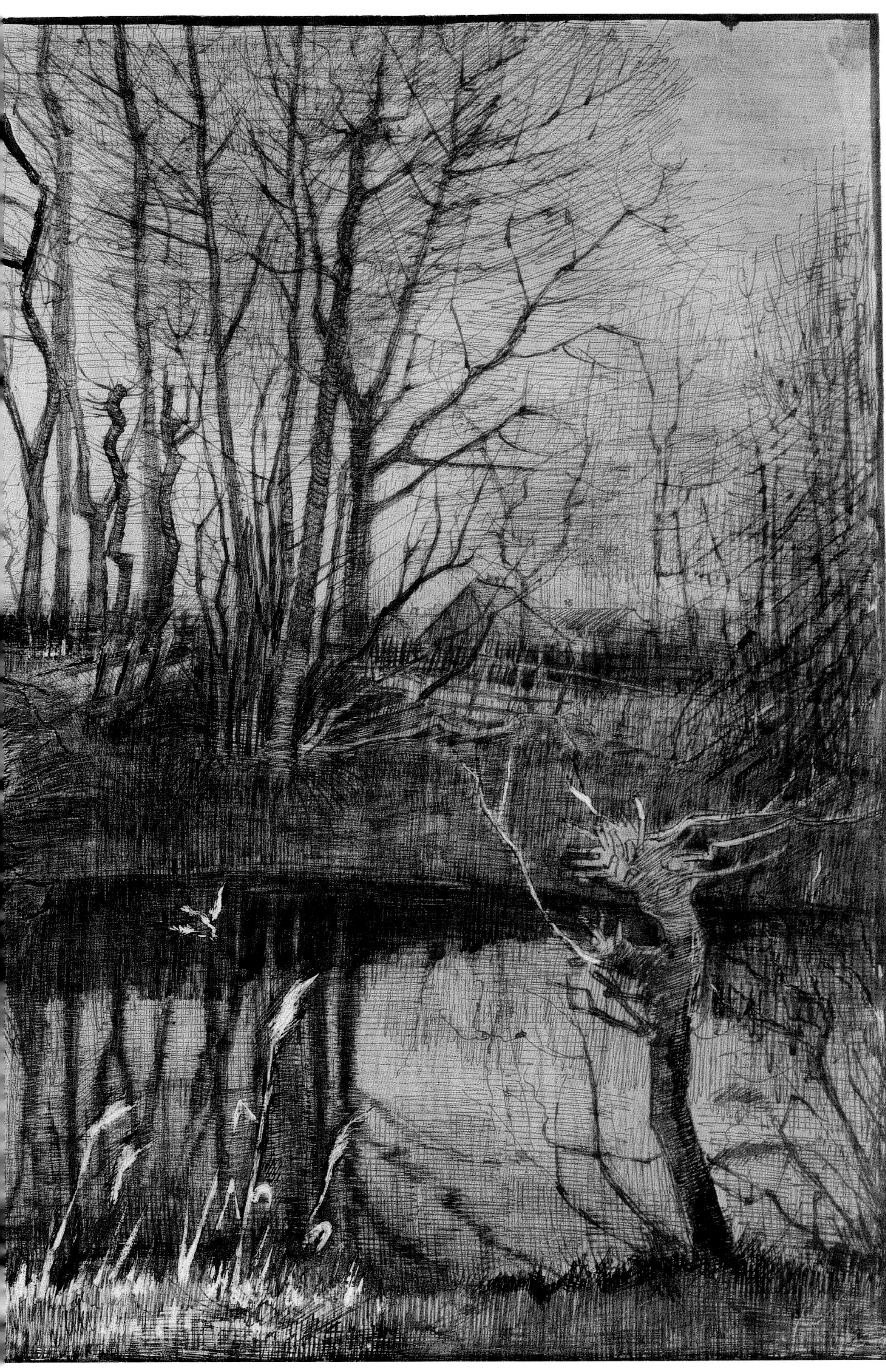

41
De ijsvogel
maart 1884
40 x 54 cm
Van Gogh Museum,
Amsterdam

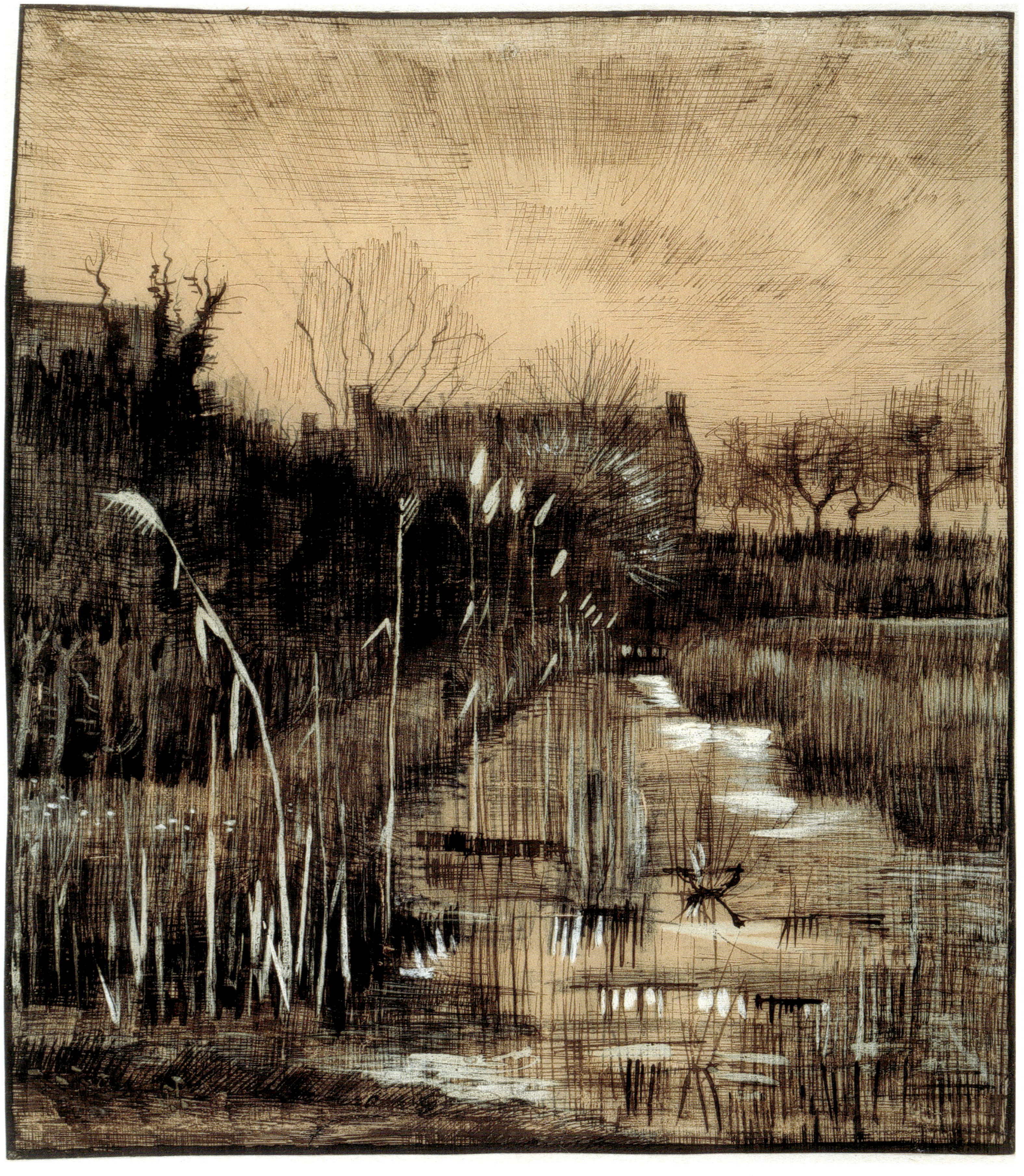

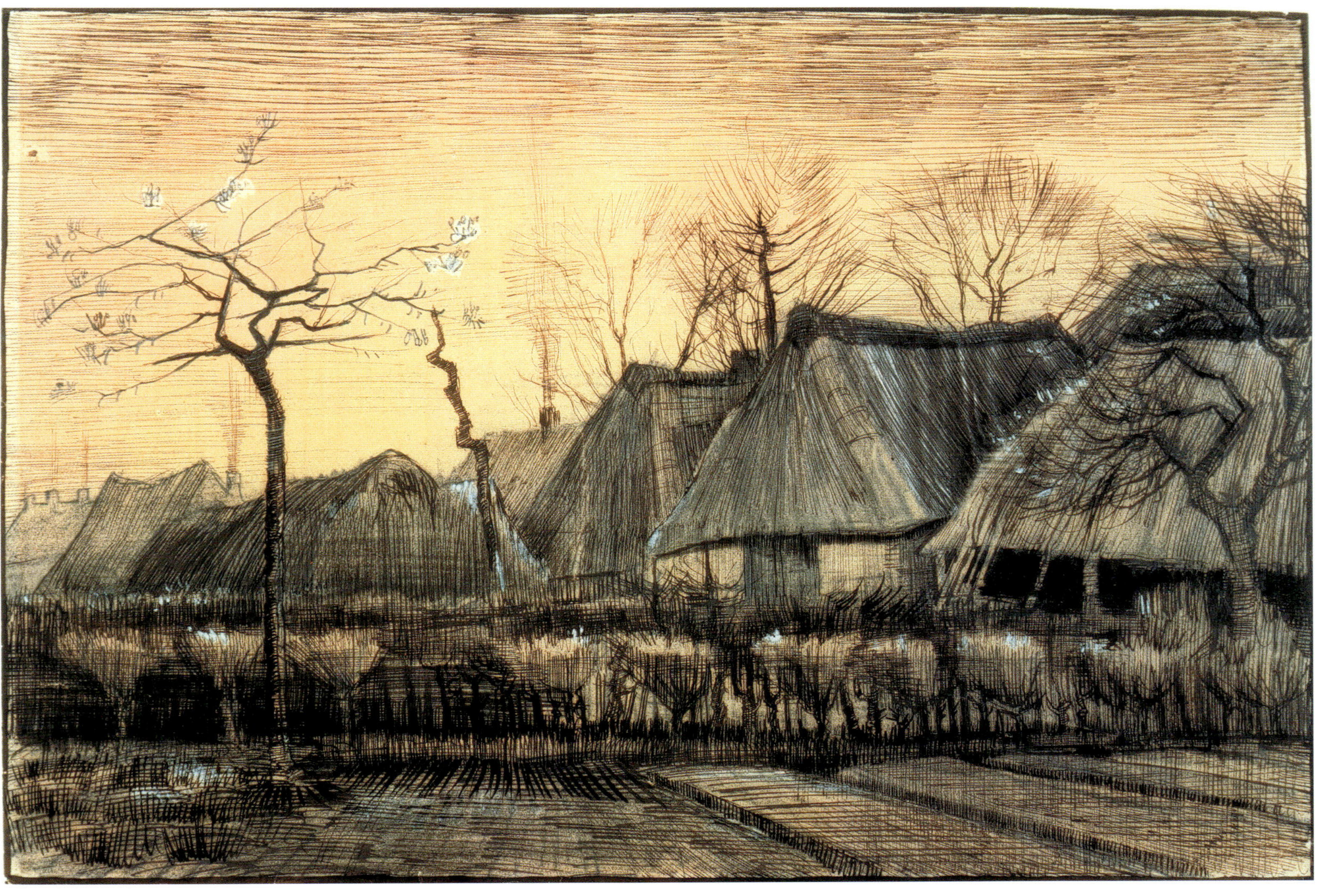

ervan ging verloren) die binnen zijn Nederlandse oeuvre op eenzame hoogte staan. Wat zijn vroegere, met pen getekende landschappen reeds aankondigden, vindt een culminatie in deze bladen die een poëtische en persoonlijke visie op het Zuid-Nederlandse landschap geven. Bijna alle bladen (een voorstelling van een populierenlaan is nogal stijf uitgevallen) zijn inventief van compositie en krachtig van tekentrant. Een ervan toont de smalle weg die achter de tuin van de pastorie liep (afb. 37), twee werken zijn gewijd aan deze nog kale, winterse tuin (afb. 38, 39). *Knotberken* is een van de mooiste voorbeelden van de bezieling die Van Gogh aan landschappen kon verlenen (afb. 40). Hij had een grote sympathie voor geknotte bomen met hun markante, ietwat weemoedige karakter. In Den Haag had hij de behoefte gevoeld om een knotwilg weer te geven als een levend wezen [174/152], en wat later vergeleek hij een rij van dergelijke bomen met een 'processie weesmannen' [282/242]. Een vergelijkbare vermenselijking mag ook achter de monumentale knotberken worden gezocht. Iets dergelijks spreekt uit de aandoenlijke, melancholisch ogende begroeiing in het laatste exemplaar

< 42
Slootje
april 1884
42 x 34 cm
Van Gogh Museum, Amsterdam

43
Huizen met rieten daken
1884
30 x 45 cm
Tate, Londen

van de serie, *De ijsvogel* (afb. 41). De herfstige sfeer van dat blad werd sterk geïnspireerd door een gedicht van Jules Breton, *Automne (Herfst)*.

Van Gogh besefte terdege dat hij met deze groep werken iets bijzonders had gemaakt en stuurde een aantal van de bladen naar Theo in de hoop op een commercieel succes. Toen dat uitbleef, probeerde hij de tekeningen via de kennissenkring van zijn vriend Van Rappard aan de man te brengen. Ondanks diens enthousiasme leidde ook dit initiatief tot niets.

Van Gogh maakte in april nog enkele tekeningen, waaronder een sfeervol landschap met een sloot waarin ijle rietpluimen de voorgrond domineren (afb. 42) en een krachtig aanzicht van een groep hutten (afb. 43). Het gebrek aan respons op de reeks landschappen moet zijn verwachtingen echter hebben beschaamd; in ieder geval maakte hij in Nederland geen dergelijk ambitieuze tekeningen meer.

Pen en potlood In de Nuenense landschapstekeningen is een fenomeen zichtbaar dat kan worden aangewezen in veel van Van Goghs pentekeningen, van de Haagse stadsgezichten en landschappen tot in de grootse Zuid-Franse landschappen: de grote rol van potlood. Hij gebruikte dat niet alleen voor de voortekening, maar ook voor wezenlijke onderdelen van de compositie waar vervolgens geen pen meer aan te pas kwam. Het was hoogst ongebruikelijk om die twee materialen zo opvallend te combineren, en mogelijk was het een uitvloeisel van zijn Haagse experimenten met het 'schilderen met zwart'. Van Gogh tekende zijn landschappen oorspronkelijk met zwarte inkt en de combinatie met het zilverige grijs van het grafiet zorgde voor een subtiel scala aan zwart-grijsnuances. In de loop van de tijd is de inkt naar bruin verkleurd, zodat die bedoeling verloren ging – zonder dat de bladen daardoor overigens wezenlijk aan kracht hebben ingeboet.

STUDIES VAN KOPPEN EN HANDEN In Nuenen wilde Van Gogh vooral het schilderen onder de knie krijgen en lange tijd concentreerde hij zich daar vrijwel geheel op; hij maakte vooral doeken met wevers, landschappen en stillevens. Pas in december 1884 leidde een nieuwe campagne tot veel nieuwe tekeningen; een mooi voorbeeld van de gedisciplineerde manier waarop Van Gogh zijn ontwikkeling in goede banen probeerde te leiden. Hij begon toen aan een lange reeks van geschilderde en getekende boerenkoppen in navolging van *Heads of the people*, een serie uit *The Graphic* (afb. 25). Tegelijkertijd trad hij hiermee in de voetsporen van Jean-François Millet, wiens visie op het boerenleven hij hogelijk bewonderde en waarop hij zijn eigen standpunt baseerde. Fijnzinnig waren zijn ideeën daaromtrent overigens niet: Van Gogh zag de boeren als ruw en onbeschaafd, maar juist daardoor waren ze op een benijdenswaardige manier verbonden met de natuur. Het was 'een gansch andere manier van leven dan die van ons – beschaafde menschen' en 'in zoveel opzigten beter dan de beschaafde wereld' [501/404]. Zijn geloof in de fysiognomiek – een 19de-eeuwse 'wetenschap' die ervan uitging dat de aard van een mens zich in zijn gelaatstrekken weerspiegelt en waarin veelvuldig vergelijkingen met dieren worden getrokken – gaf hem in dat hij de meest uitgesproken koppen uitzocht. Vrienden uit die tijd, die ook goed vertrouwd waren met de boerenbevolking, geven daar in hun herinneringen aan de schilder later duidelijk commentaar op. Hij koos altijd 'de leelijkste exemplaren tot model'

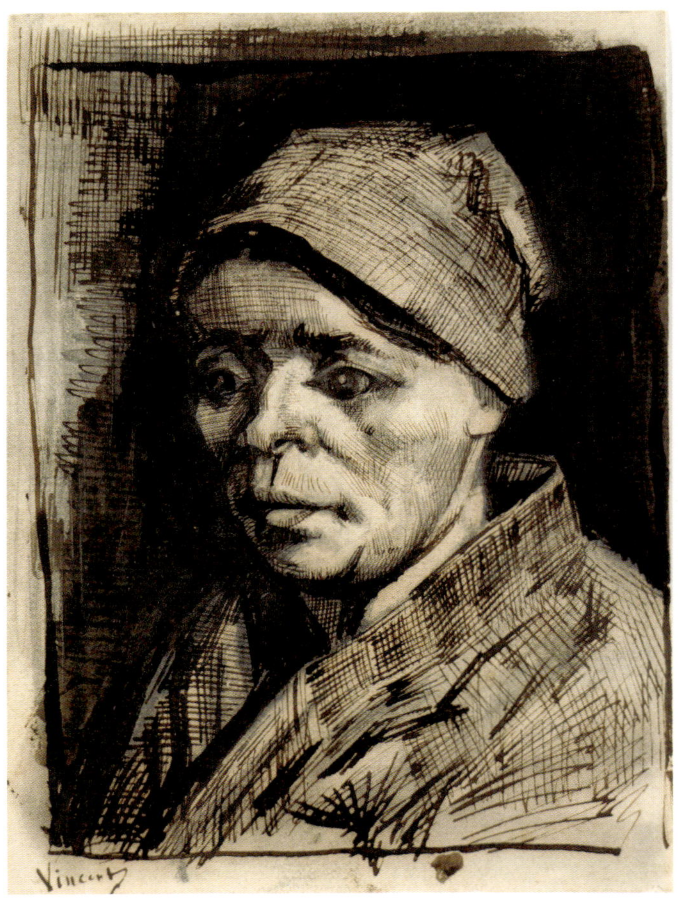

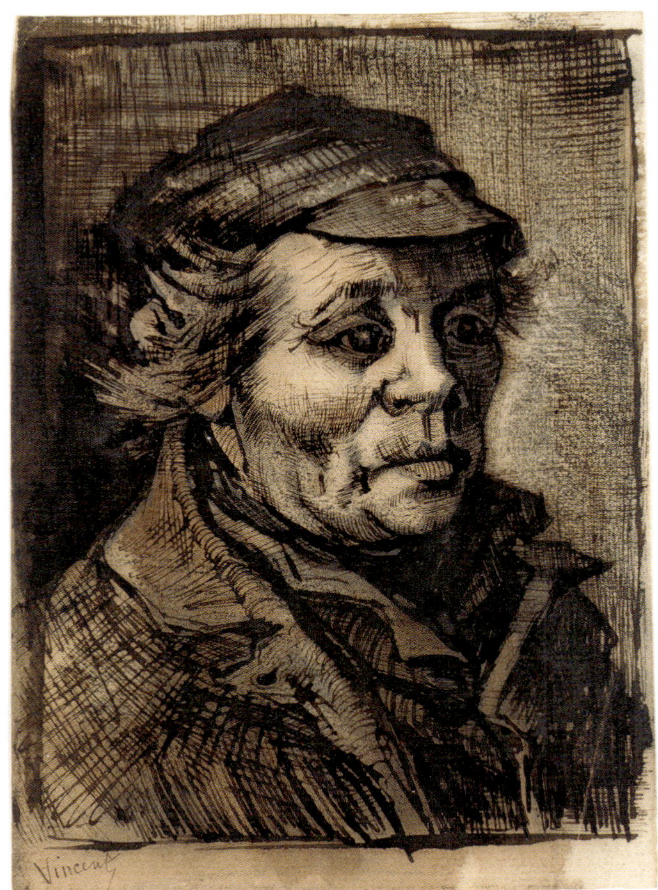

44
Kop van een vrouw
december 1884–januari 1885
14 x 10 cm
Van Gogh Museum,
Amsterdam

45
Kop van een man
december 1884–januari 1885
14 x 10 cm
Van Gogh Museum,
Amsterdam

memoreerde Willem van de Wakker, en Anton Kerssemakers beschreef Van Goghs atelier als volgt: 'Ge stond verbaasd zoals alles vol hing en stond met schilderijen, teekeningen in waterverf en krijt, koppen van mannen en vrouwen, waarvan de kafferachtige wipneuzen, uitstekende jukbeenderen en groote oren sterk geaccentueerd waren.'

Vrijwel al deze werken, tekeningen zowel als schilderijen, waren studies voor het grote figuurstuk waar Van Gogh naar toe werkte: *De aardappeleters* uit 1885. Veel van de bladen zijn raak getroffen koppen, maar slechts een enkele tekening stijgt erbovenuit, zoals de kop van een zwaar door het leven getekende boerin (afb. 46). Met haar naar binnen gekeerde blik is zij als het ware een symbool van het harde boerenleven.

Opmerkelijk is een reeks kleine pentekeningen waarvan Van Gogh er in december 1884–januari 1885 ongeveer twintig naar Theo stuurde – vijftien zijn nu bekend. De status en kwaliteit is wisselend: sommige tekeningen zijn weinig meer dan een met de pen opgewerkte potloodschets, andere zijn juist sterk uitgewerkt. Een groep van vijf, waaronder de twee hier afgebeelde exemplaren, heeft zelfs serieuze pretenties: de koppen zijn zorgvuldig en gedetailleerd getekend en allemaal zijn ze door Van Gogh gesigneerd (afb. 44, 45). Gezien het formaat, de mate van uitwerking en het feit dat hij ze aan Theo opstuurde, koesterde Van Gogh enige verwachting

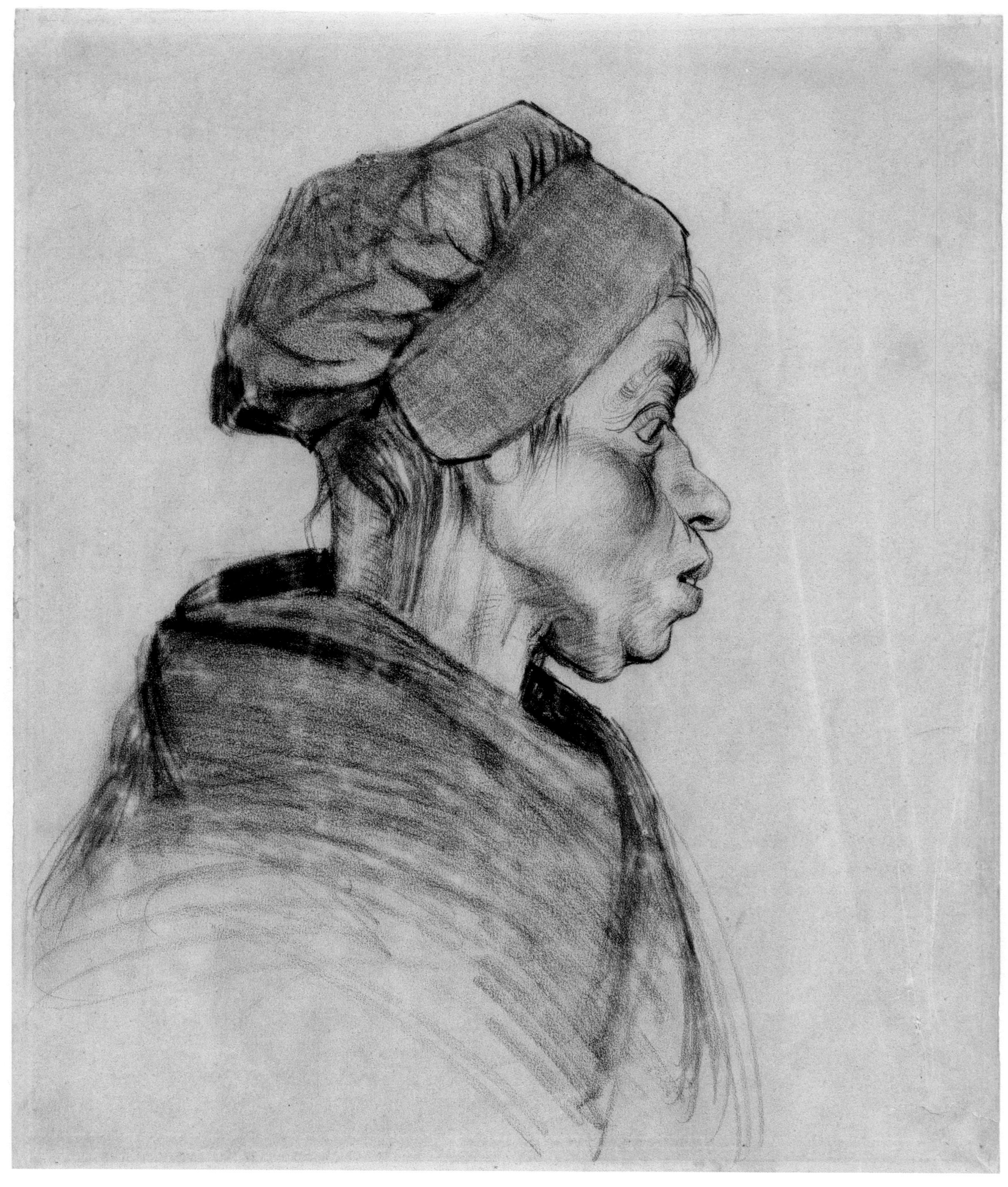

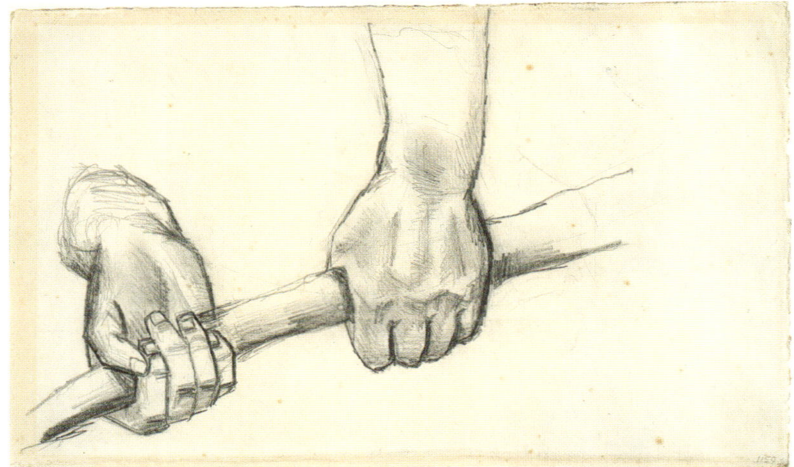

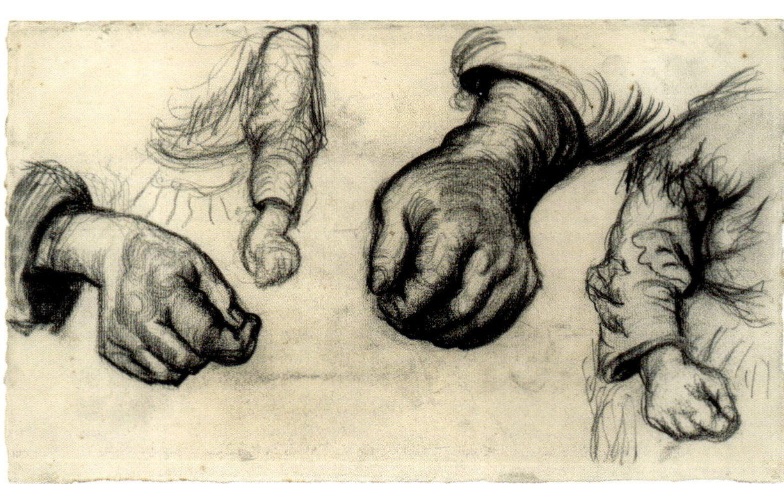

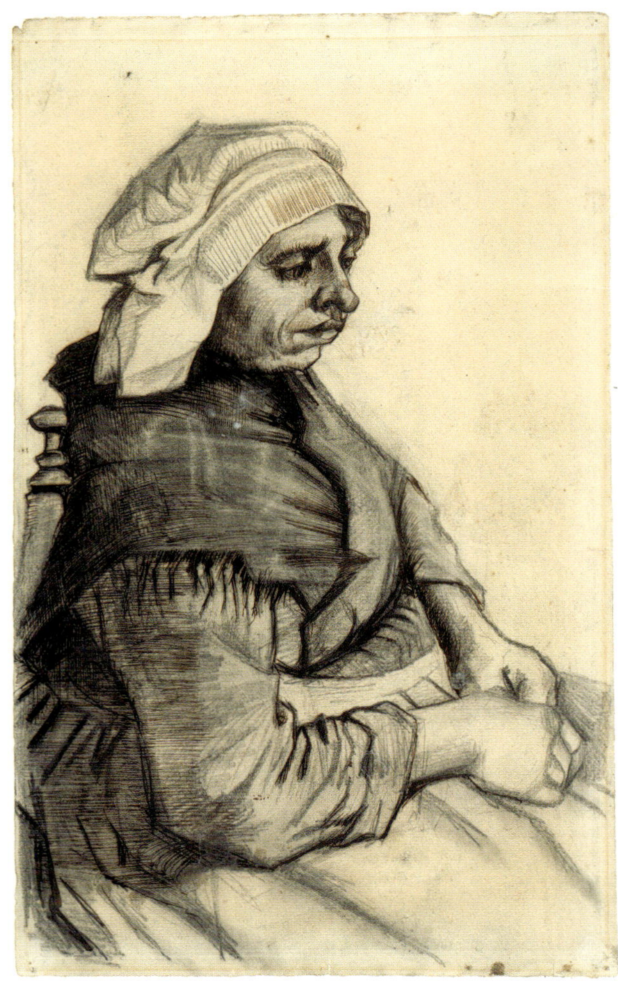

van deze tekeningen; mogelijk hoopte hij dat ze als illustraties in een tijdschrift konden dienen.

Tot de voorbereidingen voor een complex figuurstuk hoorde ook de systematische bestudering van handen en armen. Geen van deze werken had dan ook de bedoeling meer te zijn dan een onderdeel van een leerproces. Interessant aan de schetsen uit december 1884–mei 1885 is dat Van Gogh twee duidelijk van elkaar verschillende benaderingen had. In de ene groep tekeningen probeerde hij vooral anatomisch correcte lichaamsdelen weer te geven, waarvoor hij potlood gebruikte omdat dat zich goed leent voor precisie (afb. 47). De andere groep tekeningen – van vooral stoere boerenknuisten – zijn uitgevoerd in zwart krijt: hierin concentreerde hij zich op het geven van expressie (afb. 48). In het verlengde van de kop- en handenstudies liggen enkele voorstellingen van zittende vrouwen, waarin Van Gogh zijn meer gedetailleerde observaties samenbracht (afb. 49).

In de aanloop naar *De aardappeleters* maakte Van Gogh ook studies van details die hierin een rol zouden kunnen spelen. Tevens maakte hij tekeningen van vrouwen die huiselijk werk verrichten, waarbij hij speciale aandacht had voor (tegen)lichteffecten. In april voltooide hij de tweede

< 46
Kop van een vrouw
december 1884–mei 1885
40 x 33 cm
Van Gogh Museum, Amsterdam

47
Twee handen met een stok
december 1884–mei 1885
21 x 34 cm
Van Gogh Museum, Amsterdam

48
Twee handen en twee armen
december 1884–mei 1885
21 x 34 cm
Van Gogh Museum, Amsterdam

49
Zittende vrouw
februari-mei 1885
34 x 21 cm
Van Gogh Museum, Amsterdam

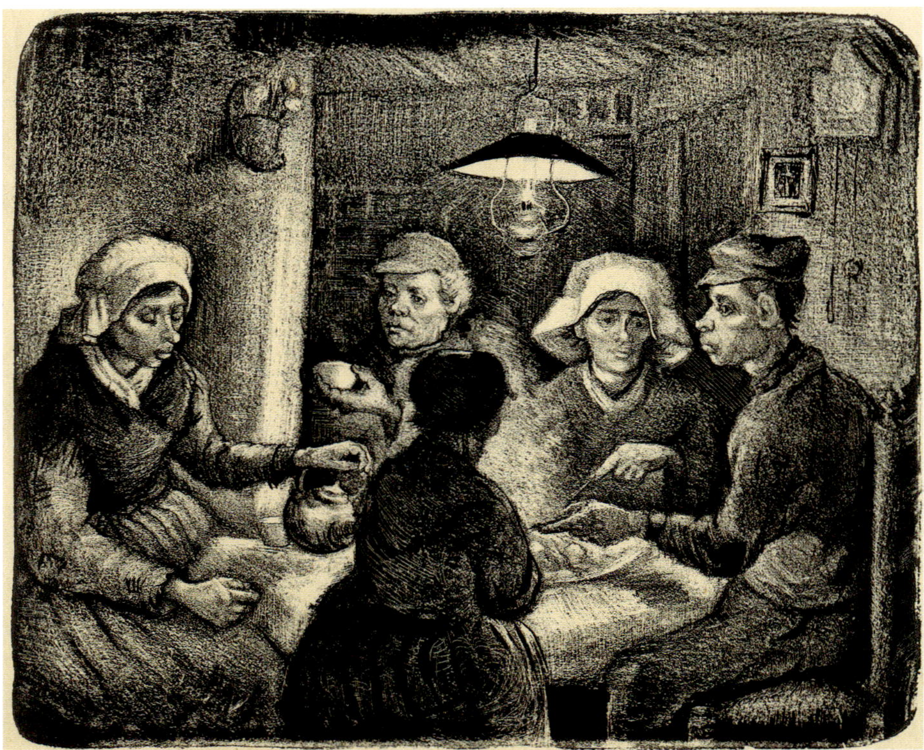

50
De aardappeleters
april 1885
26 x 32 cm
Van Gogh Museum,
Amsterdam

versie van zijn grote figuurstuk en maakte hij een lithografie van de groep etende boeren (afb. 50). Hiermee wilde hij collega's en vrienden op de hoogte brengen van wat hij zelf zag als zijn eerste meesterproef. De reacties vielen hem echter zwaar; een brief van Van Rappard veroorzaakte zelfs een uitgesproken schok. Zijn collega bekritiseerde de figuren in de prent zo genadeloos dat de vriendschap er ernstige scheuren door opliep. Op de vermoedelijk milder getoonzette kritiek van Theo (zijn brief is niet meer bekend maar de inhoud is op te maken uit Vincents reactie) reageerde Van Gogh met de verdediging van zijn keuze: 'Hetgeen gij zegt van de figuren is waar, dat als figuur ze niet zijn als de koppen er van. Ik heb er dan ook over gedacht het heel anders aan te leggen, namelijk het aan te pakken van uit de torsen in plaats van uit de koppen. Doch dan zou het iets gansch en al anders geworden zijn' [505/408]. Desondanks zag hij wel in dat de kritiek niet ongefundeerd was. Het ontbrak zijn figuren over het algemeen aan volume, en dat besef luidde een nieuwe periode in van modelstudie die tot in augustus zou duren.

DE OUDE TOREN Maar alvorens hij zich daaraan wijdde, eiste een ander onderwerp zijn aandacht op. Tot zijn afgrijzen werd de oude toren in de akkers bij Nuenen afgebroken, en voor die voorgoed was verdwenen, wilde hij verschillende stadia van de sloop ervan vastleggen. Zo schilderde hij het imposante gebouw met zijn kerkhof op een groot doek dat thans tot de belangrijkste werken uit zijn Nederlandse jaren wordt gerekend (afb. 51).

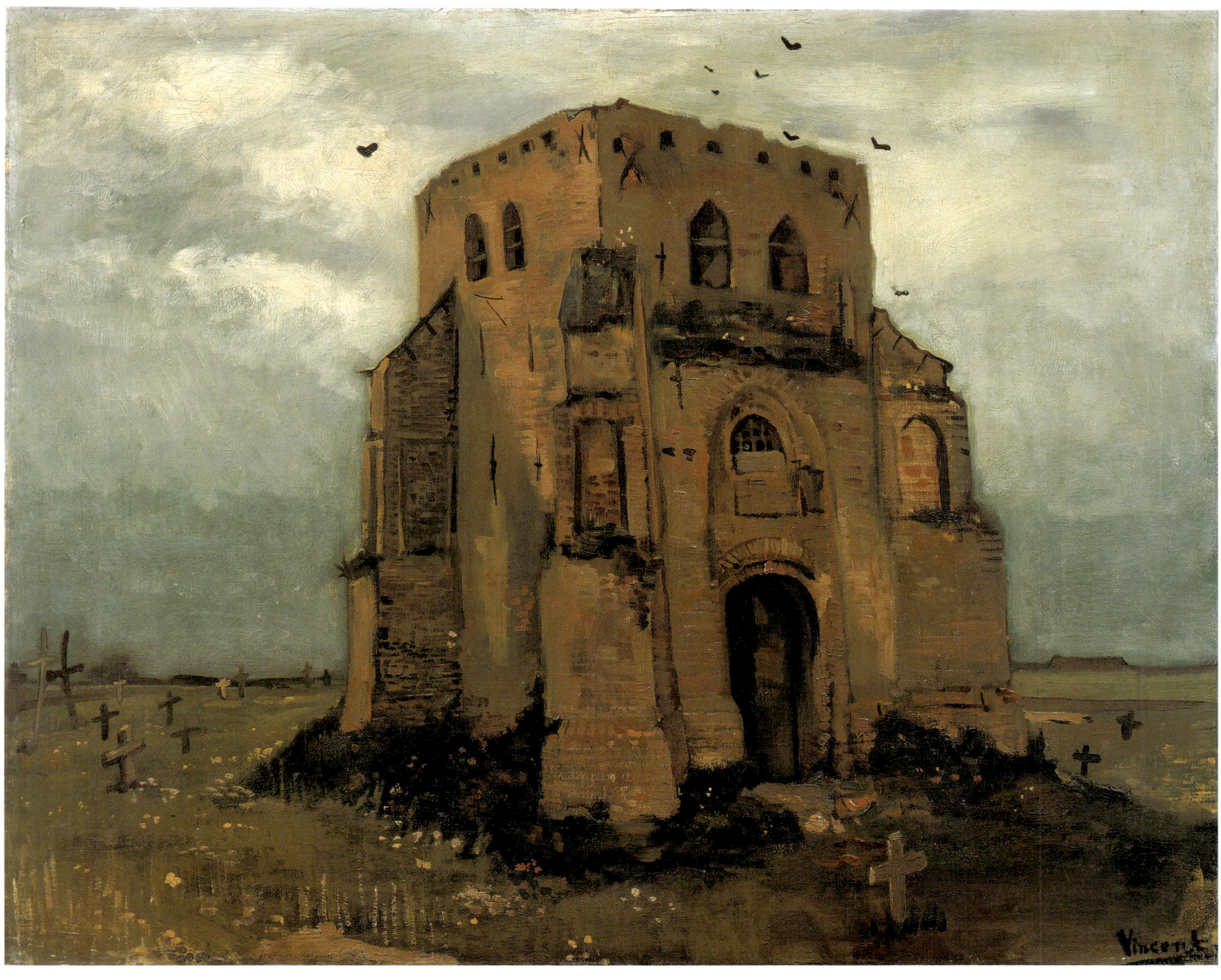

51
De oude kerktoren te Nuenen
('Het boerenkerkhof')
eind mei-begin juni 1885
65 x 80 cm
Van Gogh Museum,
Amsterdam

Op het schilderij is te zien dat de torenspits al is gesloopt; de openbare verkoop van de afbraakmaterialen werd het onderwerp van een waterverftekening (afb. 52). Van Gogh bereidde dit laatste blad voor door middel van schetsen waarop diverse onderdelen van de uiteindelijke compositie zijn te zien. Een ervan toont bijvoorbeeld een (kleine) studie van het hoofd van dorpsveldwachter Johannes Biemans, die in de waterverftekening links, staande op een verhoging, de samengedromde dorpelingen in het oog houdt (afb. 53). Vergelijking van deze tekening met *De armen en het geld* (afb. 24) van anderhalf jaar eerder, laat zien dat Van Gogh aanzienlijk meer raffinement had verworven in het weergeven van een groep personen. De starheid ontbreekt hier; hij gaf de menigte als een hecht geheel weer en verleende het tafereel levendigheid door ter linkerzijde drie figuren in actie

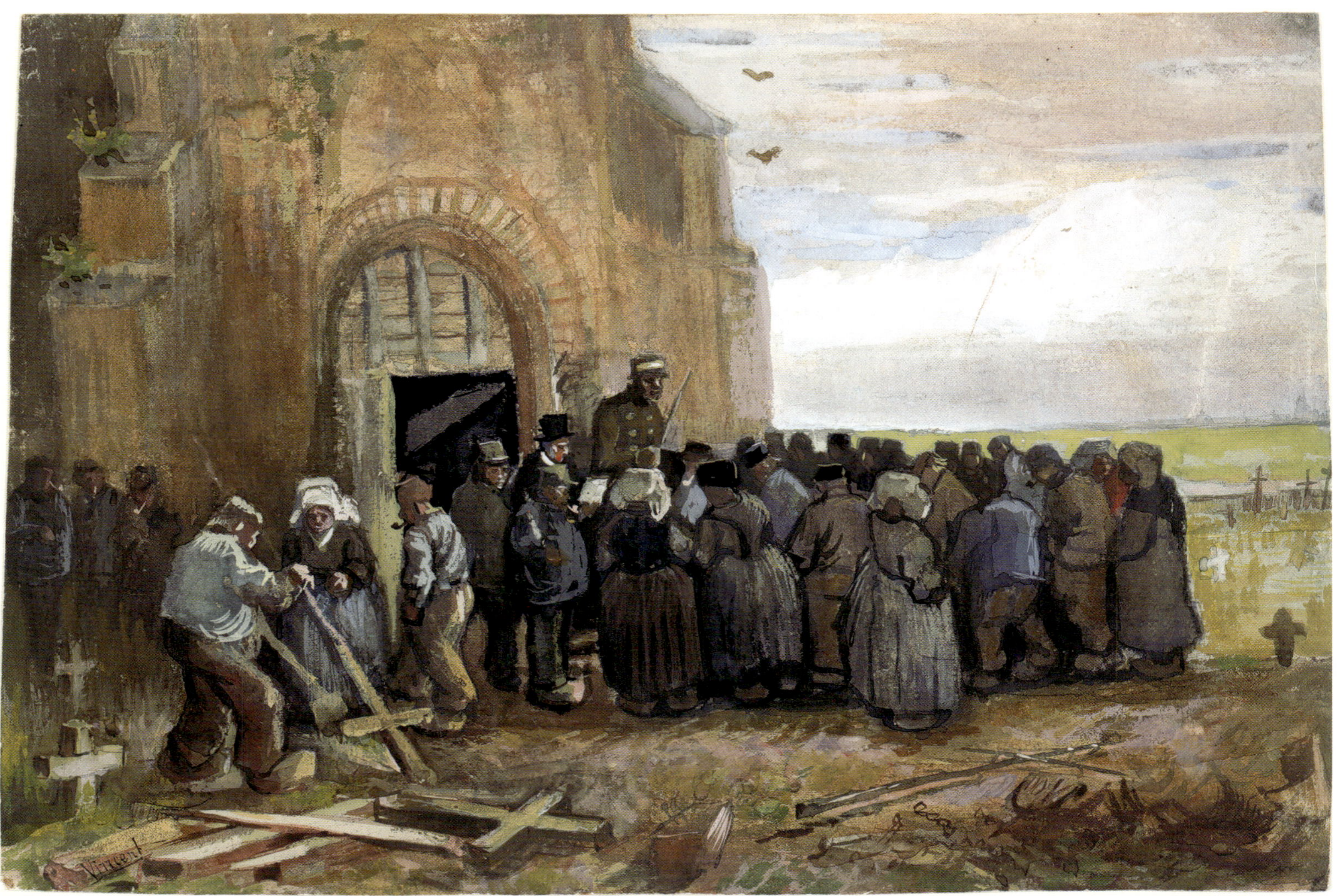

52
Verkoping van afbraak
mei 1885
38 x 55 cm
Van Gogh Museum,
Amsterdam

> 53
Verkoping wegens afbraak
(schetsblad)
mei 1885
34 x 21 cm
Kröller-Müller Museum,
Otterlo

uit te beelden, een lopende man en een man en een vrouw die een kruis bekijken. Dit drietal valt extra op doordat het in helderdere kleuren is geschilderd dan de figuren in de groep.

AAN DE HAND VAN DELACROIX : NIEUWE FIGUURSTUDIE Van Gogh was ontevreden over zijn figuren, die hij te 'plat' vond. Zoals zo vaak ging hij voor de oplossing van een dergelijk artistiek probleem te rade bij een voorbeeld; in dit geval bij Eugène Delacroix (1798–1863). Diens methodes stonden uitvoerig beschreven in de 'herinneringen aan kunstenaars' van de Franse schilder Jean Gigoux, *Causeries sur les artistes de mon temps,* die in 1885 werden gepubliceerd. Van Gogh leerde daaruit dat hij niet vanuit lijnen en contouren moest denken, maar de essentiële massa's van een figuur moest herkennen en weergeven door middel van grote, ronde vormen: ovalen, eivormen of ellipsen. Hij maakte een voorzichtig begin met kleine figuurtjes maar kreeg al snel de smaak te pakken. In de zomer van 1885 leidde dat tot een reeks van ruim vijftig werken op een vrij fors formaat; de

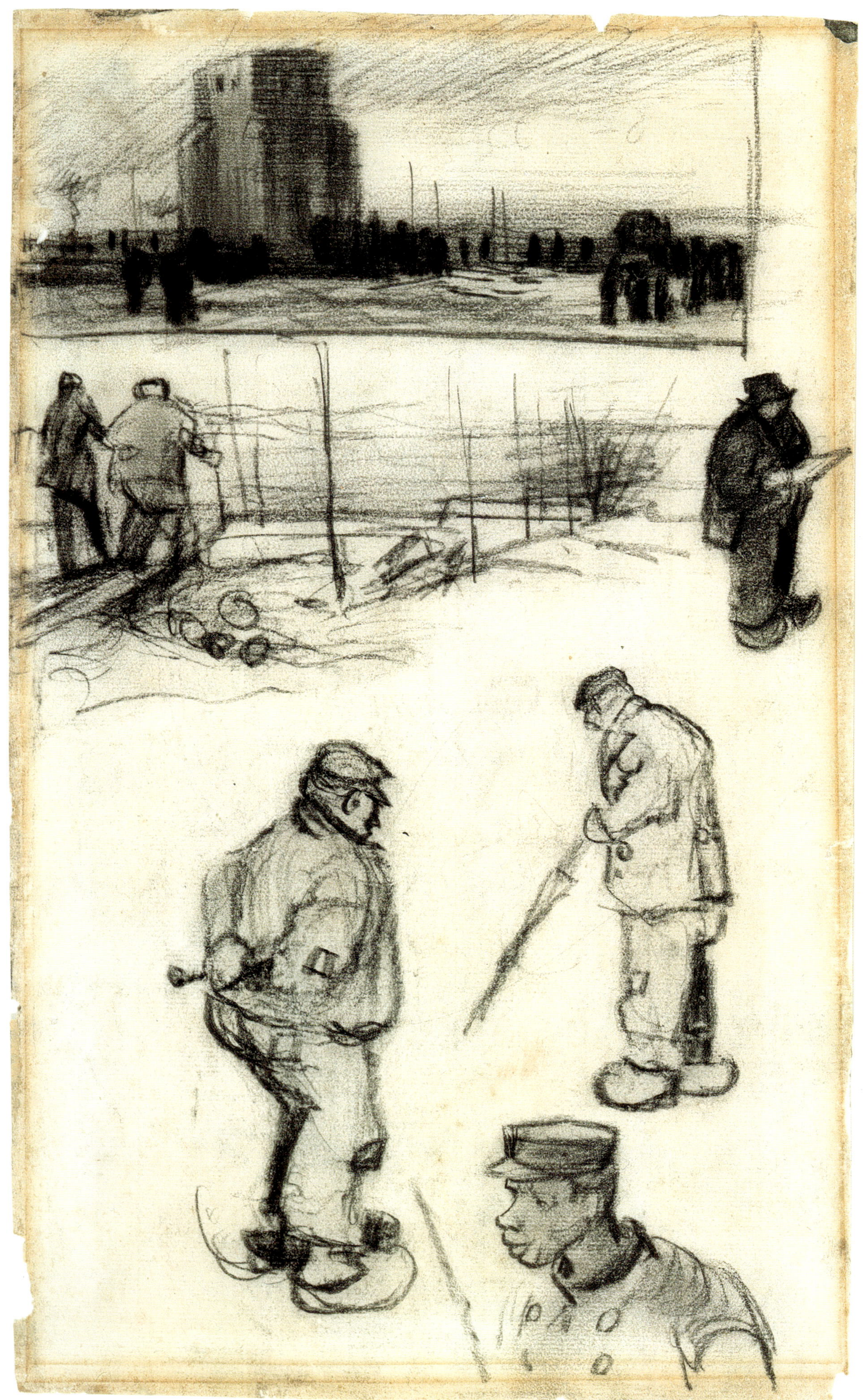

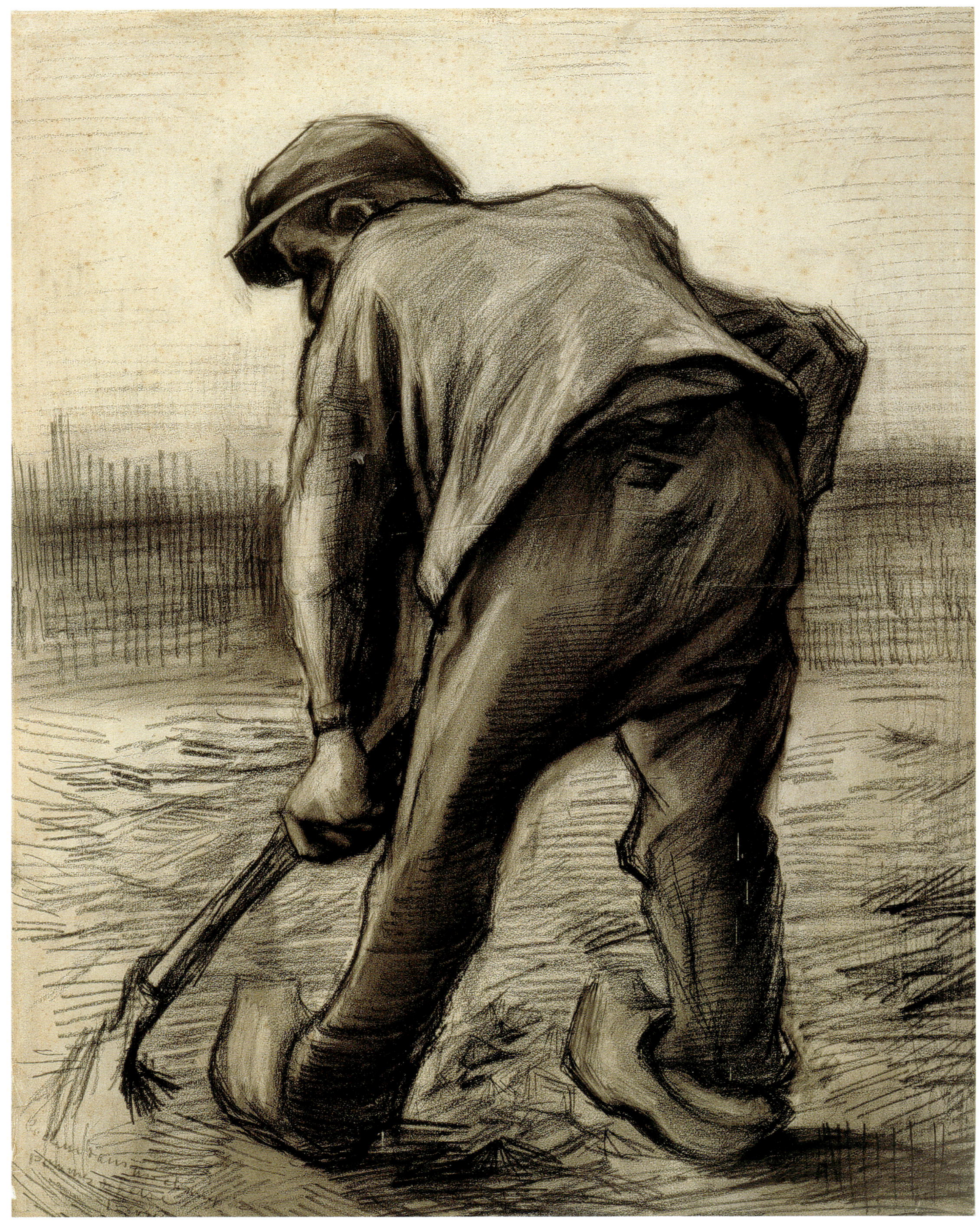

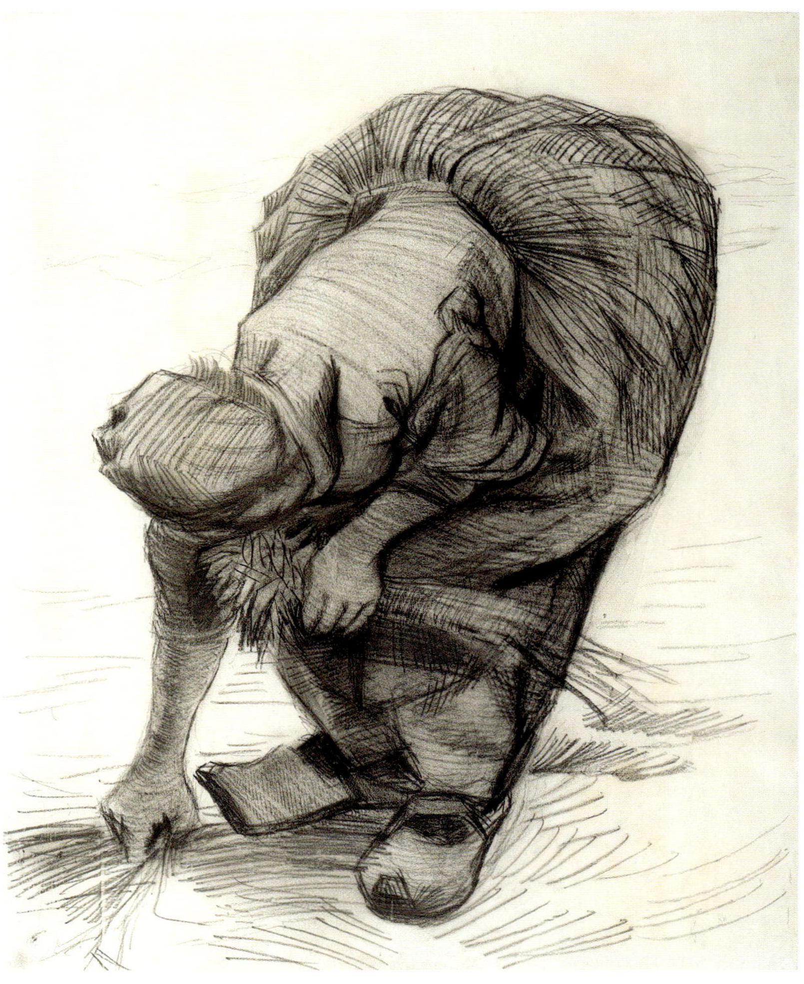

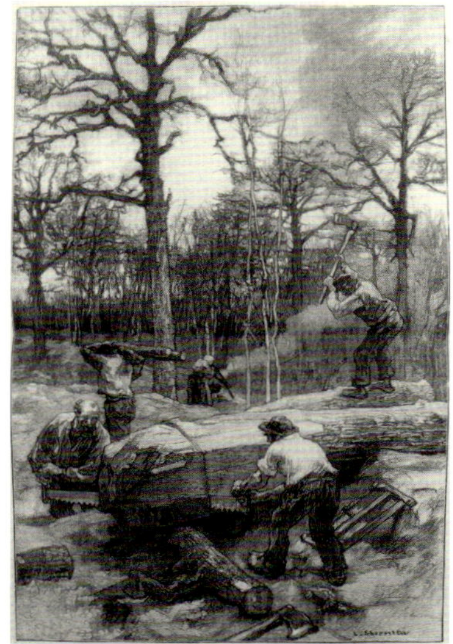

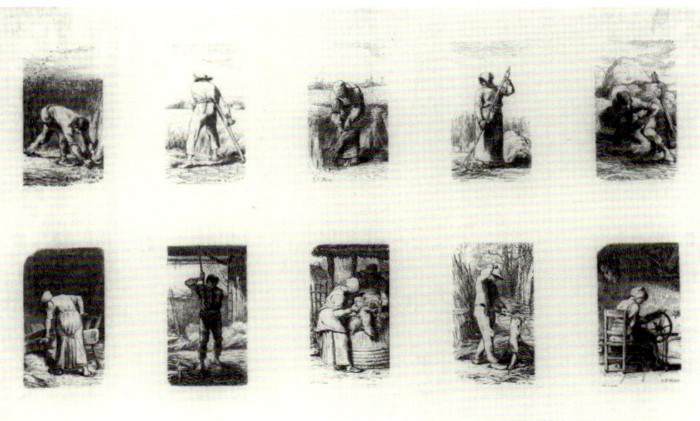

grootste bladen meten ca. 58 x 45 cm. De tekeningen later er geen twijfel over bestaan dat deze nieuwe methode voor Van Gogh werkte. Ze tonen bijna statueske, zwoegende landarbeiders, bezig met diverse soorten landelijk werk, met name het poten en het oogsten van gewas. Verschillende van de bladen hebben Franse titels die de bezigheid en de bij die activiteit behorende maand geven. Een spittende man in zijaanzicht met een schop heeft bijvoorbeeld het opschrift 'Bêcheur dans un champ de pommes de terre, février' (Spitter in een aardappelveld, februari) (afb.54). Dit lijkt erop te wijzen dat Van Gogh een reeks met de maanden van het jaar in gedachten had, waarmee hij zijn eigen variant maakte op een door hem bewonderde serie van maanden van het jaar van Léon Lhermitte (1844–1925) (afb.56). Nog sterker moet de associatie zijn geweest met de *Travaux des champs (Werken van het veld)* van Millet. Deze tien voorstellingen hoorden tot de voorbeelden die hij aan het begin van zijn carrière had gekopieerd en die hem voortdurend bleven inspireren (afb.57).

Ook al waren dergelijke tekeningen niet meer dan oefeningen die het hem later mogelijk moesten maken om schilderijen met meer figuren te vervaardigen, toch is de reeks boeren van indrukwekkende kwaliteit; enkele

< 54
Spitter in een aardappelveld, februari
juli-september 1885
54 x 42 cm
Van Gogh Museum, Amsterdam

55
Arenlezende boerin
1885
51 x 41 cm
Museum Folkwang, Essen

56
Léon Lhermitte
The Woodcutters
uit *Le monde illustré* 1457 (1885)

57
naar Jean-François Millet
Les travaux des champs
1853 (serie van tien prenten)
Van Gogh Museum, Amsterdam

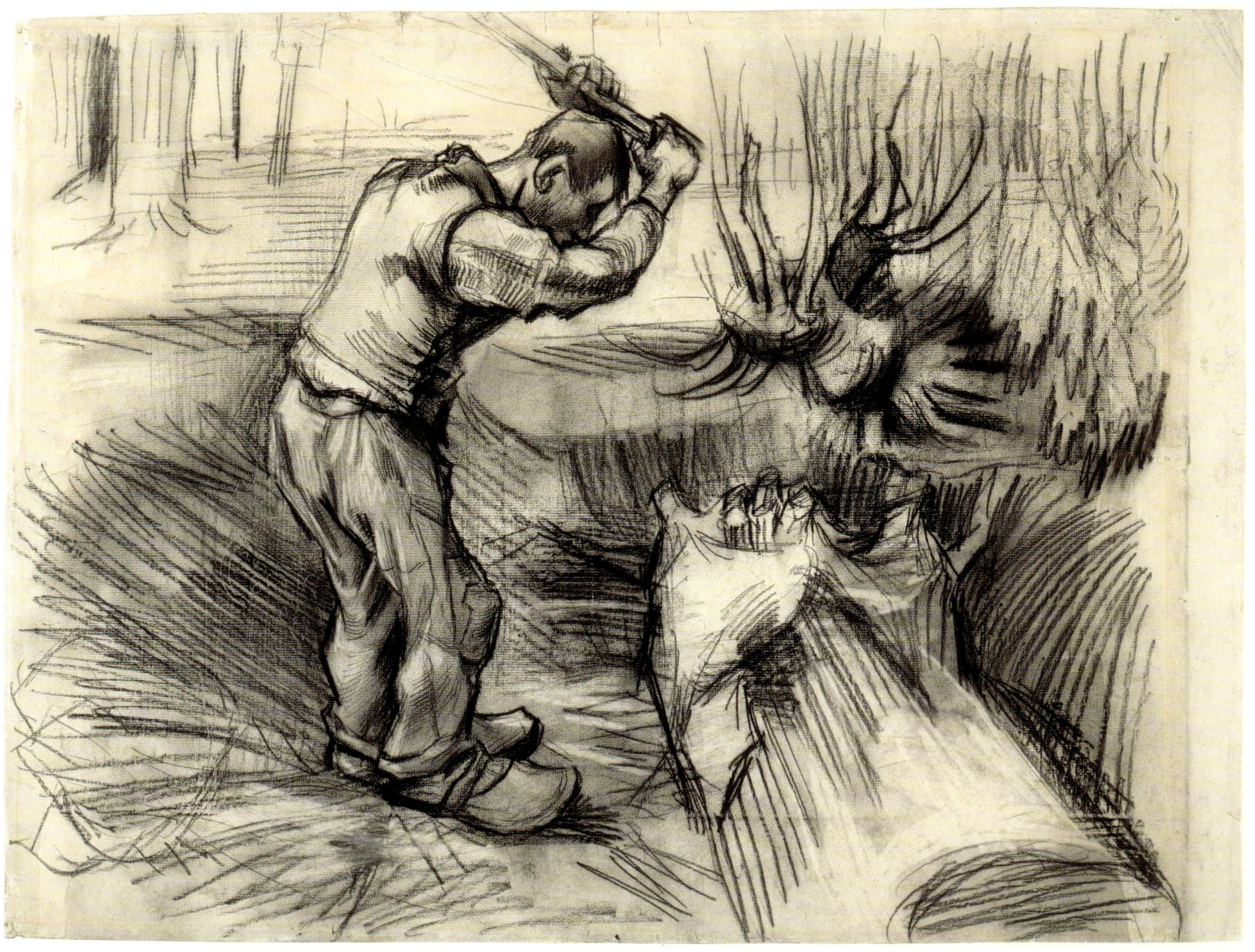

58
Houthakker
juli-september 1885
45 x 55 cm
Van Gogh Museum, Amsterdam

ervan, zoals de *Arenlezende boerin* en de *Houthakker* – een van de weinige niet agrarische onderwerpen uit de reeks – behoren zelfs tot de hoogtepunten in Van Goghs oeuvre van figuurstukken (afb. 55 en 58). De houthakker is al enigszins in een entourage gezet, maar Van Gogh ging een stap verder in zes bladen uit diezelfde tijd. Hierin werden de arbeiders in een duidelijke setting geplaatst, hetzij met landschappelijke elementen, hetzij tegen het decor van een boerderij (afb. 59, 60).

In september 1885 kon Van Gogh onverwacht niet meer tekenen naar levende figuur. Hij werd er – ten onrechte – van beschuldigd dat hij een van zijn modellen zwanger had gemaakt. De Nuenense katholieke geestelijkheid keerde zich tegen hem, en met name een pastoor raadde zijn parochianen aan om niet meer voor hem te poseren. Van Gogh moest een ander onderwerp voor zijn werk zoeken. In augustus had hij al een aantal scènes

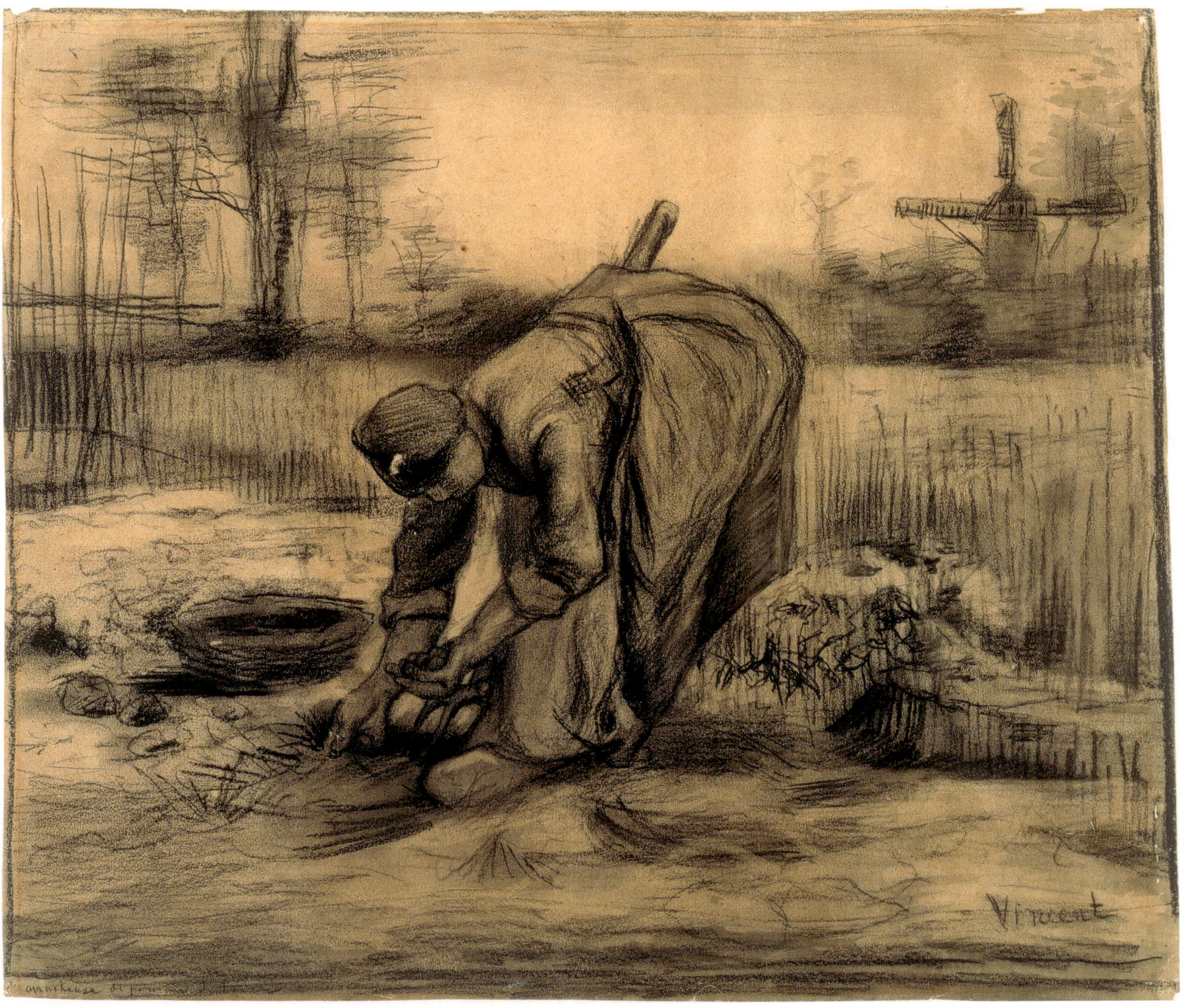

59
Aardappelrooiende boerin
augustus 1885
40 x 45 cm
Van Gogh Museum,
Amsterdam

getekend waarin het geoogste koren, in de vorm van schelven op het land, centraal stond (afb. 61). Het is opvallend dat de menselijke figuur ontbreekt of niet meer dan een bijrol speelt. Toch zou dit een typerend soort voorstelling worden die hij tot het einde van zijn carrière zou blijven maken, en waarin niet meer dan het koren zelf getuigt van de grootsheid van het landelijke leven. Na het poseerverbod richtte hij zijn aandacht verder op het schilderen van stillevens en landschappen. Maar hij zag wel in dat zijn werk er ernstig door werd belemmerd, overtuigd als hij ervan was dat hij juist in de weergave van de menselijke anatomie nog veel te leren had. In november 1885 gaf hij daarom uitvoering aan een lang gekoesterd plan: hij ging naar Antwerpen.

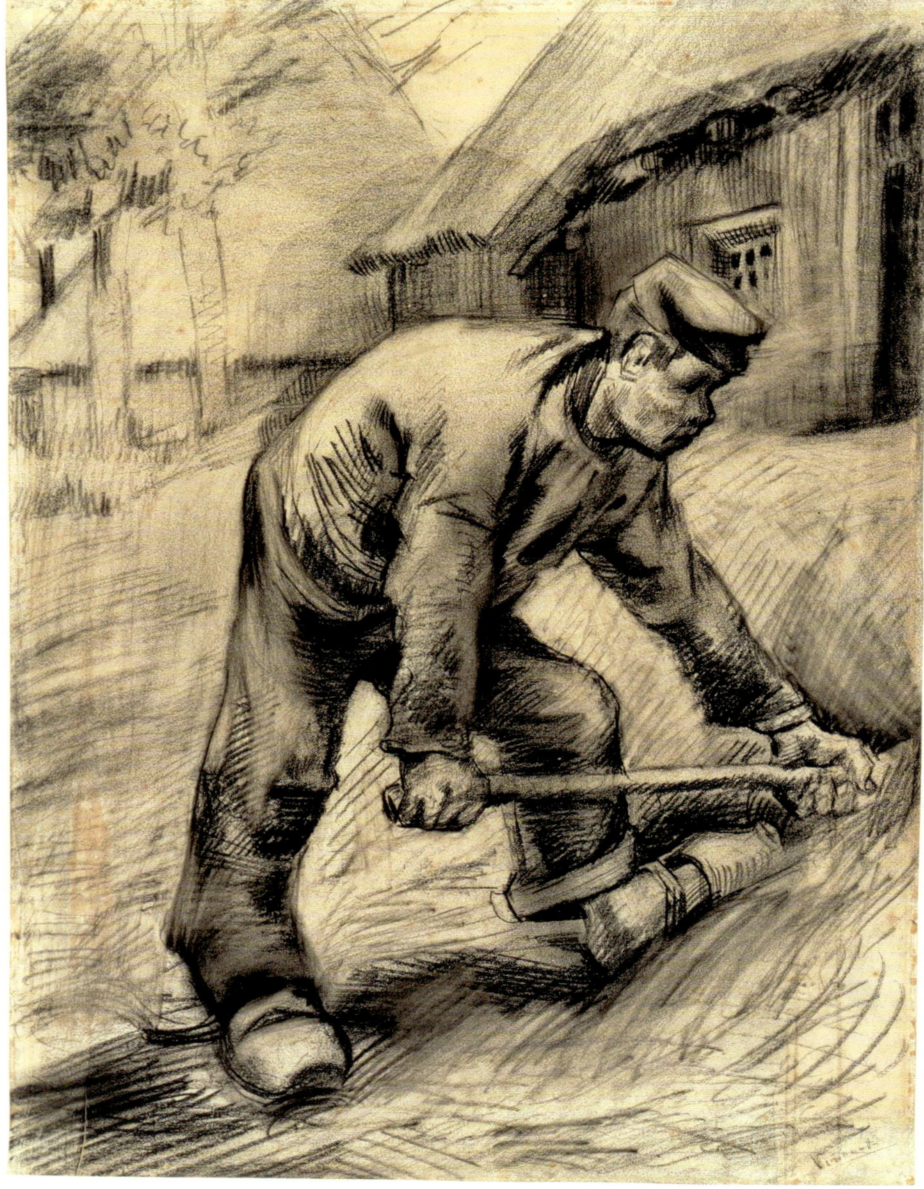

60
Werkende boer
augustus-september 1885
44 x 33 cm
Kröller-Müller Museum,
Otterlo

> 61
Korenschelven en een molen
augustus 1885
44 x 56 cm
Van Gogh Museum,
Amsterdam

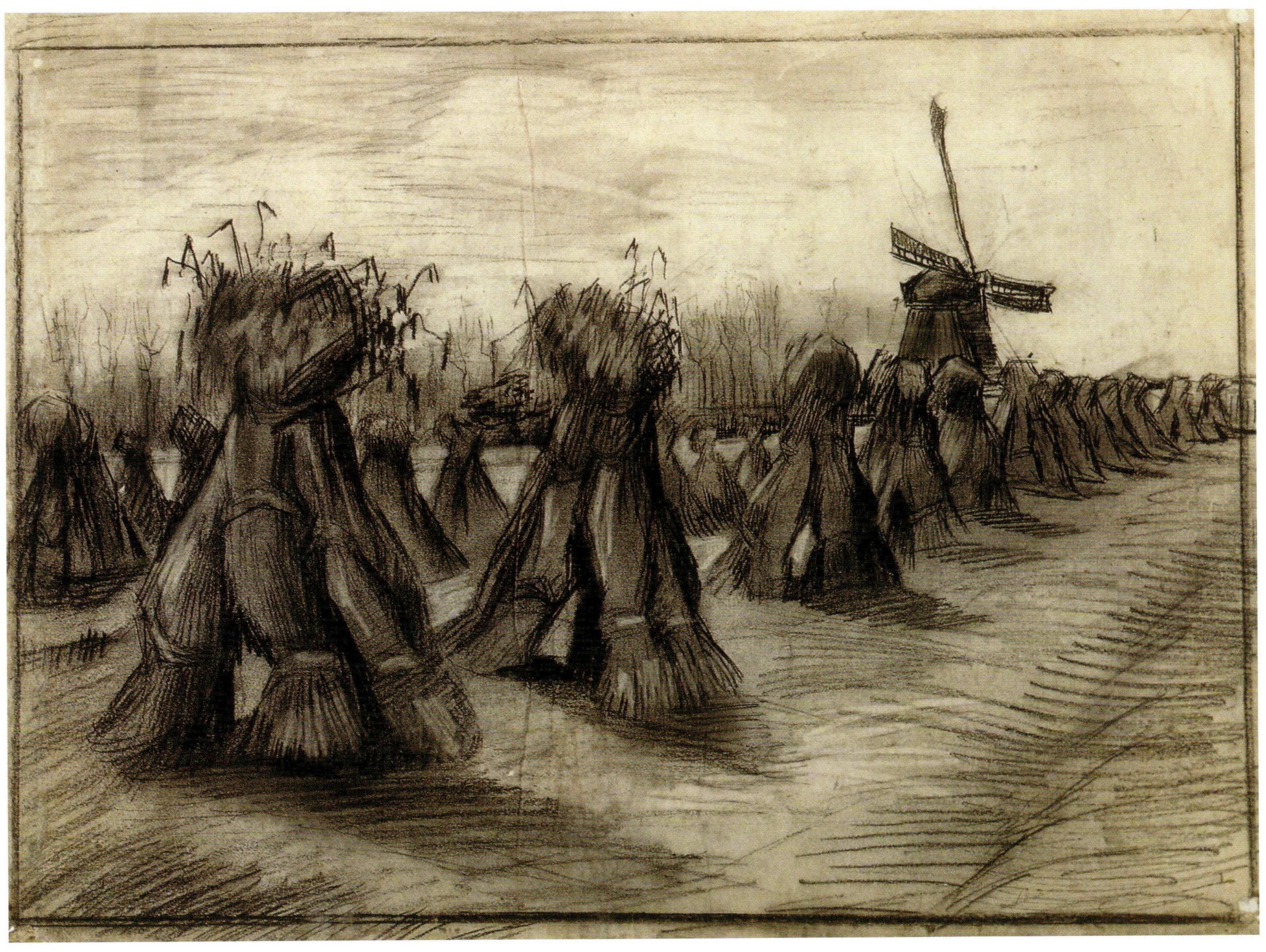

Tekenen naar model De boeren die Van Gogh tekende, wekken de indruk dat ze bij hun bezigheden op de akkers zijn geobserveerd en getekend. Dat is bedrieglijk, want Van Gogh kon de doorgaande arbeid niet zo snel vastleggen en de boeren hadden tijdens hun werkzaamheden wel iets beters te doen dan geruime tijd voor hem te poseren. De figuren zijn dan ook niet op het land maar in Van Goghs atelier bestudeerd. Al sinds het begin van zijn kunstenaarschap verzamelde hij typerende attributen en kledingsstukken, zoals een zuidwester die hij in Den Haag zou gebruiken om visserstypes mee te creëren. In Nuenen was dat niet anders, zoals kan worden opgemaakt uit een beschrijving van Van Goghs atelier door zijn vriend Anton Kerssemakers. Die zag daar 'spoel, spinnewiel, bedpan, alle boerenwerktuigen, oude petten en hoeden, gore vrouwenmutsen, klompen enz. enz.'. Dankzij deze 'rommelboel', zoals Kerssemakers het geheel typeerde, was Van Gogh in staat om in zijn atelier zijn modellen te laten poseren in tal van hoedanigheden.

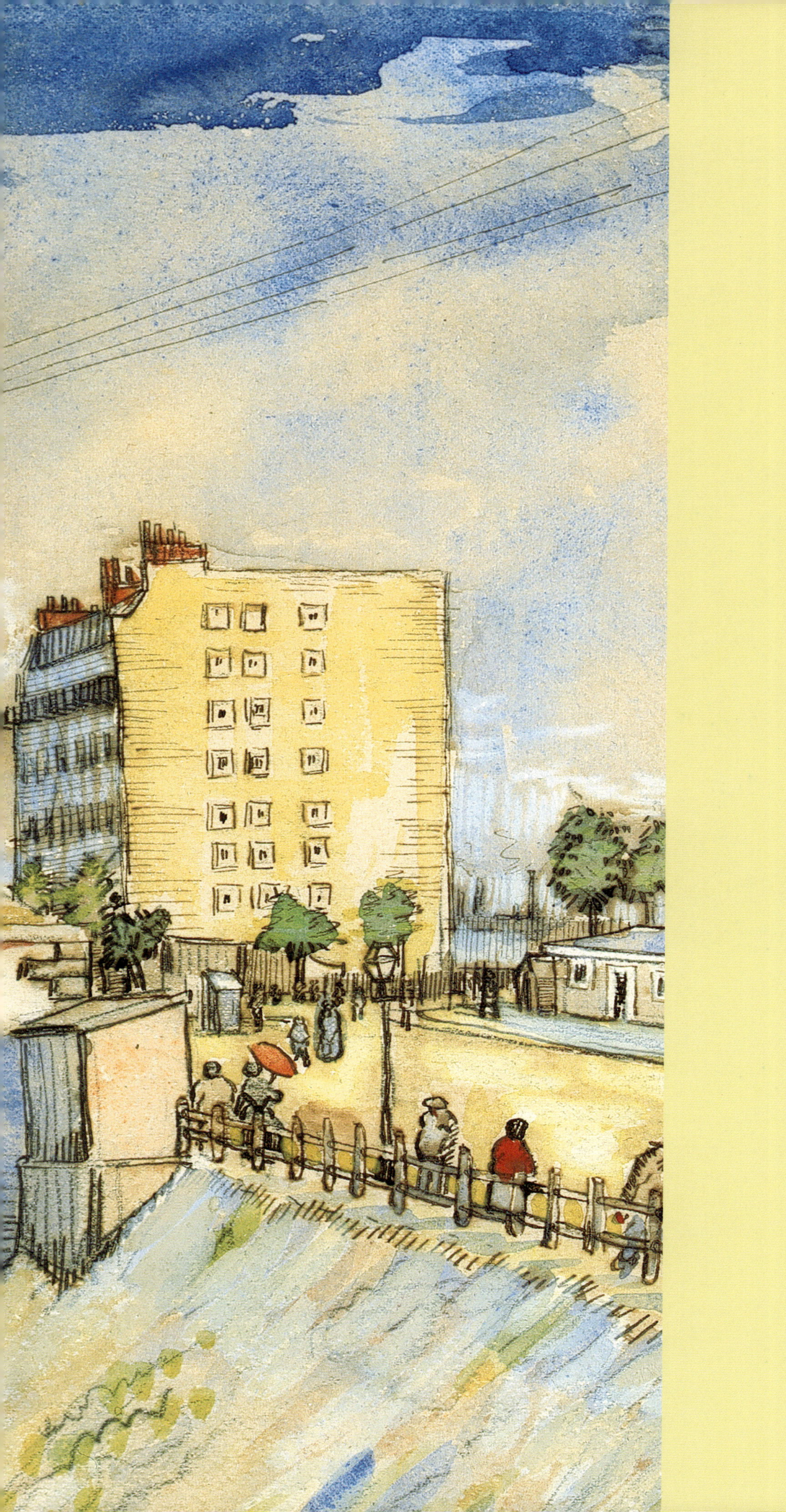

1885–1888
Antwerpen en Parijs
Mogelijkheden van de stad

VAN GOGH HAD AL IN HET VOORJAAR VAN 1884 overwogen eens naar Antwerpen te gaan, met name om te zien of hij daar iets kon verkopen. De stad komt daarna nog enkele keren voor in zijn brieven; Van Gogh koesterde een grote liefde voor het platteland maar had af en toe grote behoefte aan de culturele (en commerciële) mogelijkheden die de stad bood. Een bezoek aan Amsterdam en het Rijksmuseum begin oktober 1885 had dat verlangen nog versterkt.

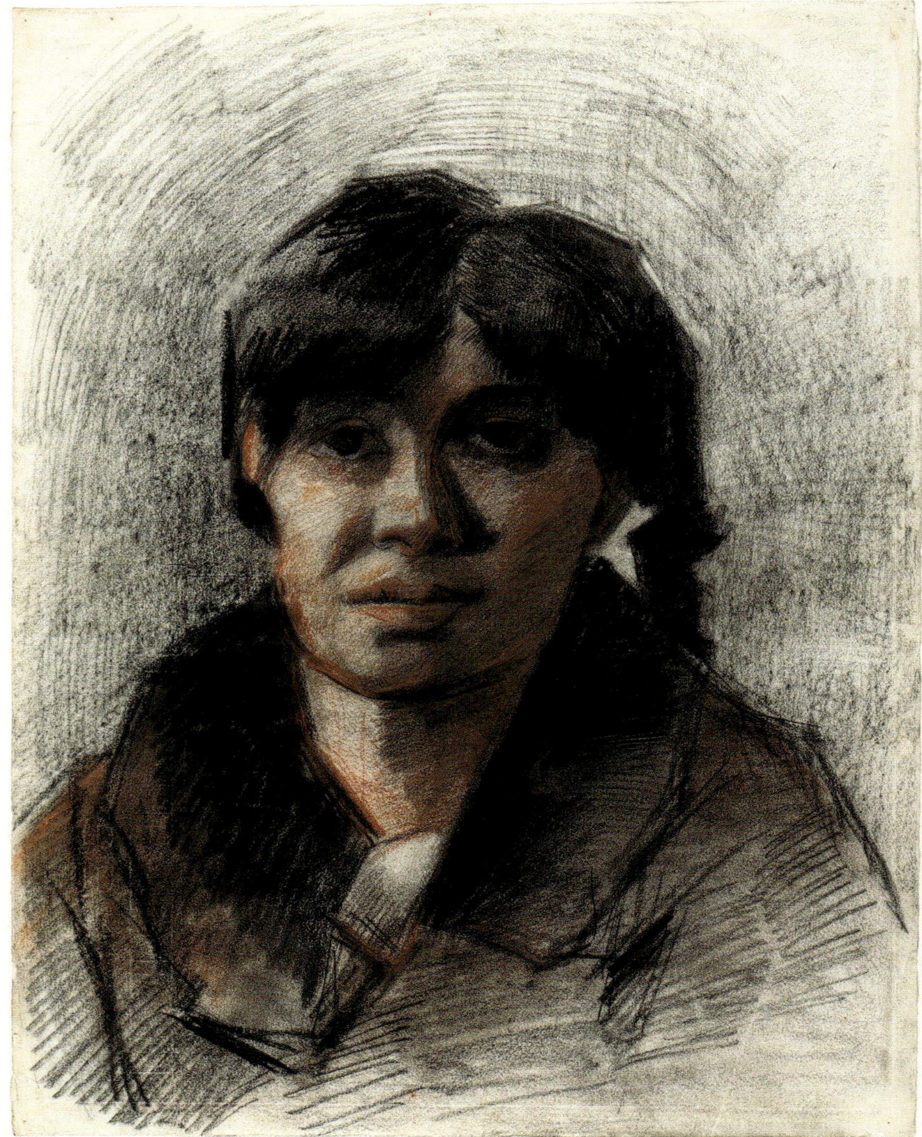

62
Portret van een vrouw
eind december 1885
51 x 39 cm
Van Gogh Museum,
Amsterdam

Eind november 1885 vestigde hij zich in Antwerpen. In december verkende hij vooral de stad; hij bezocht musea en kerken en zocht contact met kunsthandelaren om een indruk van de lokale kunstmarkt te krijgen. Hij hoopte geld te kunnen verdienen met stadsgezichten maar kwam niet verder dan enkele aarzelende pogingen. Ook had hij, mede door het bestuderen van (voornamelijk 17de-eeuwse) portretten in het Rijksmuseum, een grote belangstelling gekregen voor dit specifieke genre, vooral ook voor de verkoopbaarheid daarvan. Hij schilderde en tekende enkele portretten, waaronder dat van een in zichzelf gekeerde vrouw met een vlecht (afb. 62).

In de eerste helft van januari 1886 schreef Van Gogh zich in aan de Koninklijke Academie voor Schone Kunsten. Daar tekende hij met veel enthousiasme naar gipsen modellen, zonder zich overigens te kunnen vinden in de theoretische uitgangspunten van zijn docenten. Zij legden bij het modeltekenen de nadruk op het belang van de contouren, terwijl Van Gogh

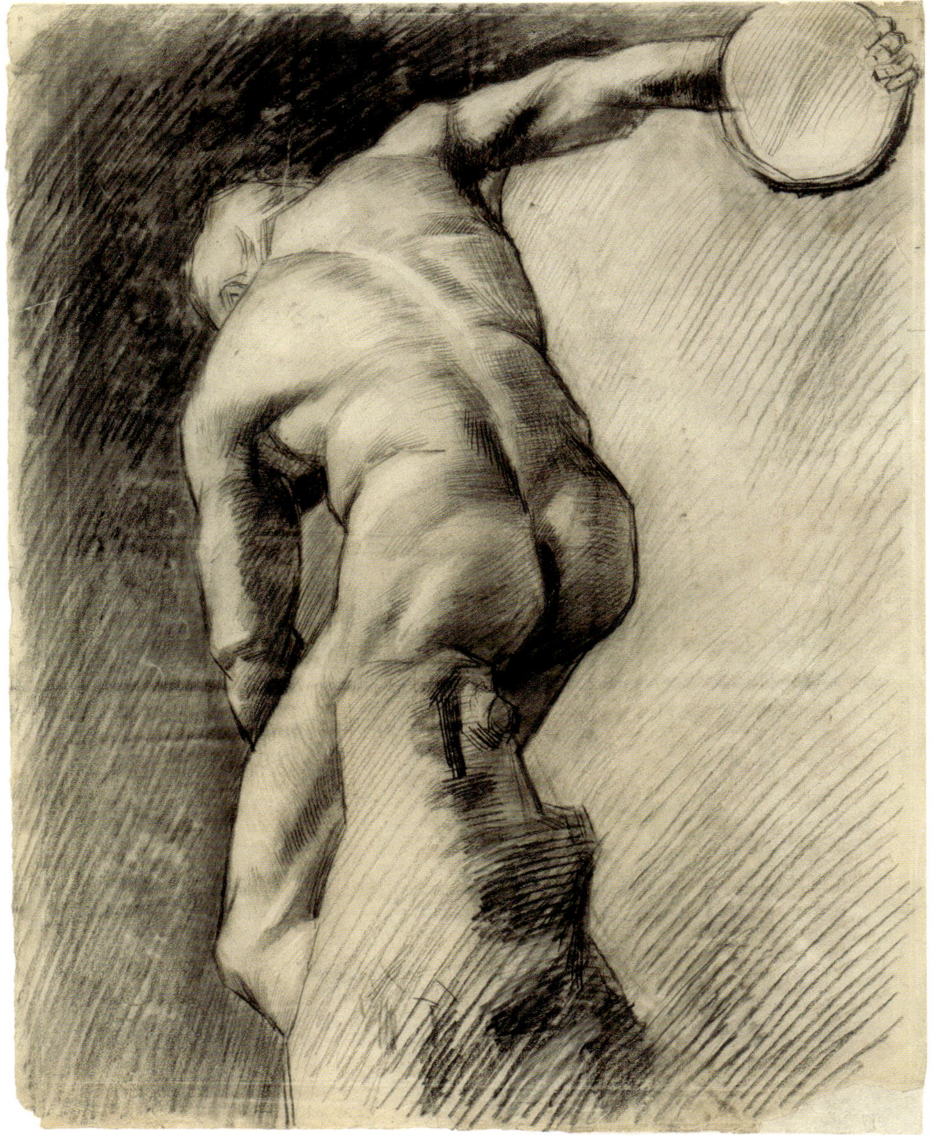

63
De discuswerper
eerste helft februari 1886
56 x 44 cm
Van Gogh Museum,
Amsterdam

zich in Nuenen juist met veel succes had bekwaamd in de opbouw van een figuur door middel van volumes. Deze verschillende uitgangspunten verdroegen elkaar niet en zijn verblijf aan de academie was dan ook tot mislukken gedoemd. Hij verbleef er zo'n zes weken; aangezien studenten er gemiddeld drie tot vier dagen aan een tekening naar een gipsafgietsel werkten, moet hij er ongeveer een dozijn werken hebben weten te produceren. Hiervan bleef maar één blad bewaard, *De discuswerper* (afb. 63), en het is geen toeval dat deze studie een weinig gepolijst karakter heeft dat sterk herinnert aan Van Goghs Nuenense boerenstudies uit de zomer van 1885.

Om ook naar levend model te kunnen tekenen – aan de academie was hem dat als nieuwkomer nog niet toegestaan – werd Van Gogh lid van twee tekenverenigingen, waar hij 's avonds naar naakt en gekleed model kon tekenen. Bij deze sessies waren geen docenten aanwezig en de studies die hij er maakte, hebben dan ook nadrukkelijk zijn eigen stevige, hoekige

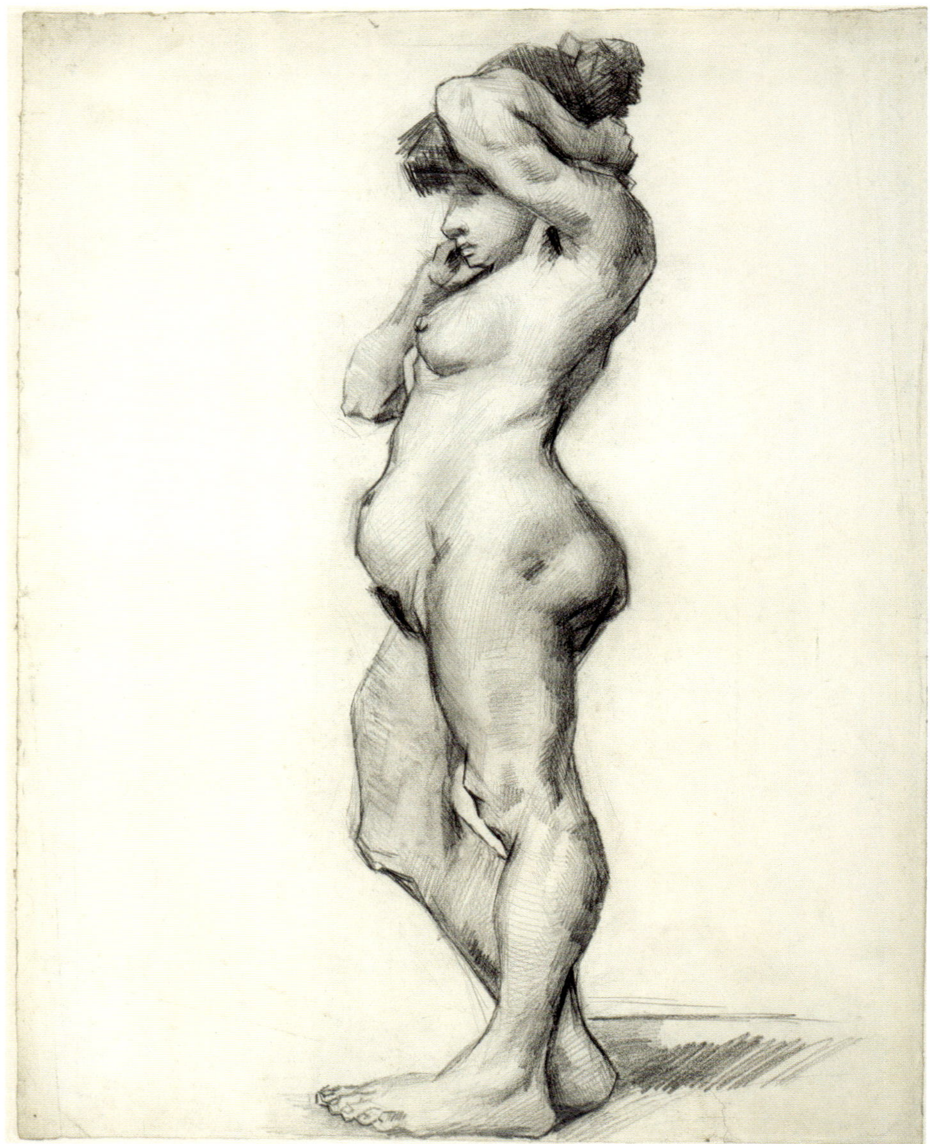

64
Staand vrouwelijk naakt van opzij gezien
eind januari-eind februari 1886
50 x 39 cm
Van Gogh Museum, Amsterdam

modellering (afb. 64). Zoals zo vaak gaf hij de voorkeur aan realistische expressie boven anatomische correctheid, wat bijvoorbeeld te zien is aan het enigszins ongelukkig weergegeven rechterbeen.

Van Gogh maakte door van 's morgens vroeg tot 's avonds laat op de academie en de tekenverenigingen te werken, slopend lange dagen, maar bleef desondanks ontevreden, vooral over de academie. Daarom besloot hij wederom zijn horizon te verbreden en naar Parijs te vertrekken, waar beduidend betere mogelijkheden tot artistieke scholing voorhanden waren.

NIEUWE PRIORITEITEN Voor Van Goghs getekende werk luidde zijn verblijf in Parijs bijna een jaar van betrekkelijke rust in. Hij tekende naar naakt en vooral naar gipsmodel in het atelier van de bekende Franse schilder en leraar Fernand Cormon (1845–1926). Tevens maakte hij thuis, in het appartement van zijn broer Theo, studies naar gipsen, die overigens weinig

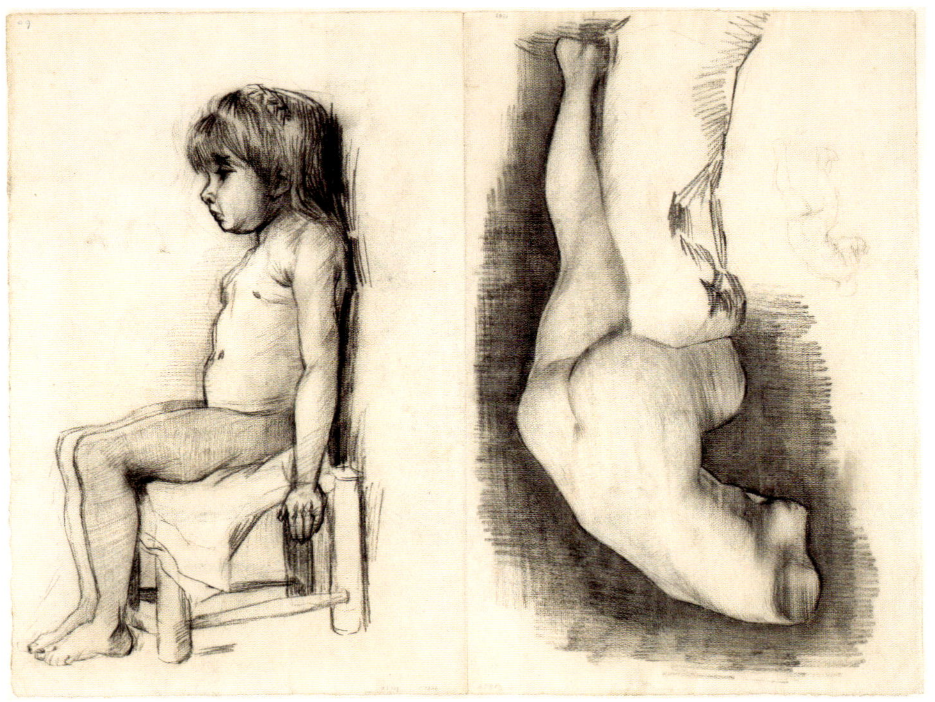

65
Zittend meisje en Venus
oktober 1886–januari 1887
47 x 62 cm
Van Gogh Museum, Amsterdam

66
Charles Blanc
Grammaire des Arts du Dessin, Parijs 1867

ambitie hadden. Een enkel blad stijgt erbovenuit zonder dat de kunstenaar daar bewust naar streefde (afb. 65).

Van Goghs besluit om naar Parijs te gaan was in belangrijke mate ingegeven door zijn behoefte aan voortgezette figuurstudie, en met die wetenschap in het achterhoofd is het relatief kleine aantal tekeningen en schilderijen dat hij hieraan wijdde op het eerste gezicht merkwaardig te noemen. De kunstenaar beklaagde zich er wel over dat modellen moeilijk te vinden waren, maar erg geloofwaardig is dat niet: hij bouwde in Parijs een grote kennissenkring op waaruit hij had kunnen putten, en bovendien leefde en werkte hij in Montmartre, een bruisende wijk waar volop kunstenaars werkten en professionele modellen voorhanden waren.

Het geringe aantal figuurtekeningen is eerder te verklaren door het feit dat hij zijn capaciteiten en artistieke volwassenheid stomweg had onderschat. In Antwerpen had hij weinig op gehad met de theoretische standpunten van zijn leermeesters, en bij Fernand Cormon was dat niet anders. Hoewel deze historieschilder een weinig dwingende docent lijkt te zijn geweest, legde ook hij de nadruk op het tekenen vanuit de contour en op het zoeken naar juiste proporties. Nog vanuit Arles legde Van Gogh uit hoezeer hij het oneens was met Cormons standpunt dat alles moest worden gemeten [687/539].

In Van Goghs onderschatting van zijn eigen werk speelt nog een andere factor een belangrijke rol. In Nuenen, waar zijn werk een grote ontwikkeling had doorgemaakt, was Van Rappard de enige professionele schilder geweest met wie hij (sporadisch) contact had gehad. Zijn artistieke toetssteen bestond derhalve vooral uit zijn grafiekverzameling, waarmee hij het werk

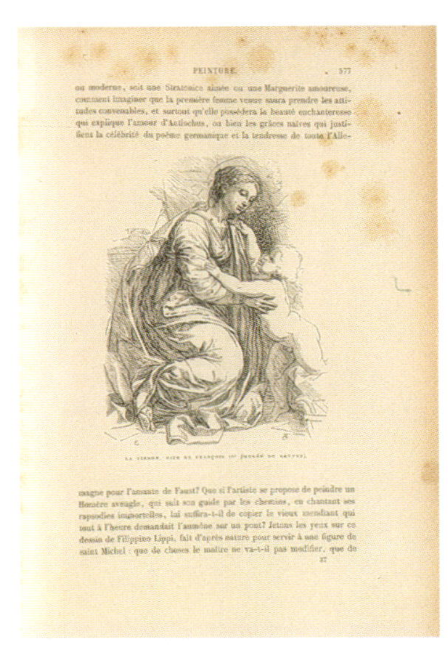

PEINTURE. 377

ou moderne, soit une Stratonice aimée ou une Marguerite amoureuse, comment imaginer que la première femme venue saura prendre les attitudes convenables, et surtout qu'elle possédera la beauté enchanteresse qui explique l'amour d'Antiochus, ou bien les grâces naïves qui justifient la célébrité du poëme germanique et la tendresse de toute l'Allemagne pour l'amante de Faust? Que si l'artiste se propose de peindre un Homère aveugle, qui suit son guide par les chemins, en chantant ses rapsodies immortelles, lui suffira-t-il de copier le vieux mendiant qui tout à l'heure demandait l'aumône sur un pont? Jetons les yeux sur ce dessin de Filippino Lippi, fait d'après nature pour servir à une figure de saint Michel : que de choses le maître ne va-t-il pas modifier, que de

27

van zeer knappe tekenaars als Herkomer en Honoré Daumier (1808–1879) kon bestuderen, en de boeken die hij las. Zo vond hij in het favoriete *Grammaire des Arts du Dessin* van Charles Blanc voorbeelden van grote meesters als Rafaël, Rembrandt en Michelangelo (afb. 66). Door deze geïsoleerde en voortdurende confrontatie met meesterwerken was Van Goghs inschatting van eigen kunnen verwrongen geraakt, en toen hij in Antwerpen en Parijs in aanraking kwam met het werk van mindere goden als zijn docenten en medestudenten, bleek hij verder gevorderd te zijn dan hij had vermoed.

De belangrijkste reden voor de mindere aandacht voor de figuurstudie was echter dat Van Gogh in Parijs ontdekte dat zijn schildertrant hopeloos donker en ouderwets was, en hij zag zich genoodzaakt vooral aan dat probleem – kleur – te gaan werken. Voor kleurstudie is het figuur niet het meest geschikte genre, in tegenstelling tot bijvoorbeeld het stilleven, waarop Van Gogh zich in belangrijke mate ging concentreren. En de keuze voor deze

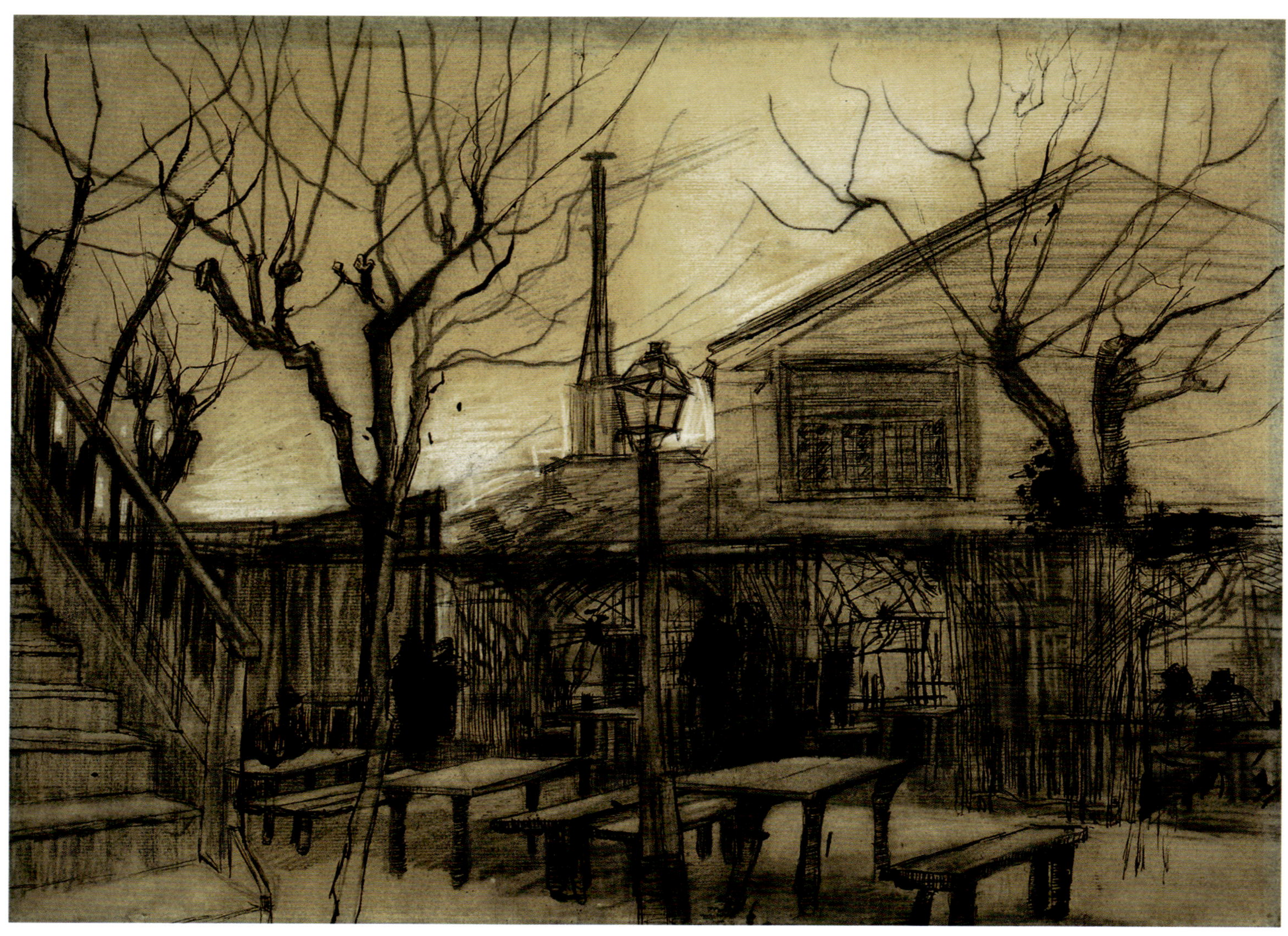

67
Guinguette
februari-maart 1887
39 x 52 cm
Van Gogh Museum, Amsterdam

Verdwenen kleuren; het simultaan contrast Elk kunstwerk verandert in de loop van de tijd, en ook Van Goghs tekeningen en schilderijen zien er niet meer hetzelfde uit als een eeuw geleden. Meestal zijn die veranderingen niet storend, zoals in het geval van het verbruinen van ooit zwarte inkt. Soms treden er heuse gedaantewisselingen op. *La guinguette* was bijvoorbeeld getekend op blauw papier dat verkleurde tot geelbruin, waardoor zij veel van haar frisse uitstraling verloor; een reconstructie laat dit duidelijk zien (afb. 67, 68). Desondanks is het nog steeds een innemend blad. Andere werken, waarin meer kleuren een rol spelen, raakten door het verdwijnen van de kleur van het papier geheel uit balans. Daarmee gingen ook interessante experimenten verloren, want Van Gogh werkte vaak met kleurcontrasten, onder meer het simultaan contrast, waarbij dicht bij elkaar liggende kleuren als blauw en groenblauw met elkaar worden geconfronteerd. Dat effect speelde ook een rol in sommige van de tekeningen op gekleurd papier, maar met het verbleken van de achtergrondkleur verdween tevens dat contrast.

68
Guinguette
digitale reconstructie van de oorspronkelijke papierkleur

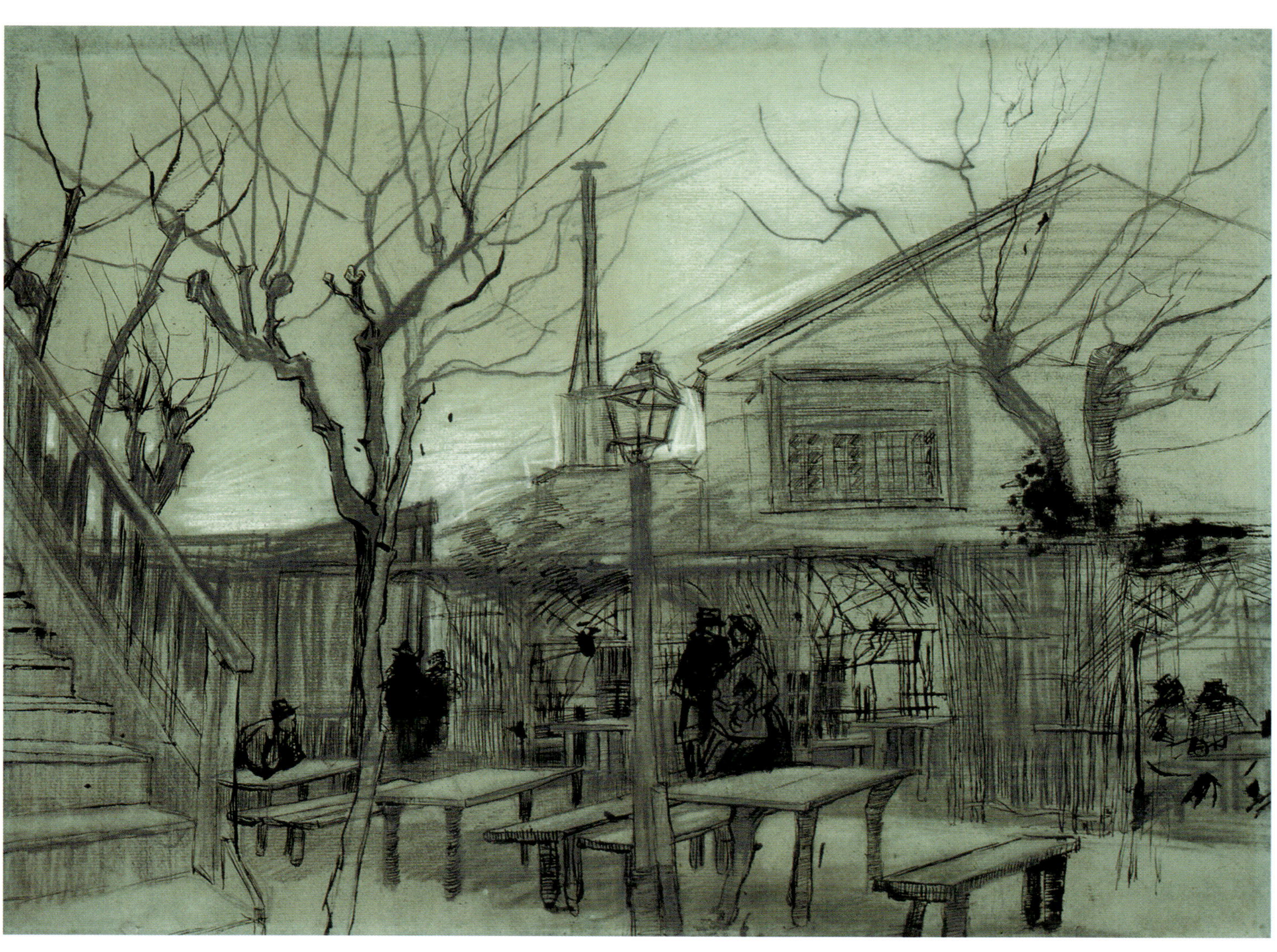

coloristische verkenningen betekende tevens dat het schilderen in Parijs de overhand kreeg boven het tekenen.

STADSGEZICHTEN EN PARIJSE UKIYO-É Meer ambitieuze tekeningen ontstonden pas weer in februari-maart 1887, toen zijn experimenten met een modernere schilderwijze vruchten begonnen af te werpen en hij zich niet meer louter op technische aspecten hoefde te concentreren. Opmerkelijk is dat in veel van de tekeningen die in 1887 ontstonden, kleur eveneens een centrale plaats heeft. De uitgewerkte pentekeningen uit Nuenen kregen echter geen opvolgers; wanneer Van Gogh met de pen (en zonder kleur) werkte, deed hij dat op een lossere manier (afb. 67). Enkele tekeningen in kleur uit die vroege maanden van 1887 zijn met krijt gemaakt. Hij experimenteerde tevens met een combinatie van krijt en pen, die echter tamelijk ongelukkig uitviel: de fijne pen en het zoveel grovere krijt harmonieerden slecht.

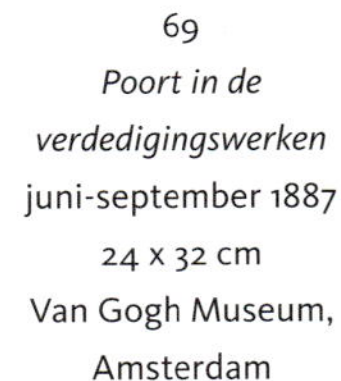

69
Poort in de verdedigingswerken
juni-september 1887
24 x 32 cm
Van Gogh Museum, Amsterdam

70
Hiroshige
Honderd gezichten op beroemde plaatsen in Edo: Nachtelijk gezicht op de theaterstraat Saruwakacho
1856–1859
34 x 22 cm
Van Gogh Museum, Amsterdam

In de zomer van 1887 ontstonden twee reeksen stadsgezichten in waterverf die de tekenaar Van Gogh in een nieuwe gedaante tonen, zowel technisch als stilistisch. Enkele werken zijn bescheiden van formaat en minutieus uitgevoerd (afb. 69, 71, 72), terwijl andere groot van formaat en losser van tekentrant zijn (afb. 73). Weliswaar maakte Van Gogh in zijn tekeningen een minder opmerkelijke evolutie door dan in zijn schilderkunst, waarin hij veel meer belast was door het verleden, maar toch zijn de verschillen tussen zijn aquarellen uit 1887 en die uit zijn Nederlandse jaren groot: de laatste zijn gedempt en wat troebel van kleur, terwijl de Parijse bladen transparant en kleurrijk zijn. Dat had uiteraard te maken met de toegepaste kleuren maar ook met een technisch aspect. In Nederland had Van Gogh vrijwel onveranderlijk gewerkt met dekkende waterverf, soms sterk verdund. In Parijs werkte hij voor het eerst als een echte aquarellist, met het bijkomende gewin aan helderheid en aan aantrekkelijke complementaire kleurcontrasten.

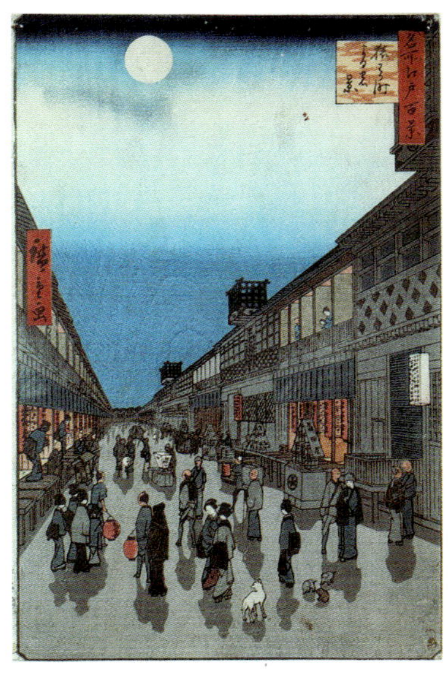

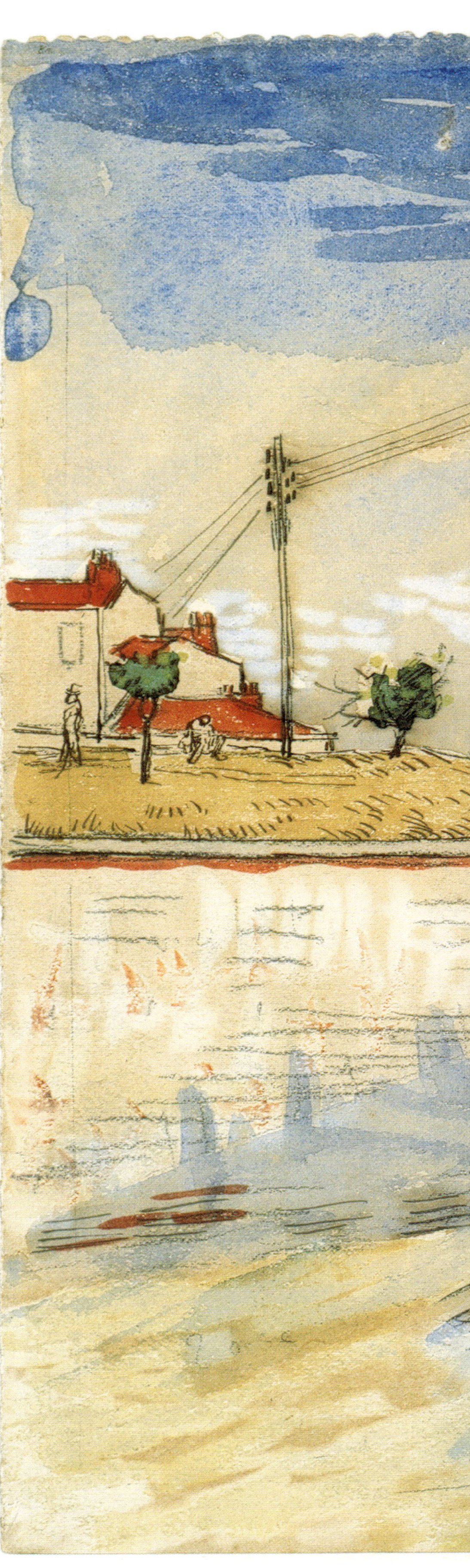

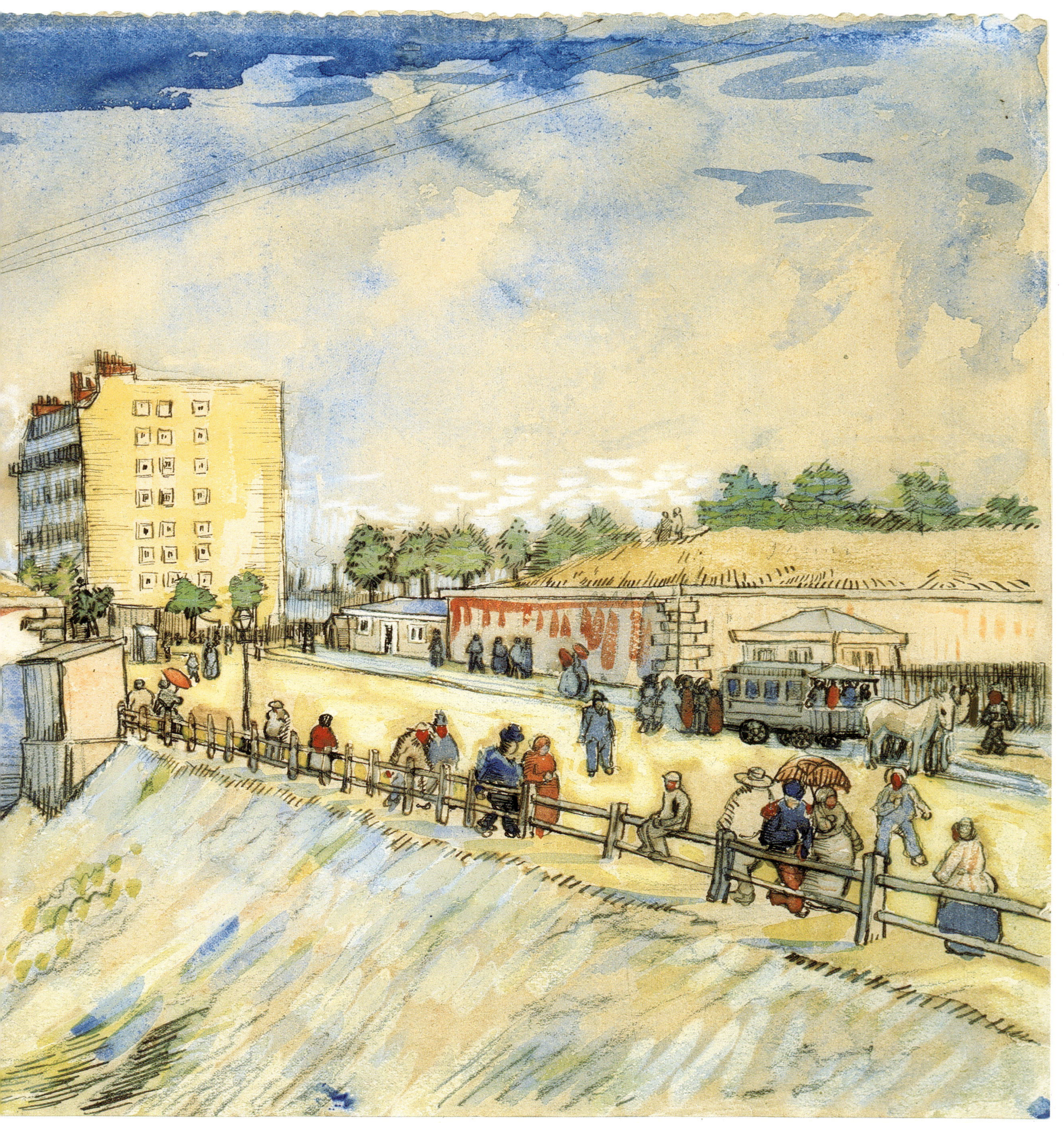

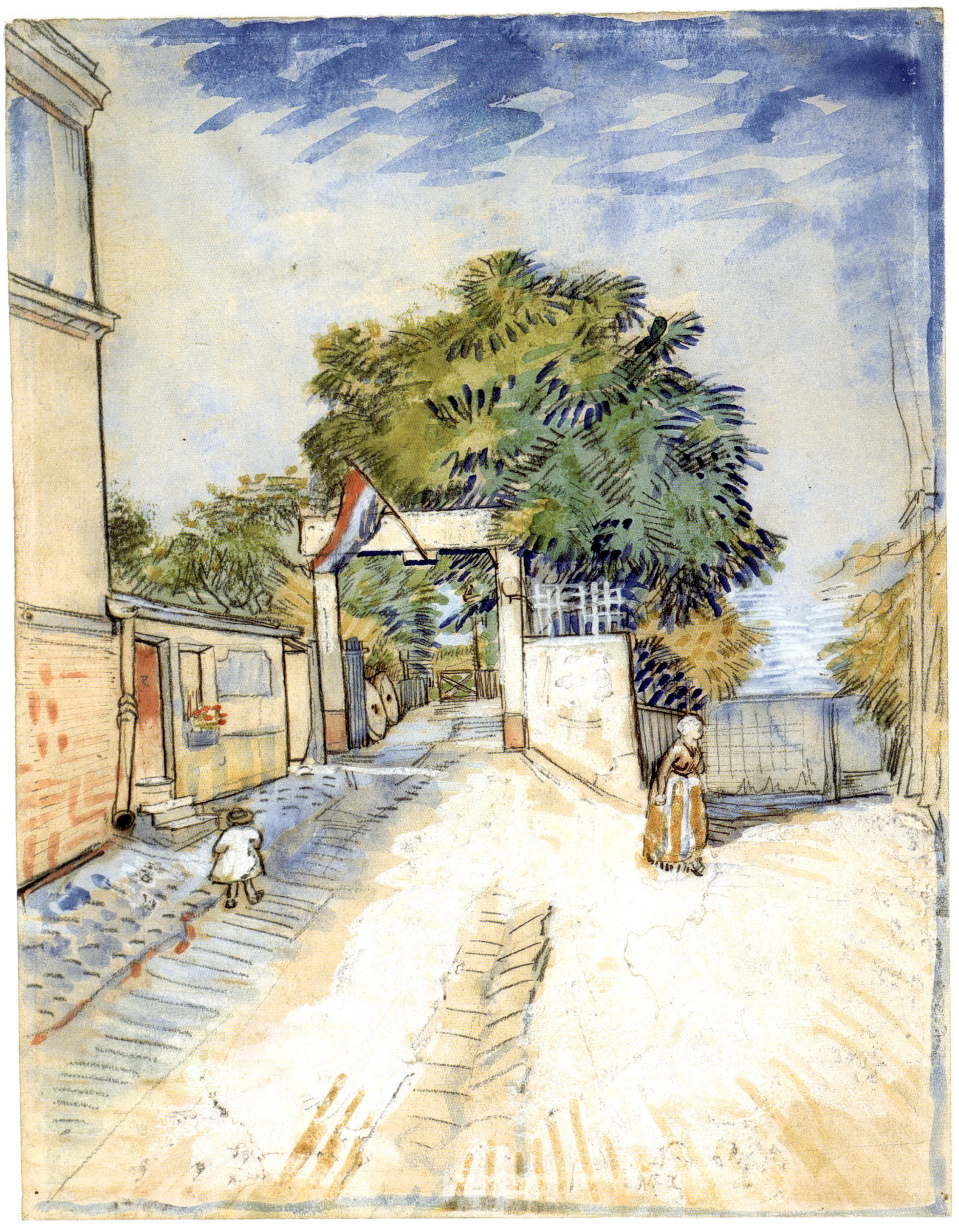

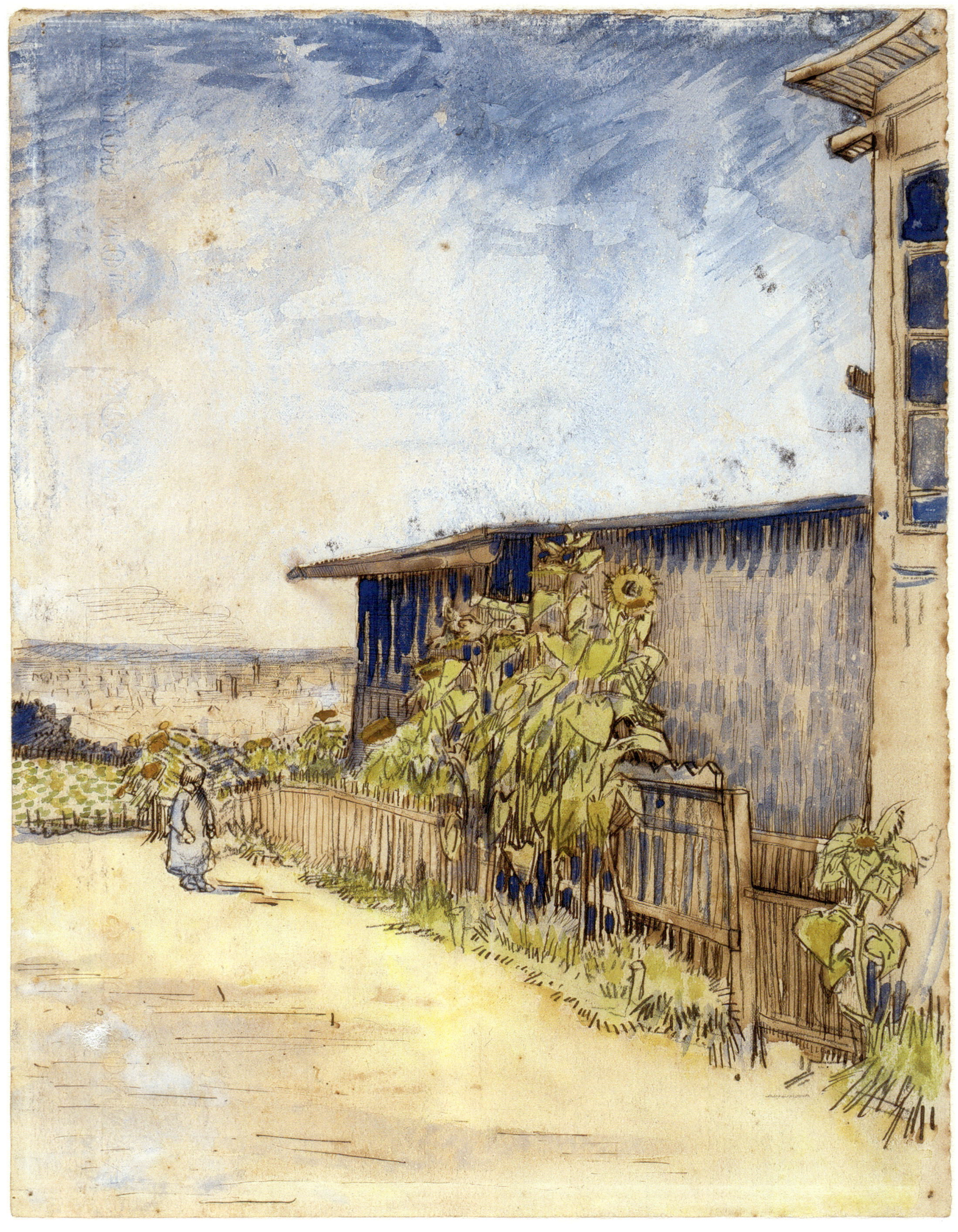

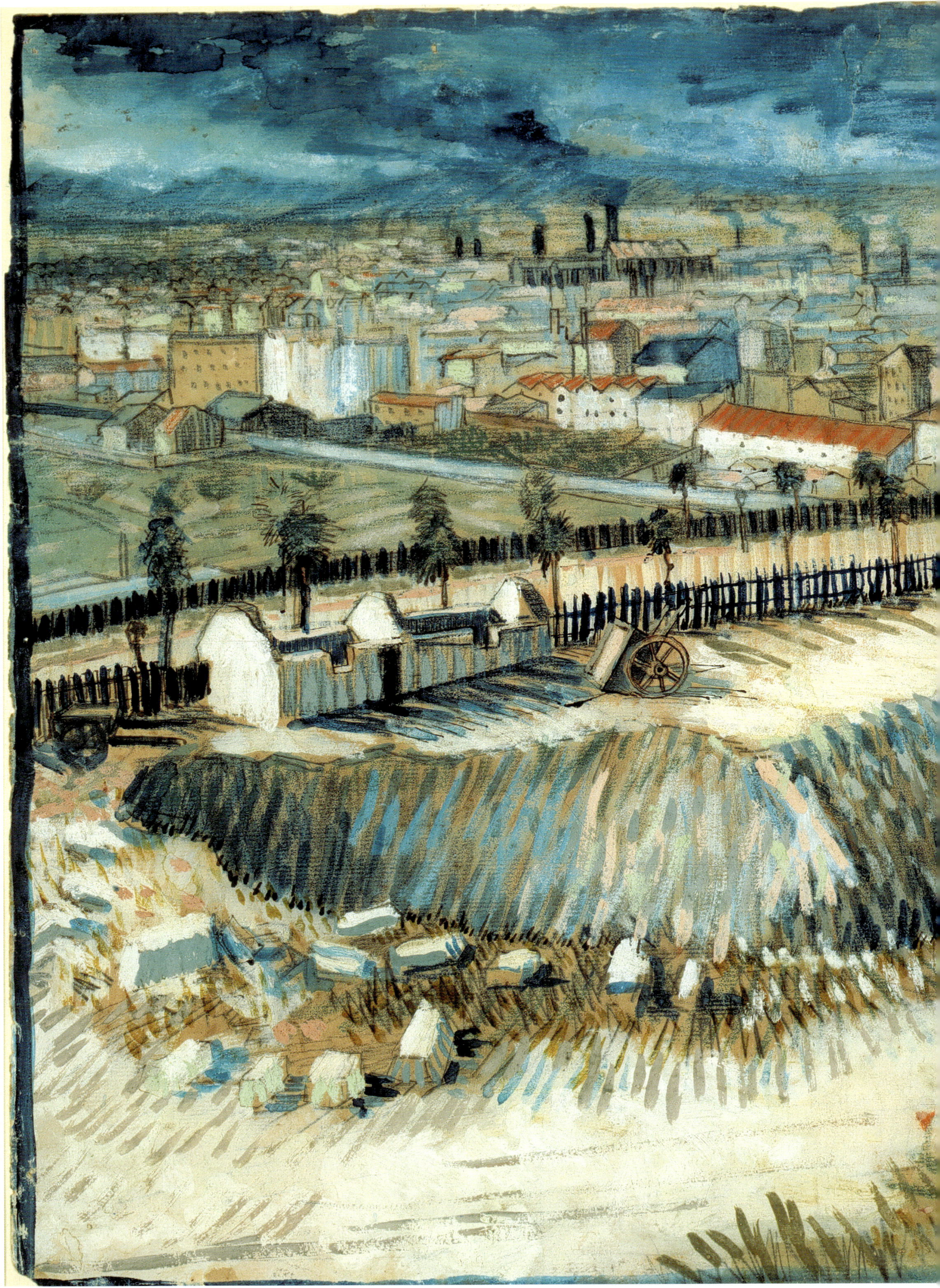

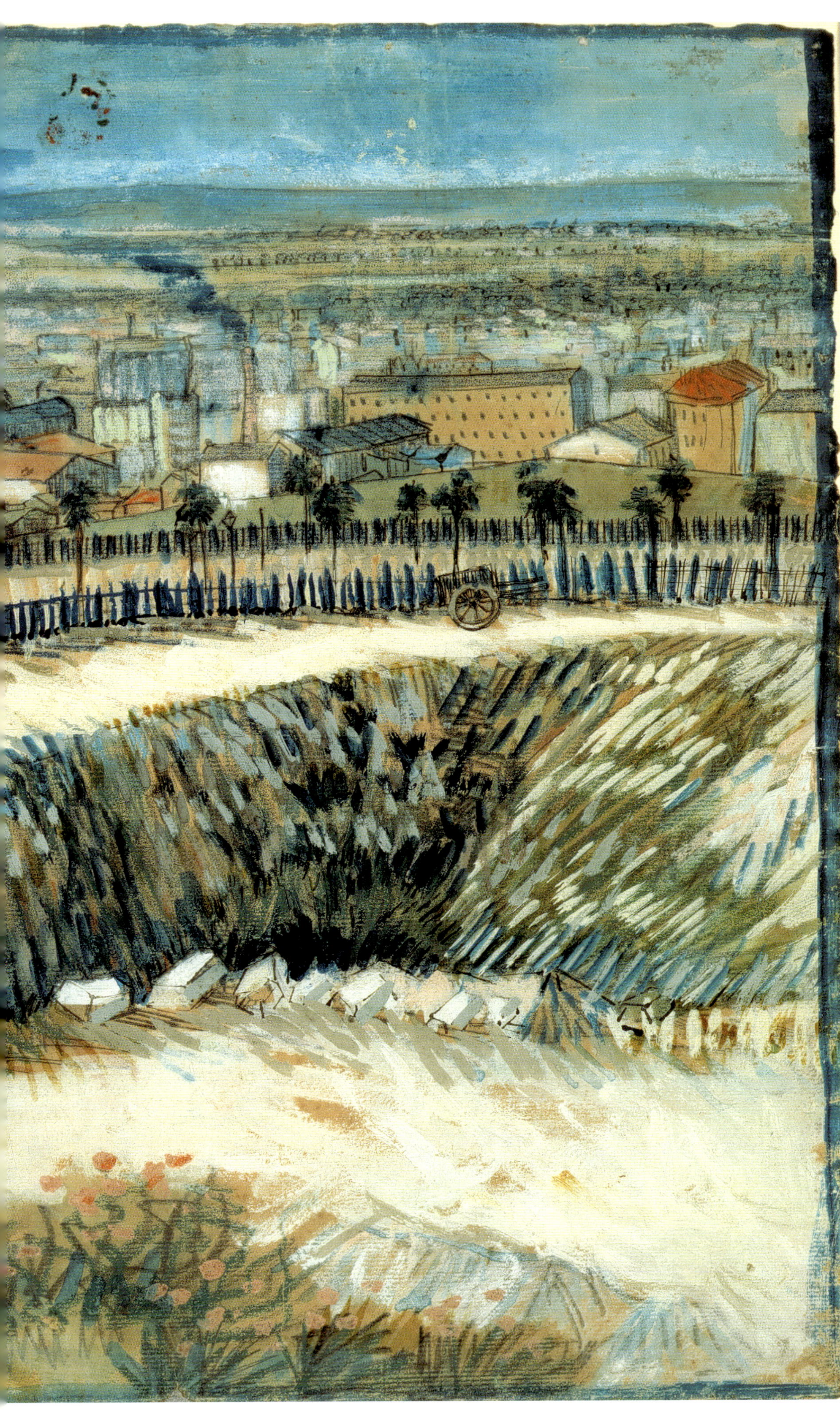

<< 71
Toegangspoort van de Moulin de la Galette
juni-september 1887
32 x 24 cm
Van Gogh Museum, Amsterdam

<< 72
Schuurtje met zonnebloemen
augustus-september 1887
32 x 24 cm
Van Gogh Museum, Amsterdam

73
Een buitenwijk van Parijs, gezicht vanaf Montmartre
1887
39 x 53 cm
Stedelijk Museum, Amsterdam

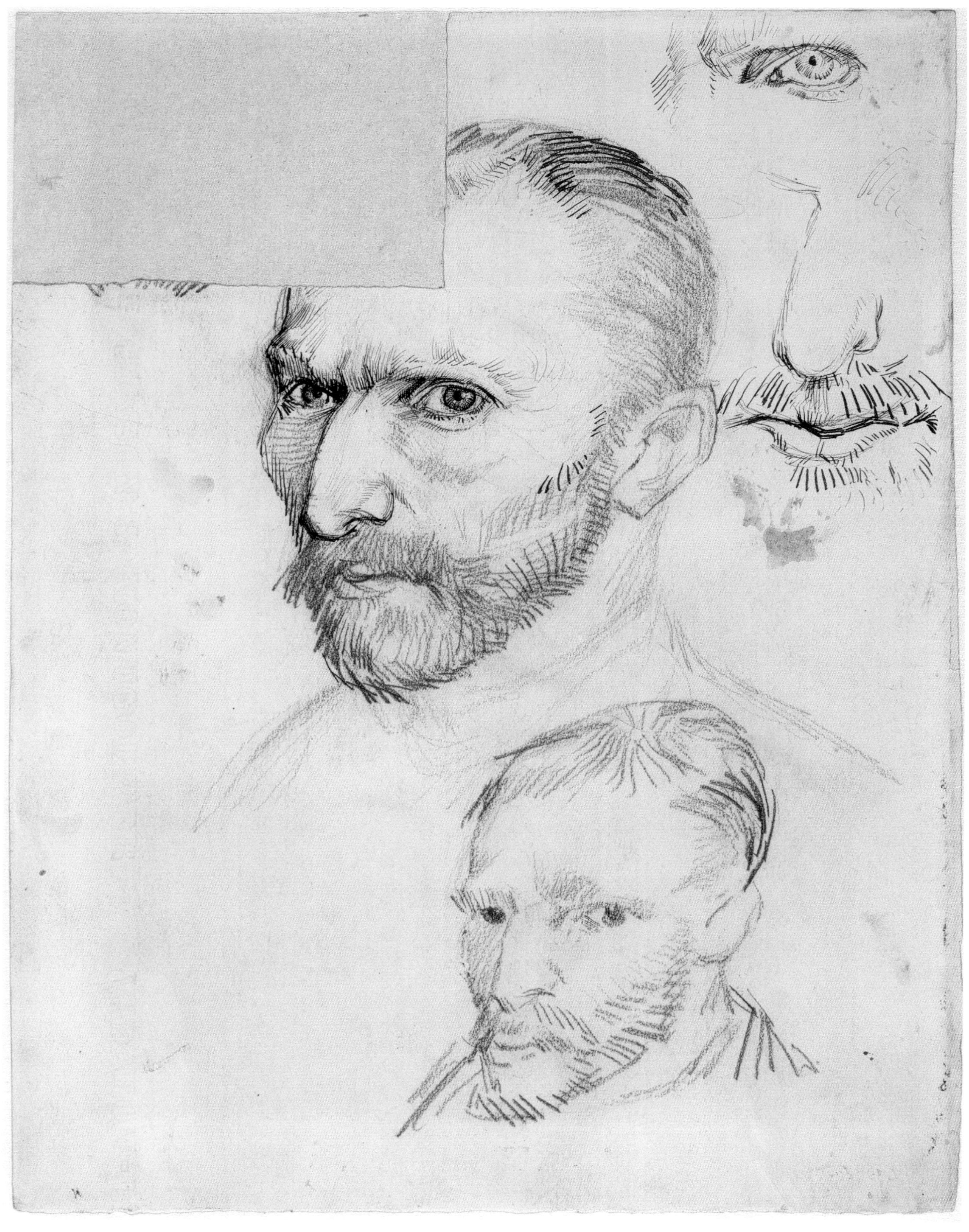

< 74
Zelfportretten
januari-juni 1887
31 x 24 cm
Van Gogh Museum, Amsterdam

De schatplichtigheid van met name de kleine gezichten op Montmartre aan *ukiyo-é* prenten (voorstellingen van het Japanse alledaagse leven, meestal op eenzelfde vrij klein formaat uitgevoerd) is groot. Van Gogh trad hier welbewust in de voetsporen van de Japanse meesters die hij zo was gaan waarderen en wier grafiek hij was gaan verzamelen – zijn collectie wordt thans bewaard in het Van Gogh Museum. Hij kocht de prenten vooral in de galerie van de kunsthandelaar Siegfried Bing (1838–1905), waar hij ook met andere Japanse kunstuitingen kon kennismaken. Vergelijking van Van Goghs tekeningen – bijvoorbeeld *Poort in de verdedigingswerken* (afb. 69) – met deze Japanse grafiek (afb. 70) laat zien hoe hij daaruit lering trok: er zijn markante overeenkomsten in het heldere kleurgebruik, de typerende composities, de gewaagde perspectieven en de manier waarop kleine figuurtjes de compositie bevolken. Tevens hebben deze tekeningen overeenkomstige formaten als hun Japanse voorbeelden. In zijn geschilderde werk liet Van Gogh zich sterk beïnvloeden door impressionisten als Claude Monet (1840–1926) en kunstenaars uit de jongere garde als Paul Signac (1863–1935) en Henri de Toulouse-Lautrec (1864–1901). In zijn tekeningen gemaakt in de zomer van 1887 waren de Japanse voorbeelden echter toonaangevend.

Het complementair contrast Van Gogh had al in Nuenen door lezing van handboeken het complementair contrast ontdekt. Opnieuw waren daarbij de ideeën van Eugène Delacroix van groot belang. Een complementair contrast ontstaat wanneer kleuren naast elkaar worden gezet die elkaars volmaakte tegengestelde zijn: rood en groen, oranje en blauw en geel en paars. Zij liggen pal tegenover elkaar op de kleurencirkel en bij menging doven ze elkaar als het ware uit en vormen ze een grauwe tint. Naast elkaar gezet kunnen deze kleuren echter krachtige en uitdrukkingsvolle effecten bewerkstelligen. Van Gogh zou dergelijke contrasten altijd in zijn werk blijven zoeken.

Het getekende oeuvre uit Parijs kent door de concentratie op het schilderen weinig hoogtepunten. Na de stadsgezichten tekende Van Gogh nog maar een enkele keer. Klein maar geslaagd is een streng ogend zelfportret (afb. 74); verder zijn vooral bescheiden, soms experimentele en meestal sterk schetsmatige studies bekend. Van Gogh was zich er wel van bewust dat zijn artistieke mogelijkheden in Parijs opzienbarend waren toegenomen. Met veel vertrouwen vertrok hij in februari 1888 naar Arles, een stad in de Provence, waar zijn tekenaarschap op een grootse manier gestalte zou krijgen.

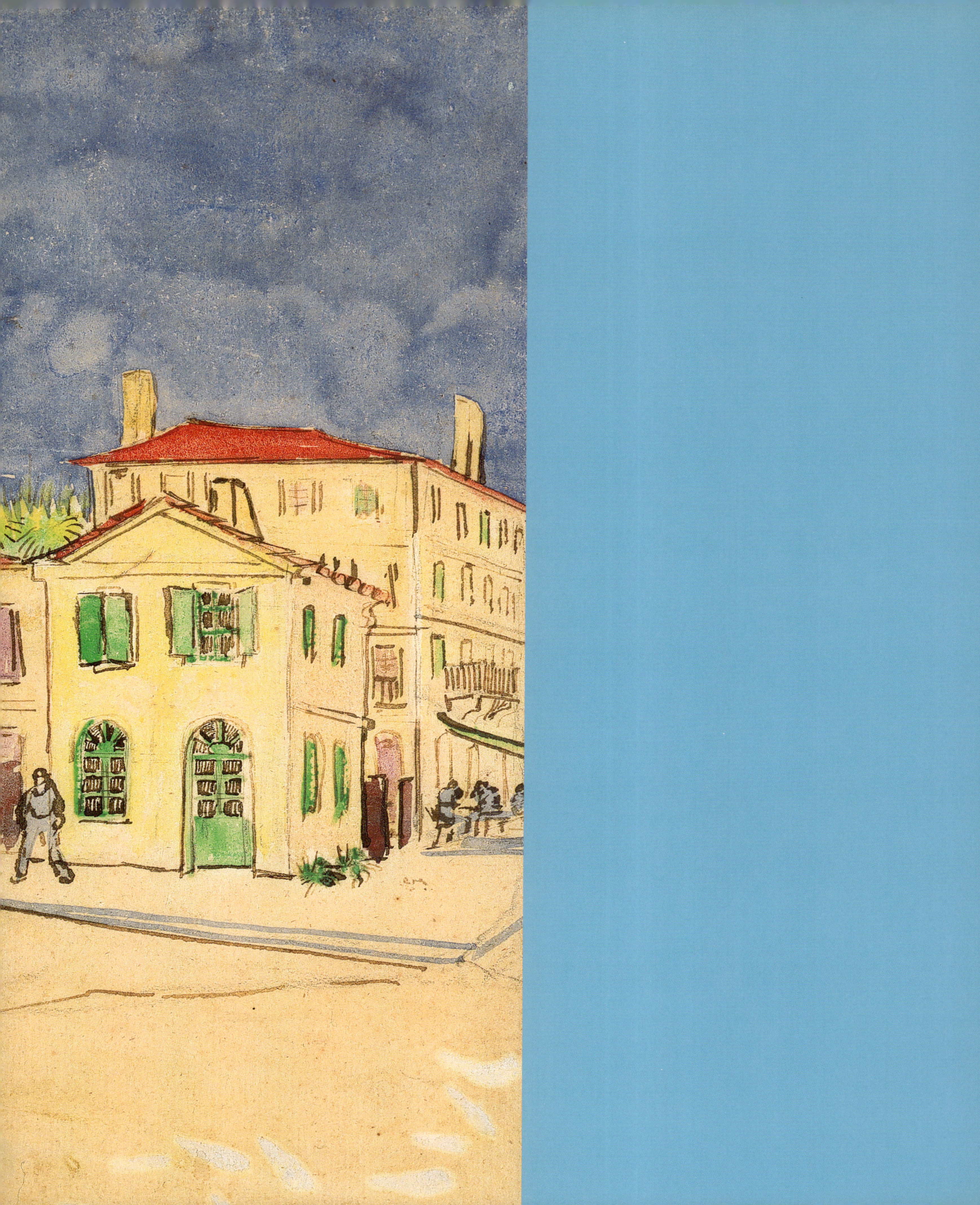

1888–1889

Arles

De bevlogen lijn

OP 20 FEBRUARI 1888 kwam Van Gogh in Arles aan. Hij was uit Parijs weggegaan omdat hij hunkerde naar het onbedorven platteland, maar ook omdat hij de kou wilde ontvluchten. Dat hij Arles onder een dik pak sneeuw aantrof, viel hem dan ook tegen. Bovendien verhinderde het hem om buiten te werken.

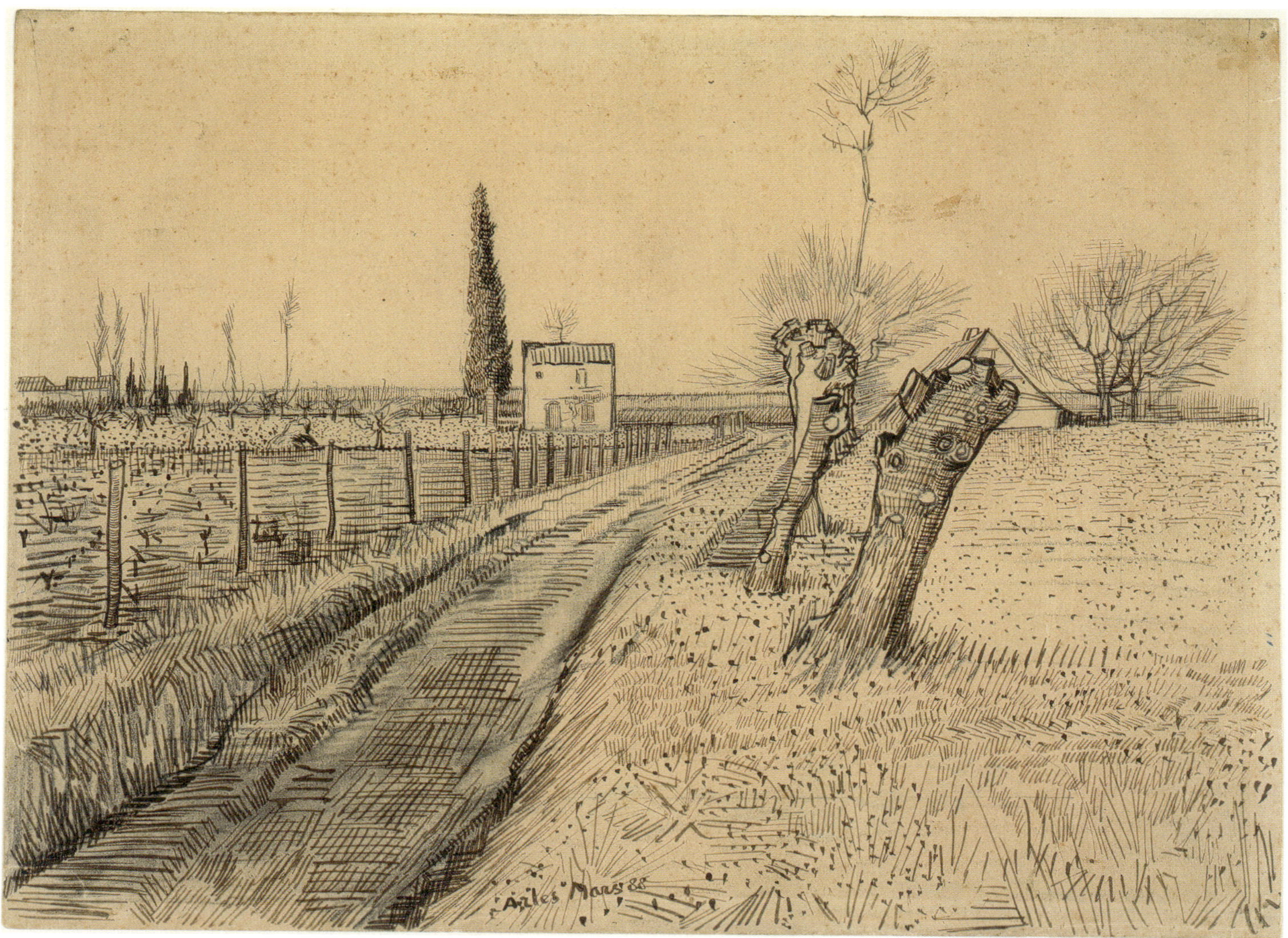

75
Landschap met pad en knotwilgen
maart 1888
26 x 35 cm
Van Gogh Museum, Amsterdam

In maart ontstonden de eerste tekeningen, zoals een gedateerd exemplaar aantoont (afb. 75); pas in een brief van 9 april komt een eerste vermelding van tekeningen voor. Ervan uitgaande dat de kleurrijke Parijse stadsgezichten niet later dan september 1887 ontstonden, had Van Gogh op dat moment ongeveer een half jaar geen tekening met enige pretentie meer gemaakt, en dus ook niet noemenswaardig meer aan zijn tekenstijl of -techniek gesleuteld. Des te meer komen de tekeningen in Arles als een verrassing. Van Gogh ontdekte hier de rietpen. De tekeningen die hij daarmee maakte, lijken op het eerste gezicht een abrupte wending in zijn oeuvre te zijn maar vergelijking met zijn Parijse schilderijen en met Japanse grafiek levert opvallende resultaten op. Zulke uiteenlopende werken als een stilleven met twee zonnebloemen (afb. 76), een stilleven met kolen en uien (afb. 77) en een zelfportret (afb. 78) tonen een overeenkomstige behoefte aan een sterke en gecontroleerde variatie in penseeltrant die weerklank vindt in de lijnen, kronkels en stippels van de pentekeningen uit Arles.

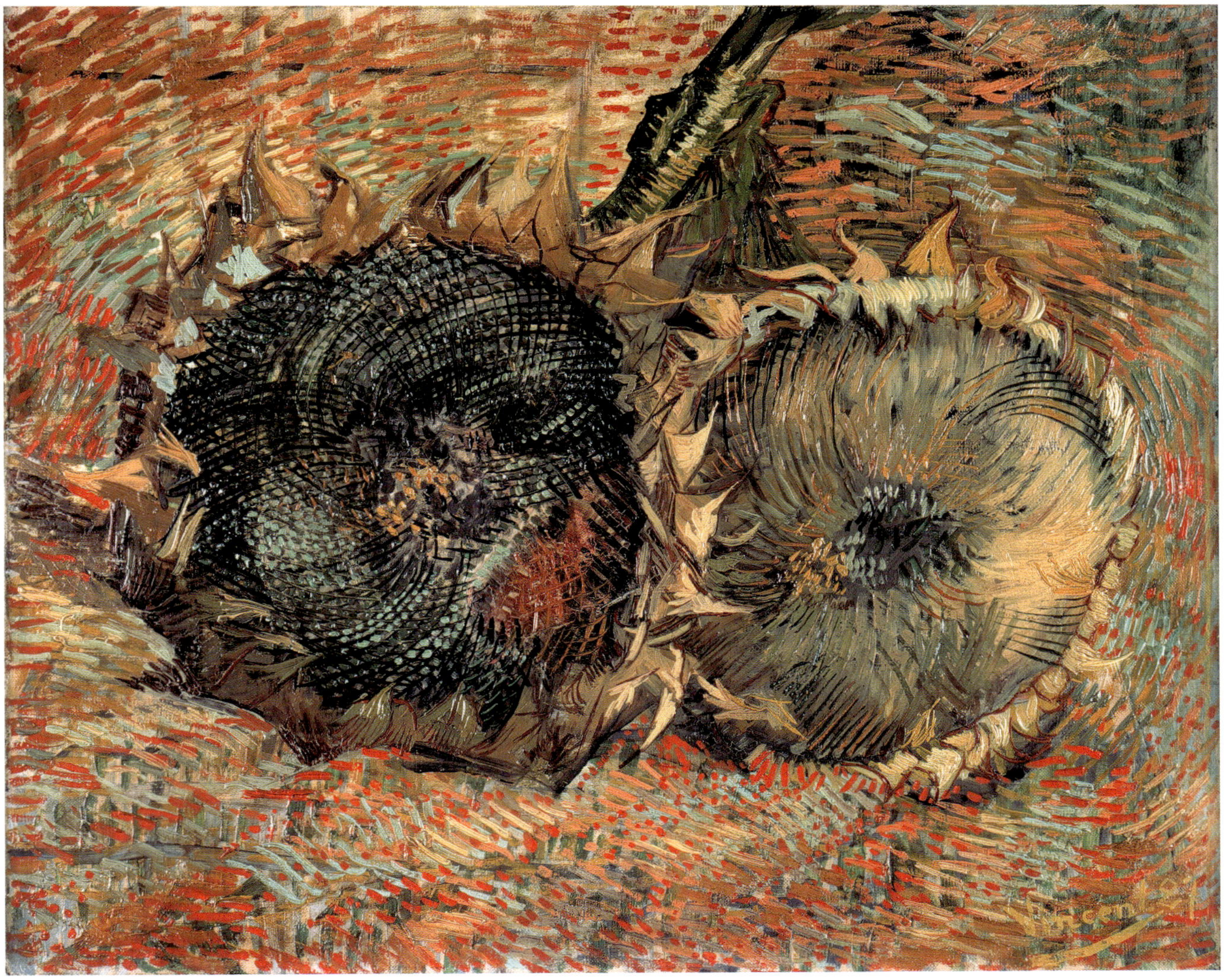

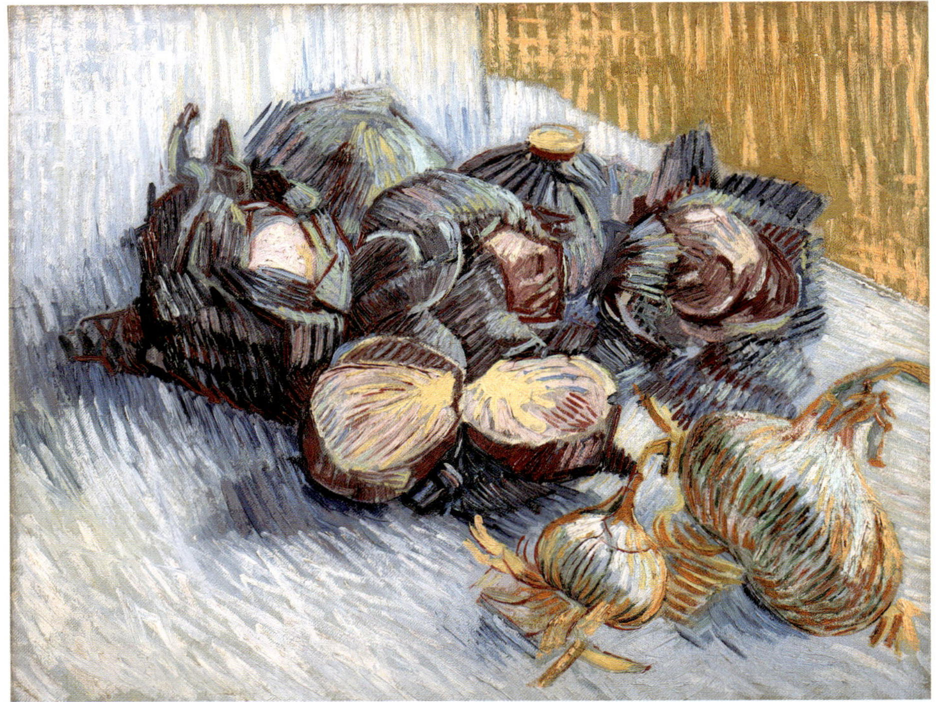

76
Zonnebloemen
1887
50 x 60 cm
Kunstmuseum Bern,
Bern

77
Stilleven met kolen en uien
najaar 1887
40 x 65 cm
Van Gogh Museum,
Amsterdam

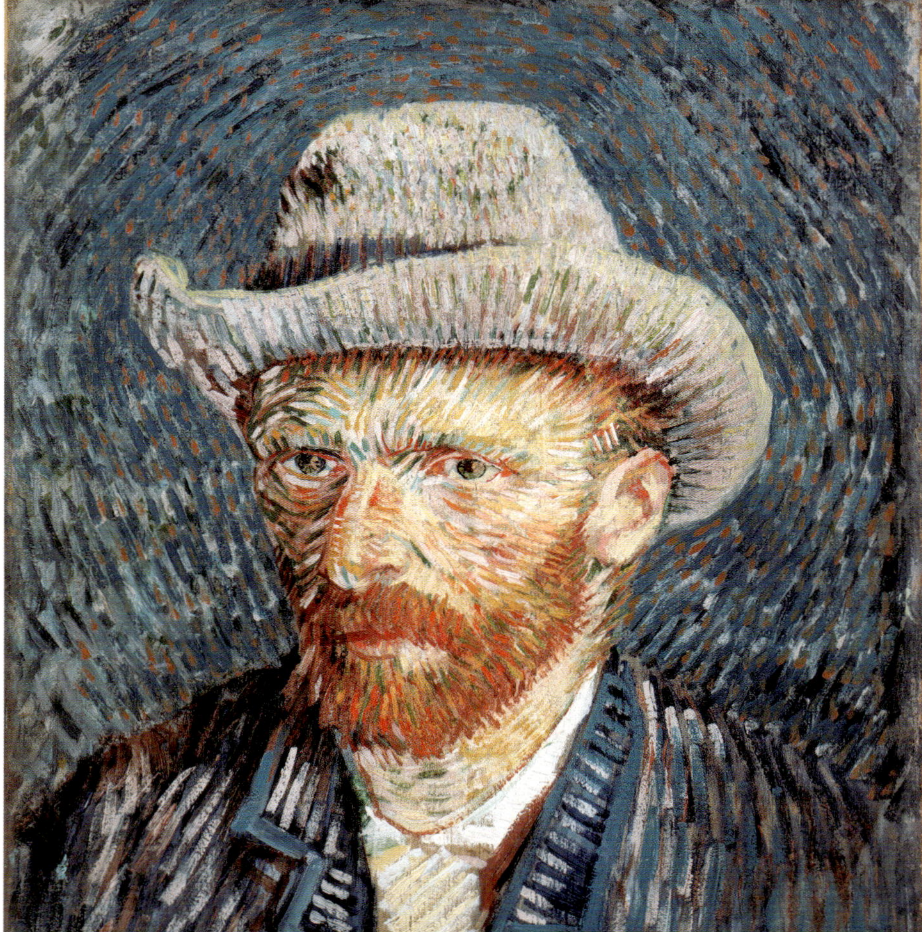

78
Zelfportret
1887–1888
44 x 38 cm
Van Gogh Museum, Amsterdam

Van Gogh had in Etten al eens met de rietpen gewerkt, maar 'daar had ik niet zulk goed riet als hier', herinnerde hij zich [602/478]. Inderdaad is er in het hele Nederlandse werk niets aan te wijzen dat lijkt op de soepele tekentrant die in Arles domineerde. Ondertussen is het de vraag of het Franse riet inderdaad zoveel beter was dan het Nederlandse, of dat Van Gogh als gerijpt kunstenaar eenvoudigweg een vaardigheid had ontwikkeld die hem in staat stelde de typerende kwaliteiten van dit instrument ditmaal goed uit te buiten.

VAN GOGH EN JAPAN Van Gogh vond in het Provençaalse landschap rond Arles veel dat hem aan Japan deed denken, een land dat hij overigens alleen uit de kunst en de literatuur kende. Vier weken na zijn aankomst gaf hij een gloedvolle beschrijving van de omgeving aan Emile Bernard (1868–1941), die hij in het atelier van Cormon had leren kennen: 'Aangezien ik beloofd had je te schrijven, wil ik om te beginnen zeggen dat de streek me, vanwege de helderheid van de atmosfeer en de vrolijke kleureffecten, even mooi lijkt als Japan. Het water vormt mooie smaragdkleurige en volblauwe vlekken in het landschap, zoals je ziet op de Japanse prenten' [590/B2]. Gezien dat enthousiasme is het niet verwonderlijk dat *ukiyo-e* grafiek Van Goghs werk bleef beïnvloeden. Net als in Parijs koos hij voor zijn kleinere tekeningen formaten die overeenkwamen met die van de Japanse houtsneden (ca. 25 x 35 cm) en verdeelde hij de composities in grote vlakken. In zijn schilderijen hadden die vlakken kleur en een samenhangende penseelstreek, in de tekeningen koos hij er vaak voor om een vlak met een bepaald type pennenstreken te vullen, zoals stippen (vooral in de lucht). In de zomer van 1888 beproefde hij in oogsttekeningen een combinatie van pen en kleurvlakken die werd geïnspireerd door Japanse voorbeelden. Toch was kleur vooral voorbehouden aan schilderijen. Om een indruk te geven van wat hij op doek onder handen had, maakte hij enkele aquarellen naar schilderijen, die hij opstuurde naar Theo. Ook in die tekeningen overheerst een Japanse

79
Provençaalse boomgaard
30 maart–17 april 1888
39 x 54 cm
Van Gogh Museum, Amsterdam

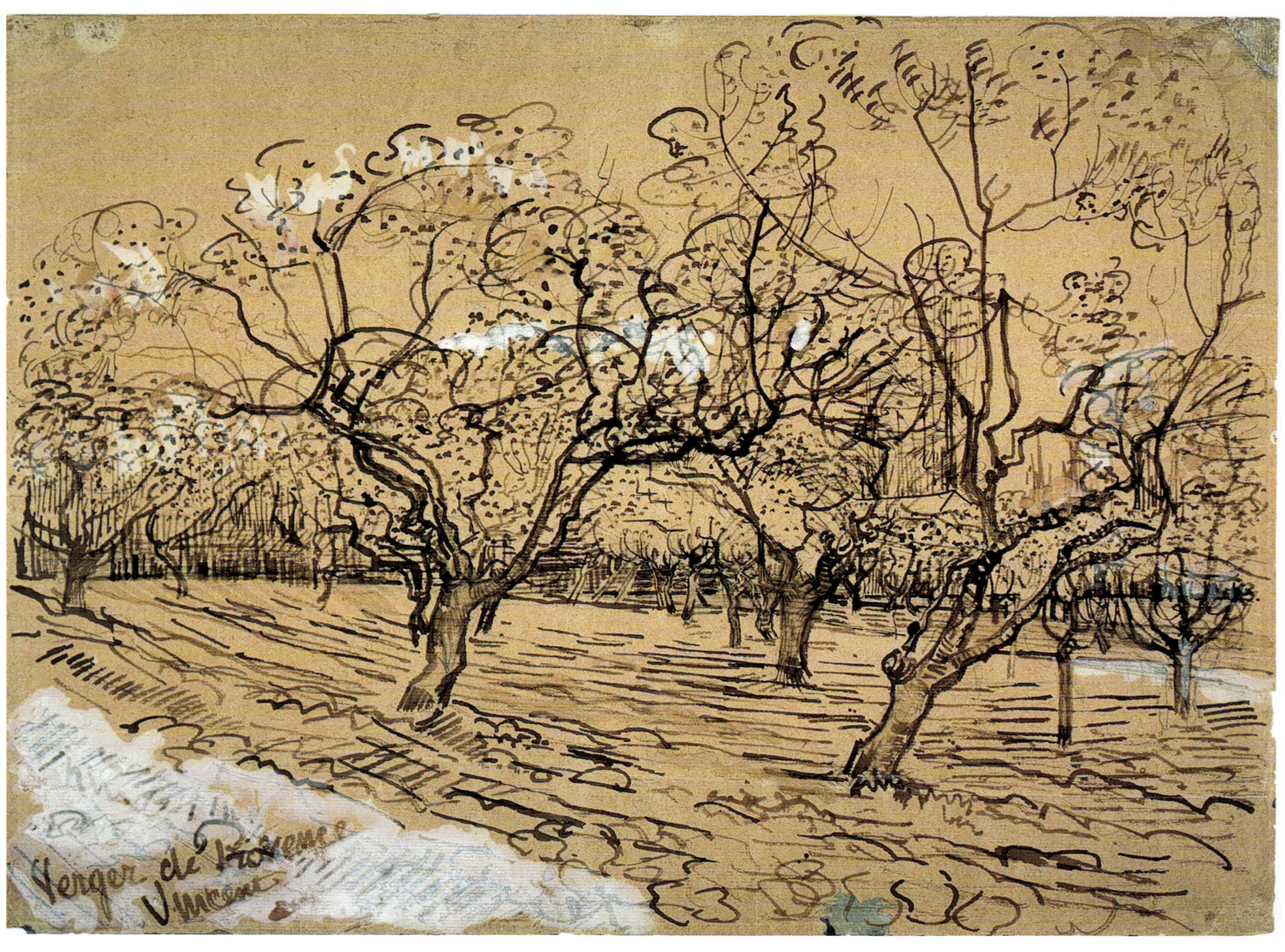

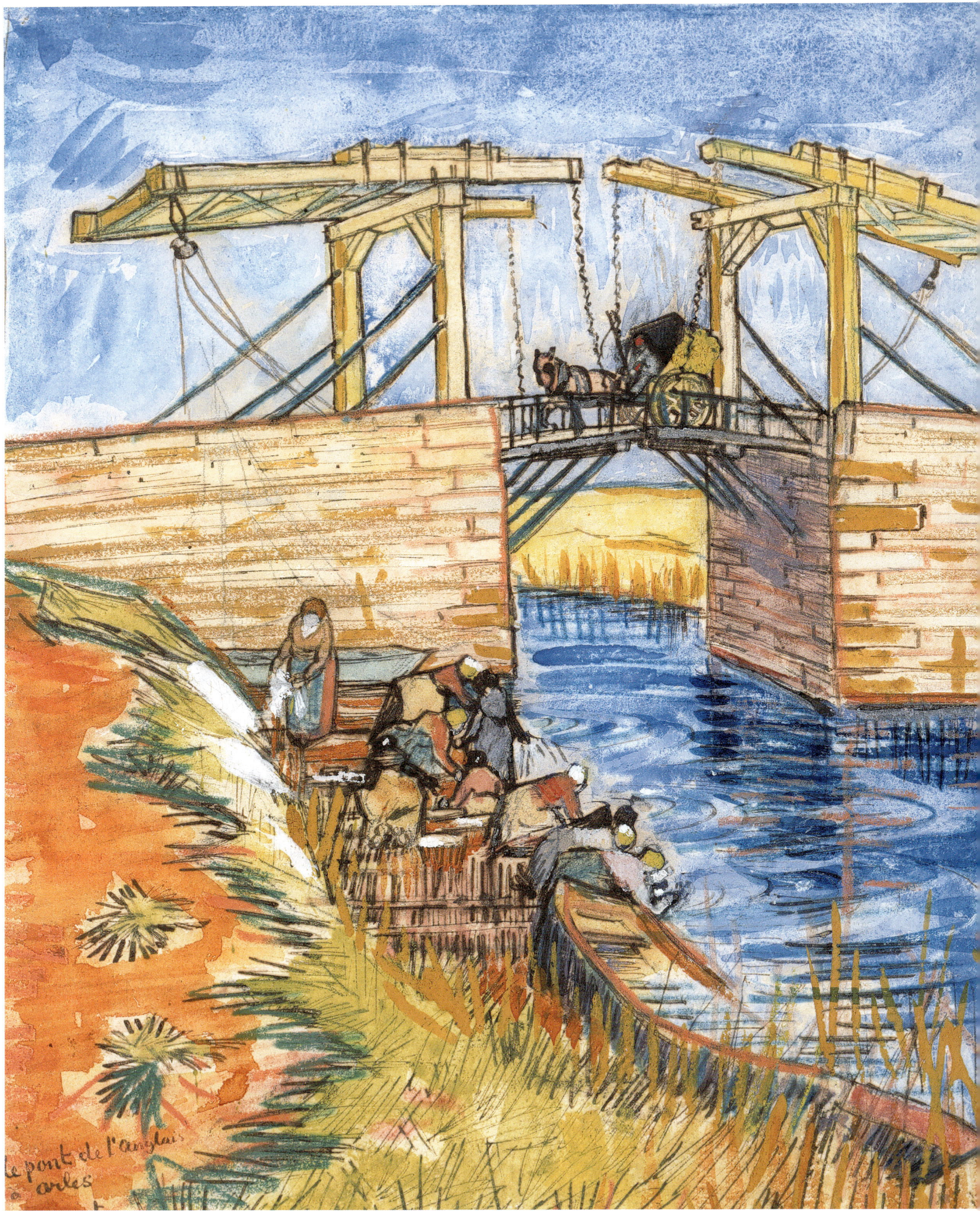
le pont de l'anglais
arles

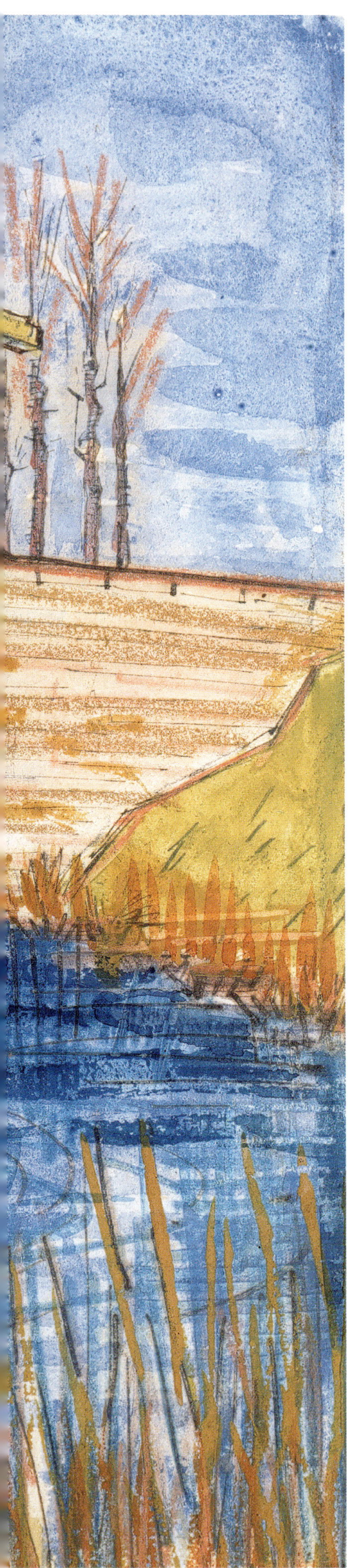

Vergé en velijn Van Gogh werkte op vele soorten papier. Behalve het zware aquarelpapier waarop hij in zijn vroege jaren graag tekende, vallen de papieren uiteen in twee groepen: vergé en velijn. Vergé is een geschept papier waarin het patroon van de zeef goed te herkennen is: lange kettingdraden op enkele centimeters van elkaar, waartussen, dicht op elkaar en dwars op de kettingdraden, fijnere draden zijn gevlochten. Het papier heeft een merkbare structuur in het oppervlak. Velijn wordt geschept in een zeef met een veel fijnere structuur en heeft daardoor een veel gladder en regelmatiger oppervlak dan vergé. Beide soorten kunnen een watermerk hebben, dat ontstaat door in de zeef een metaaldraad in te vlechten in de vorm van een naam of een symbool. Op die plaats is het papier dunner en wordt, tegen het licht gezien, het watermerk zichtbaar.

sfeer, met name in de in sterke, heldere kleuren opgezette *Brug van Langlois* uit april 1888 (afb. 80).

80
De brug van Langlois
april 1888
30 x 30 cm
Privé-collectie

In de vroege lente van dat jaar werd het tekenen korte tijd naar de achtergrond verdrongen doordat Van Gogh een omvangrijke reeks voorstellingen van boomgaarden maakte, waarvan hij de kleurigheid vooral in schilderijen vastlegde. Maar in de tweede week van april kondigde hij Theo alweer aan dat hij 'enorm veel' zou moeten tekenen, 'want ik wil tekeningen maken in het genre van de Japanse prenten' [596/474]. Hoewel hij in deze tijd ook twee grotere tekeningen maakte (afb. 79), beperkte hij zich bewust vooral tot kleinere bladen, waarvan hij een reeks wilde vervaardigen. Die had hij spoedig compleet, en op 1 mei schreef hij aan Theo dat hij hem 'een rol met kleine pentekeningen gestuurd had, een stuk of twaalf geloof ik' [604/480]. Spoedig volgden meer tekeningen; in totaal zeventien. Verschillende van de motieven werkte Van Gogh ook uit in schilderijen; soms diende de tekening daarbij ten voorbeeld (afb. 75, 83). Niet alle werken zijn overtuigend te dateren: een gezicht op de weg naar Tarascon is mogelijk uit deze tijd maar kan, gezien het volle bladerdek van de bomen, ook in de zomer zijn ontstaan (afb. 81).

MONTMAJOUR – DE EERSTE SERIE Van Gogh had na aankomst de omgeving van Arles verkend en daarbij ook de vijf kilometer ten noordoosten van de stad gelegen heuvel

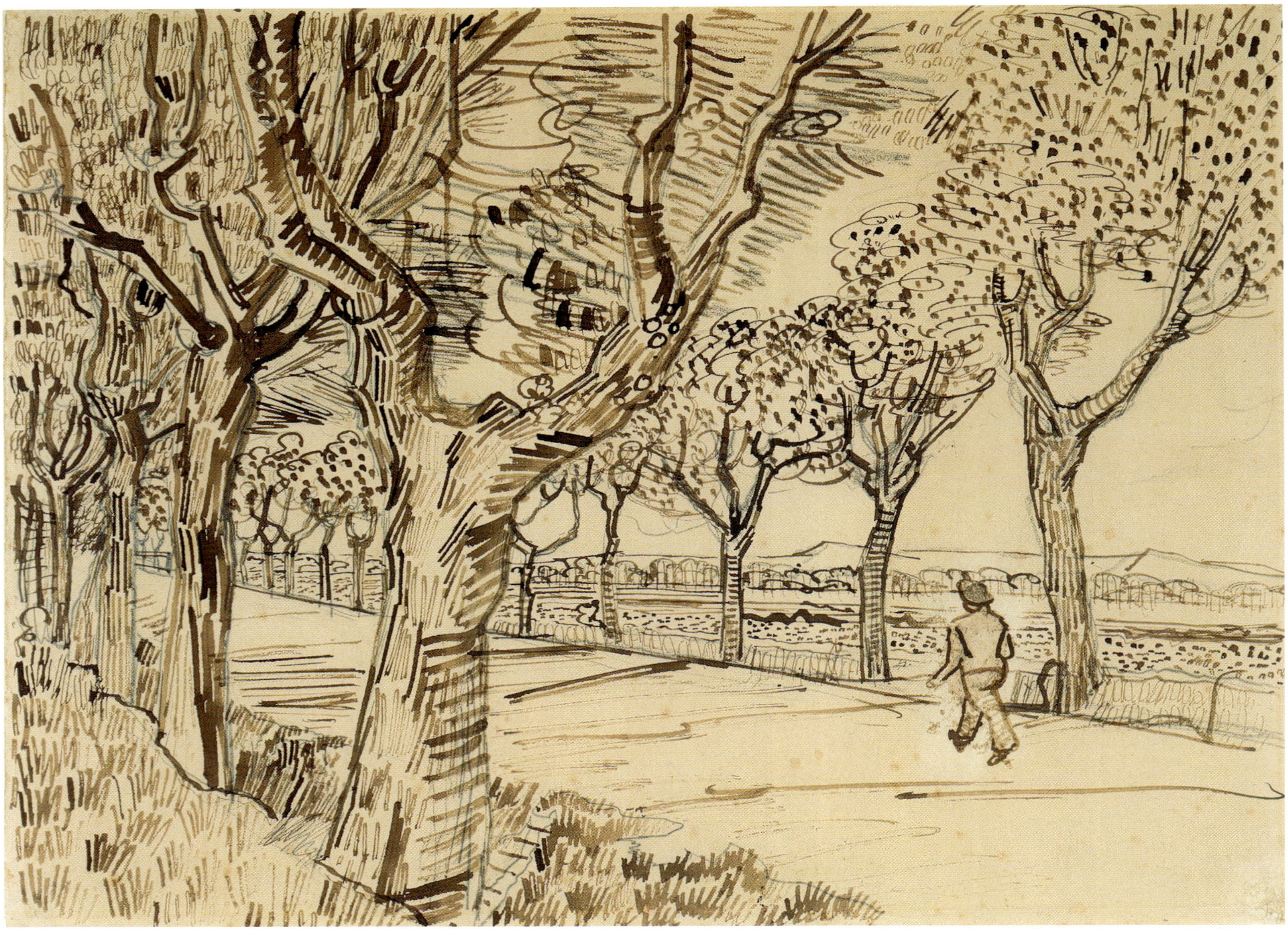

81
De weg naar Tarascon met een wandelaar
april 1888
25 x 34 cm
Kunsthaus Zürich, Zürich

82
Ruïne van Montmajour
reproductie in œuvrecatalogus uit 1928

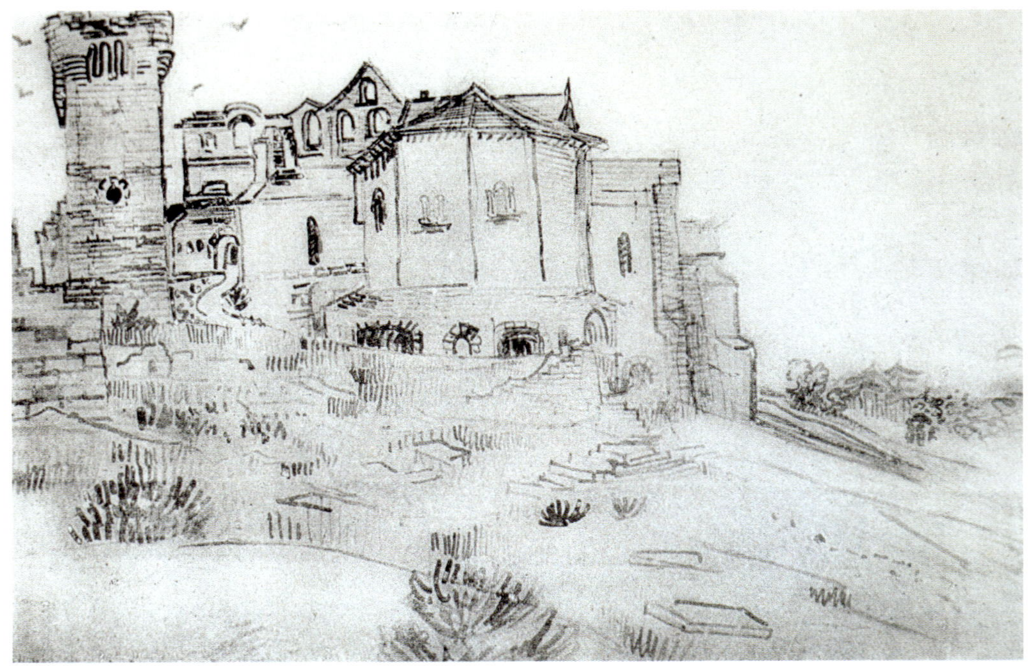

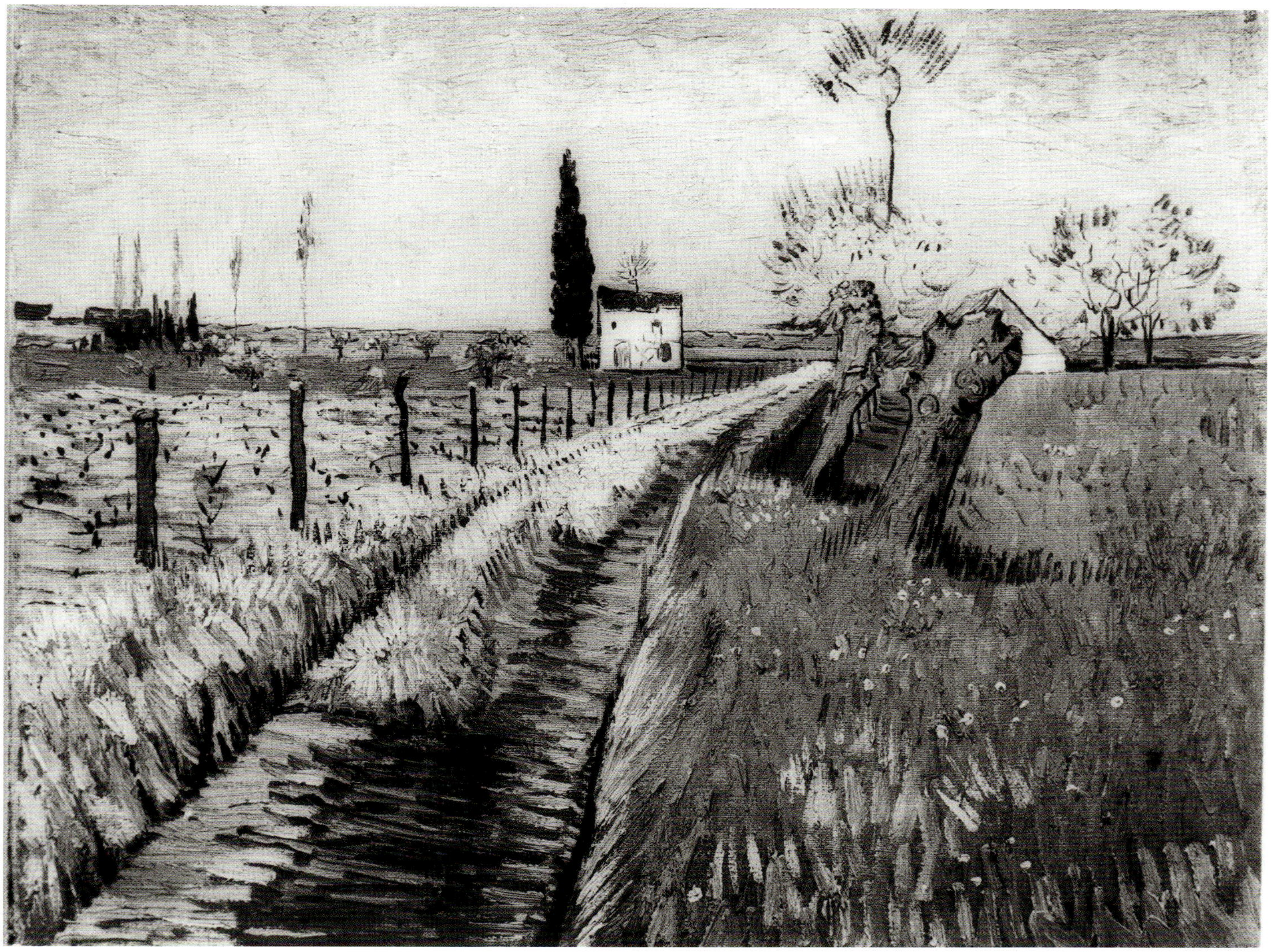

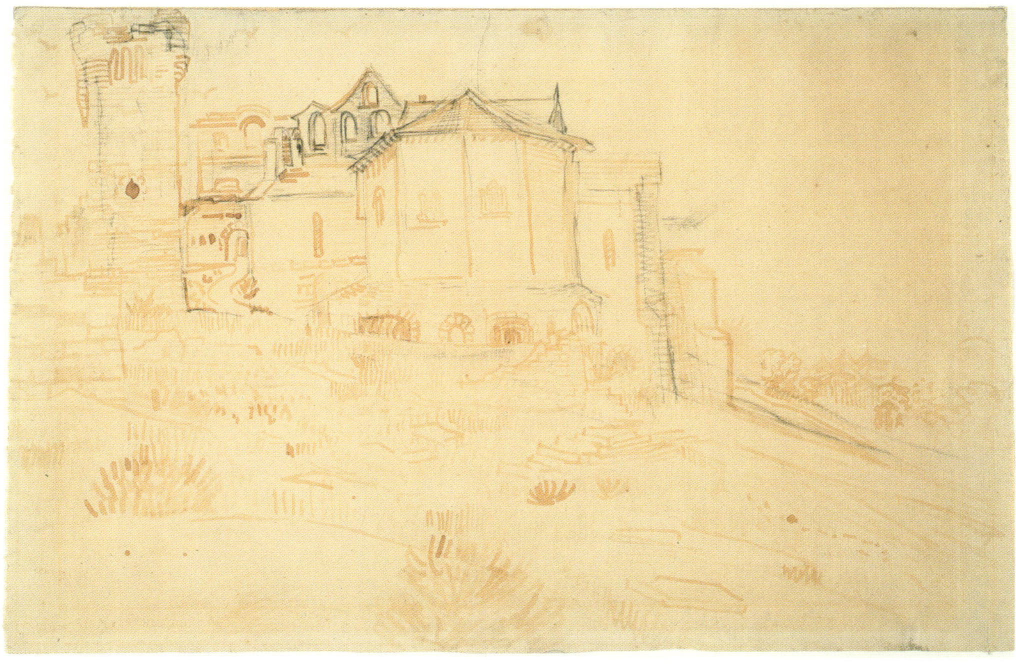

83
Landschap met pad en knotwilgen
april 1888
31 x 39 cm
Privé-collectie

84
Ruïne van Montmajour
mei 1888
31 x 48 cm
Van Gogh Museum, Amsterdam

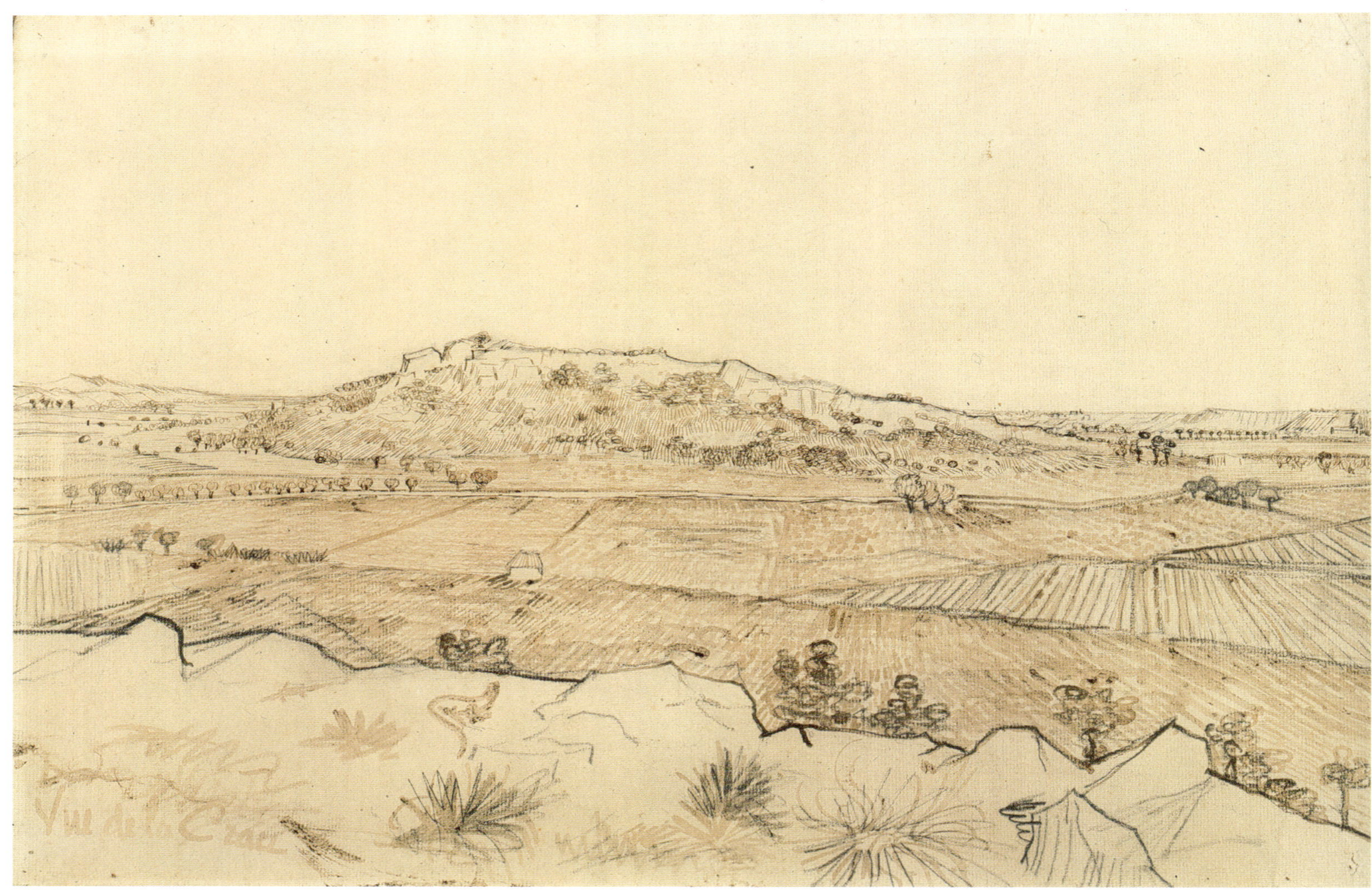

85
De vlakte van La Crau
mei 1888
31 x 48 cm
Museum Folkwang,
Essen

> 86
Vissersboten op het strand,
Les Saintes-Maries-de-la-Mer
juni 1888
39 x 53 cm
Privé-collectie

> 87
Schets in een brief aan Theo
van 28 mei 1888 [617/492]
Van Gogh Museum,
Amsterdam

van Montmajour ontdekt, met zijn indrukwekkende ruïne van een middeleeuws Benedictijner klooster. Deze heuvel was het middelpunt van twee reeksen tekeningen, waarvan de eerste in mei 1888 ontstond.

De eerste Montmajourserie bestond uit zeven bladen. Van Gogh tekende met potlood en rietpen in aniline-inkt op vergépapier, waarbij hij steeds halve vellen gebruikte. Aniline-inkt kan diverse kleuren hebben maar is gevoelig voor licht, en de tekeningen hebben helaas gemeen dat de inkt sterk is verbleekt, soms tot een flets bruin (afb. 84). Vergelijking met een oude reproductie, die de oorspronkelijke staat in ieder geval nog benadert, laat zien hoe dramatisch de achteruitgang van deze ooit magnifieke voorstelling van de kloosterruïne is (afb. 82). Van de reeks is alleen nog een panoramisch vergezicht op Montmajour gezien over de vlakte van La Crau in een enigszins acceptabele staat (afb. 85).

Sommige van deze werken tonen het voor Van Gogh kenmerkende, uitgebalanceerde samenspel van potlood en inkt, waarbij het potlood een opmerkelijk (en door het verbleken van de inkt nu te) grote rol speelt. De originele tint van de inkt kan niet altijd overtuigend worden vastgesteld; bij enkele werken zijn, daar waar het passe-partout de inkt tegen licht beschutte, resten paars bewaard gebleven, en ook zijn beschrijvingen van sommige werken uitgevoerd in paars bekend. Het is echter goed mogelijk dat ook paars een afbraakstadium van de aniline-inkt vertegenwoordigt en derhalve niet de oorspronkelijke kleur is. Het is zelfs niet uitgesloten dat de tekeningen meer kleuren hadden.

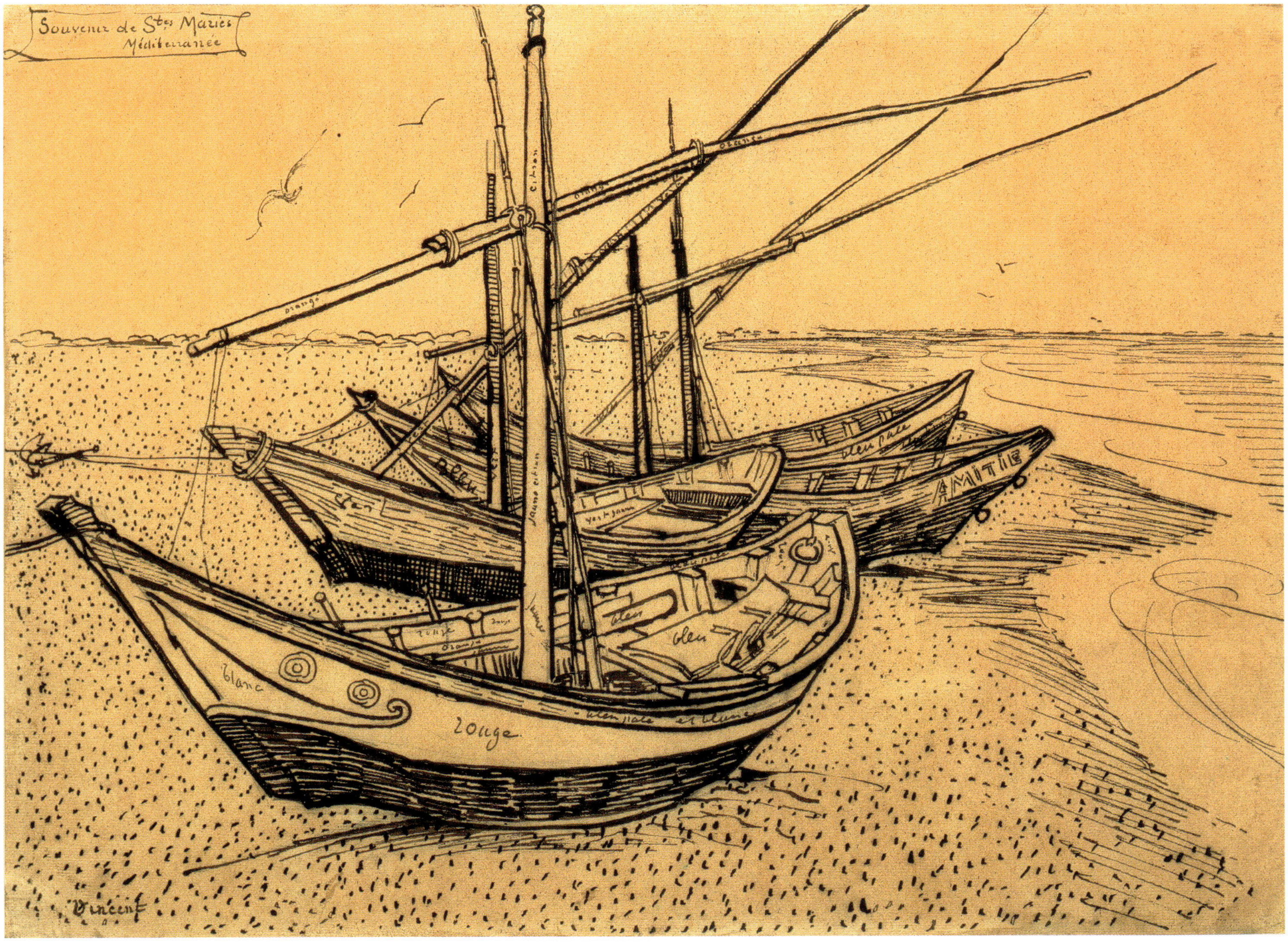

Japan was bij het maken van deze serie nooit uit Van Goghs gedachten. Hij suggereerde aan Theo dat de bladen zeer geschikt zouden zijn om 'er albums van te maken van 6 of 10 of 12, zoals de albums met originele Japanse tekeningen. Ik heb veel zin om zo'n album te maken voor Gauguin en een voor Bernard' [617/492]. Een welsprekende briefschets met vier herkenbare tekeningen verduidelijkte zijn bedoelingen (afb. 87).

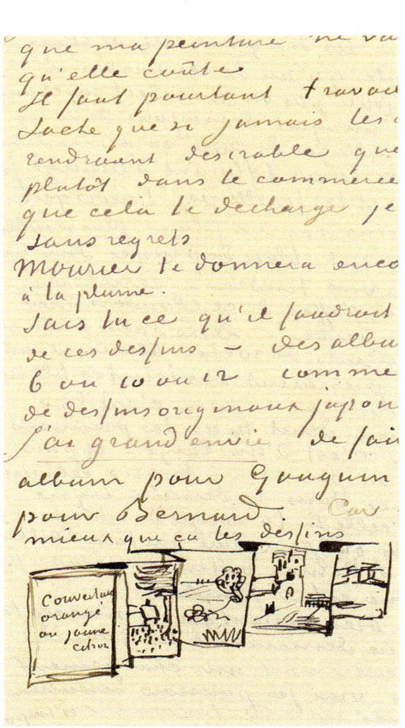
que ma peinture ne va
qu'elle coûte
Il faut pourtant travai
lâche que je jamais les
rendraient désirable que
plutôt dans le commerce
que cela le décharge je
sans regrets
Mourier te donnera enco
à la plume.
Sais tu ce qu'il faudrait
de ces dessins — des albu
6 ou 10 ou 12 comme
de dessins originaux japon
J'ai grand envie de fai
album pour Gauguin
pour Bernard. Car
mieux que ça les dessins

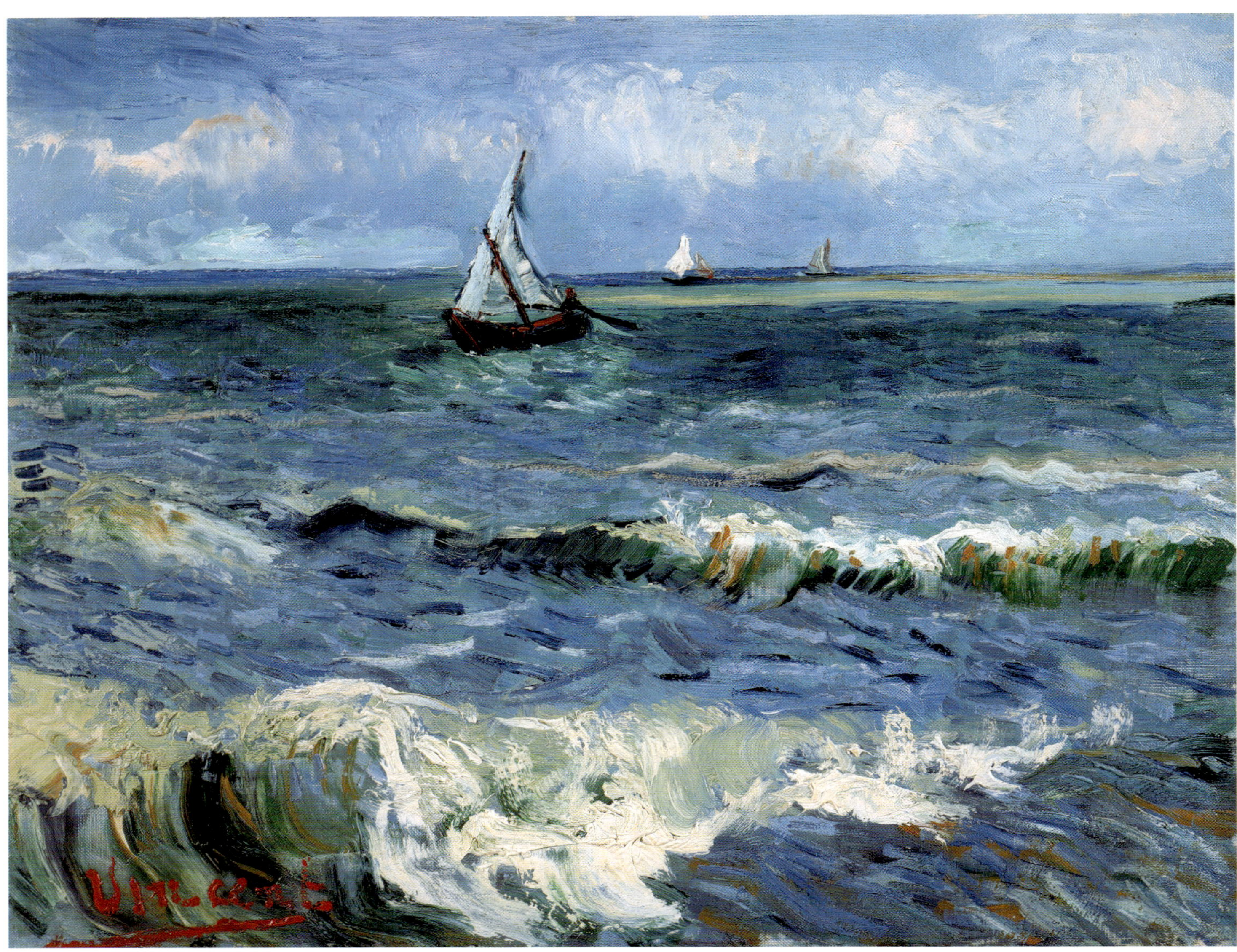

88
Zeegezicht bij
Les Saintes-Maries-de-la-Mer
juni 1888
50 x 63 cm
Van Gogh Museum, Amsterdam

> 89
Straat in
Les Saintes-Maries-de-la-Mer
eind mei-begin juni 1888
30 x 47 cm
Pierpont Morgan Library, New York

> 90
Huizen in de zon
in Les Saintes-Maries-de-la-Mer
eind mei-begin juni 1888
30 x 47 cm
Van Gogh Museum, Amsterdam

EEN DORP AAN ZEE : LES SAINTES-MARIES-DE-LA-MER Eind mei 1888 reisde Van Gogh per diligence voor enkele dagen naar Les Saintes-Maries-de-la-Mer, een vissersdorp aan de Middellandse Zee, aan de rand van de Camargue. Hij vond er zuidelijke varianten van thema's die hem ook in Scheveningen al hadden beziggehouden: boten op het strand (afb. 86) en op zee (afb. 88), schilderachtige vissershutten (afb. 89, 90, 91, 92) en een aanzicht van het dorp met zijn karakteristieke, in dit geval gefortificeerde kerk (afb. 93).

Voor zijn reis naar Saintes-Maries nam Van Gogh 'alles mee wat ik nodig heb, vooral om te tekenen'. Theo had hem eerder geroemd om zijn sterke Provençaalse motieven, en die wilde hij nu verder uitwerken: 'Ik moet veel tekenen, juist om de reden die jij in je laatste brief noemt: de dingen hebben hier zoveel stijl. En ik wil een manier van tekenen zien te bereiken die krachtiger en nadrukkelijker is' [620/495]. Hij keerde begin juni met negen tekeningen en drie schilderijen terug naar Arles en schreef rond

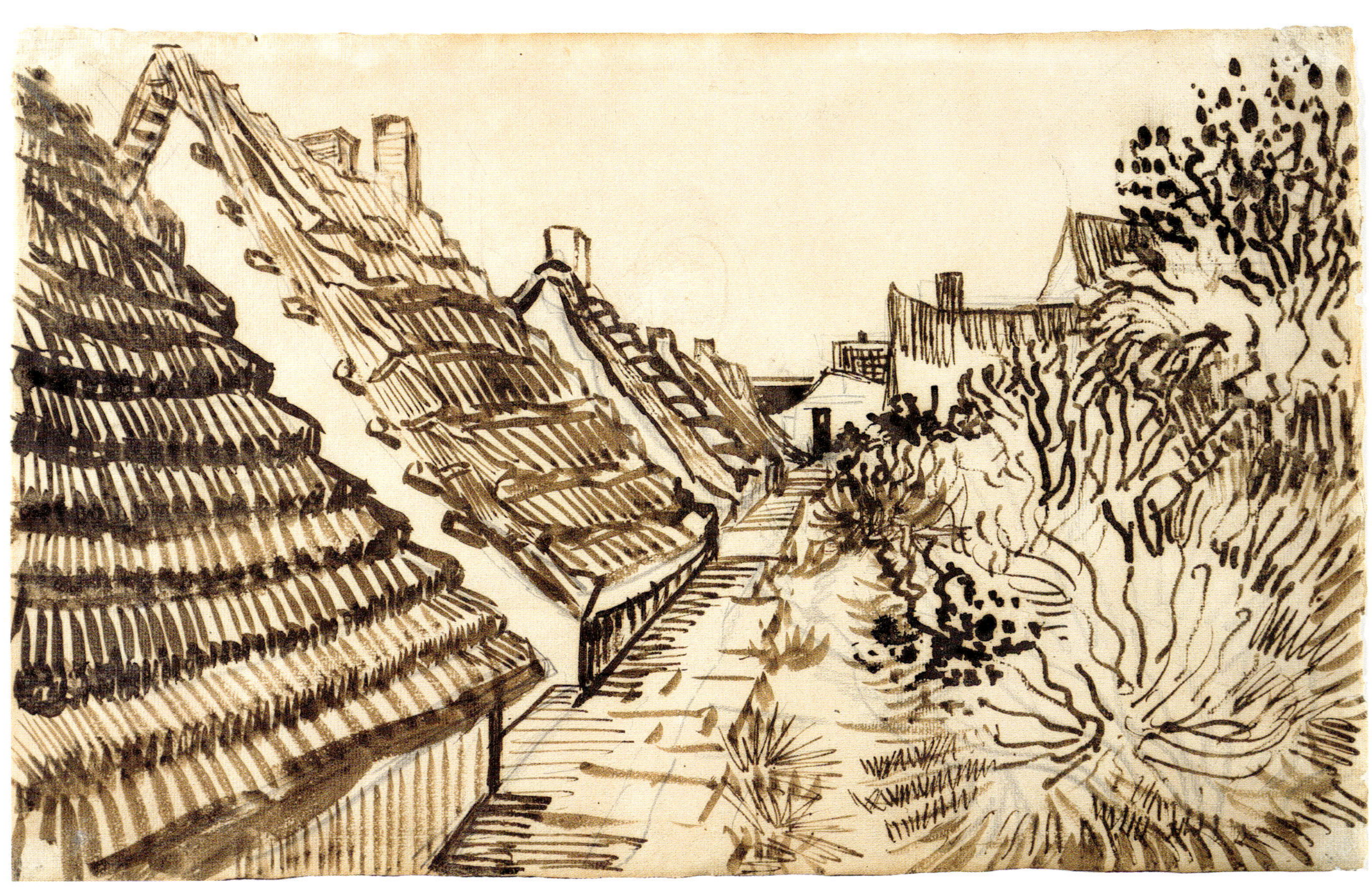

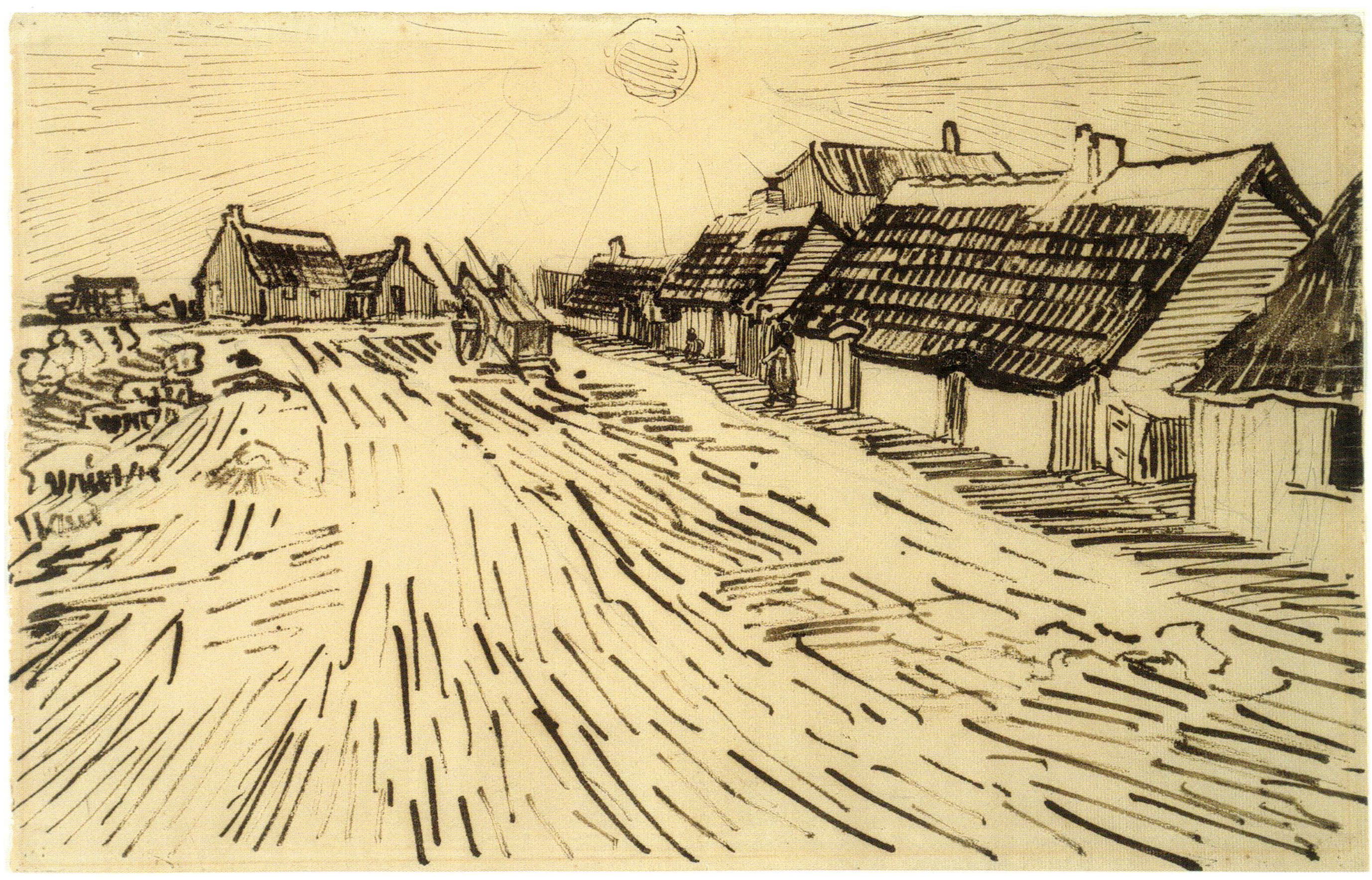

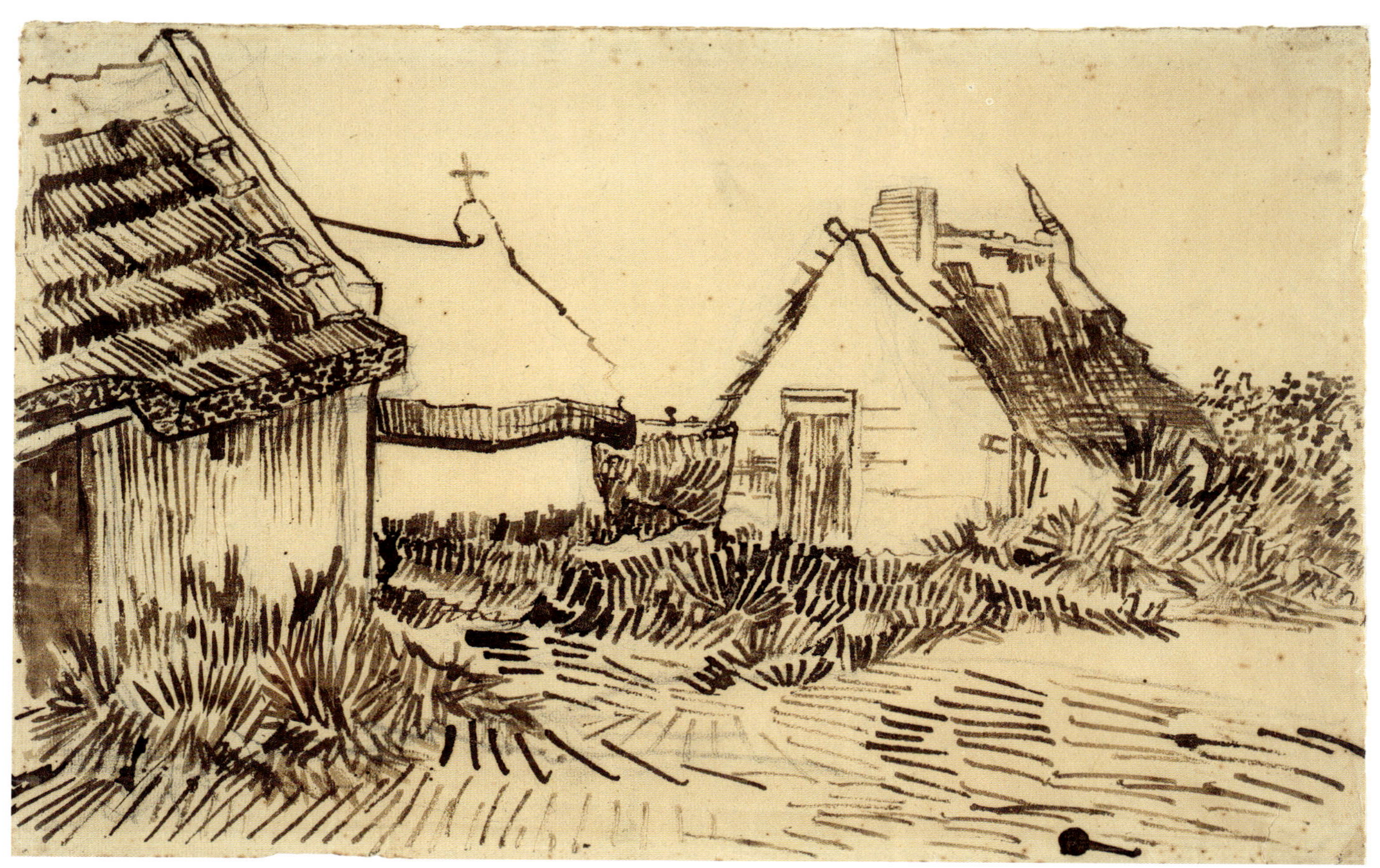

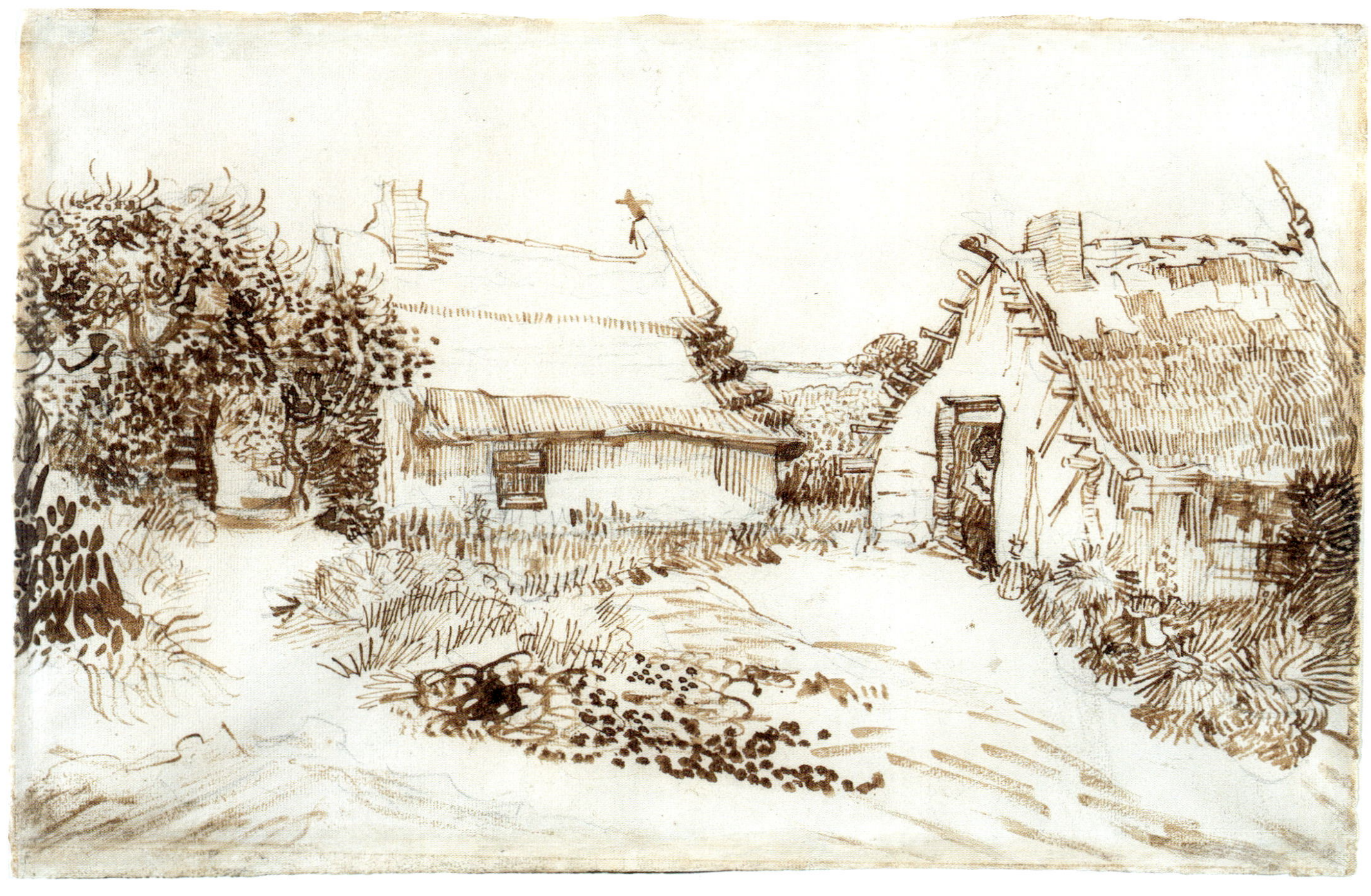

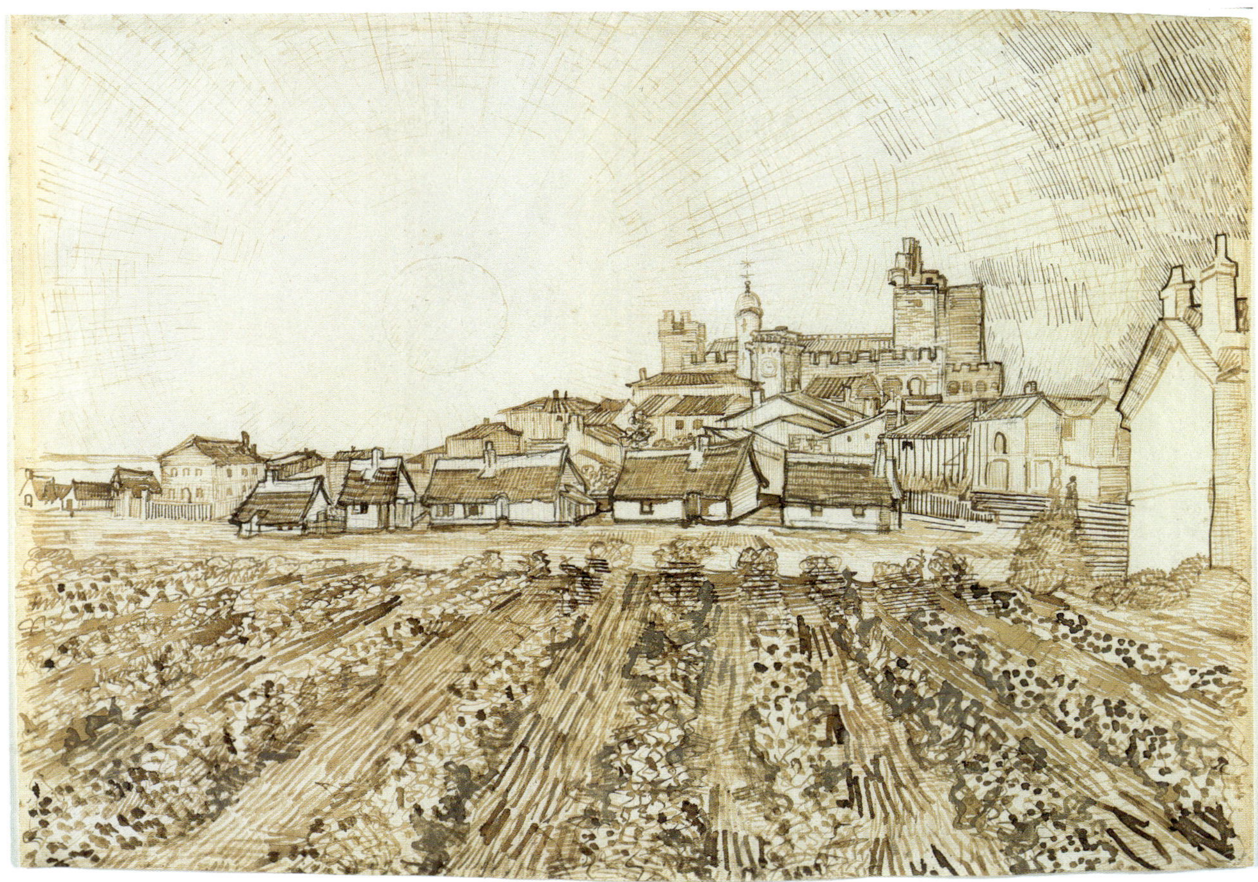

7 juni opgetogen aan Emile Bernard: 'Eindelijk heb ik de Middellandse Zee gezien' [625/B6]. Zijn zelfvertrouwen was onmiskenbaar gegroeid, zoals ook uit zijn brieven naar voren komt.

In diverse van de landschappen die hij in maart-mei in Arles maakte, zijn lijnen terug te vinden die wijzen op het gebruik van een perspectiefraam. Nu echter liet hij zich erop voorstaan dat hij de tekening van de boten op het strand door zijn in Arles gevonden gemoedsrust geheel op eigen kracht had gemaakt. Hij spiegelde zich daarbij opnieuw aan Japanse kunstenaars: 'De Japanner tekent snel, heel snel, bliksemsnel, dat komt doordat zijn zenuwen verfijnder zijn, zijn gevoelens eenvoudiger. Ik ben hier pas enkele maanden, maar denk je dat ik in Parijs in een uur de tekening van de boeten gemaakt zou hebben? Zelfs niet met perspectiefraam, en dit nu is gemaakt zonder te meten, door de pen zijn gang te laten gaan' [623/500].

De boten op het strand en het dorpsgezicht zijn op een groot formaat getekend in een tamelijk zorgvuldige tekentrant. Op wat bescheidener formaat experimenteerde Van Gogh in enkele van de weergaven van hutten met de 'krachtiger en nadrukkelijker' manier van tekenen die hij in zijn brief aan Theo al aankondigde: een losse, spontane tekentrant waarbij hij ook gebruik maakte van het penseel, de inkt zwaar aanbracht en verhoudingen negeerde ten gunste van een effectieve expressie (afb. 90, 91).

< 91
Huizen in
Les Saintes-Maries-de-la-Mer
eind mei-begin juni 1888
30 x 47 cm
Van Gogh Museum,
Amsterdam

< 92
Twee huisjes
in Les Saintes-Maries-de-la-Mer
eind mei-begin juni 1888
30 x 47 cm
Pierpont Morgan Library,
New York

93
Gezicht op
Les Saintes-Maries-de-la-Mer
eind mei-begin juni 1888
43 x 60 cm
Sammlung Oskar Reinhart am
Römerholz, Winterthur

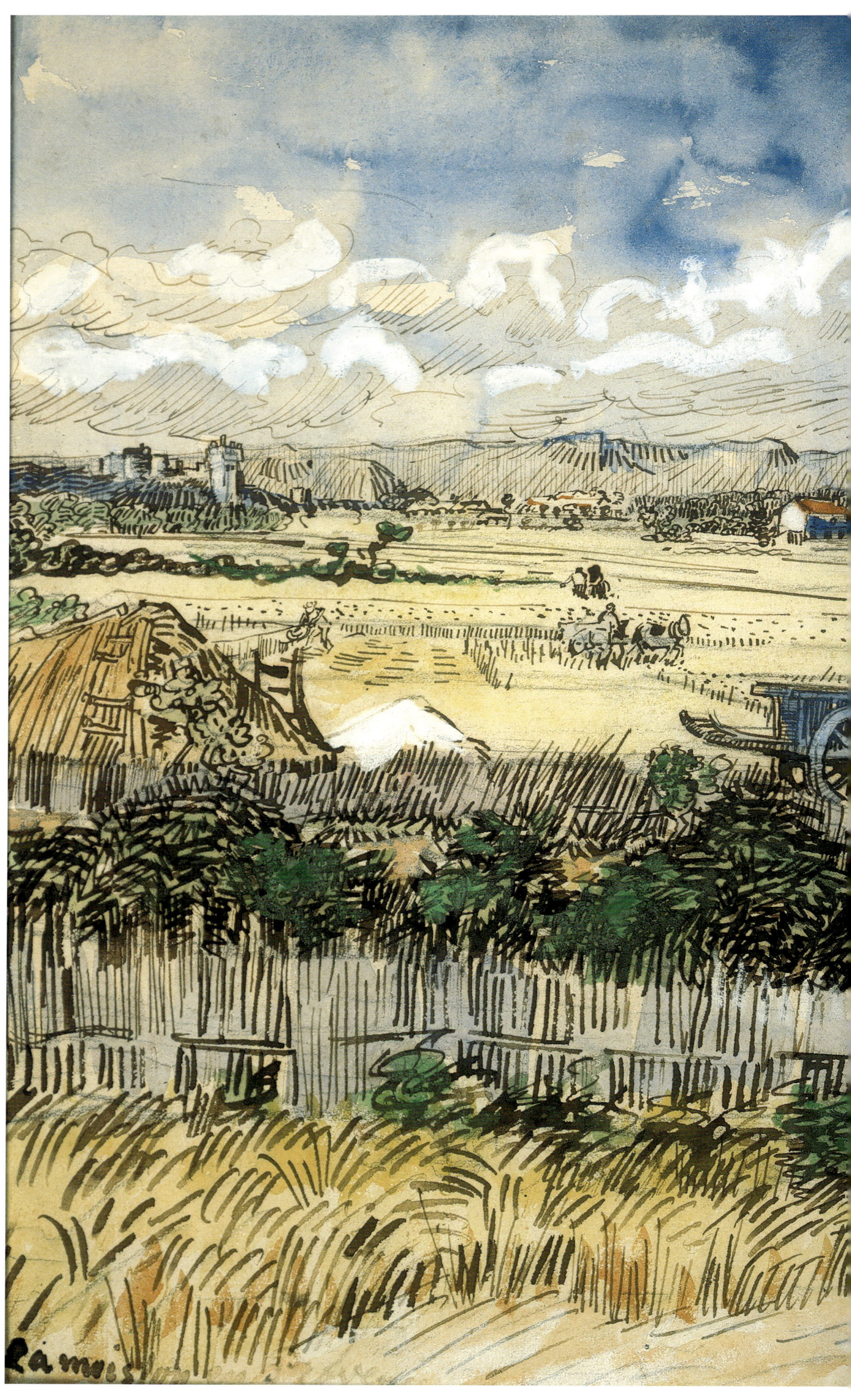

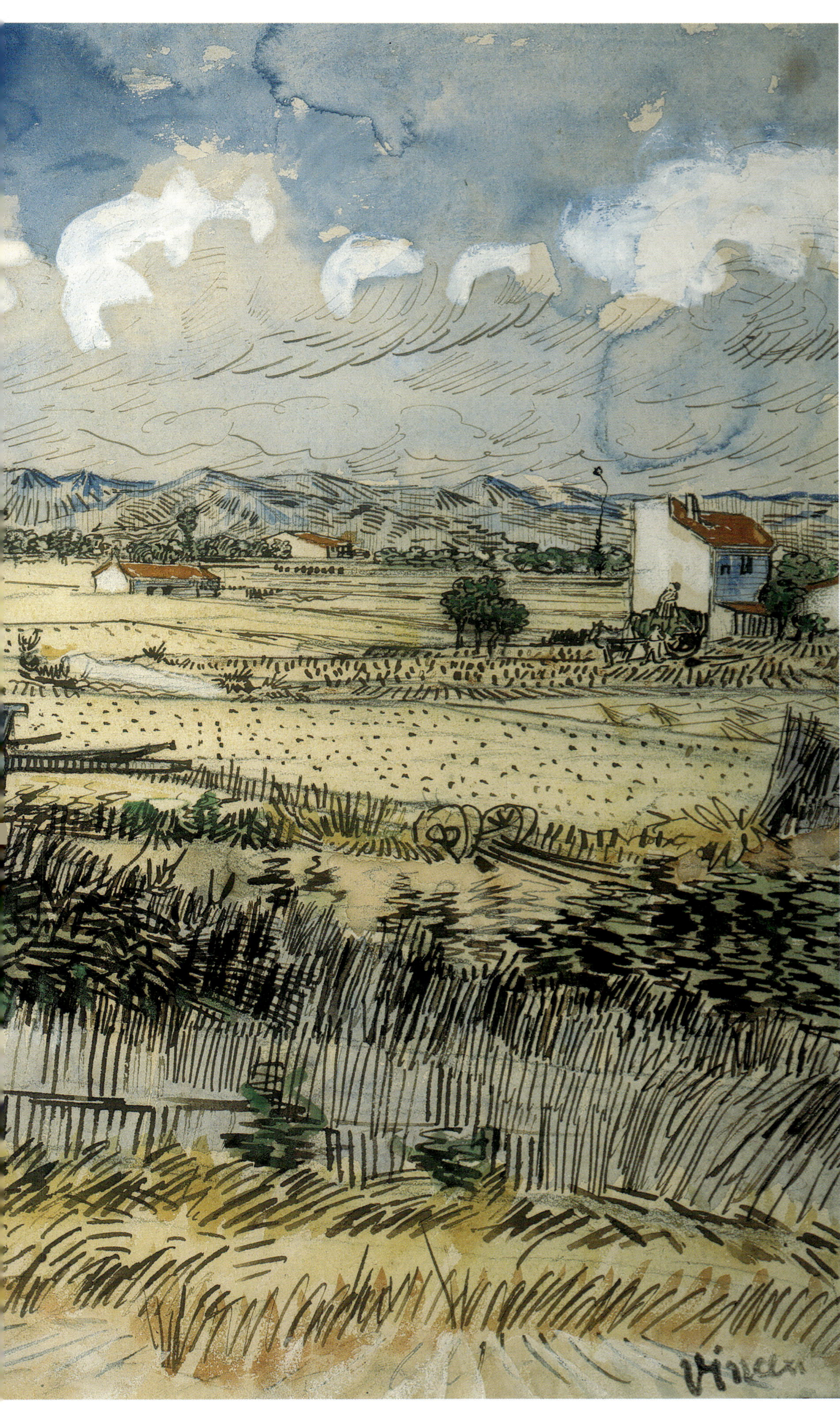

94
De oogst
juni 1888
48 x 60 cm
Privé-collectie

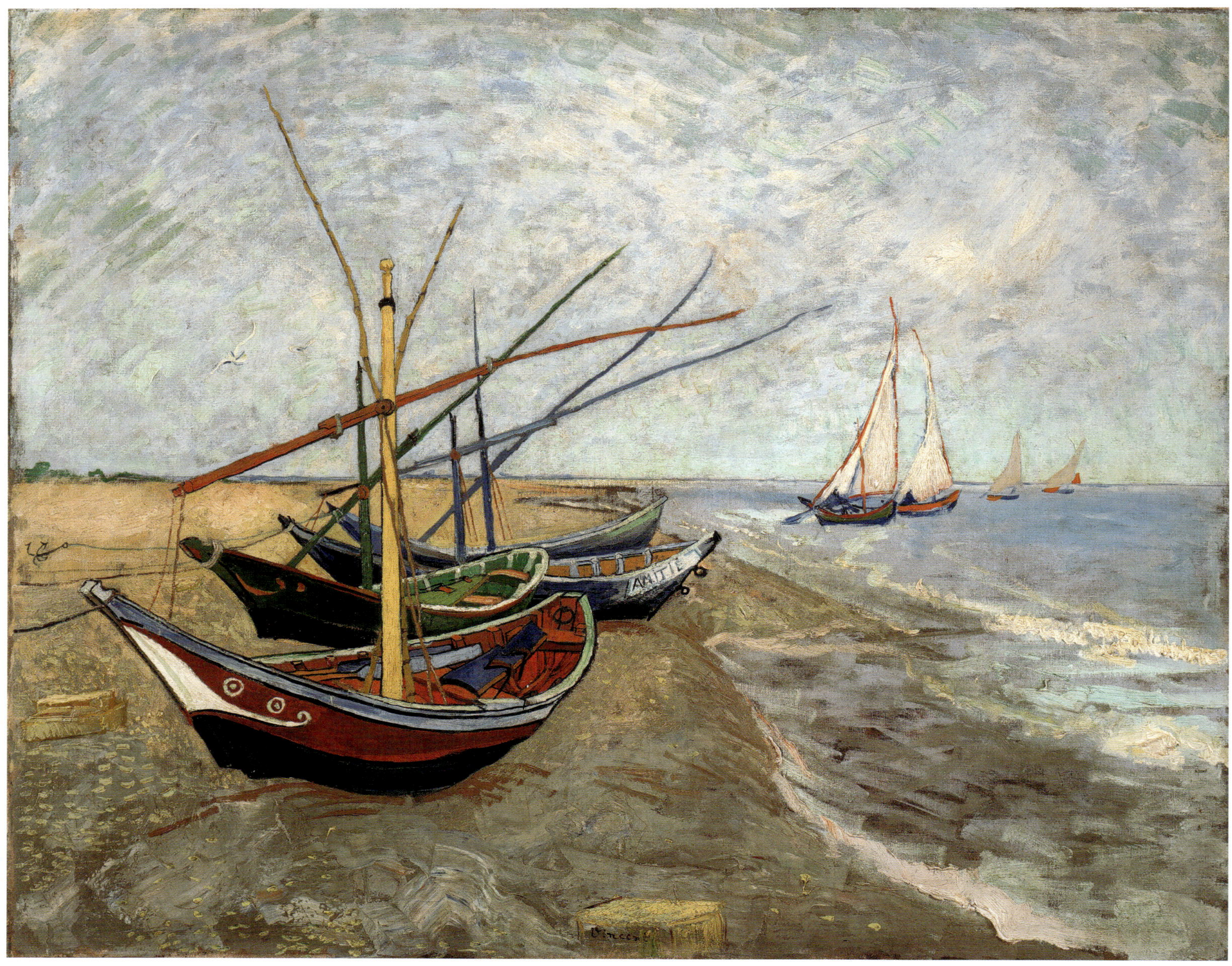

95
Vissersboten op het strand van Les Saintes-Maries-de-la-Mer
juni 1888
65 x 82 cm
Van Gogh Museum, Amsterdam

Van drie van de in Saintes-Maries gemaakte tekeningen maakte Van Gogh in zijn atelier in Arles ook schilderijen, waaronder de voorstelling van de boten (afb. 86, 95).

DE OOGST In juni zag Van Gogh mogelijkheden voor een nieuwe reeks schilderijen en tekeningen, omdat de oogst van het koren naderde. Samen met het motief van de zaaier gaf dit onderwerp voor hem het sterkst uitdrukking aan het landelijk leven en het eiste, net als in Nuenen, al snel zijn aandacht op. De vroegste uitvoering van *De oogst* (afb. 96) was zijn eerste poging tot een hernieuwde, door Japanse prenten geïnspireerde werkwijze. Hij had Theo gevraagd hem waterverf te sturen omdat hij pentekeningen wilde maken die zouden worden ingevuld met kleuren op de manier van

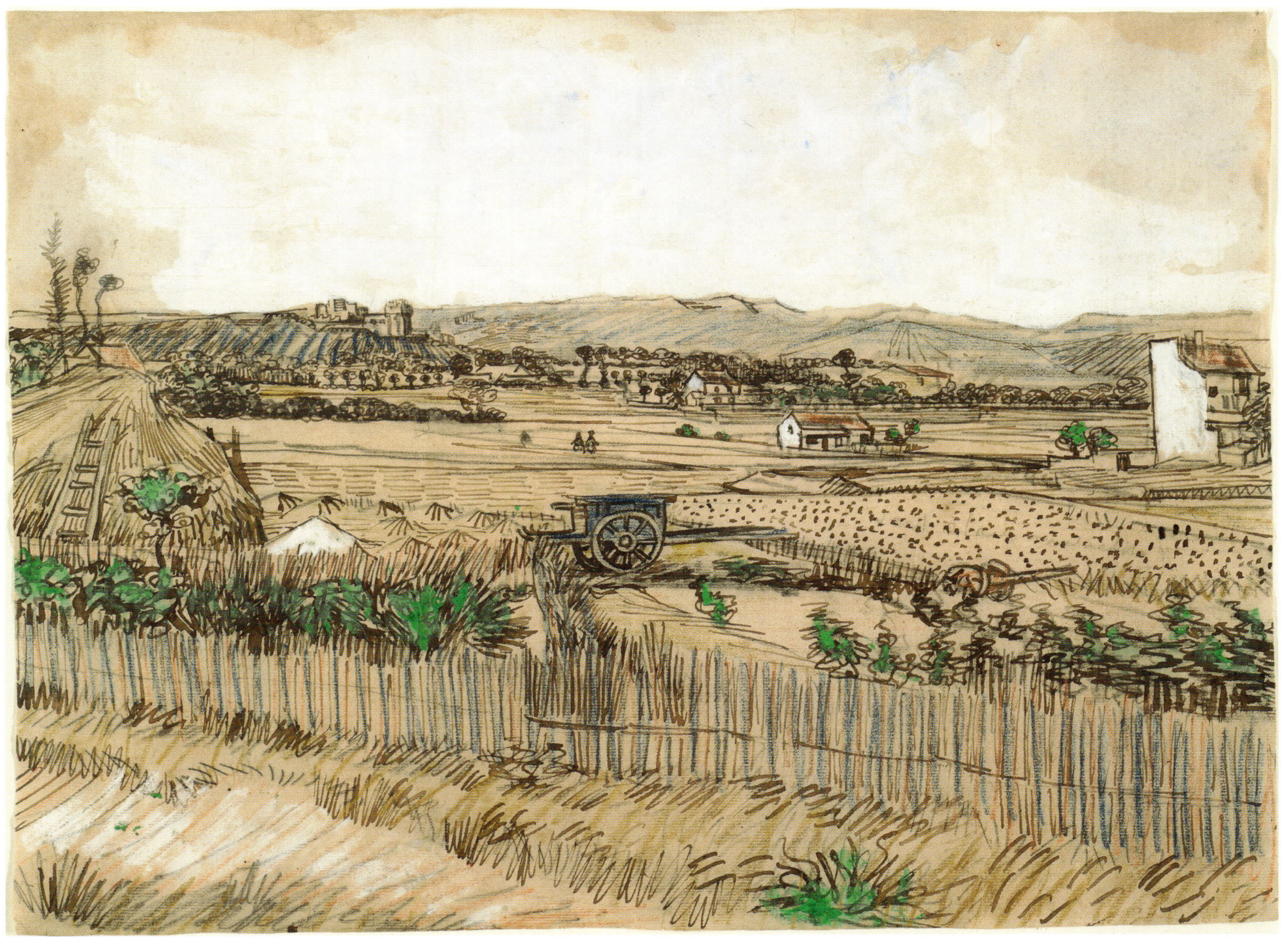

96
De oogst
juni 1888
39 x 52 cm
Fogg Art Museum, Harvard University, Cambridge

een Japanse houtsnede [616/491]. Deze eerste poging was nog aarzelend, maar de tweede leverde een spectaculair resultaat op (afb. 94). Over een eerste opzet in potlood maakte hij een complete pentekening, die–sterk in overeenstemming met zijn 'Japanse' intenties–werd ingevuld met dekkende waterverf. Van Gogh was duidelijk tevreden: hij signeerde het blad, voorzag het van een titel, en maakte ook nog een schilderij op groot formaat naar het motief (afb. 97). Hij gaf de oogst verder vooral gestalte in schilderijen; deze dienden dan weer als voorbeeld voor tekeningen.

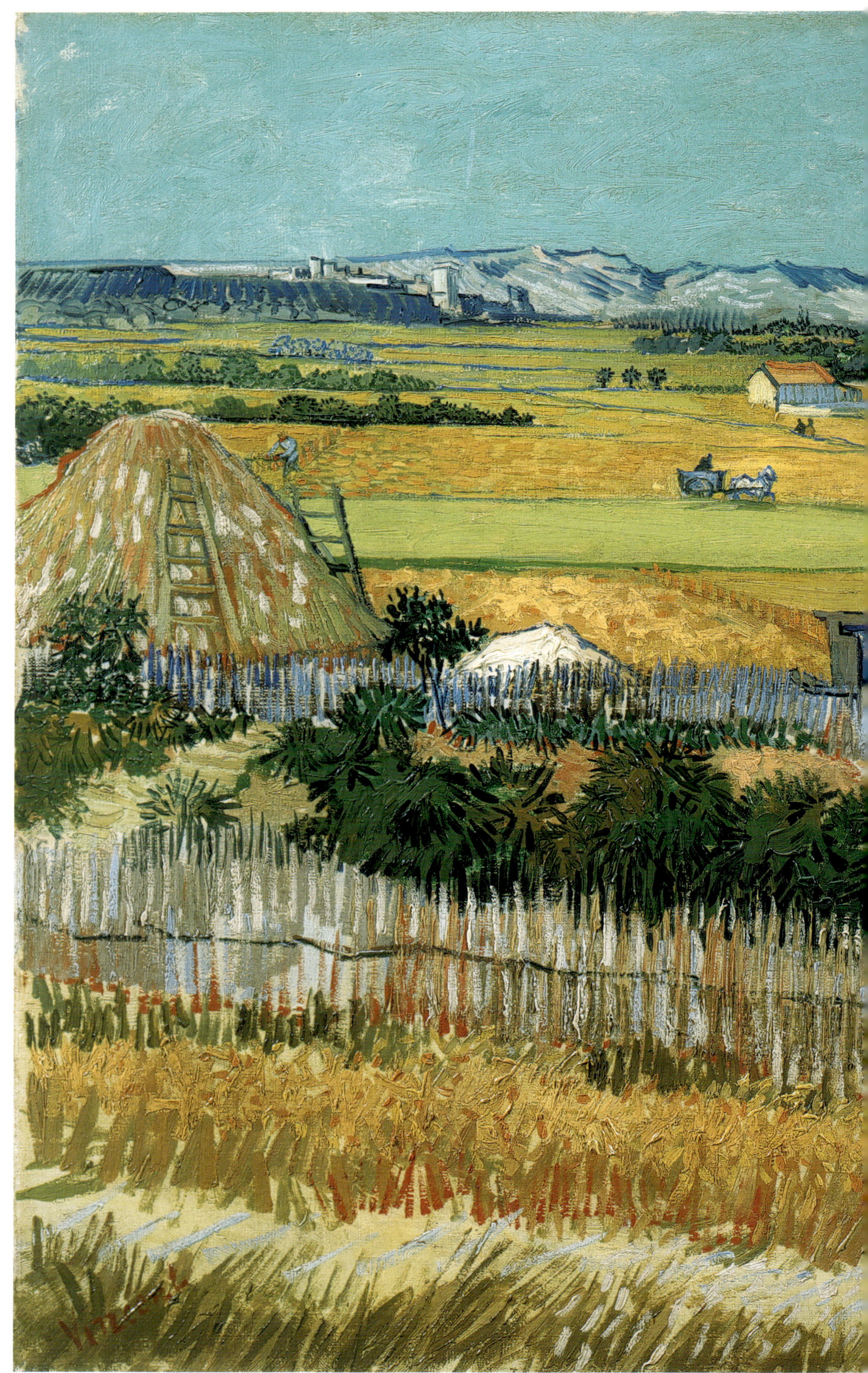

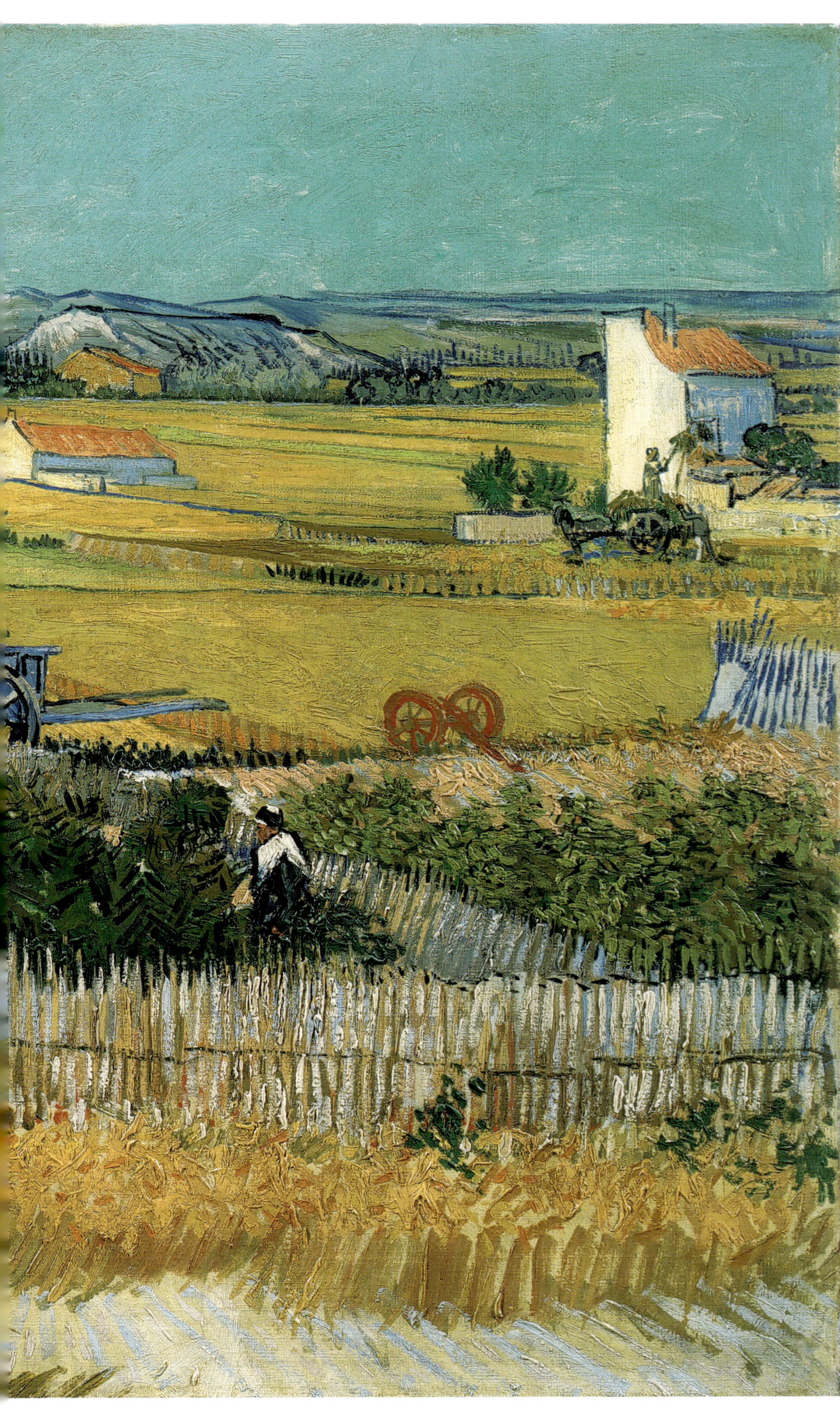

97
De oogst
juni 1888
73 x 92 cm
Van Gogh Museum,
Amsterdam

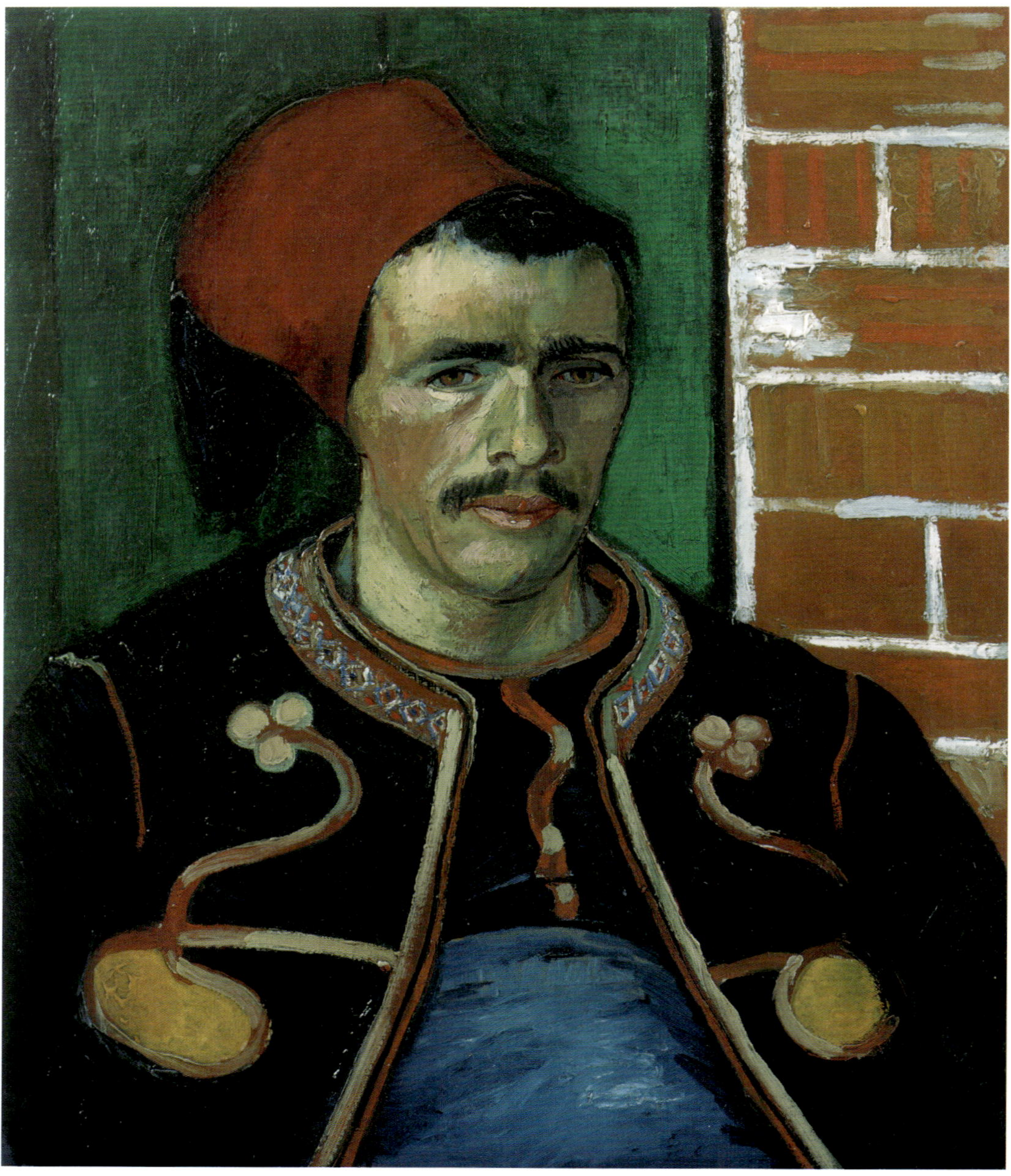

98
De zoeaaf
juni 1888
65 x 54 cm
Van Gogh Museum, Amsterdam

99
Zittende zoeaaf
20–25 juni 1888
49 x 61 cm
Van Gogh Museum, Amsterdam

FIGUREN EN KOPPEN Hoewel Van Gogh gedurende enige maanden met succes vooral landschappen had gemaakt, verloor hij zijn grote passie, de uitbeelding van de menselijke figuur, niet uit het oog. Maar alvorens hij zich weer met overgave op het figuur kon richten, had hij eerst op kracht willen komen, omdat het leven in Parijs hem had uitgeput, zoals hij de Nederlandse schilder Arnold Koning (1860–1945) meldde: 'Daar loer ik hoofdzakelijk op. Alleen het lopen en werken buiten leek me tot heden beter voor de gezondheid & ik wou geen figuur beginnen voor ik me wat steviger voelde' [621/498a]. Van Gogh had

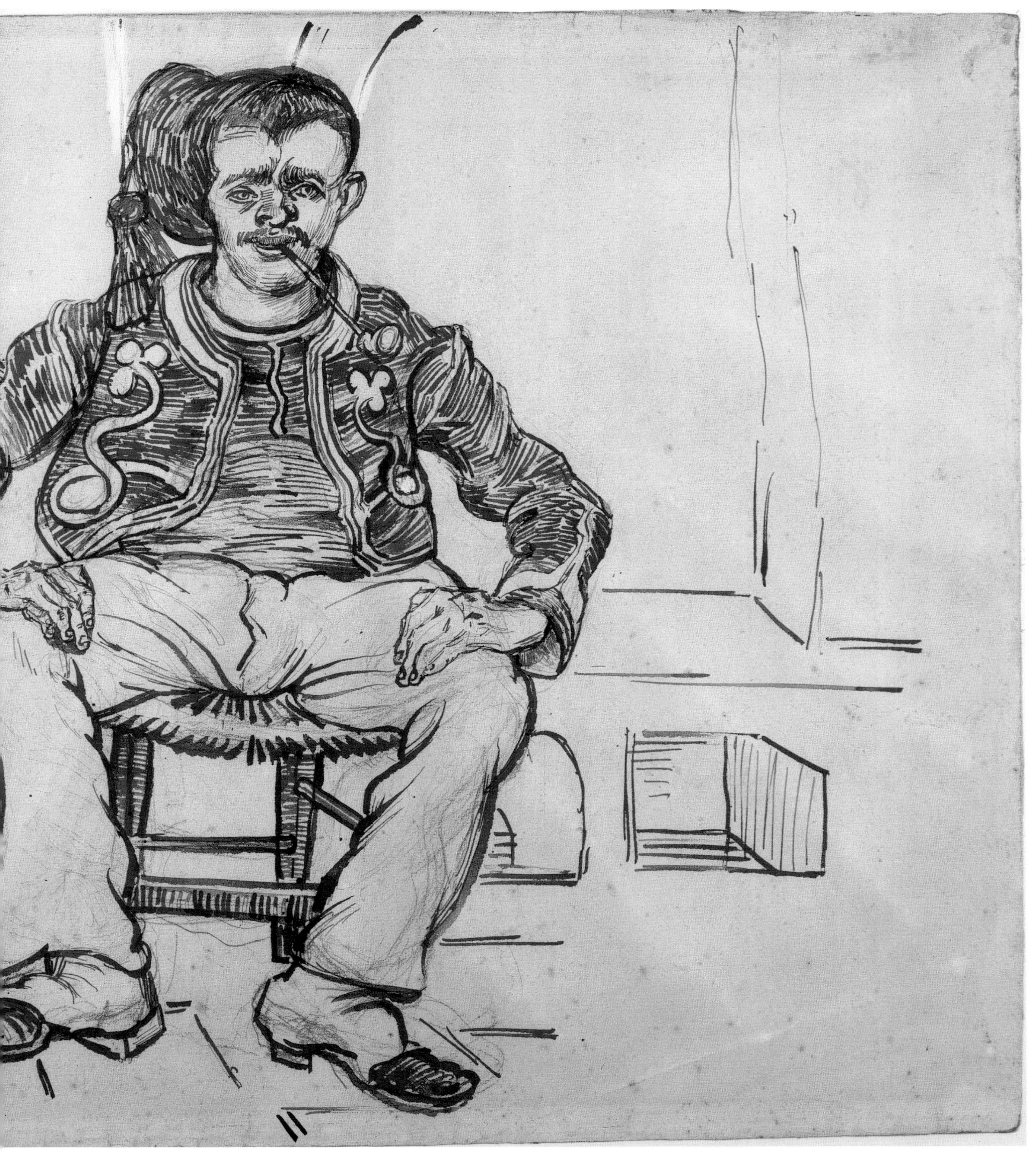

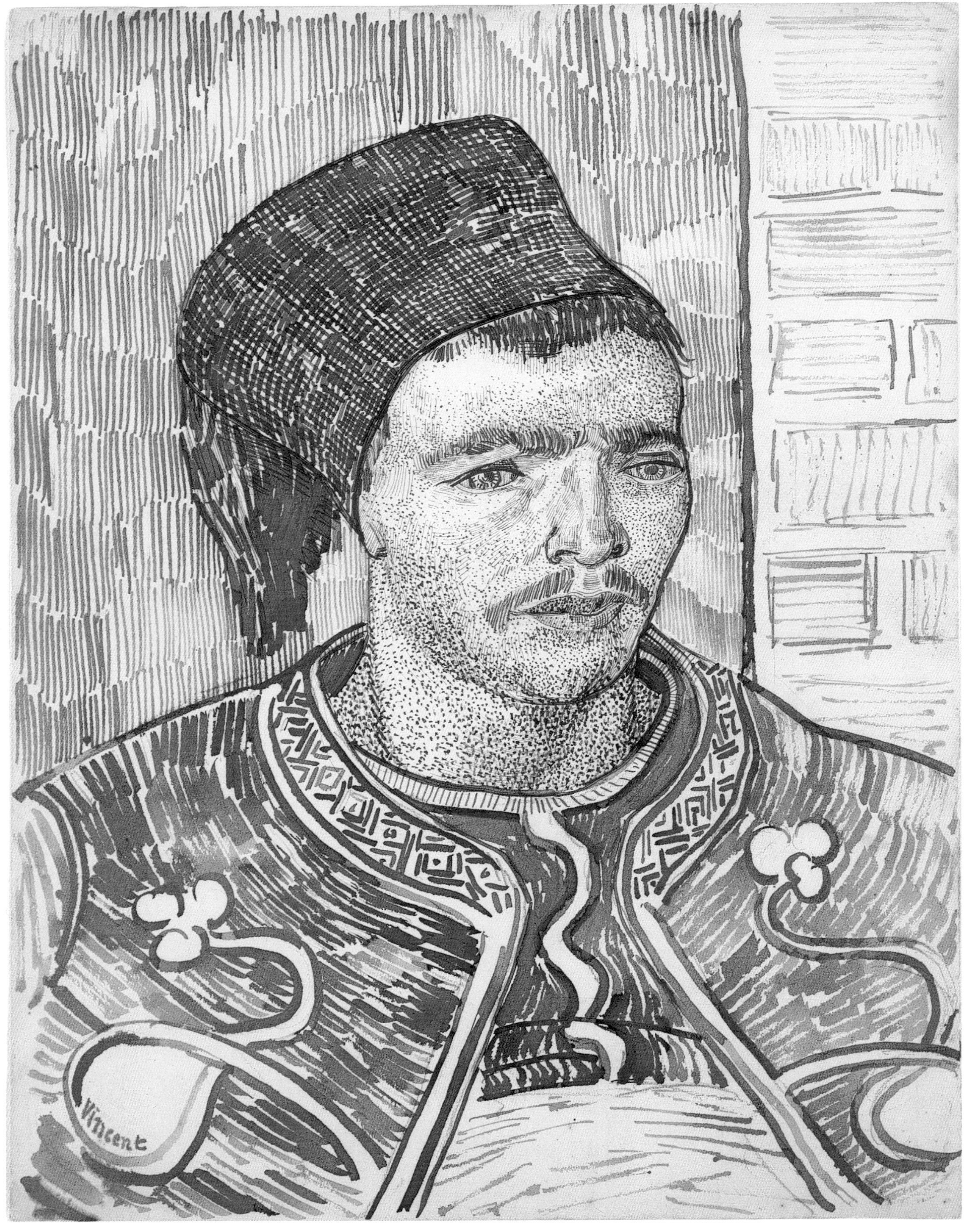
Vincent

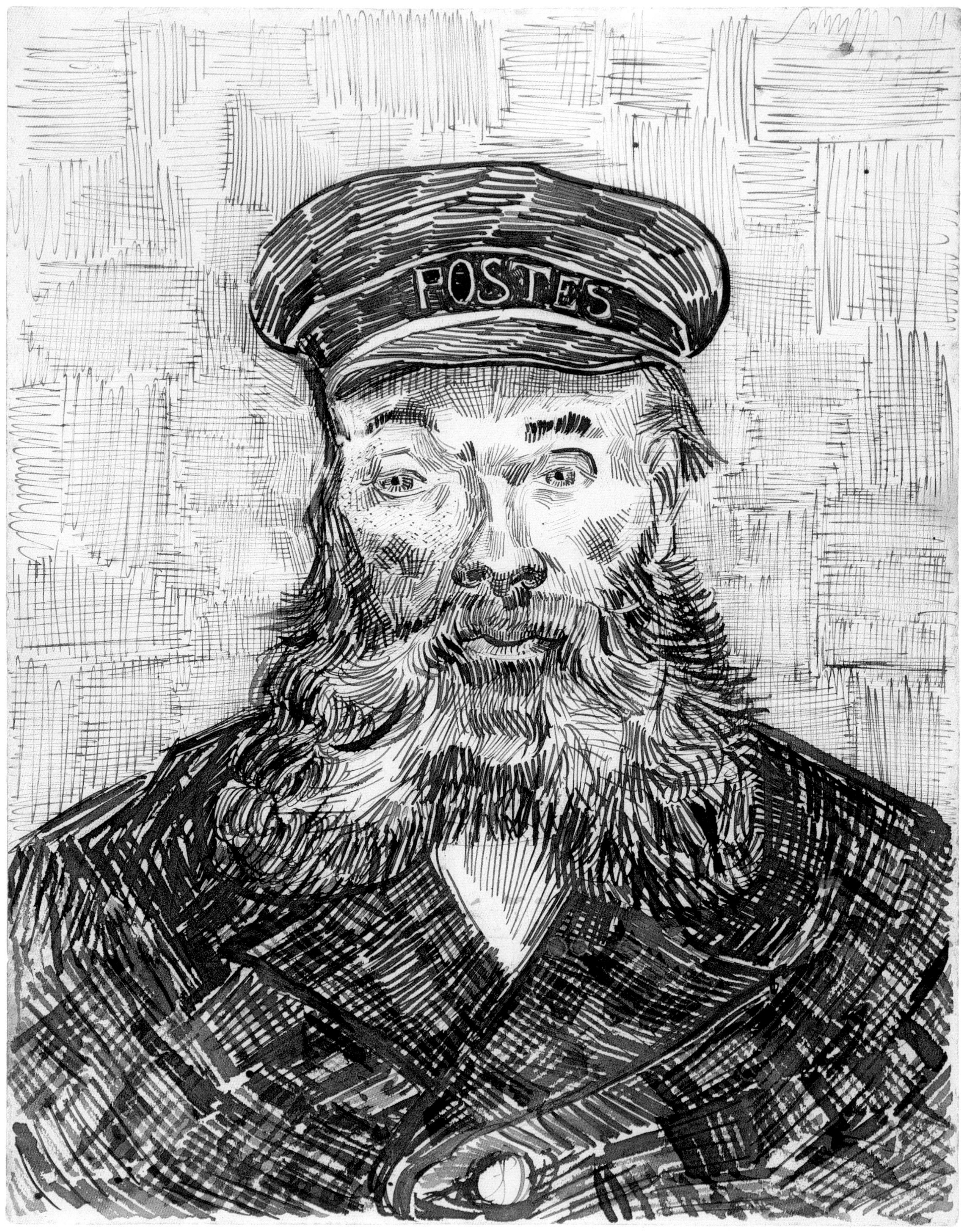
POSTES

namelijk een belangrijk doel voor ogen: hij wilde in zijn schilderijen juist met het figuurstuk een bijdrage aan de moderne kunst leveren, en wel door zijn eigen variant op Millets *Zaaier* in een modernistische kleurstelling te schilderen.

In zijn tekeningen, waarin kleur een veel bescheidener plaats inneemt, speelde die ambitie niet. Dat neemt niet weg dat hij zich ook in dat medium op de figuur richtte, zij het op een terughoudender manier. De eerste kans deed zich voor toen hij kennismaakte met een zoeaaf. De jonge soldaat wist met zijn stoere uiterlijk en markante kostuum onmiddellijk Van Goghs enthousiasme te winnen. Hij omschreef hem aan Theo als 'een jongen met een klein gezicht, een stierenek, de blik van een tijger' [631/501]. Van dit model maakte hij twee schilderijen: een van de zoeaaf zittend tegen een muur, en een busteportret (afb. 98). Daarnaast maakte hij een grote pentekening direct naar het model (afb. 99). In dit blad is duidelijk getracht het stoere, mannelijke karakter van de zoeaaf recht te doen, die met de handen op de gespreide benen geplaatst uitdagend naar de beschouwer kijkt. Desondanks is de weergave van de figuur wat ongelukkig van verhouding en ook als geheel niet erg geslaagd.

<< 100
De zoeaaf
eind juli-begin augustus 1888
32 x 24 cm
Solomon R. Guggenheim Museum, New York

<< 101
Portret van Joseph Roulin
eind juli-begin augustus 1888
32 x 24 cm
Getty Center, Los Angeles

> 102
La mousmé
eind juli-begin augustus 1888
31 x 24 cm
Thomas Gibson Fine Art Ltd, Londen

Van Gogh maakte korte tijd later twee tekeningen naar het busteportret, een in waterverf, de ander in pen. Deze laatste is een van de meest geslaagde portretten die hij als tekening zou maken (afb. 100). De kop van de man is met een fijne pen geraffineerd en gedetailleerd weergegeven, en contrasteert op een aantrekkelijke manier met de in rietpen snel getekende rest van de voorstelling. Het is daarin vergelijkbaar met twee andere portretten die eveneens naar schilderijen werden gemaakt: die van zijn vriend, de postbode Joseph Roulin (afb. 101) en van een meisje uit Arles, dat hij de Japanse benaming *Mousmé* gaf (afb. 102).

MONTMAJOUR – DE TWEEDE SERIE In de eerste helft van juli werd Van Gogh weer naar de vlakte van La Crau en de Montmajour getrokken en maakte hij er een tweede serie getekende landschappen. Deze bestond uit vijf bladen, maar hij schreef Theo dat een tekening die hij al eind mei had opgestuurd tot deze reeks moest worden gerekend [643/509] (afb. 103). Hij concentreerde zich weer op tekenen omdat dit goedkoper was dan schilderen – en omdat hij kort tevoren bij het werken op de vrij grote doeken was gehinderd door de mistral. De zes bladen vormen een onbetwist hoogtepunt in zijn getekende oeuvre. Ze tonen niet alleen Van Goghs volwassenheid als tekenaar, maar vooral ook zijn veelzijdigheid. *Gezicht op Arles vanaf Montmajour* toont duidelijk dat hij al eind mei experimenteerde met de lossere en krachtige manier van tekenen waarmee hij ook in Saintes-Maries enkele voorstellingen maakte. Deze tekentrant culmineerde in het blad *De rots van Montmajour met pijnbomen* (afb. 105); Van Gogh werkte hier

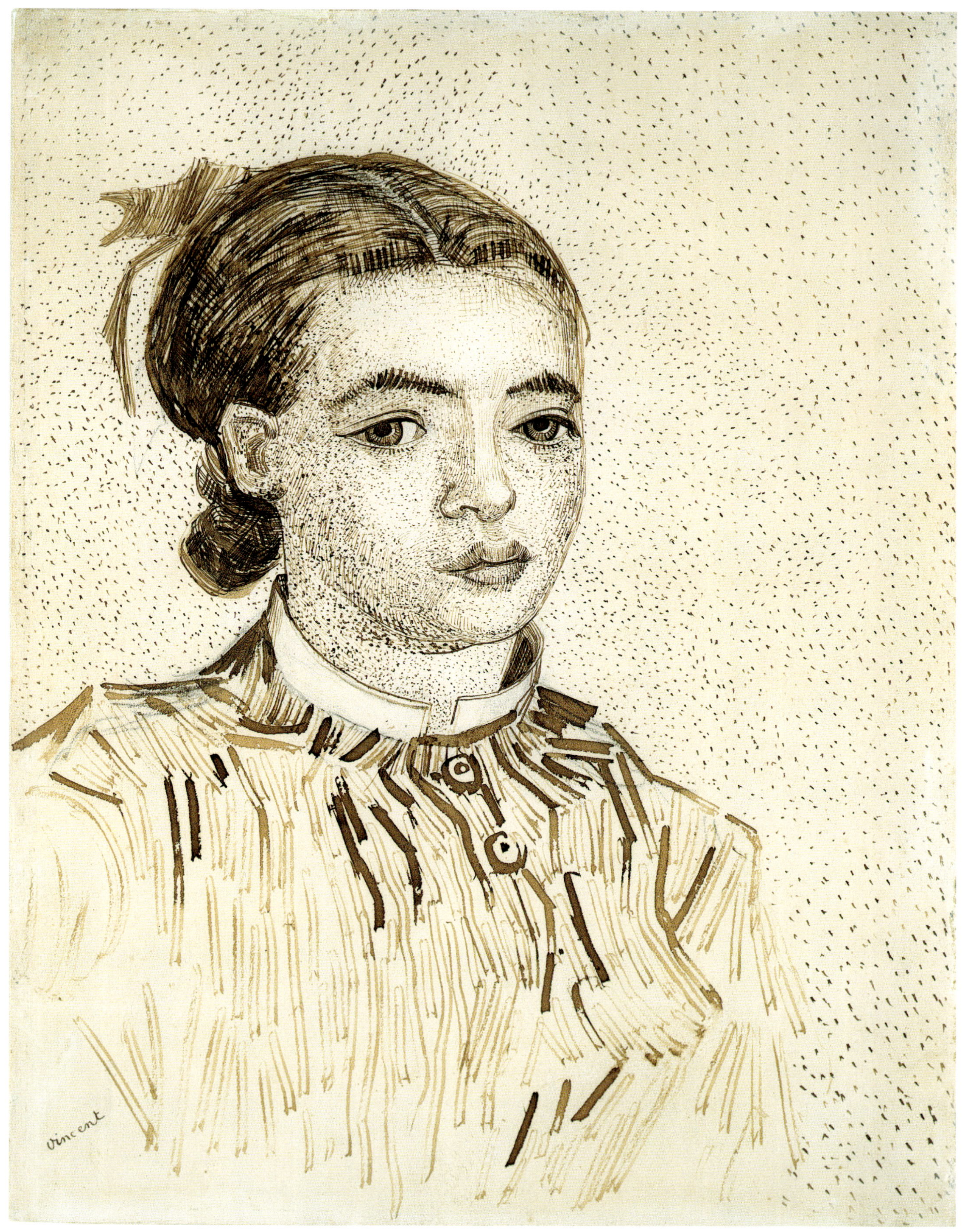
Vincent

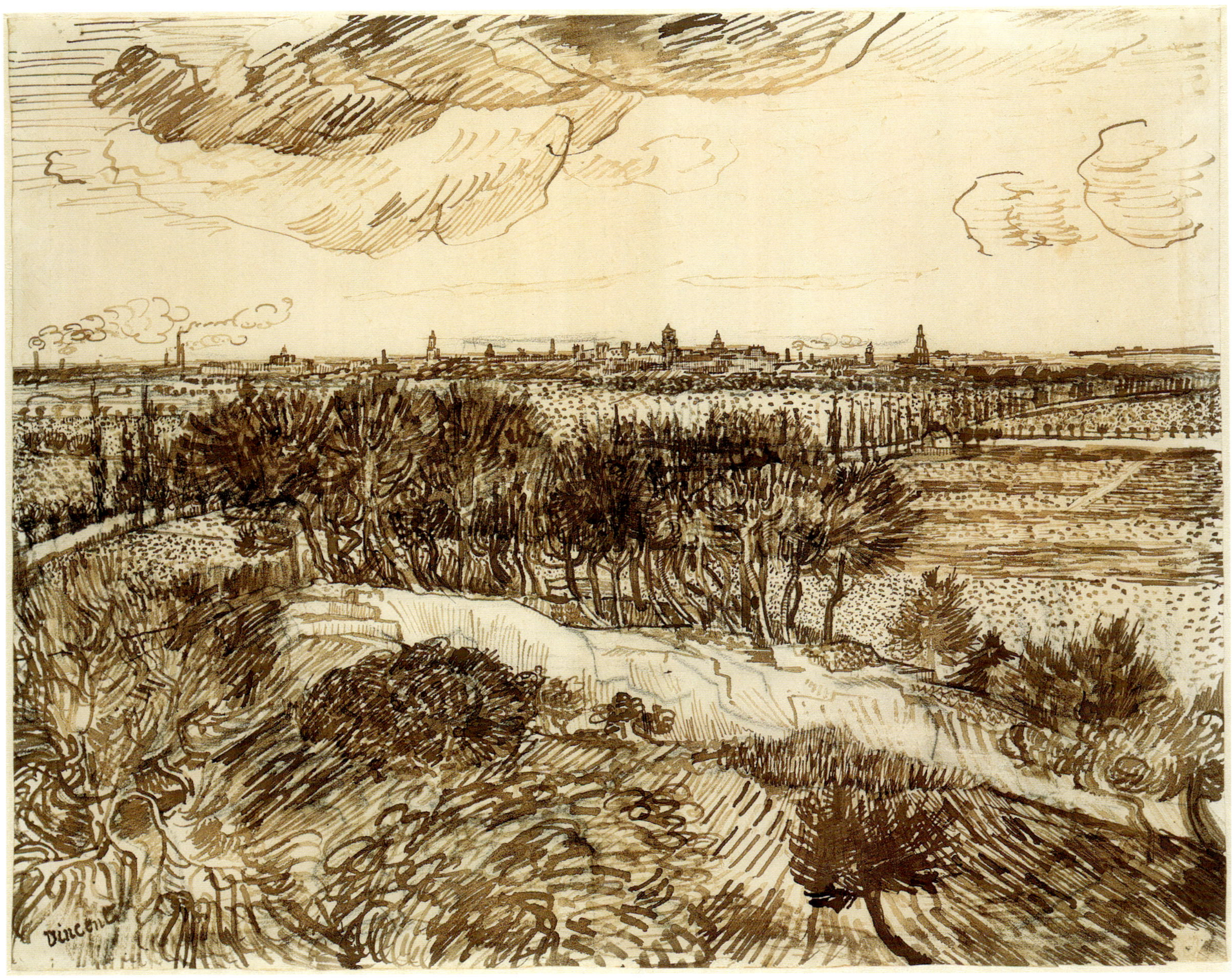

103
Gezicht op Arles vanaf Montmajour
mei 1888
48 x 59 cm
Nasjonalgalleriet, Oslo

met potlood en een fijne pen, maar vooral met rietpen en penseel, daarbij gebruik makend van grijze en zwarte inkt. In geen enkele andere tekening benadert hij zo dichtbij het karakter van een Japanse penseeltekening. Een tweede voorstelling van bomen en rotsen uit de reeks is door het ontbreken van penseel delicater van karakter, maar lijkt eveneens het resultaat van deze manier van tekenen (afb. 104).

De andere drie tekeningen zijn doordachter en harmonieuzer, zonder dat ze daardoor aan spontane expressie inboeten (afb. 106, 107, 109). Vooral in de twee panoramische landschappen – die Van Gogh in verband bracht met Nederlandse 17de-eeuwse landschapschilderijen – is een enorme variatie aan pennenstreken terug te vinden. Deze liet hij naar de horizon toe kleiner en fijner worden, een van de middelen waarmee hij de landschappen hun

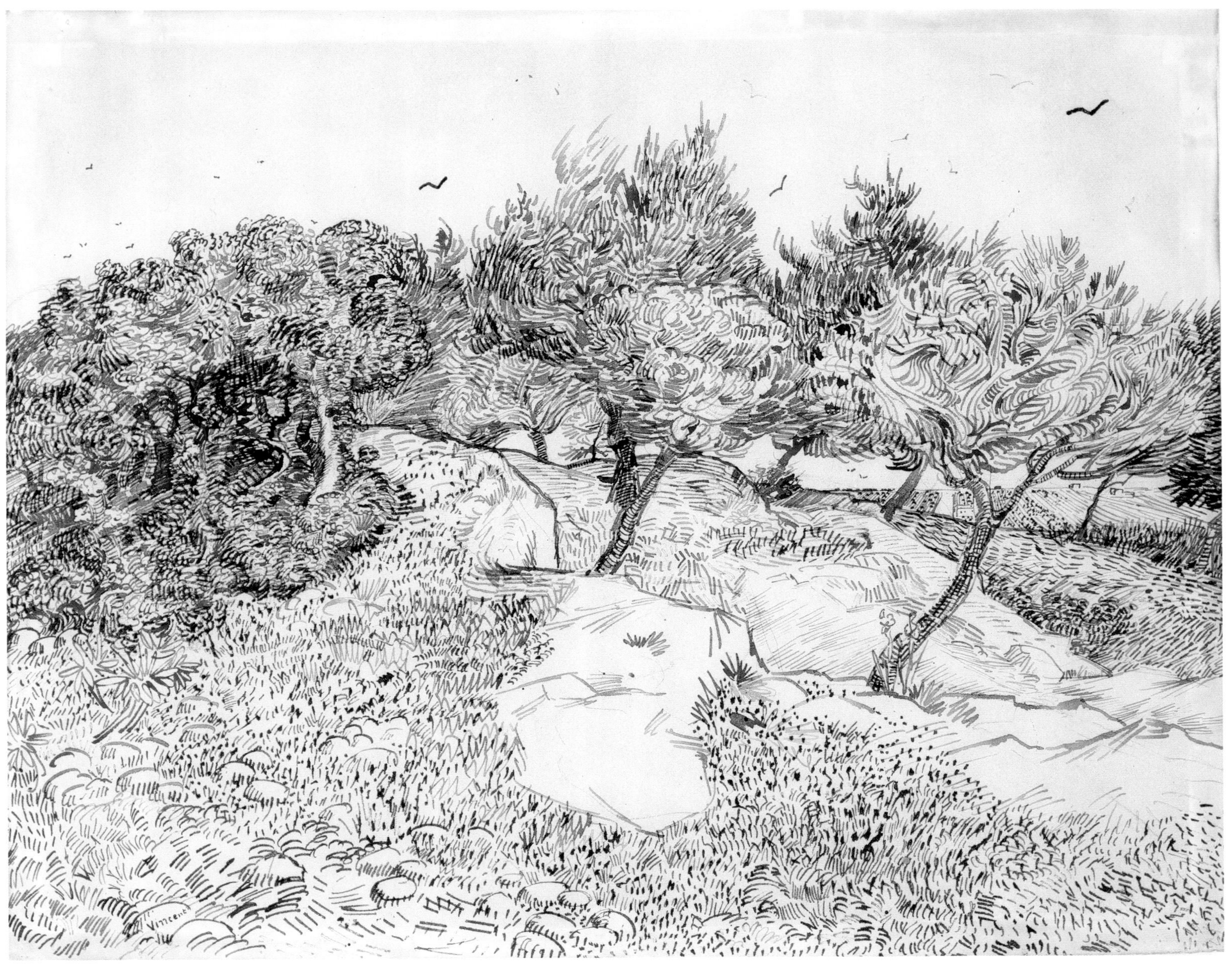

104
Olijfbomen: Montmajour
juli 1888
48 x 60 cm
Musée des Beaux-Arts
de Tournai, Doornik

overrompelende diepte kon verlenen. De composities zijn rijk aan details, zoals groepjes bomen, wandelaars en een trein, maar deze zijn zo speels gedoseerd en zo weinig opdringerig dat ze de aandacht bijna ongemerkt vasthouden. Juist in deze fijnzinnigheid schuilde voor Van Gogh het Japanse karakter van de werken, zoals hij aan Bernard schreef: 'Een microscopisch klein figuurtje van een boer, een treintje dat door het koren rijdt, dat is alles wat er aan het leven is' [645/B10]. Dat de precisie waarmee Van Gogh hier tekende welbewust was, bewijst ook de vergelijking die hij maakte van deze twee tekeningen met 'een geografische kaart, wat de *factuur* betreft een stafkaart' [643/509]. Diezelfde nauwkeurigheid is te zien in de omschrijving van de locaties die de bladen meekregen, een vrij ongebruikelijke soort toevoeging in zijn werk.

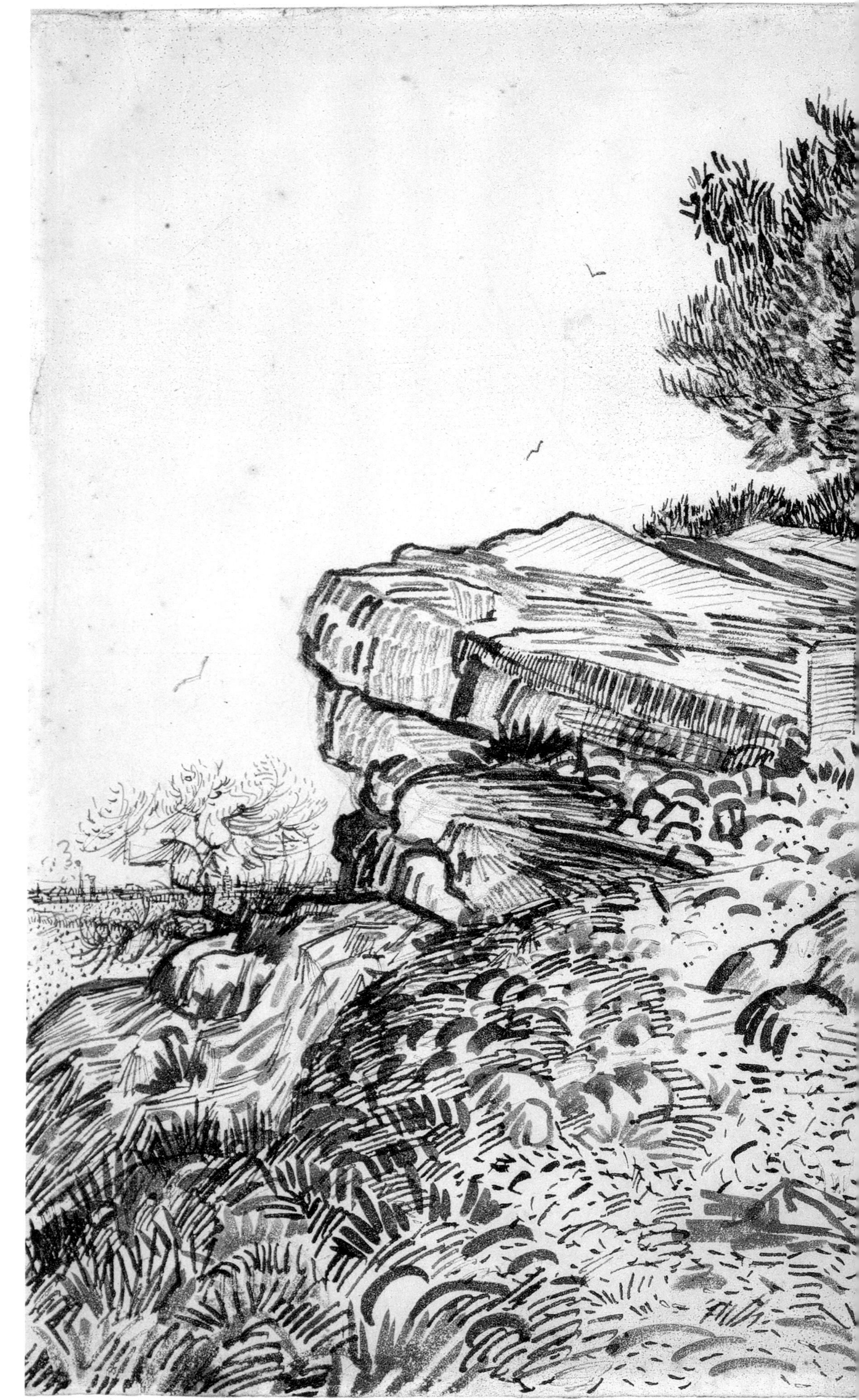

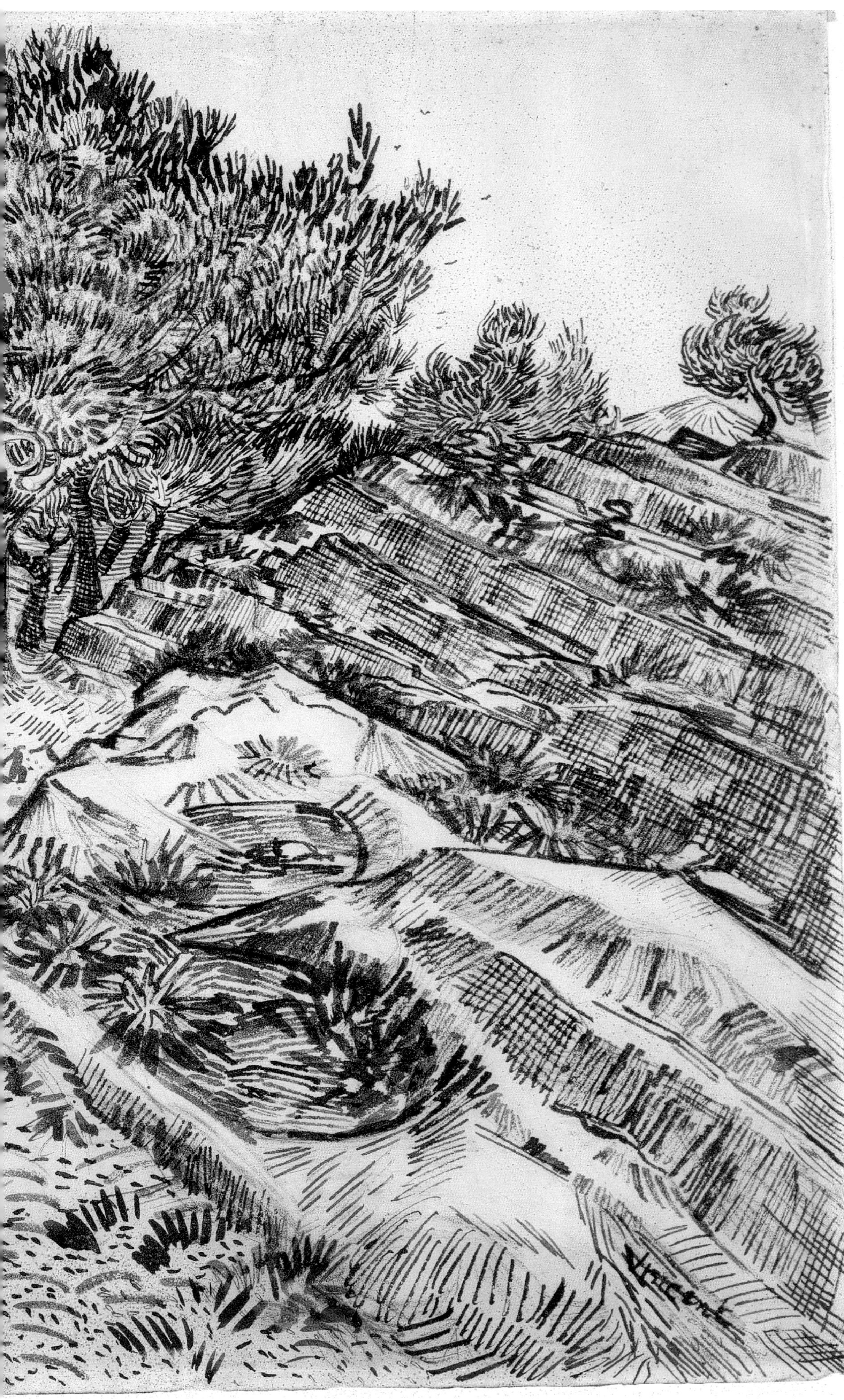

105
De rots van Montmajour
met pijnbomen
eerste helft juli 1888
49 x 61 cm
Van Gogh Museum,
Amsterdam

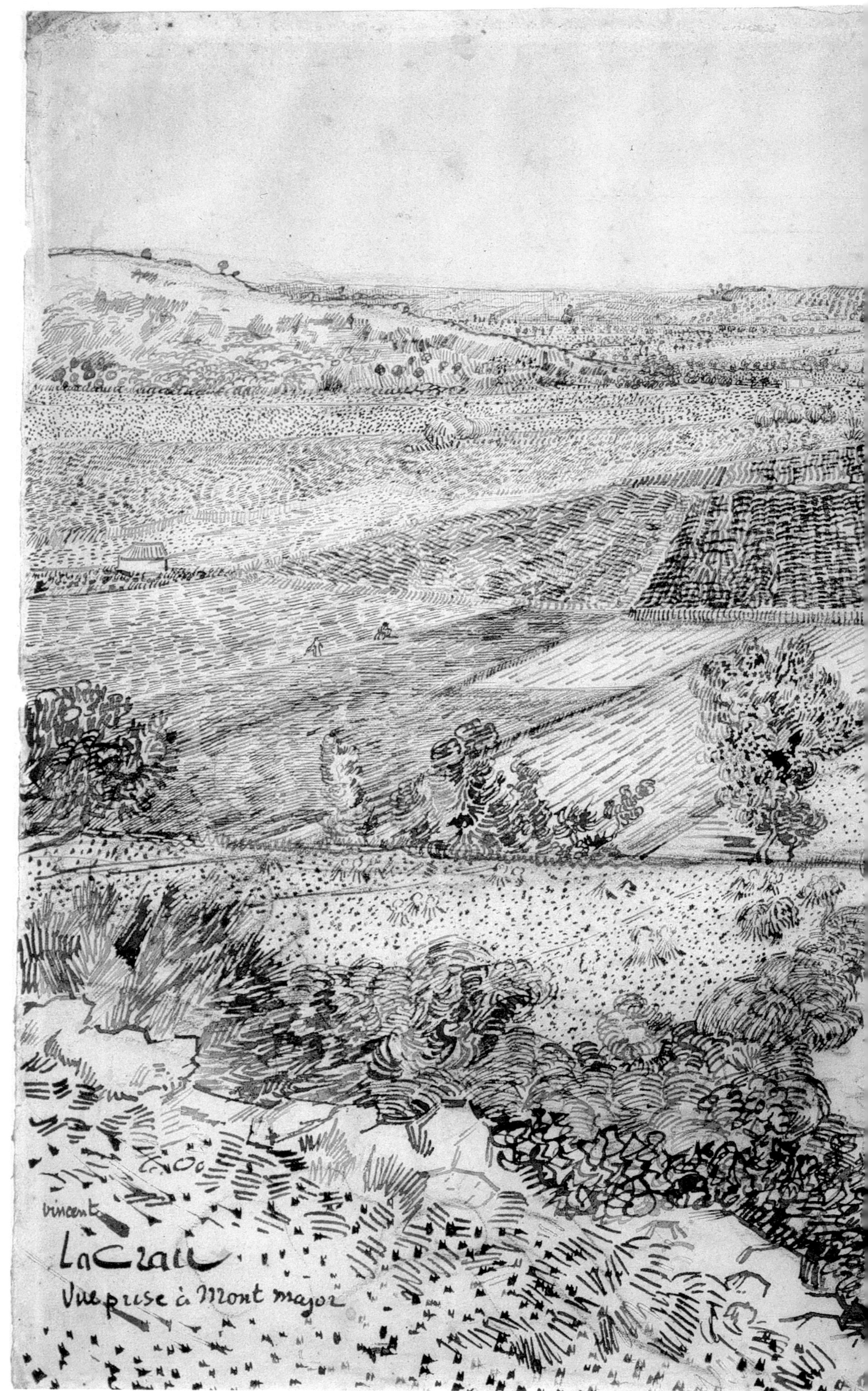
vincent
La Crau
Vue prise à Mont major

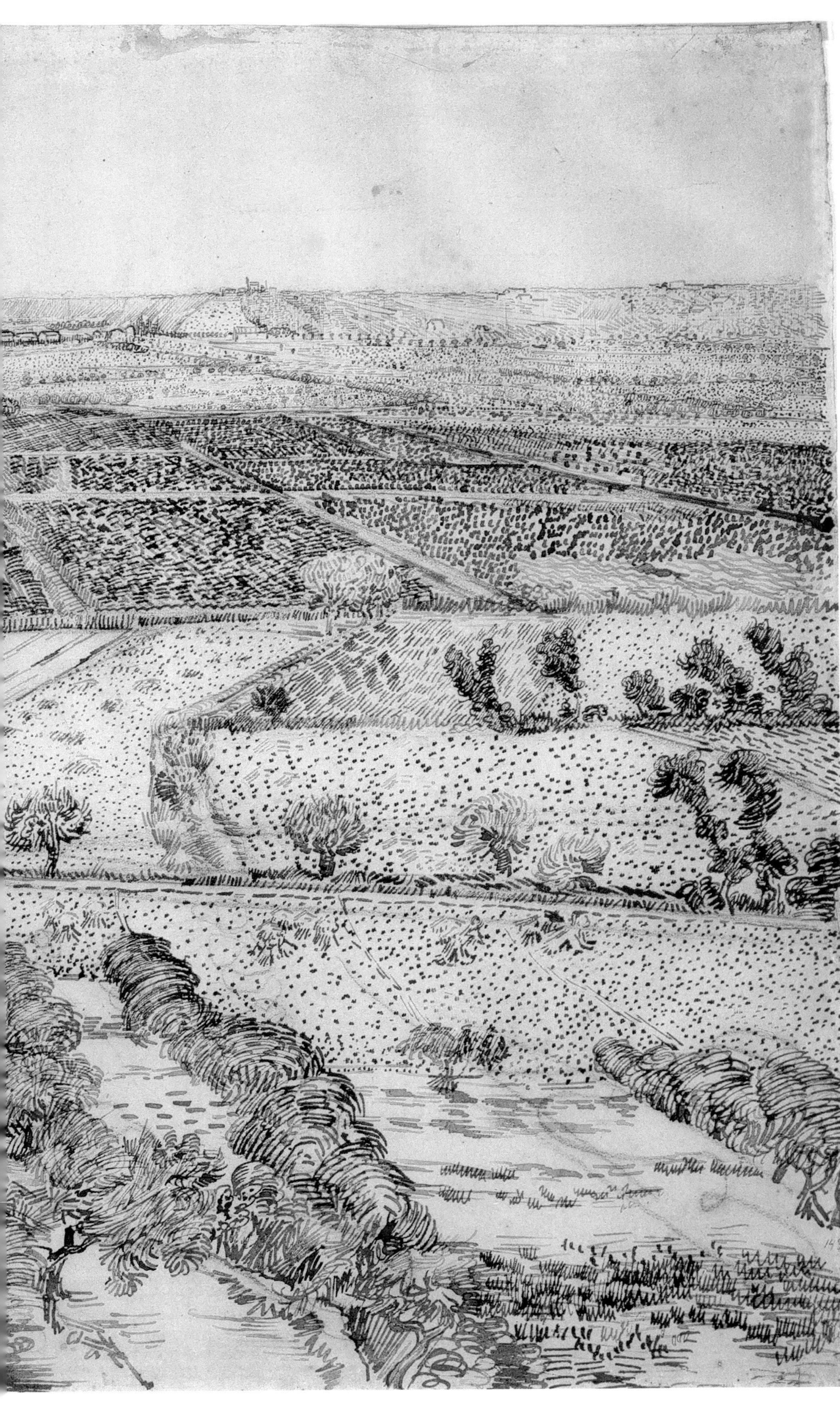

106
La Crau gezien vanaf Montmajour
eerste helft juli 1888
49 x 61 cm
Van Gogh Museum, Amsterdam

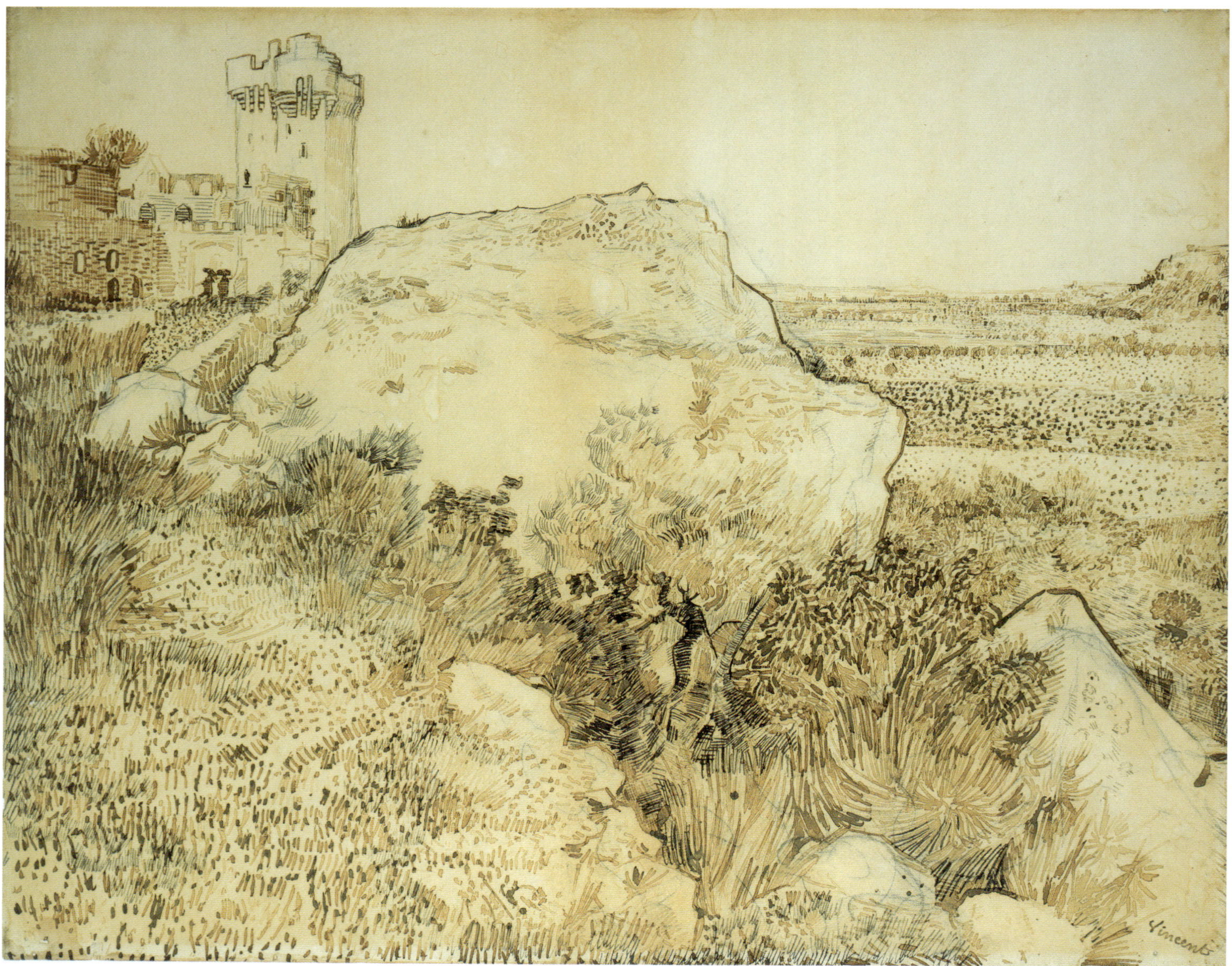

107
Kloosterruïne bij Montmajour
juli 1888
48 x 59 cm
Rijksmuseum, Amsterdam

In technisch opzicht is het opmerkelijk dat Van Gogh hier een veel minder grote rol toekende aan potlood dan in de eerste Montmajour-serie; dat geldt vooral voor de twee tekeningen met de bomen en rotspartijen (afb. 104, 105), wat erop wijst dat hij een grotere helderheid van lijn zocht. De werken die in de volgende maanden ontstonden, bevestigen dat idee. Ook in Saint-Rémy zouden tekeningen waarin de functie van het potlood meer dan ondersteunend was een uitzondering vormen.

De tekeningen laten een zelfbewust kunstenaar zien die bijna spelenderwijs werkte: 'Zoveel vellen Whatman, zoveel tekeningen', noteerde hij, met een verwijzing naar de papiersoort waarop de voorstellingen zijn gemaakt [642/506].

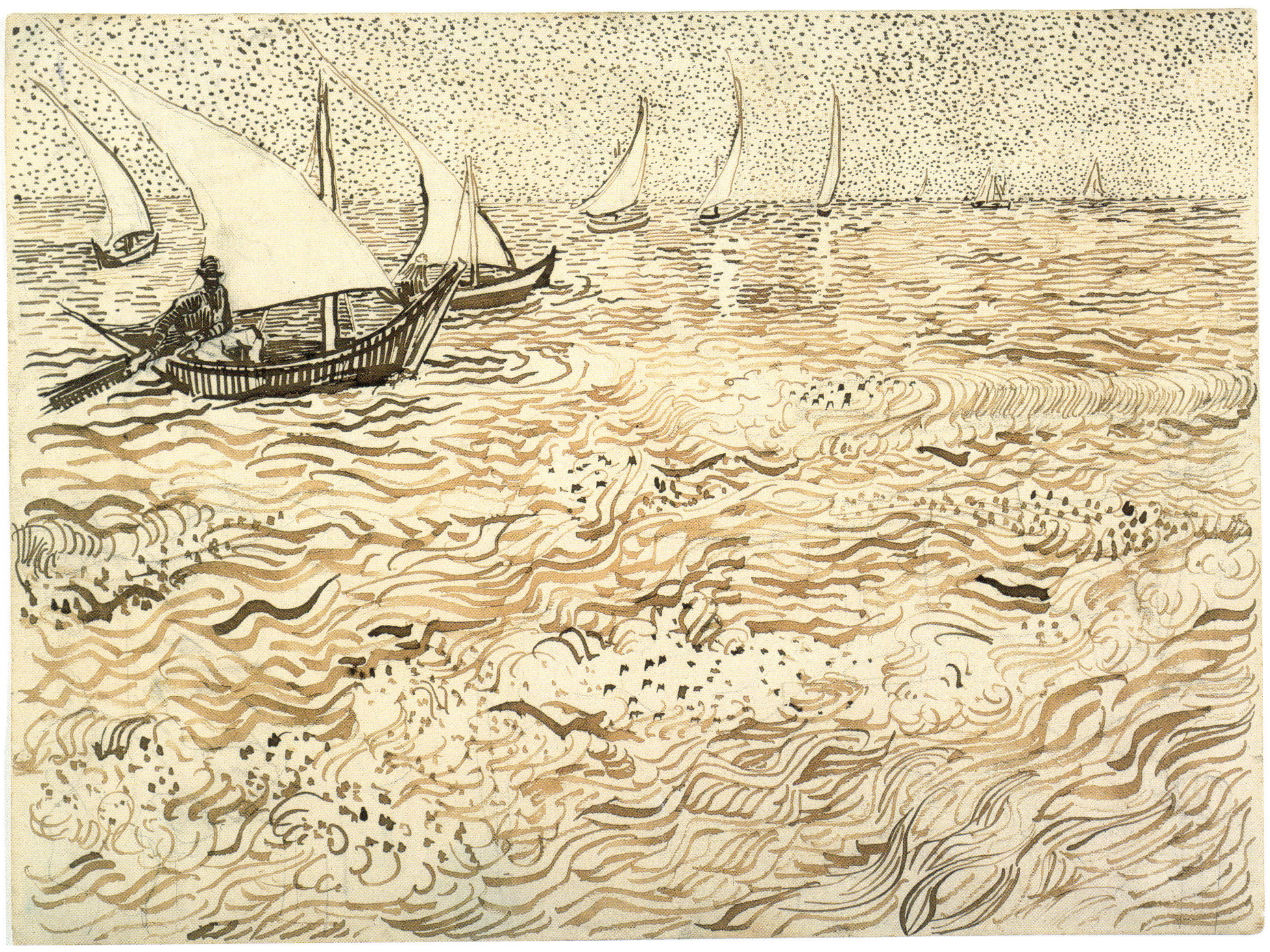

108
Boten op zee,
Les Saintes-Maries-de-la-Mer
eind juli-begin augustus 1888
24 x 32 cm
Solomon R. Guggenheim Museum,
New York

TEKENINGEN NAAR SCHILDERIJEN In de tweede helft van juli 1888 begon Van Gogh met het maken van drie reeksen tekeningen naar schilderijen die hij in Arles had gemaakt. De eerste serie van vijftien was bestemd voor Emile Bernard, van wie hij op zijn beurt tekeningen kreeg. Twaalf bladen waren een geschenk voor John Russell (1858–1931), een Australische schilder met wie Van Gogh in Parijs bevriend was geraakt, om hem over te halen bij Theo een doek van Paul Gauguin te kopen. Zijn broer, ten slotte, had ook een dozijn tekeningen moeten ontvangen, maar voorzover valt na te gaan werden dat er slechts vijf.

De tekeningen waren uiteraard ook bedoeld om de ontvangers een idee te geven welke schilderijen hij had gemaakt, al waren het geen letterlijke kopieën. Niet over alle doeken was hij tevreden geweest; met name in de penseelvoering mankeerde er soms het nodige aan. In de tekeningen wilde

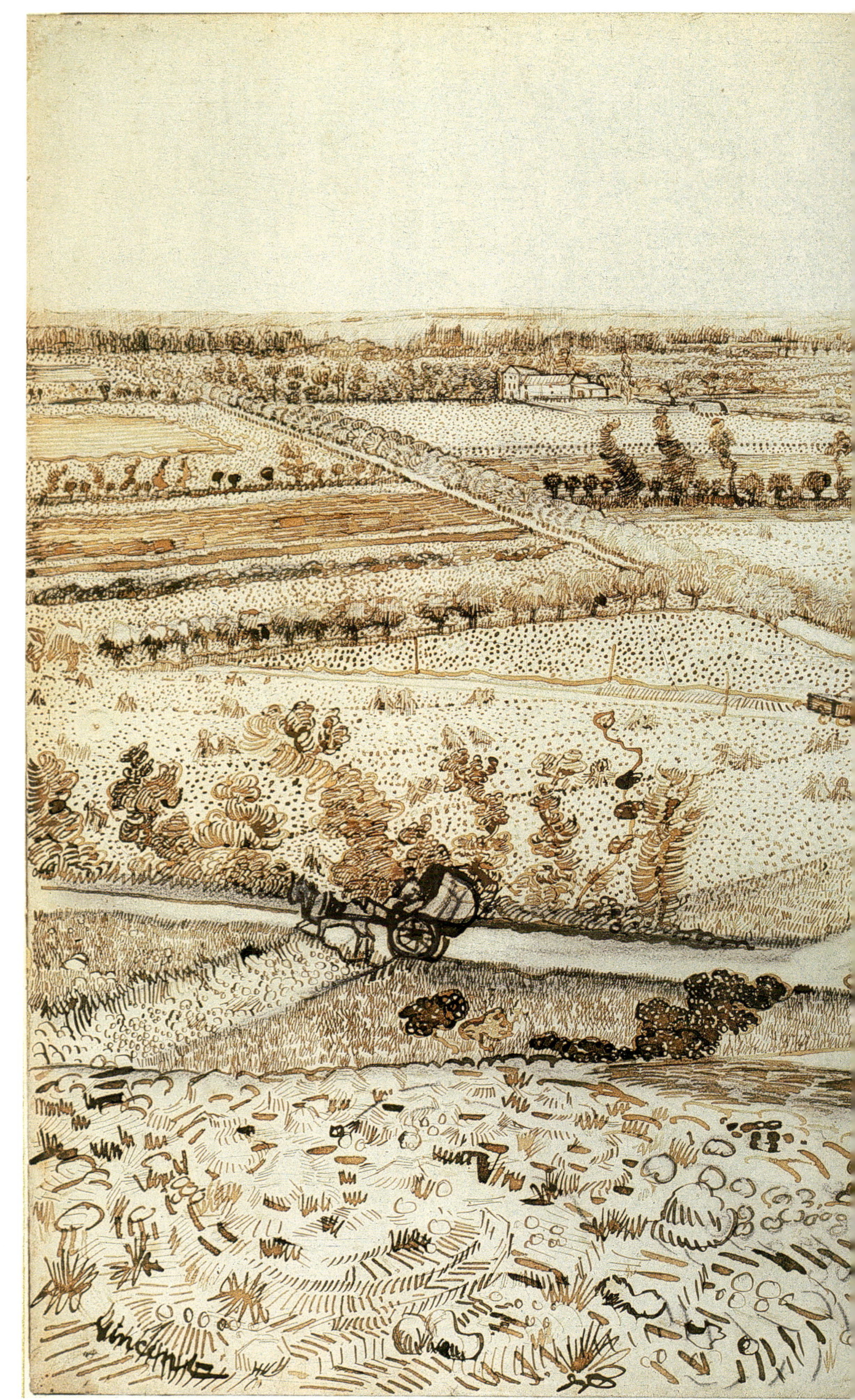

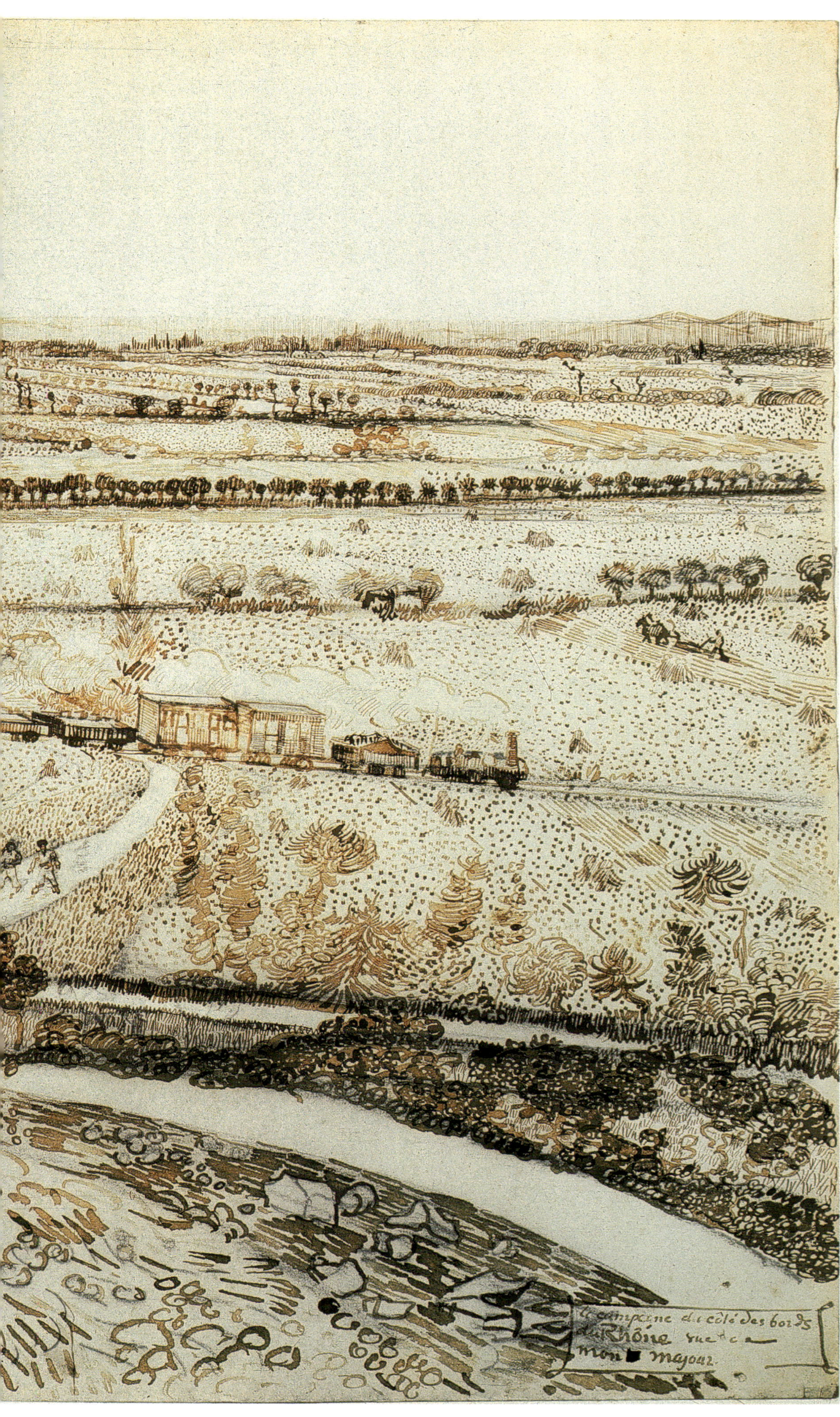

109
Landschap bij Montmajour met trein
juli 1888
49 x 61 cm
The British Museum, Londen

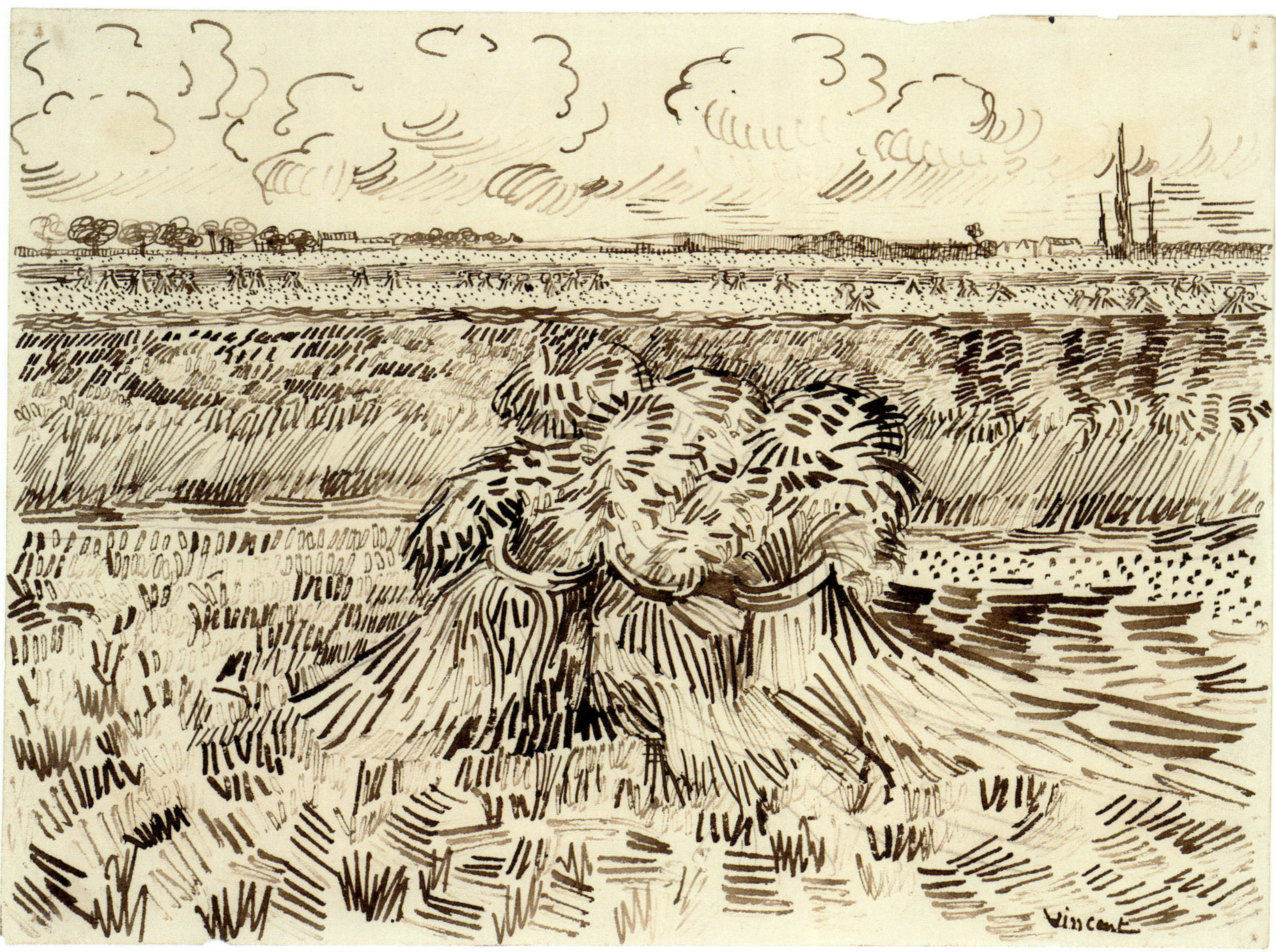

110
Korenschoven
juni 1888
24 x 32 cm
Staatliche Museen zu Berlin, Kupferstichkabinett, Berlijn

hij een grotere precisie bereiken. Een dergelijk artistiek proces – een heen-en-weer gaan tussen schilderijen en tekeningen waarmee hij bijvoorbeeld ritme en samenhang in de compositie in verschillende media kon toetsen – is sterk aanwezig in Van Goghs werk uit Arles.

Bernard ontving zijn tekeningen in twee zendingen rond midden juli. Van Gogh kopieerde voor hem onder meer werken uit Saintes-Maries (afb. 92, 108), maar het accent lag met zeven bladen op de oogstscènes die hij die zomer had gemaakt (afb. 110, 111). Daartoe hoorde in wezen ook nog het geschilderde *De zaaier* (afb. 112). Tijdens het schilderen was hij voortdurend op zoek geweest naar sterke kleuren, een samenhangende schildertoets en een overtuigende, krachtige figuur. Die moeizame zoektocht is het schilderij goed aan te zien; Van Gogh was er uiteindelijk niet tevreden over. In zijn getekende zaaier (afb. 113) ontbrak de kleur, maar de voorstelling is gevarieerd en levendig, en de kleine zaaier stapt met ferme stappen over zijn

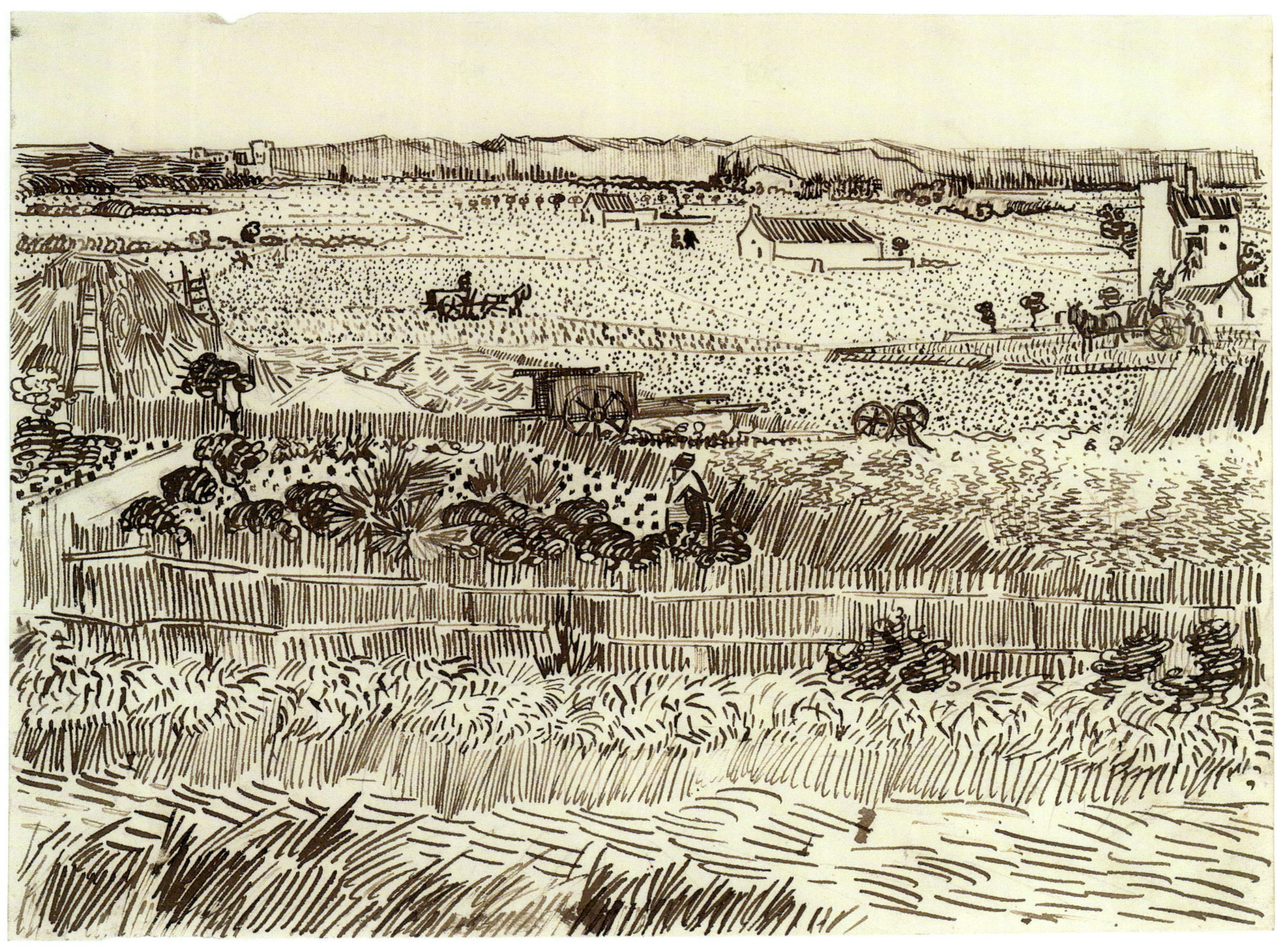

111
Oogst in de Provence
juli 1888
24 x 32 cm
Staatliche Museen zu Berlin, Kupferstichkabinett, Berlijn

akker. De vlotte, effectieve tekentrant is typerend voor de groep bladen die naar Bernard gingen (afb. 114).

De tekeningen voor Russell waren precieuzer in hun uitvoering, en bevatten bijvoorbeeld gestippelde vlakken. De nadruk lag minder op oogstscènes (afb. 115, 117); wel ontving Russell maar liefst drie portretten – de al genoemde pentekeningen van de zoeaaf, de postbode Roulin en de *Mousmé* (afb. 100, 101, 102) – en een kleine keur aan andere motieven (afb. 116, 118).

De vijf werken voor Theo omvatten onder meer een parkgezicht (afb. 119), een zeegezicht (afb. 120), een oogstscène (afb. 121) en een versie van *De zaaier* (afb. 122). De tekeningen hebben een zorgvuldige en, zoals in het geval van *De zaaier,* zelfs elegante penvoering. De wijze waarop akker, koren en lucht zijn getekend, is bijna joyeus van aard, en de zaaier is voor een boer opvallend sierlijk aan het werk.

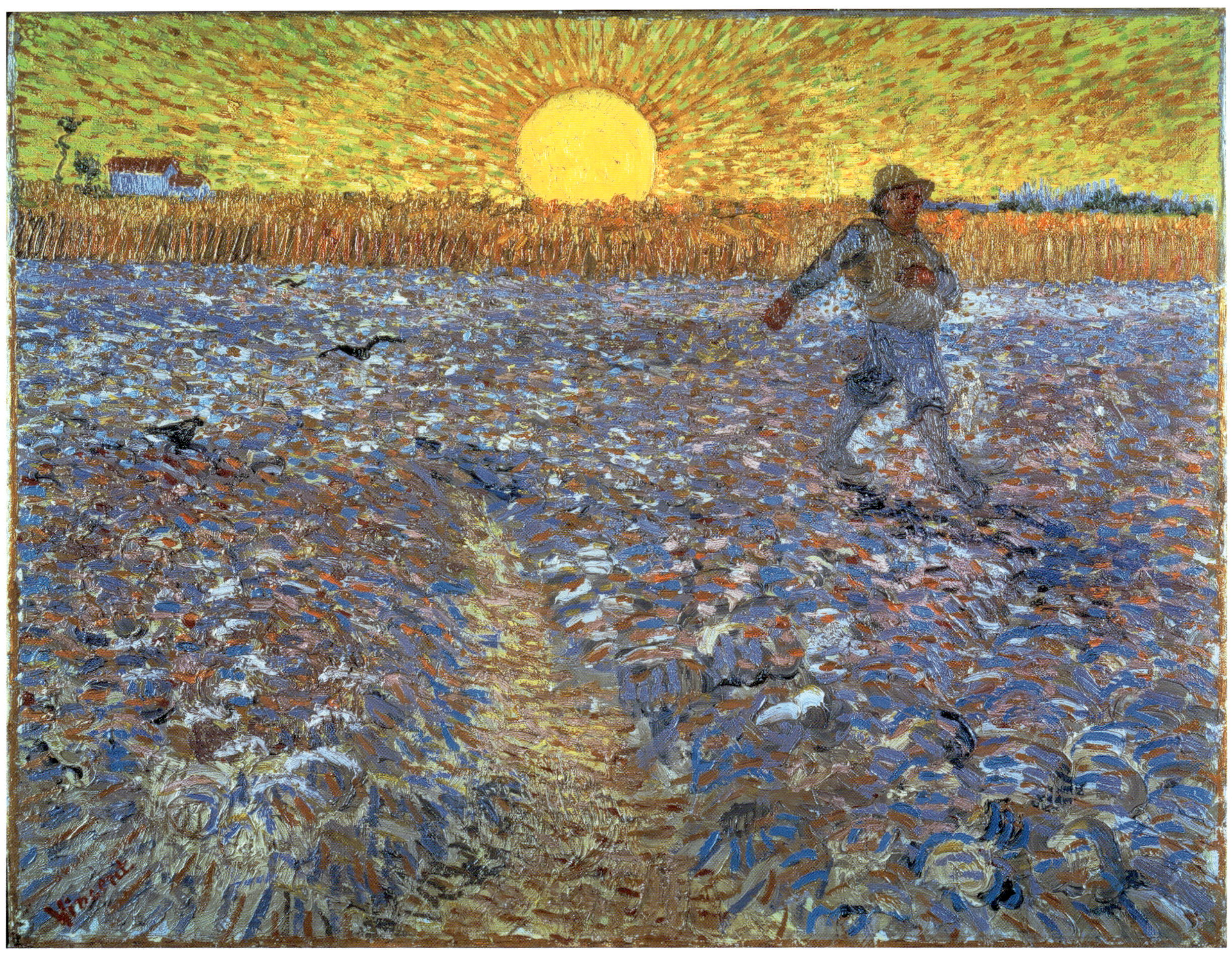

112
De zaaier
ca. 17–28 juni 1888
64 x 80 cm
Kröller-Müller Museum, Otterlo

PARKEN EN TUINEN Theo ontving ook drie grote zelfstandige tekeningen waarin tuinen centraal staan. De kleine stukken aangelegde natuur in dorpen en steden oefenden een grote aantrekkingskracht uit op Van Gogh. Vrijwel overal waar hij werkte, beeldde hij tuinen en parken uit en ook in Arles vormden ze een geliefd thema (afb. 123). Hij koesterde er sterk poëtische gevoelens bij en situeerde er verscheidene keren verliefde paartjes in, zoals hij enige jaren eerder deed in een groot schilderij uit Parijs (afb. 124).

Tot en met juli 1888 had Van Gogh wanneer hij buiten werkte vooral landschappen rondom Arles als onderwerp gekozen, mede ingegeven door zijn verlangen naar de ongerepte natuur die hij in Parijs zo had moeten missen. Van augustus tot in oktober van dat jaar vond hij echter ook in de stad geschikte onderwerpen. De reeks parken en tuinen begint met de indruk-

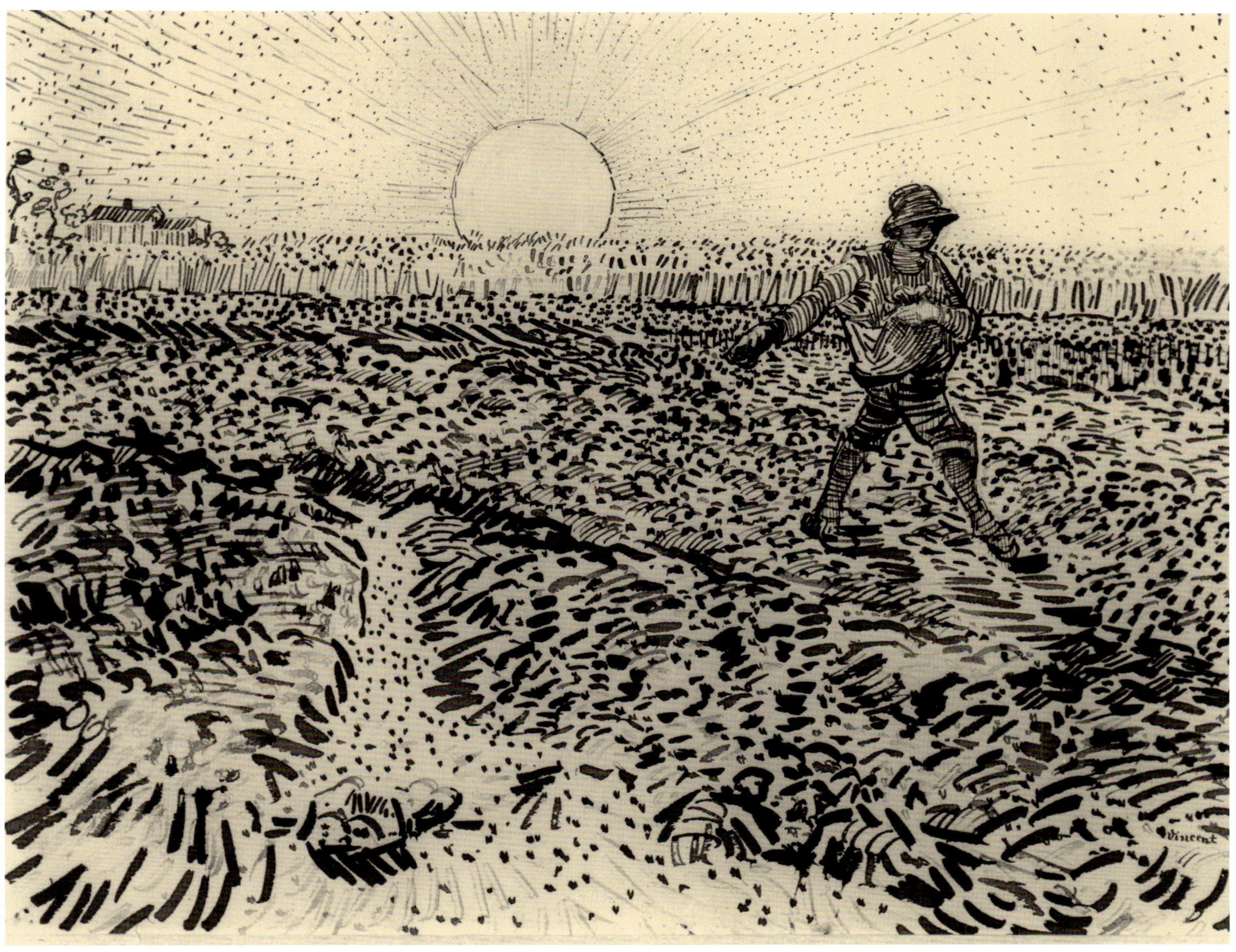

wekkende zomertuinen die hij zijn broer in augustus stuurde (afb. 125, 126). Met hun weelderige begroeiing, weergegeven met een breed scala aan pennenstreken, zijn het voorstellingen waarin de zomerhitte bijna voelbaar is.

In september werkte Van Gogh vaak in het park dat bij zijn woning en atelier, beter bekend als het Gele Huis, en de Place Lamartine lag (afb. 127). In die tijd ging hij parken letterlijk met dichters als Petrarca en Boccaccio associëren, daarmee het dichterlijke karakter bevestigend waarvan dit type voorstellingen in zijn oeuvre ook stilzwijgend getuigt.

113
Zaaier met ondergaande zon
juli 1888
24 x 31 cm
Privé-collectie

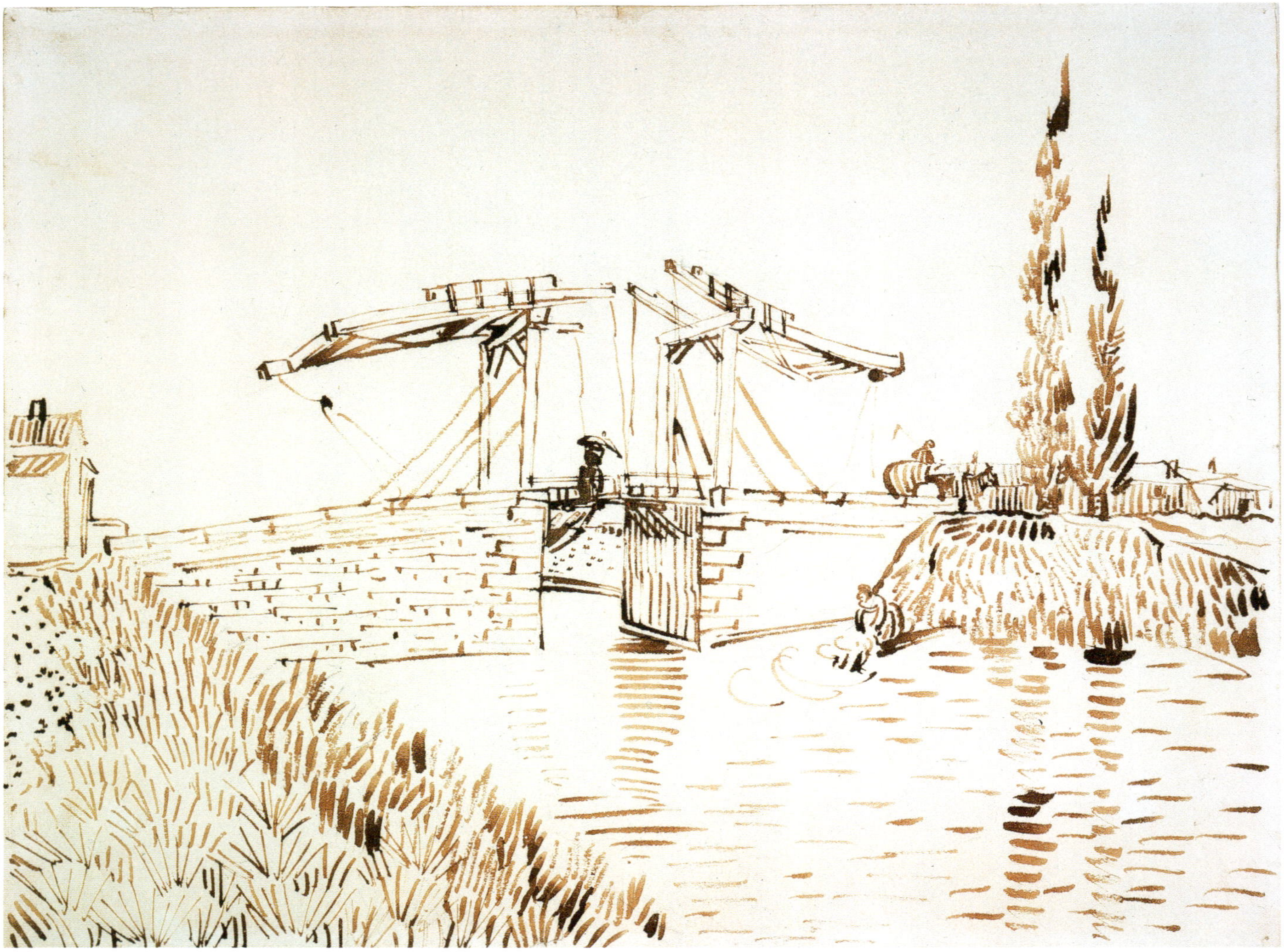

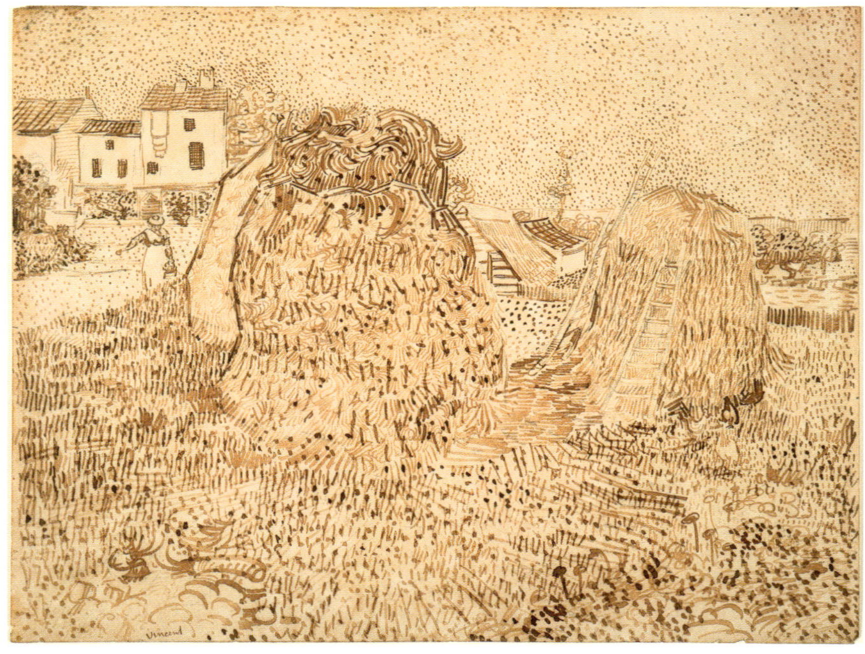

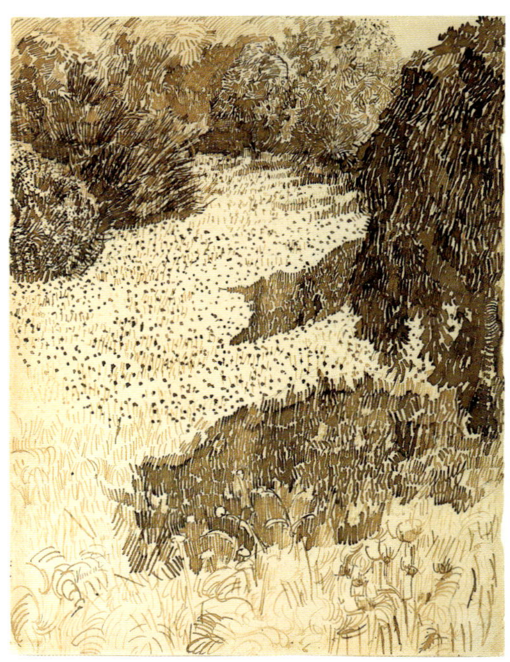

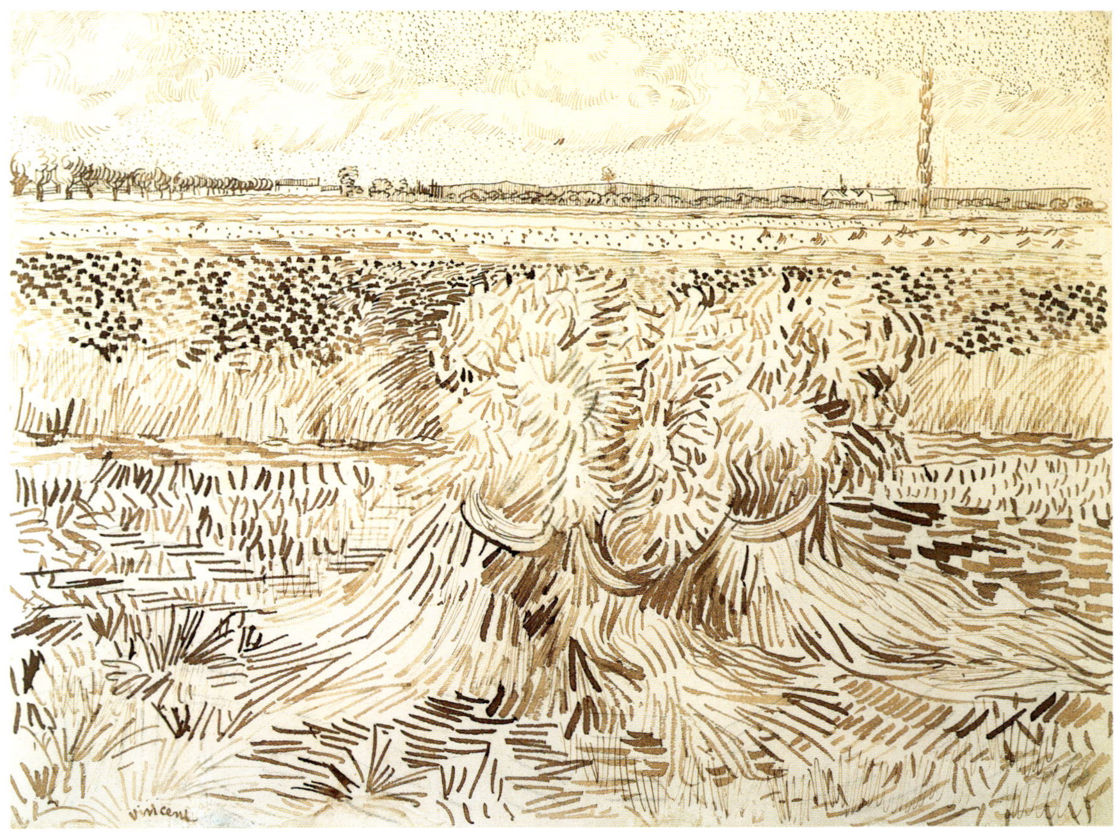

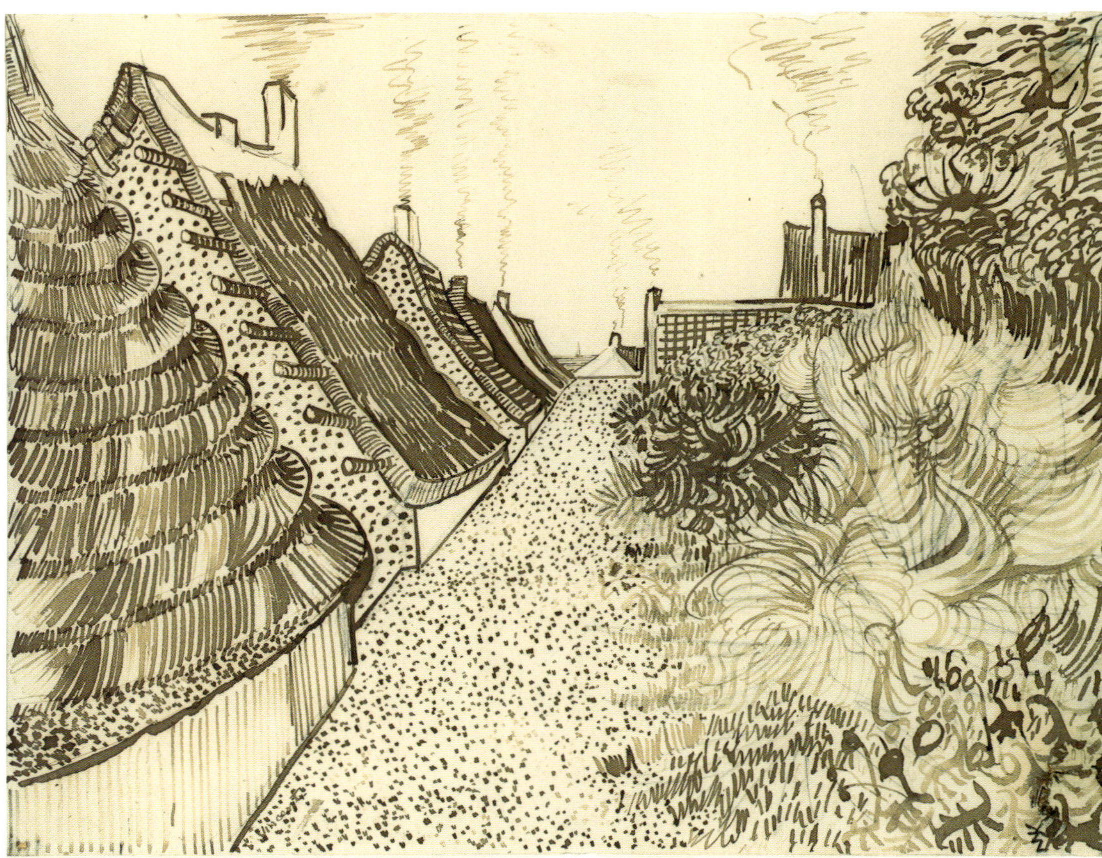

< 114
De brug van Langlois
juli 1888
24 x 32 cm
Los Angeles County Museum of Art, Los Angeles

< 115
Korenschelven bij boerderij
eind juli-begin augustus 1888
24 x 31 cm
Philadelphia Museum of Art, Philadelphia

< 116
Hoek in het park van Place Lamartine
eind juli-begin augustus 1888
31 x 24 cm
Privé-collectie

117
Korenveld met schoven
juli-augustus 1888
24 x 32 cm
Privé-collectie

118
Straat in Saintes-Maries
juli 1888
24 x 32 cm
The Metropolitan Museum of Art, New York

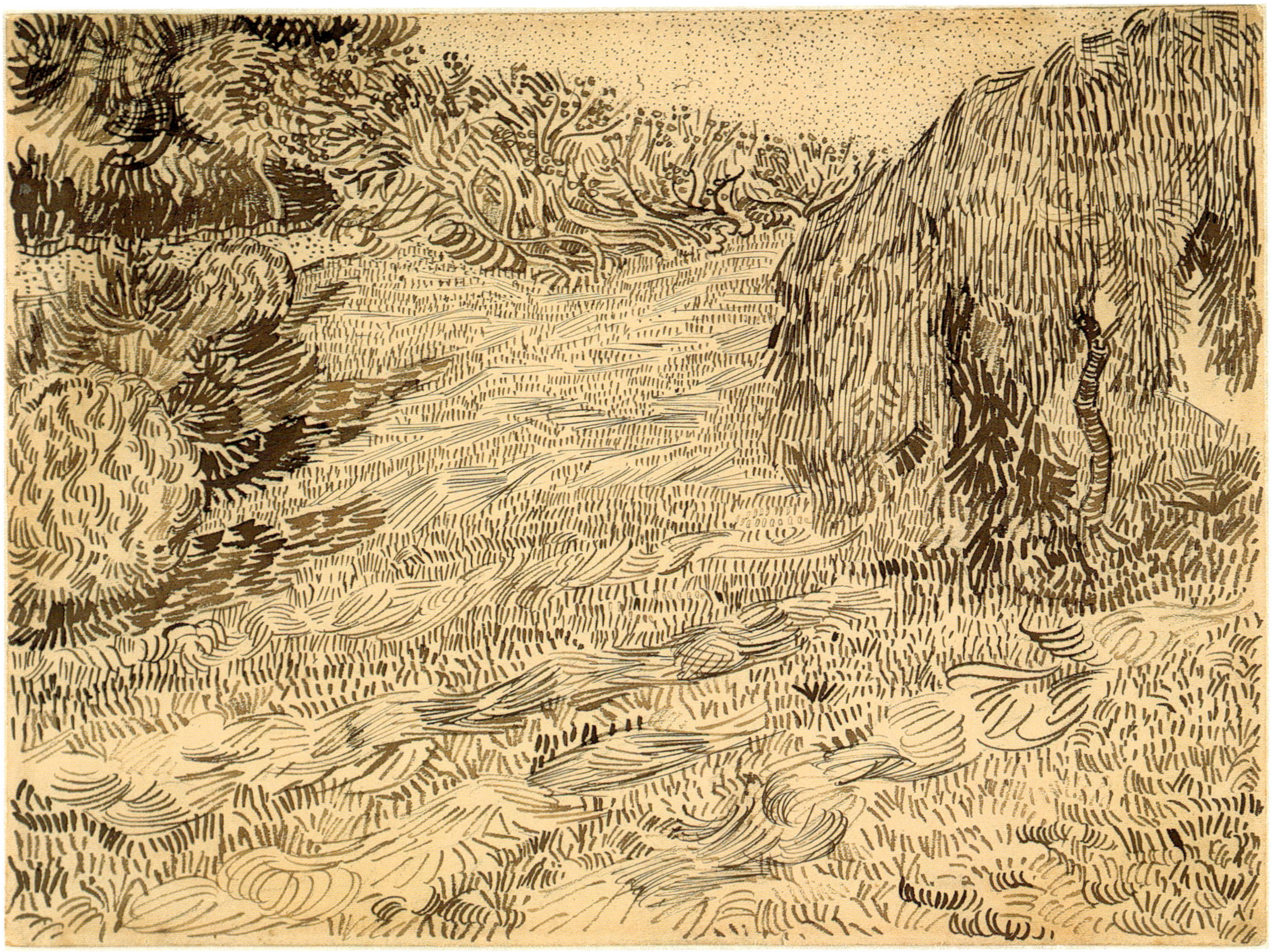

119
Hoek in het park aan Place Lamartine
augustus 1888
24 x 32 cm
Menil Collectie, Houston

120
Boten op zee, Les Saintes-Maries-de-la-Mer
augustus 1888
24 x 32 cm
Koninklijke Musea voor Schone Kunsten van België, Brussel

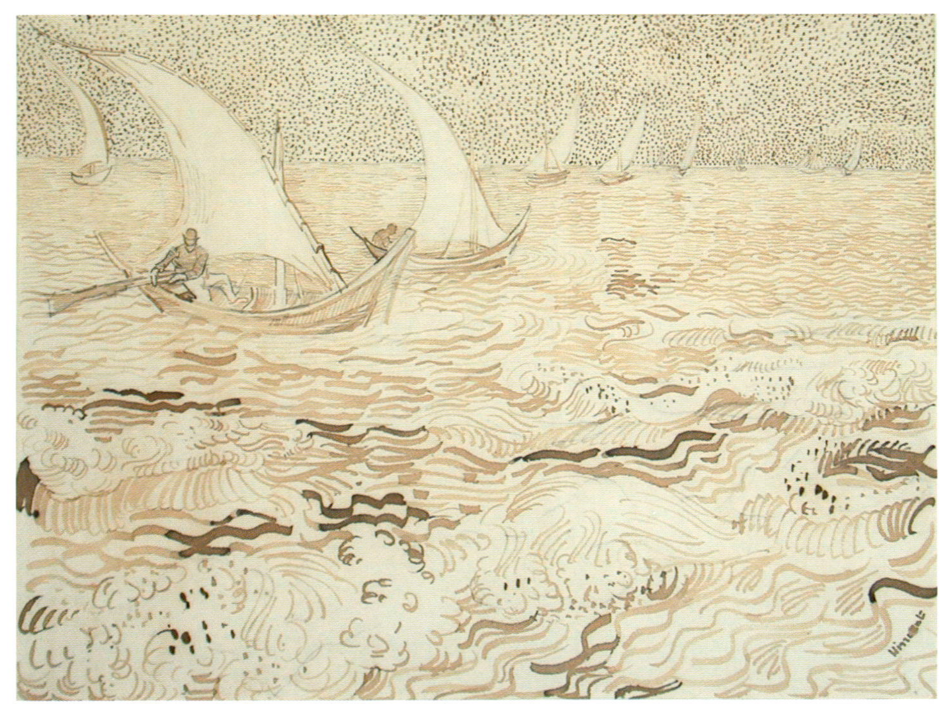

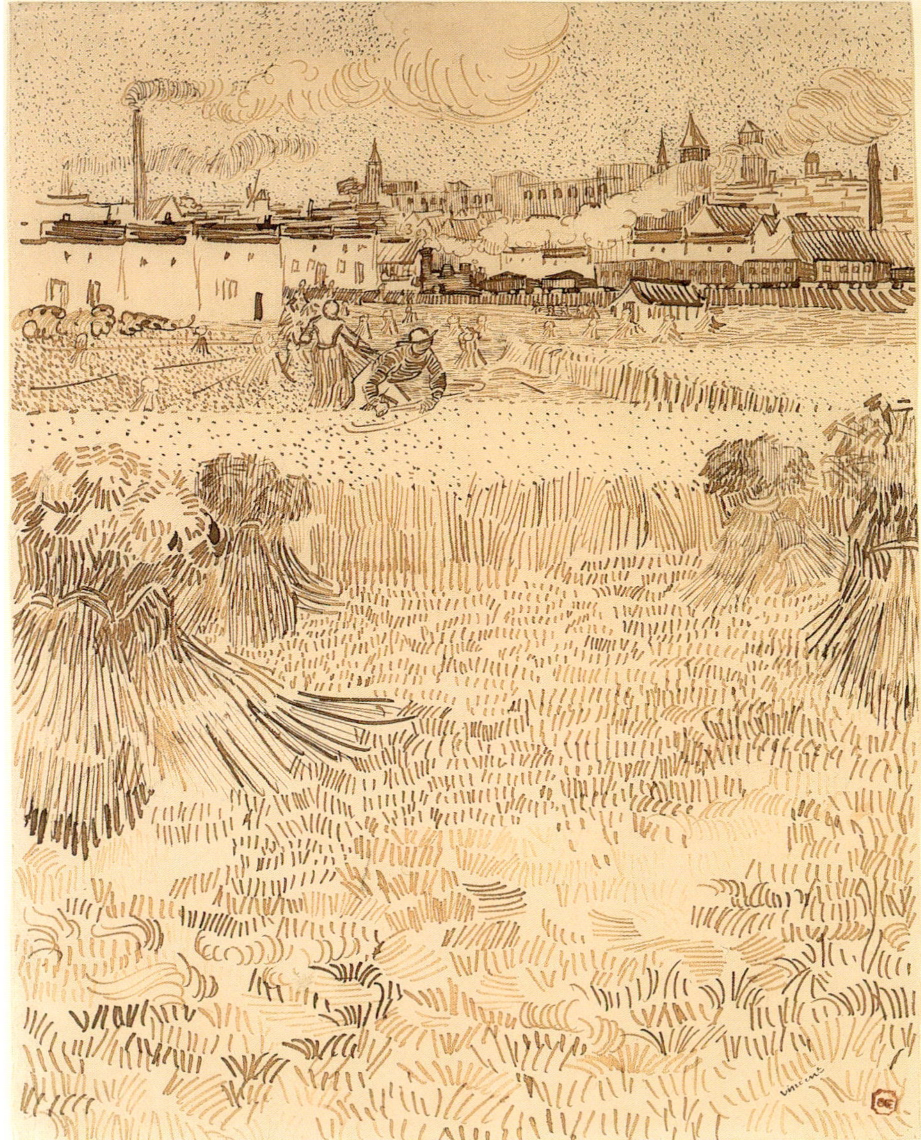

121
Korenveld met Arles op de achtergrond
augustus 1888
31 x 24 cm
J. Paul Getty Museum, Los Angeles

HET GELE HUIS EN ANDERE STADSGEZICHTEN De term 'stadsgezicht' is niet altijd even gelukkig voor dat type afbeelding in Van Goghs Franse werk, want vaak verkende hij vooral aspecten van het leven in de stad en probeerde hij in veel mindere mate de schoonheid of schilderachtigheid ervan vast te leggen. Een tekening uit april 1888 van de Rhônekade in Arles is zowel stads- als riviergezicht, maar vooral ook een indruk van het werk dat in de kleine haven plaatsvond (afb. 128). In augustus koos Van Gogh ervoor dat facet centraal te zetten in een voorstelling van enkele zandboten vanaf de kaderand gezien (afb. 129).

Van sommige voorstellingen kennen we zowel een geschilderde als een getekende versie, zoals van het caféterras aan de Place du Forum bij avond (afb. 130, 131). Van Gogh noemt de tekening niet in zijn brieven en daarom weten we niet welk van de twee werken als eerste ontstond. Hoe dan ook lijkt de een niet het voorbeeld voor de ander te zijn geweest: daarvoor zijn

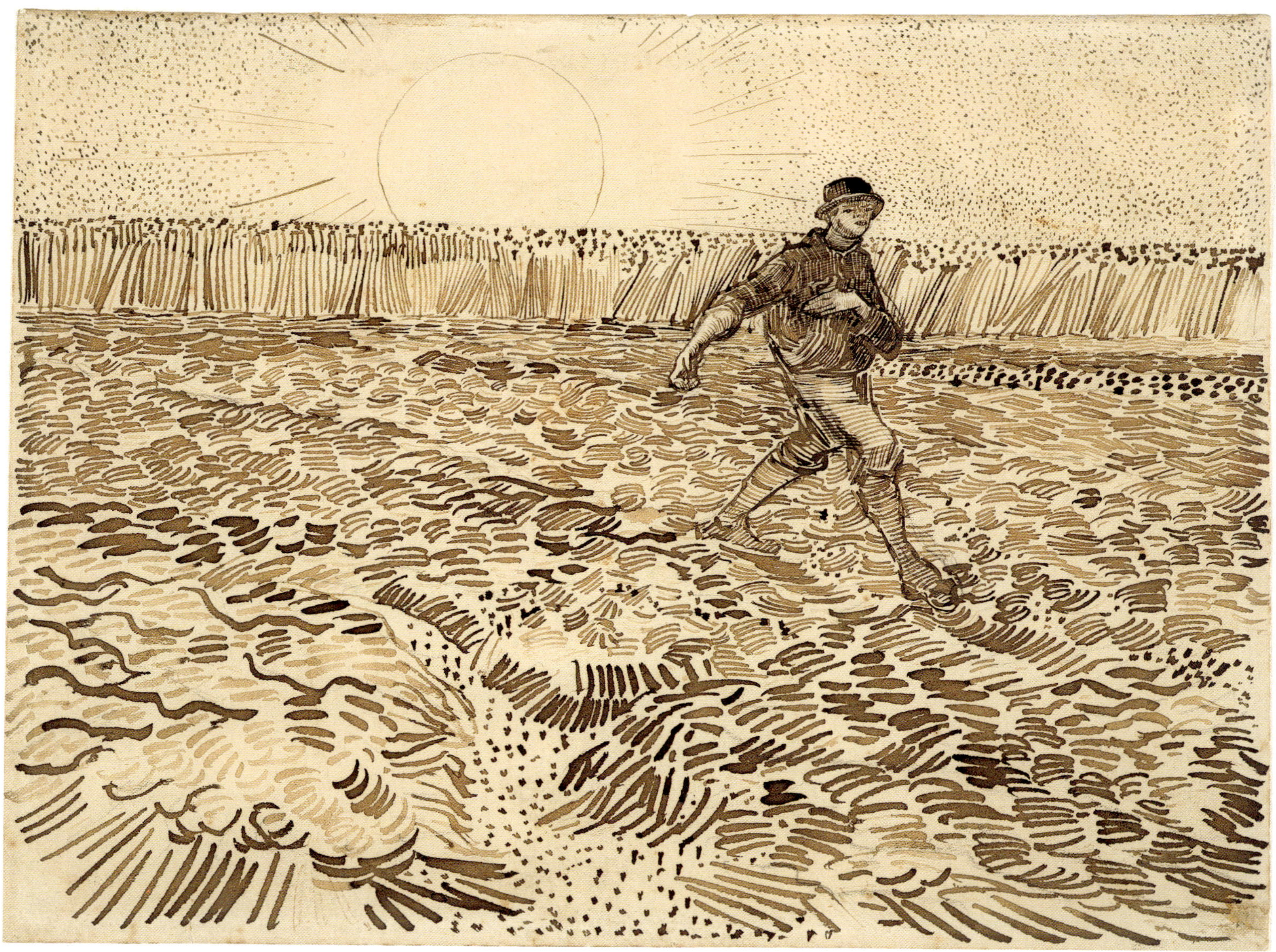

122
De zaaier
augustus 1888
24 x 32 cm
Van Gogh Museum, Amsterdam

> 123
Park bij Place Lamartine
eind april-begin mei 1888
26 x 35 cm
Van Gogh Museum, Amsterdam

> 124
Tuin in Montmartre met geliefden
lente/zomer 1887
75 x 112 cm
Van Gogh Museum, Amsterdam

de verschillen, zoals tussen de boven het baldakijn uitstekende huizen aan de linkerkant van de straat, te groot. Van Gogh onderzocht hier wederom de mogelijkheden van een motief met behulp van twee verschillende technieken. Bij het schilderij leverde dit een lieflijke avondscène op die een van de meest populaire voorstellingen van de kunstenaar is geworden. De tekening, met zijn vrij stevige en allerminst behaagzuchtige tekentrant, geeft een meer realistisch aanzicht.

Van Gogh had in mei 1888 zijn huis aan de Place Lamartine gehuurd. Hij liet zich vaak in bijna liefkozende termen hierover uit. In het Gele Huis hoopte hij een droom te verwezenlijken die een van de redenen voor zijn vertrek naar het zuiden was geweest: het vestigen van een kunstenaarskolonie of 'Atelier van het Zuiden', waarvan de leden samen zouden werken en leven. Gezien dit ideaal is het alleszins begrijpelijk dat het huis een belangrijke rol in zijn leven speelde, en dat hij er eind september 1888 een

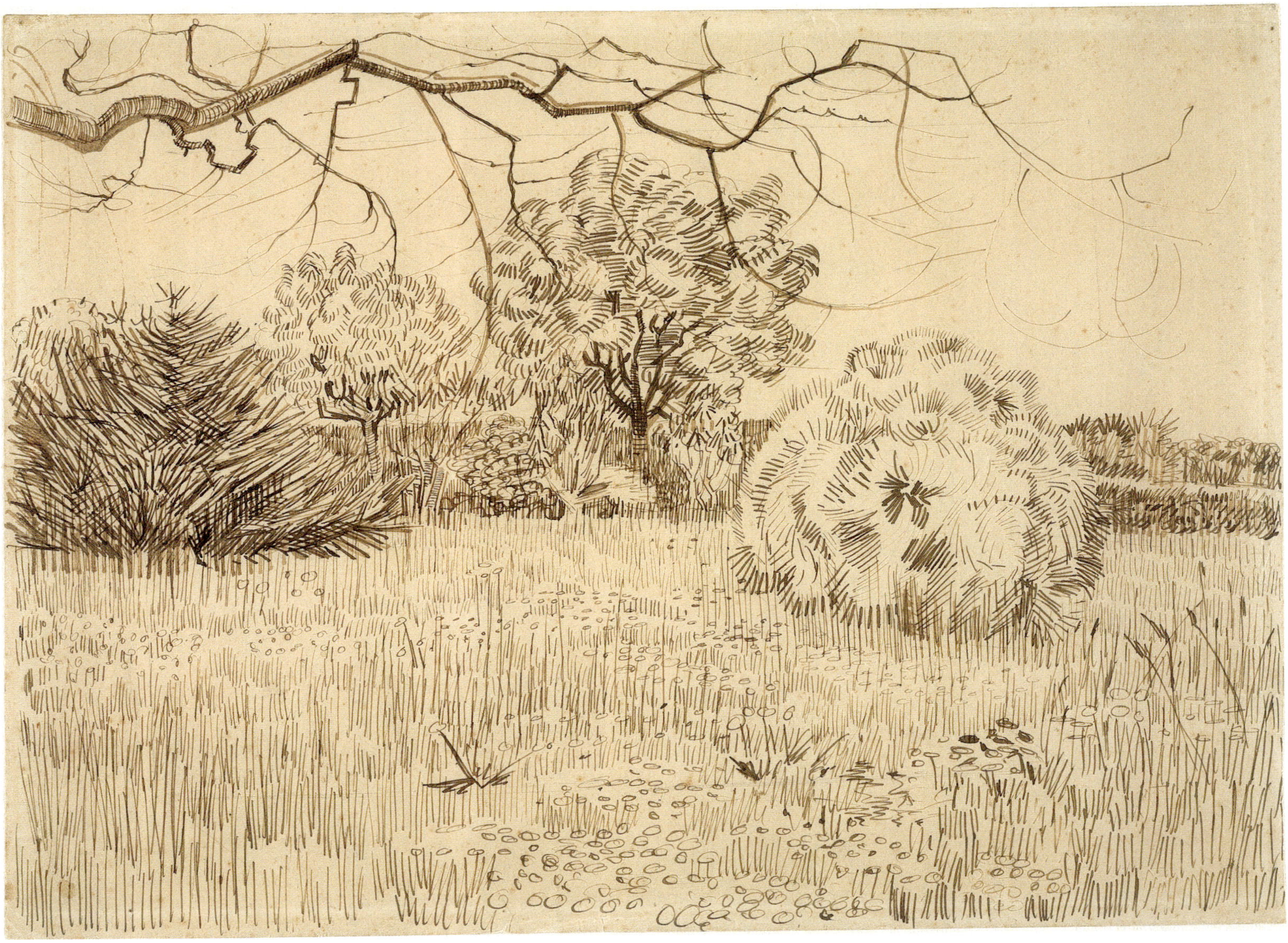

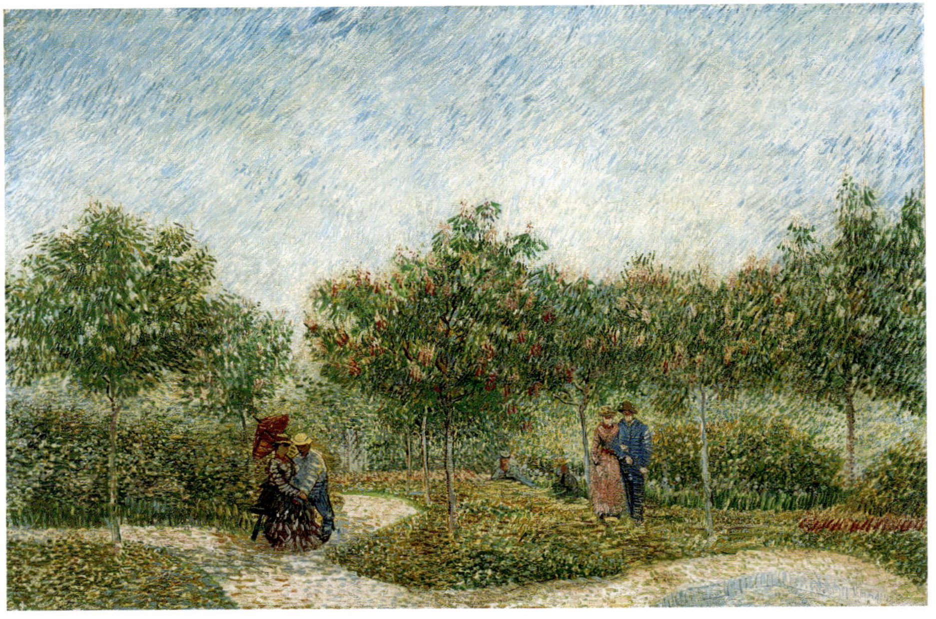

>> 125
Tuin van een badhuis
begin augustus 1888
61 x 49 cm
Van Gogh Museum,
Amsterdam

>> 126
Tuin
augustus 1888
61 x 49 cm
Privé-collectie

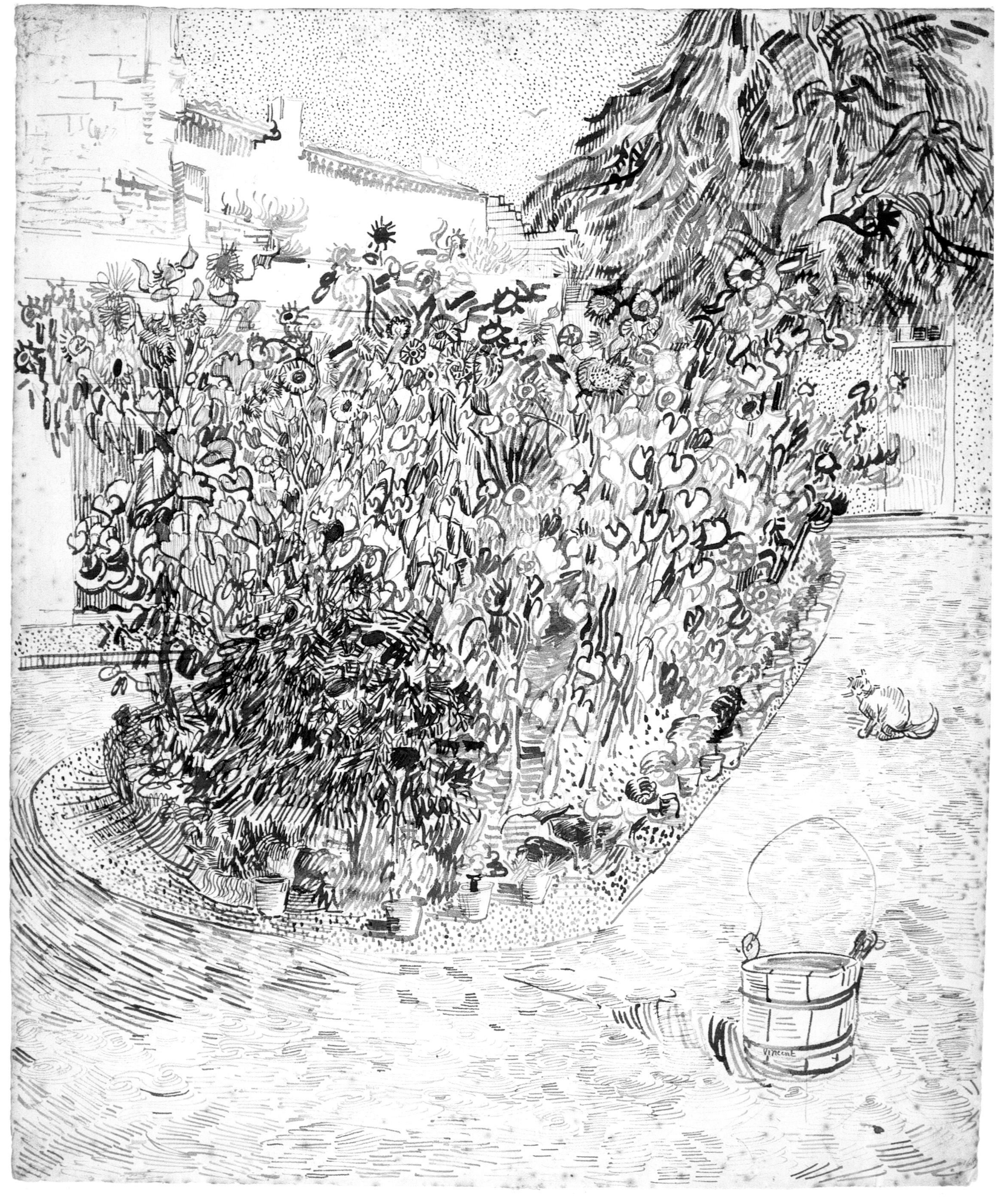
Vincent

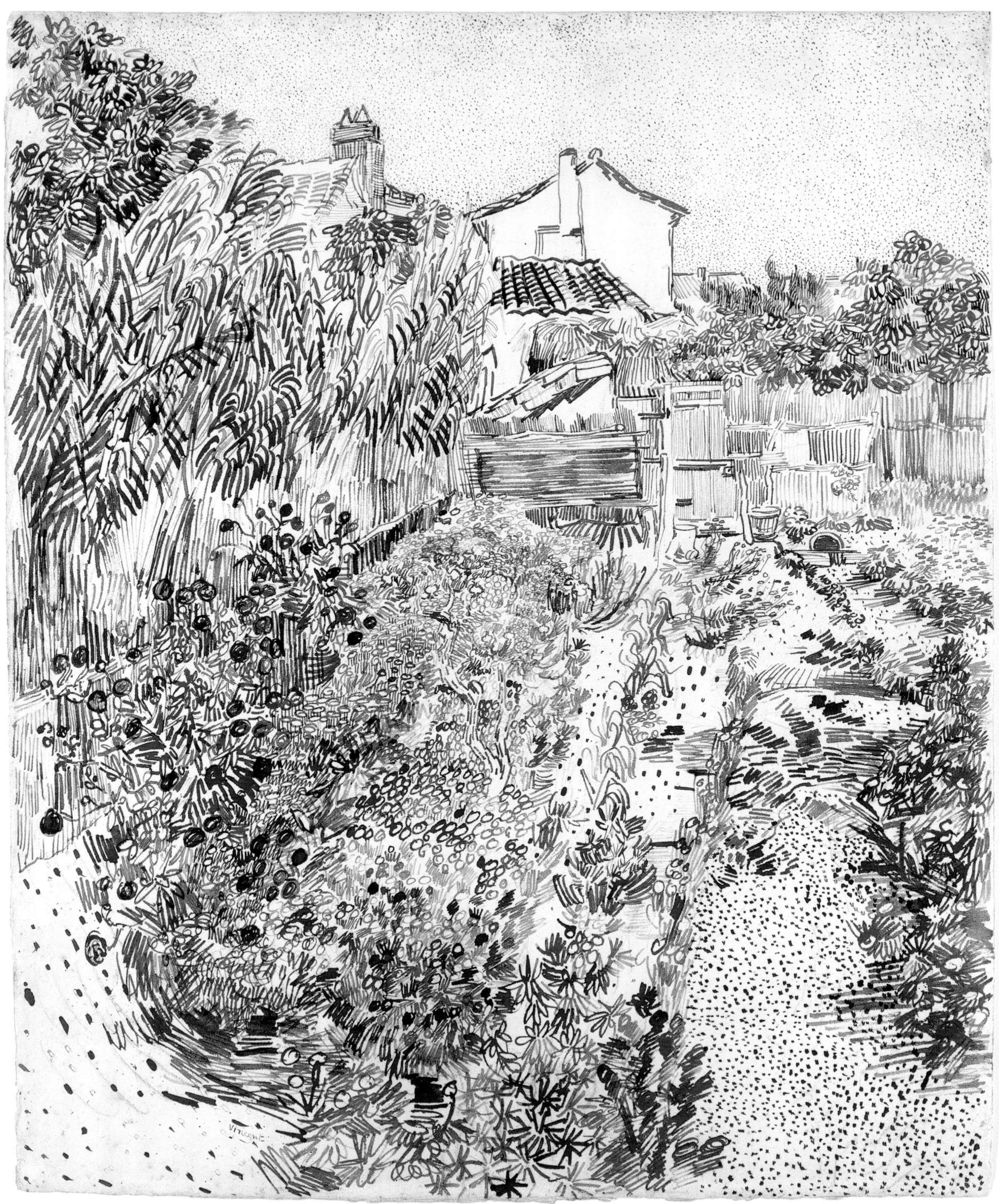
Vincent

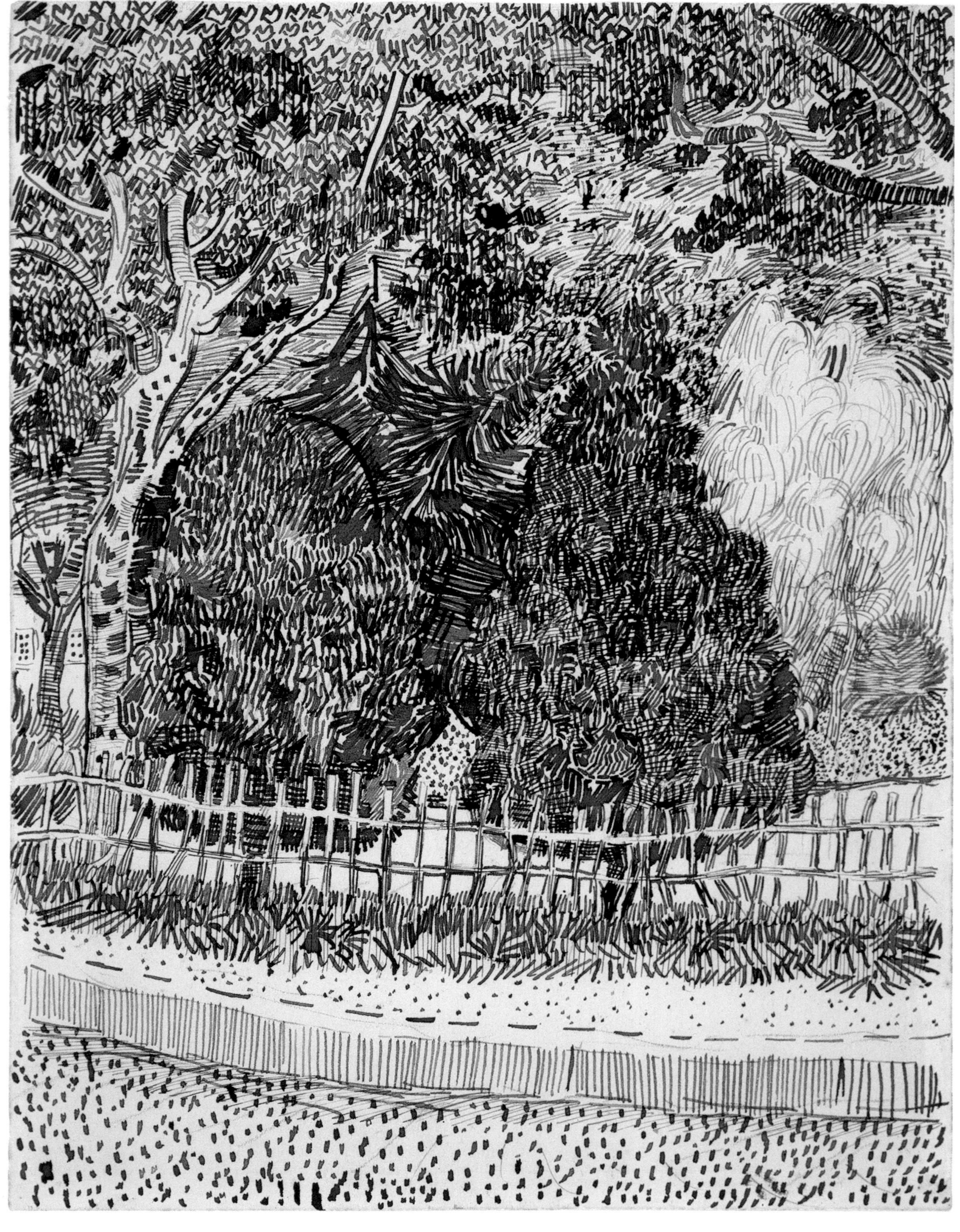

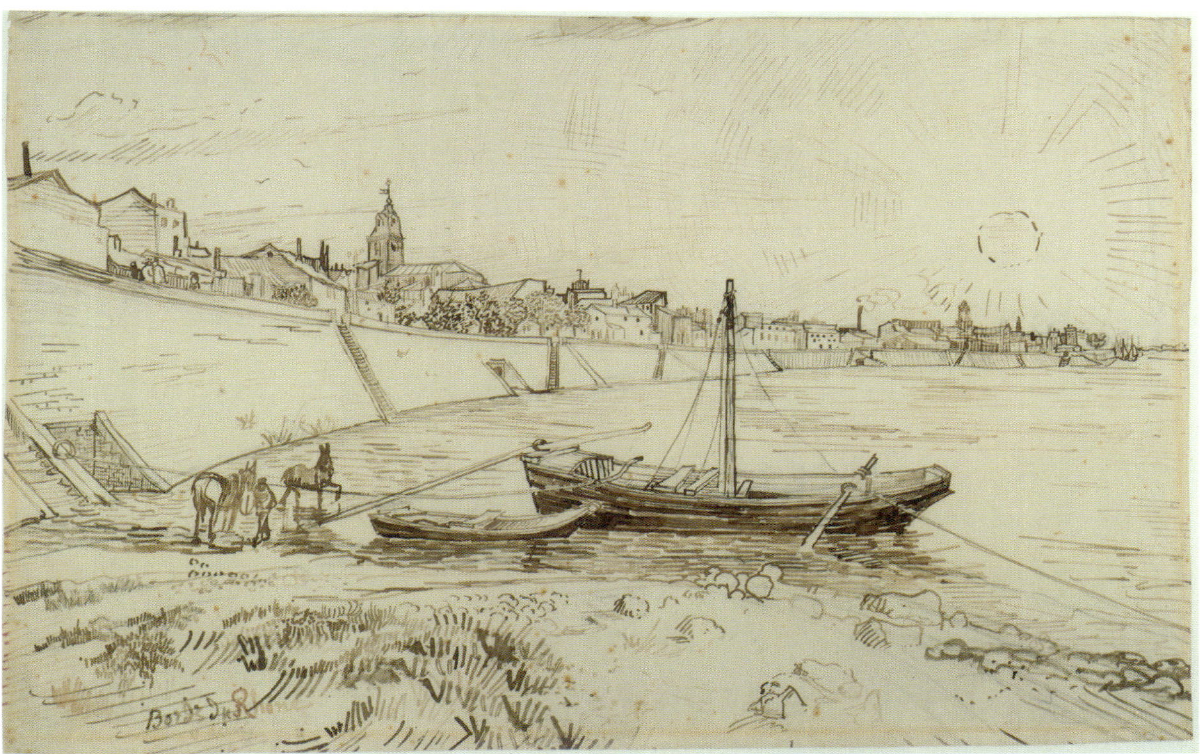

schilderij van maakte dat op een aandoenlijke manier de pretenties van een portret heeft (afb. 132). Aan Theo stuurde hij een waterverftekening van het schilderij om hem er een indruk van te geven (afb. 133). De polemiek die bij Van Gogh vaak bestaat tussen een schilderij en een tekening van hetzelfde onderwerp ontbreekt in dit geval. Hoewel er verschillen tussen de werken zijn aan te wijzen die aangeven dat Van Gogh het doek niet helemaal slaafs kopieerde, zijn beide een charmante weergave van het onderkomen voor dat verhoopte Atelier van het Zuiden.

< 127
Park met hek
tweede helft september 1888
32 x 24 cm
Van Gogh Museum, Amsterdam

128
Rhônedal
april 1888
38 x 60 cm
Museum Boijmans van Beuningen, Rotterdam

GAUGUIN IN ARLES: HET SCHILDEREN CENTRAAL Een van de kunstenaars die volgens Van Gogh absoluut deel moest uitmaken van dit atelier, was zijn vriend Paul Gauguin (1848–1903), die hij in Parijs had leren kennen en wiens werk hij bijzonder was gaan waarderen. Het kostte Van Gogh veel geduld en overredingskracht om zijn collega over te halen naar het Zuiden te komen, maar op 23 oktober 1888 arriveerde Gauguin dan eindelijk in Arles.

Van Gogh had zich al sinds begin september overwegend op het schilderen geconcentreerd, maar met Gauguins komst verdween het tekenen resoluut voor langere tijd naar de achtergrond. Gauguin was vooral een schilder; de discussies tussen beide kunstenaars speelden zich dan ook met name op dat gebied af en betroffen zaken als vorm en kleur, textuur van doek en verflaag, en het al dan niet uit de herinnering (verbeelding) werken. Het schilderij was hiervoor het meest geschikte medium.

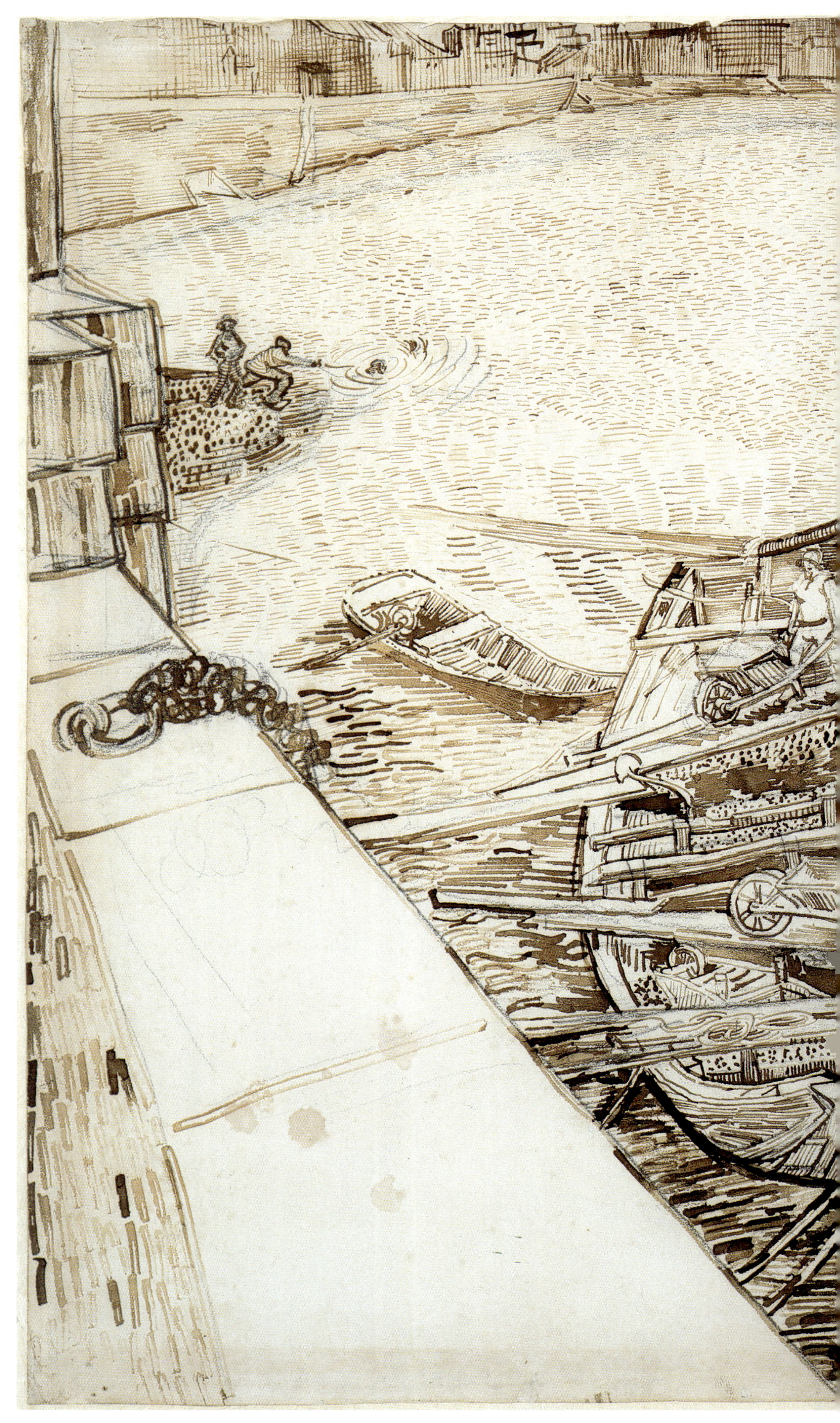

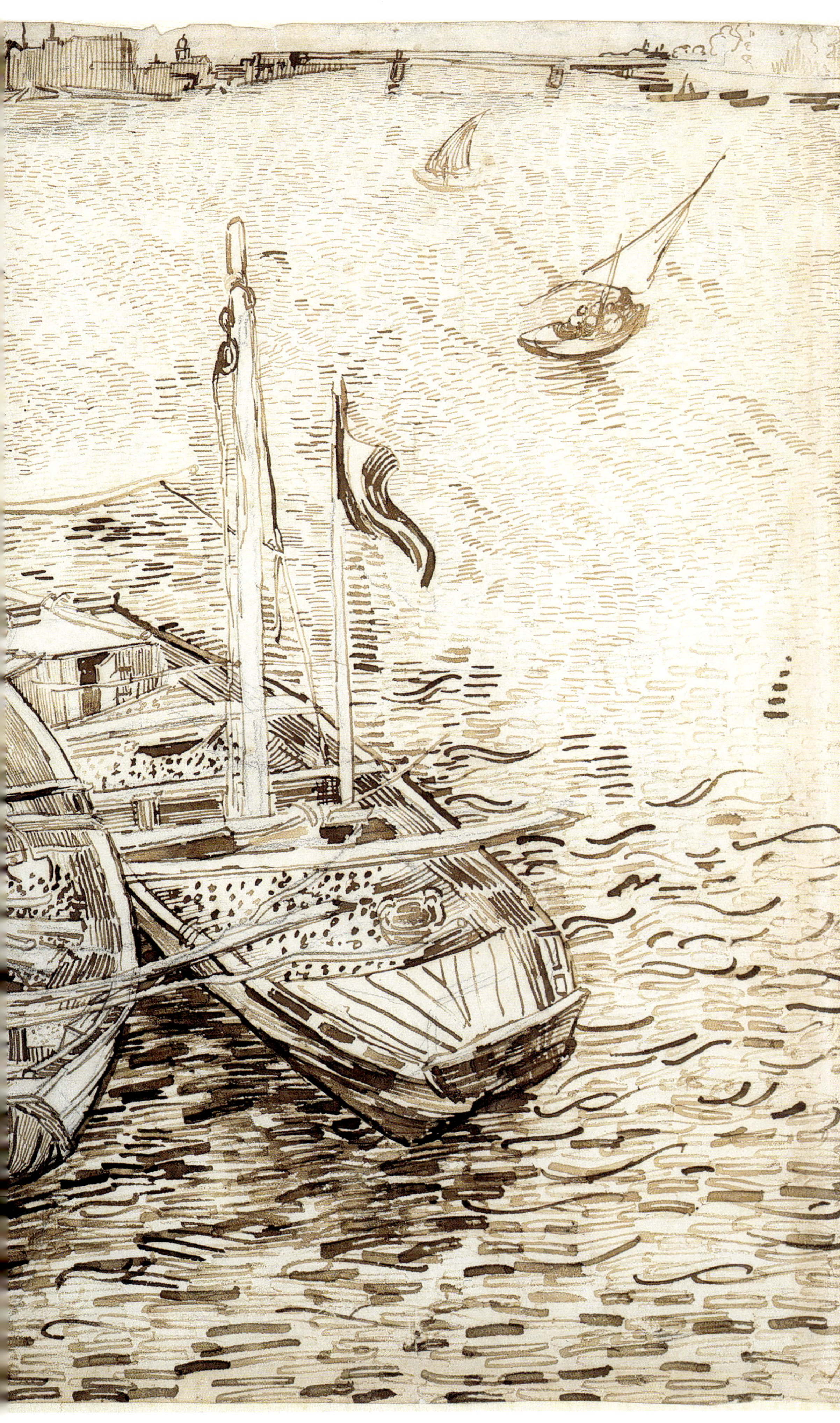

129
Zandschepen op de Rhône
augustus 1888
48 x 62 cm
Cooper-Hewitt
National Design Museum,
New York

>> 130
Caféterras bij nacht
(Place du Forum)
ca. 16 september 1888
81 x 65 cm
Kröller-Müller Museum,
Otterlo

>> 131
Caféterras op de Place
du Forum
september 1888
62 x 47 cm
Dallas Museum of Art,
Dallas

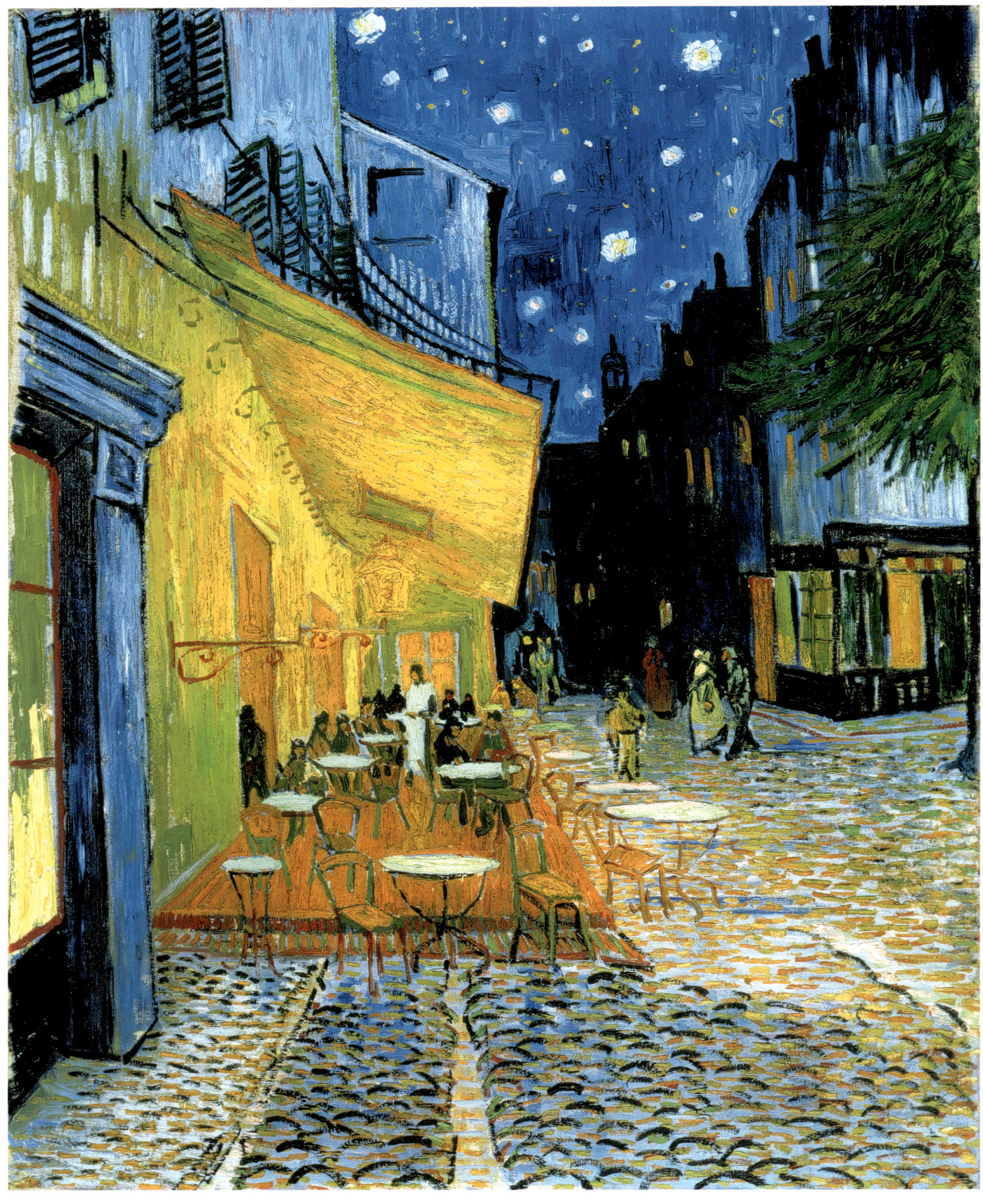

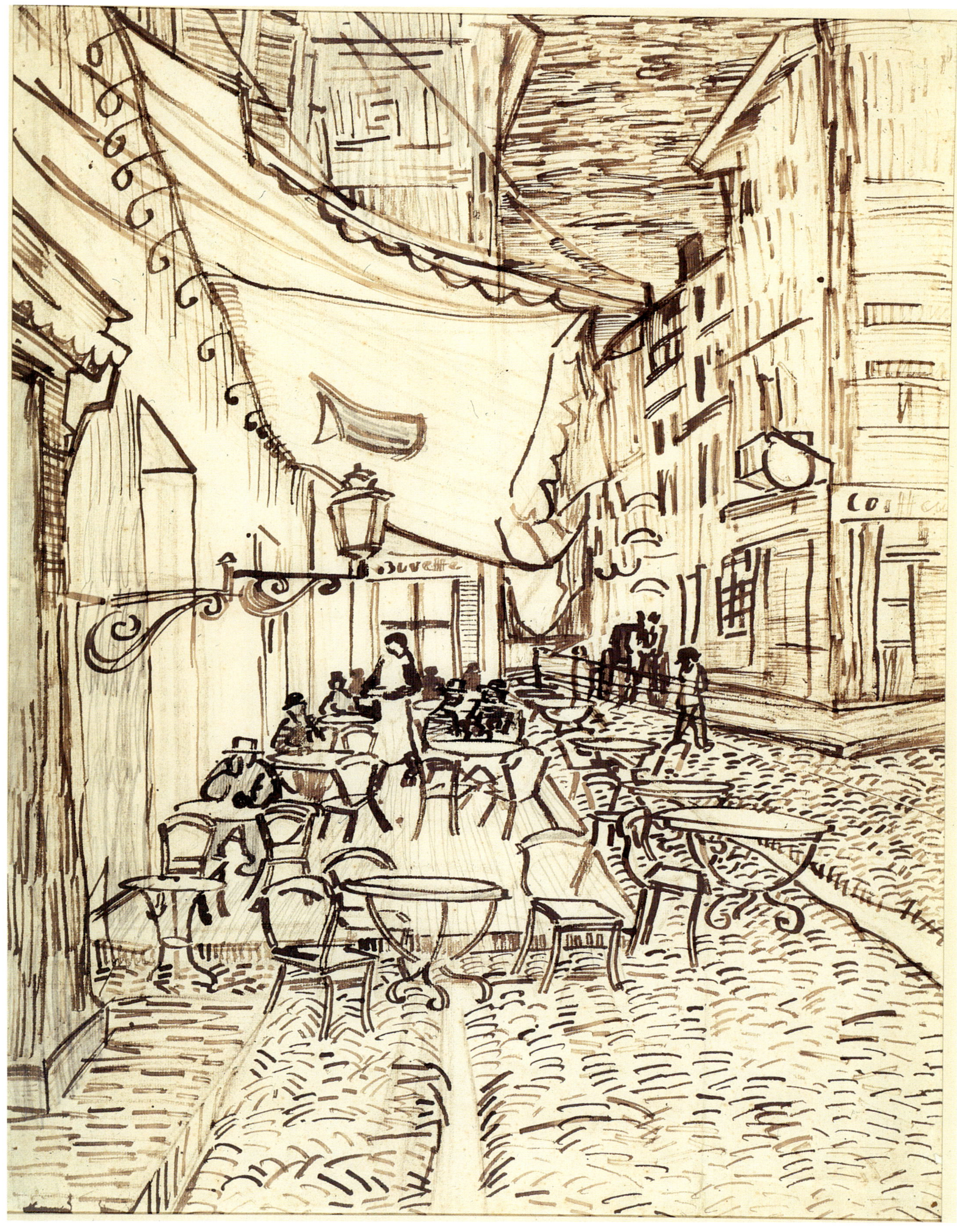
Buvette

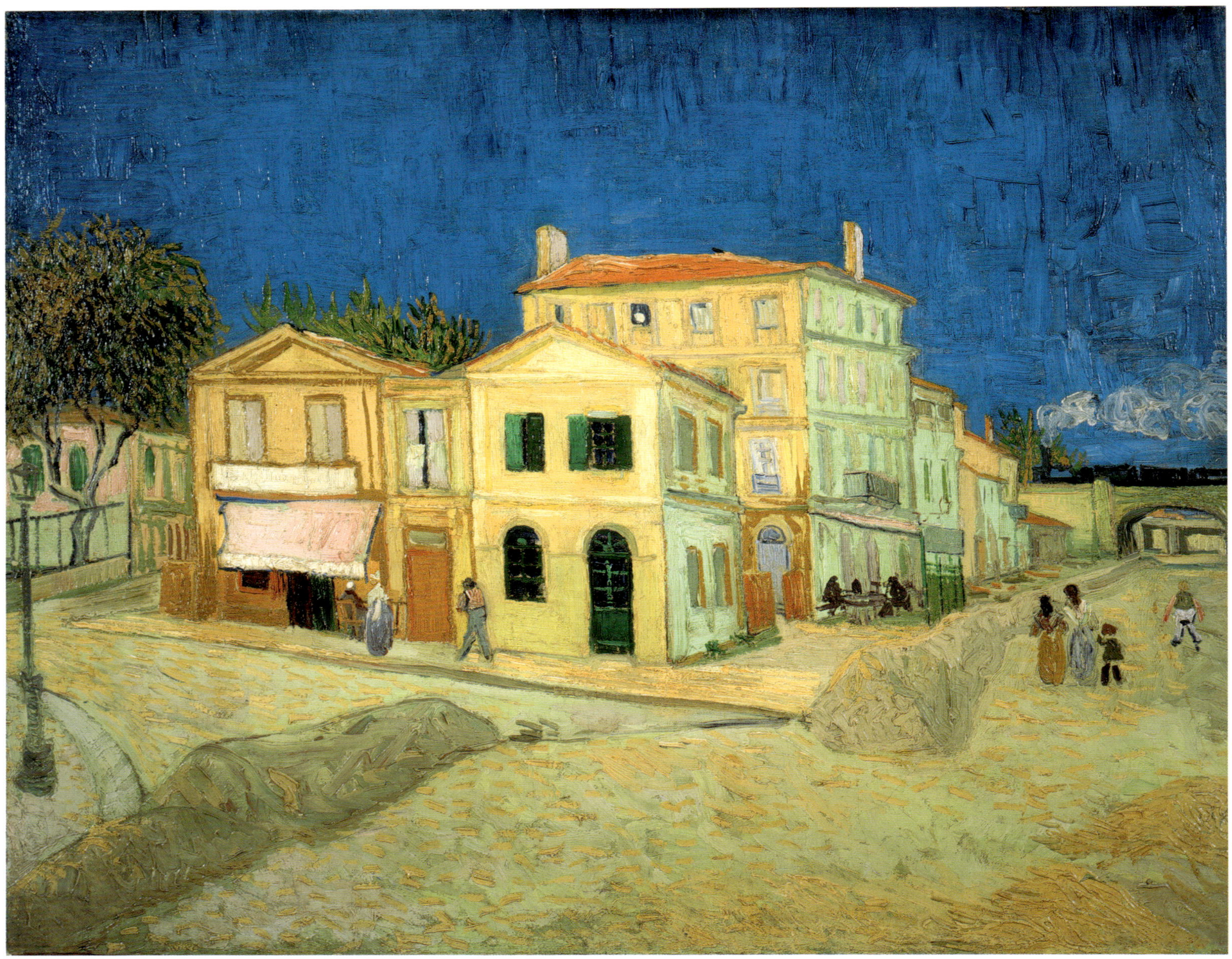

132
Het gele huis ('De straat')
september 1888
72 x 92 cm
Van Gogh Museum,
Amsterdam

De negen weken die de mannen samen in het Gele Huis doorbrachten, leverden een omvangrijke en interessante schilderijenproductie op, maar eindigden catastrofaal. Hun overtuigde artistieke voorkeuren, botsende karakters en wisselende gemoedsstemmingen leidden eind december tot zo'n heftige ruzie dat Van Gogh zijn linkeroor verminkte, waarna Gauguin Arles spoorslags verliet. De droom van het Atelier van het Zuiden ging daarmee in rook op.

Ook na Gauguins vertrek bleef Van Gogh zich op het schilderen concentreren, daarbij geplaagd door ziekte – een vorm van epilepsie, waarvan de crisis met Gauguin als de eerste manifestatie mag worden gezien – die het daaropvolgende anderhalf jaar een belangrijke stempel op zijn leven drukte. Na twee verblijven in het ziekenhuis van Arles vertrok hij begin mei 1889 naar

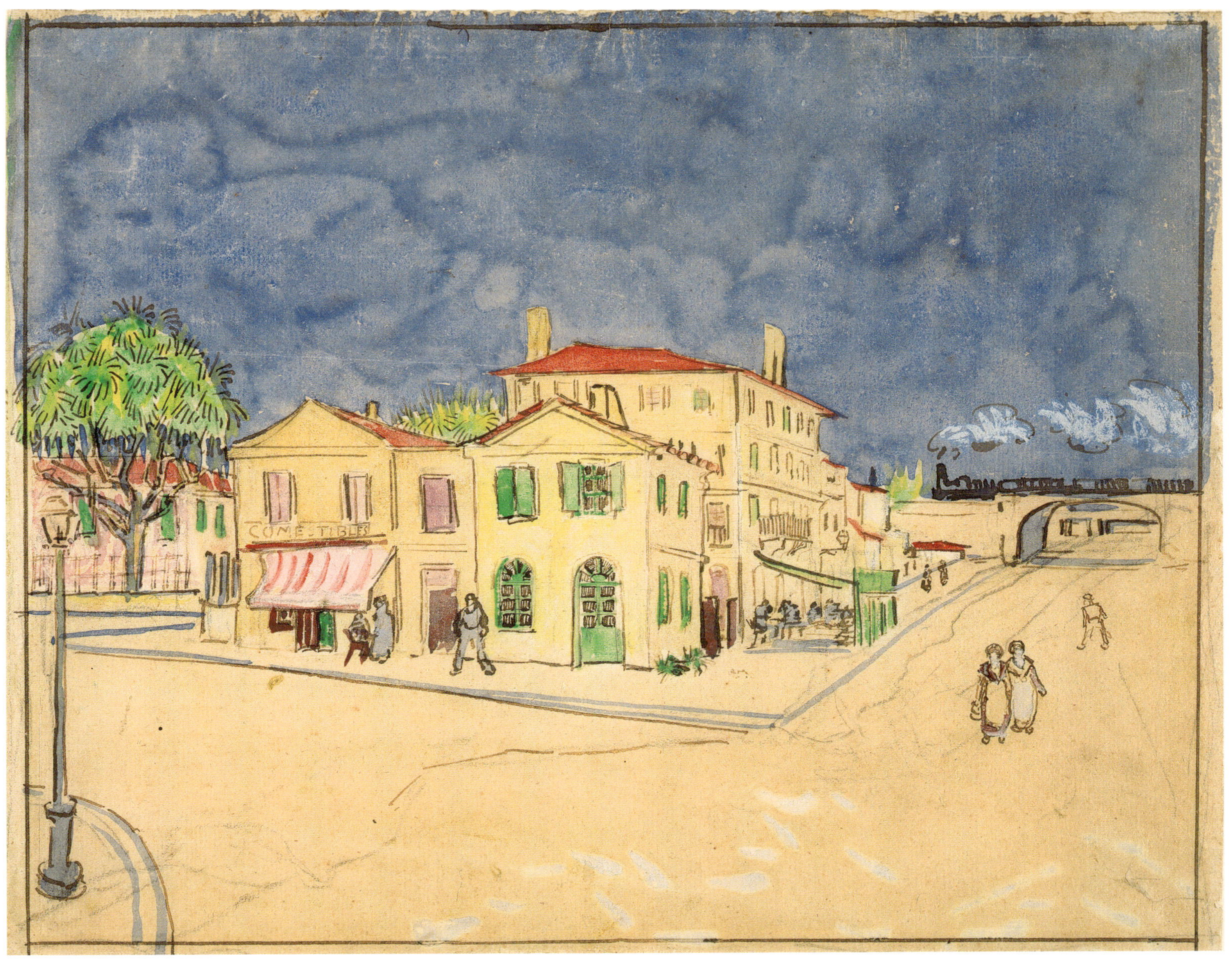

133
Het gele huis ('De straat')
oktober 1888
26 x 32 cm
Van Gogh Museum,
Amsterdam

Saint-Rémy om zich in een kliniek te laten behandelen. Kort daarvoor maakte hij nog een laatste, imposante pentekening van de tuin van het ziekenhuis: noch de onderbreking in het tekenen van meer dan een half jaar, noch zijn ziekte hadden zijn vaardigheid aangetast (afb. 135). De energieke pennenstreken en uitgesproken optimistische sfeer van het tafereel lijken in schril contrast te staan met de moeilijke tijd die Van Gogh doormaakte.

Uit dezelfde tijd dateert een laatste voorstelling van een park in Arles, waarin de luchtige sfeer van de eerdere parkgezichten ontbreekt (afb. 134). Het is vermoedelijk het werk waarvan Van Gogh in zijn laatste brief uit Arles zegt dat het 'erg zwart en voor de lente nogal melancholiek is geworden' [771/590]. Met dit inderdaad deprimerende werk gaf hij uitdrukking aan de gevoelens die hem bij zijn onvermijdelijke vertrek uit Arles hadden bevangen.

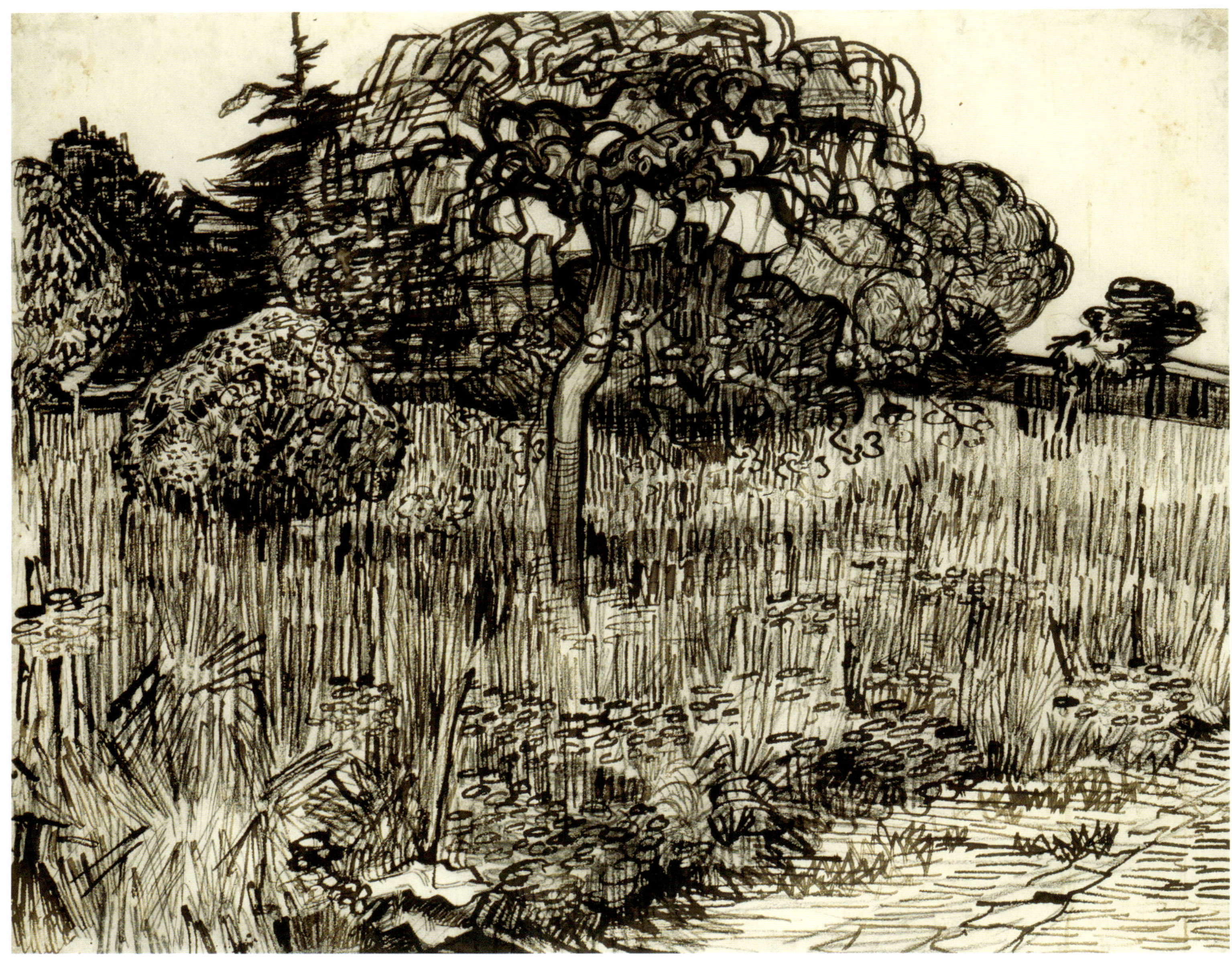

134
Een tuin op de Place Lamartine
mei 1889
49 x 61 cm
The Art Institute of Chicago, Chicago

> 135
Tuin van het ziekenhuis
mei 1889
47 x 60 cm
Van Gogh Museum, Amsterdam

De indrukwekkende hoeveelheid tekeningen, die Van Gogh in Arles produceerde, waaronder tientallen van verbluffende kwaliteit, stelden zijn getekende werk definitief op eenzelfde hoogte als zijn geschilderde. Toch gaf Van Gogh na zijn vertrek uit Arles het schilderen de belangrijkste plaats. Er kwamen nog enkele groepen van zelfstandige, grote bladen tot stand, waarbij die keuze soms werd bepaald door gebrek aan schildermateriaal. Verder maakte hij veel kleine studies die als nauwelijks meer dan een simpele schets kunnen worden gekwalificeerd.

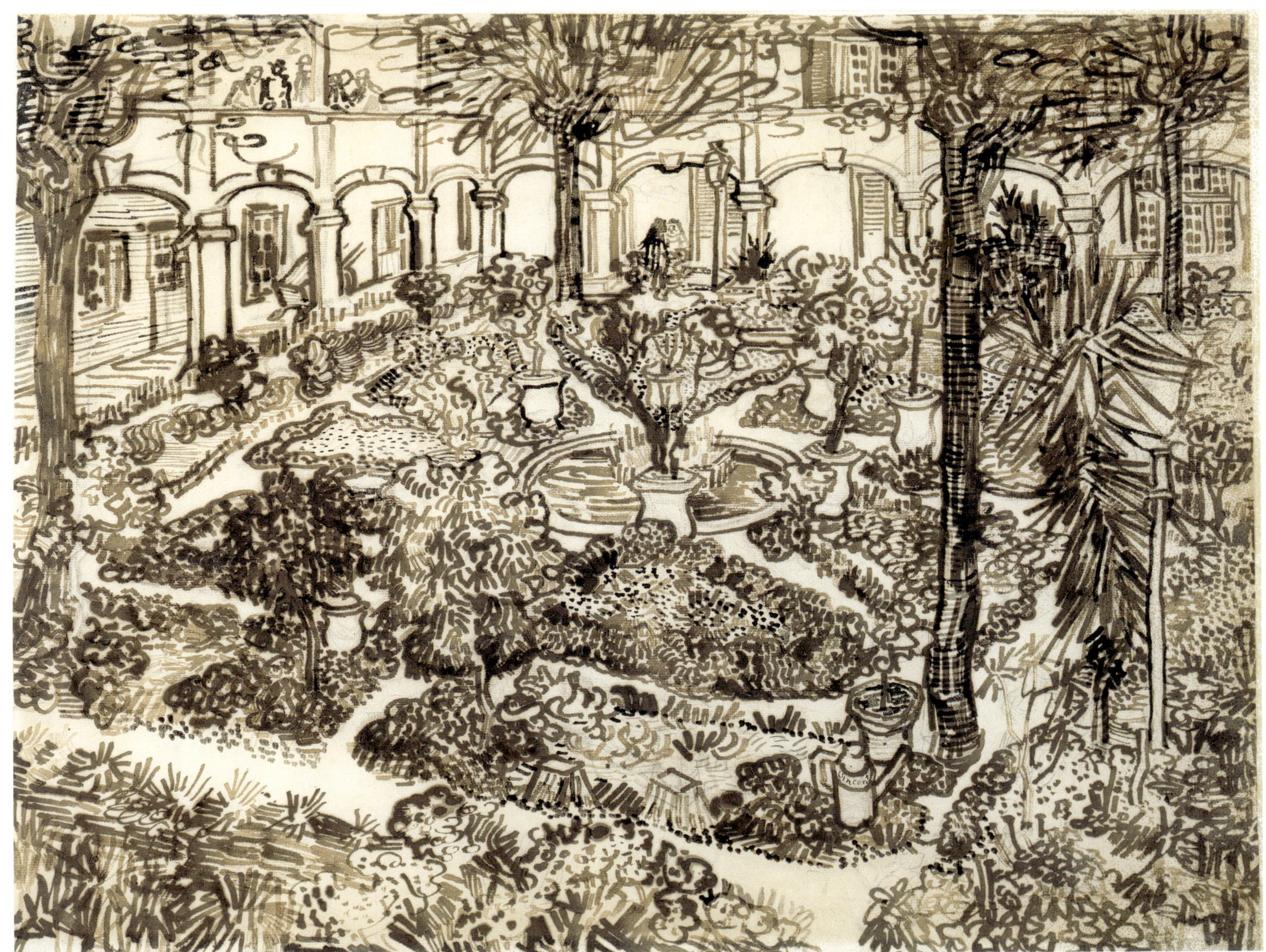

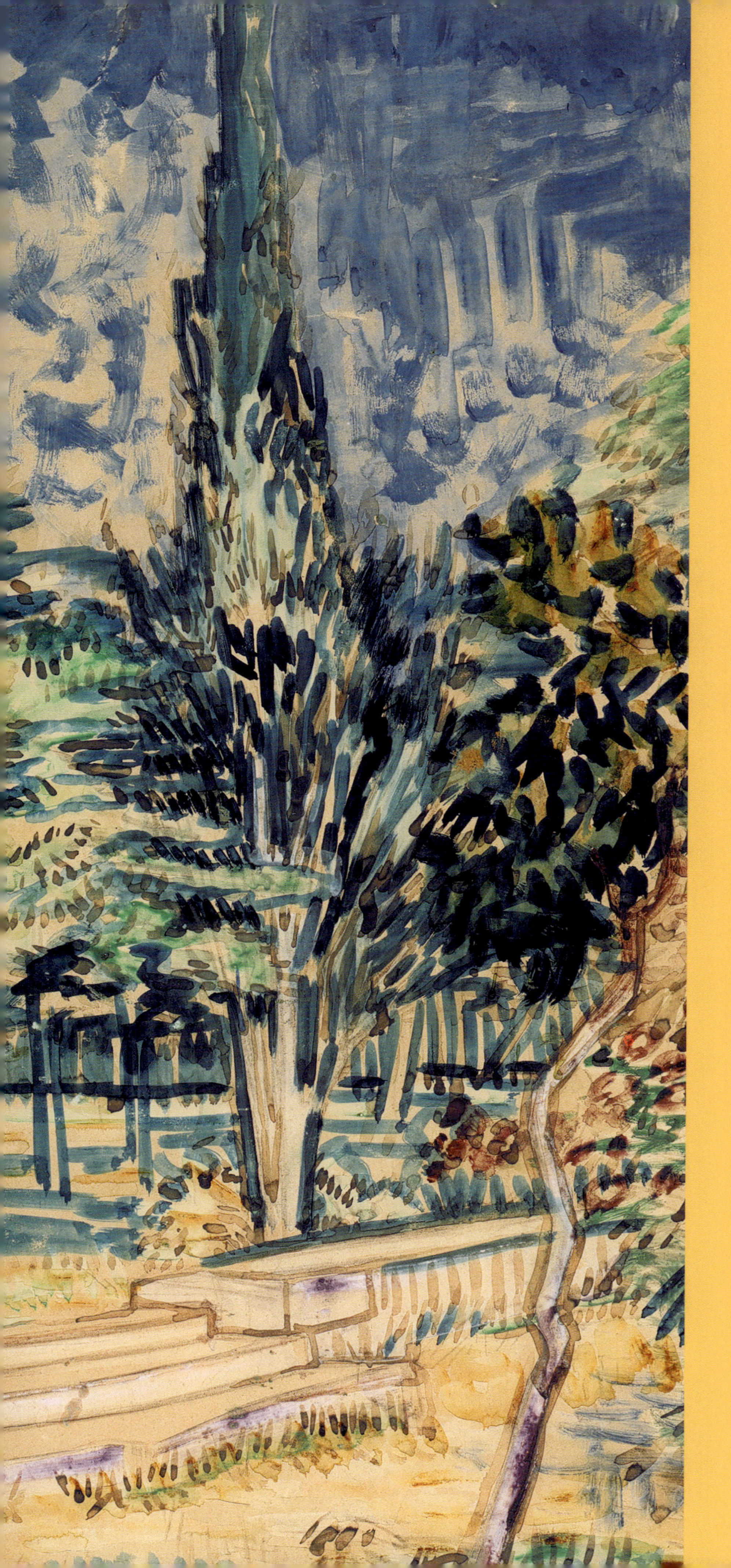

1889–1890
Saint-Rémy

De tuin in pen en in kleur

DE EERSTE MAAND van zijn zelfgekozen verblijf in de psychiatrische inrichting van Saint-Paul-de-Mausole in Saint-Rémy mocht Van Gogh nog niet buiten de muren werken. Tot zijn geluk had dit voormalige klooster een grote, verwilderde tuin die hem gedurende zijn verblijf steeds weer van inspiratie voorzag.

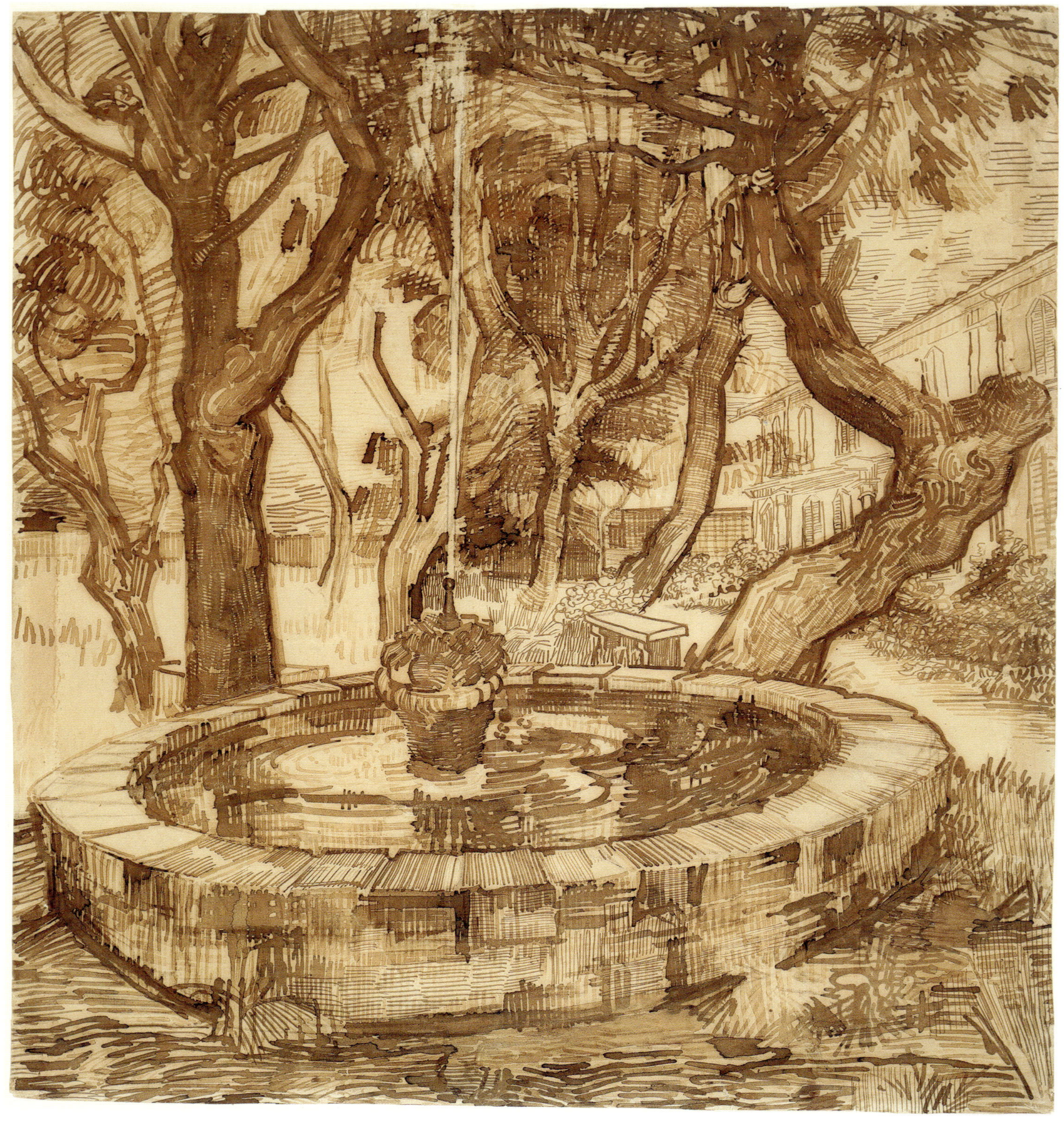

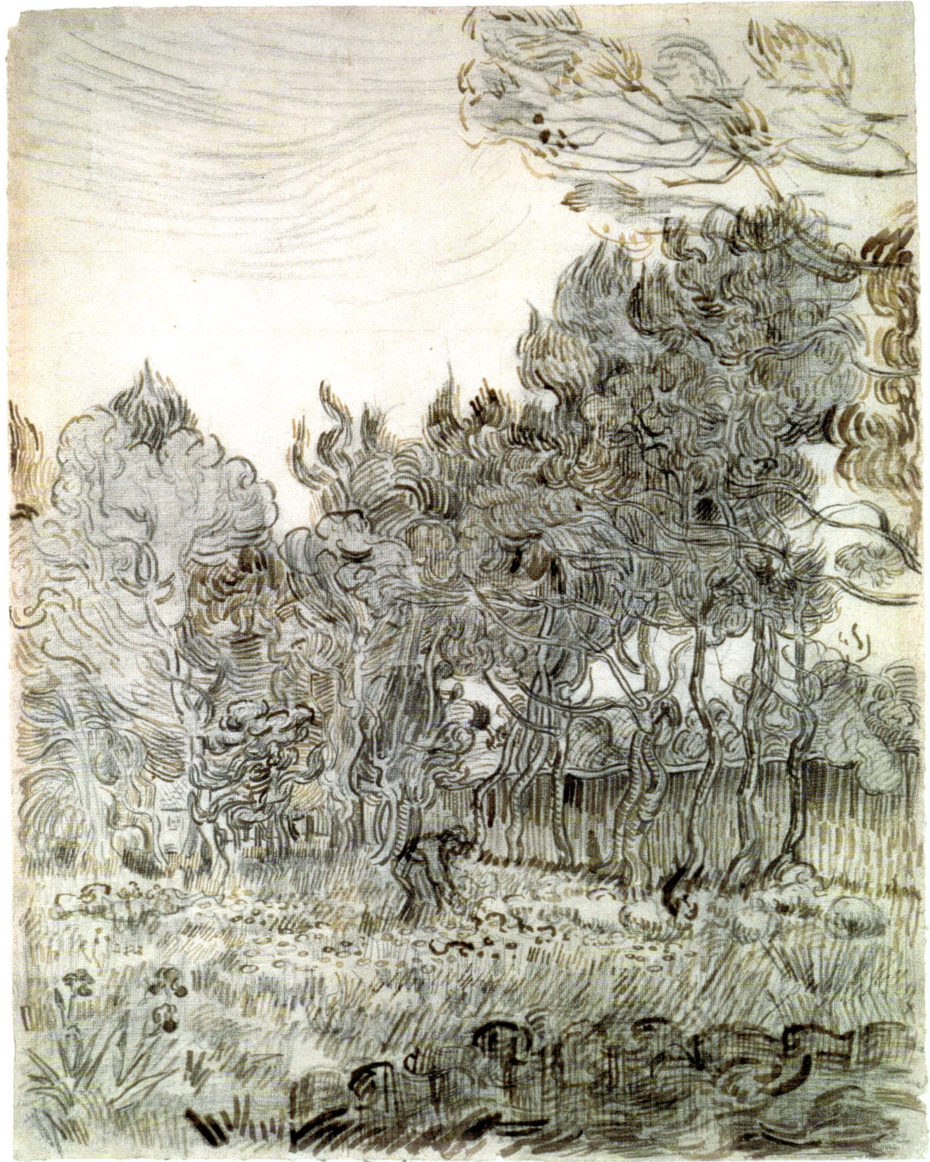

< 136
Fontein in de tuin van de inrichting
laatste week mei-eerste week juni 1889
50 x 46 cm
Van Gogh Museum, Amsterdam

137
Pijnbomen in de tuin van de inrichting
eind mei-begin juni 1889
62 x 48 cm
Tate, Londen

De eerste werken met pretentie die hij in de ommuurde tuin maakte, werden uitgevoerd in rietpen. Het was een imposante start, want de bladen horen tot de beste die hij dat jaar maakte. Een aanzicht van de zuidwestelijke hoek van de tuin bevat lijnen die erop wijzen dat Van Gogh hier weer eens zijn perspectiefraam gebruikte. In dit blad, met pijnbomen bij de omsluitende muur, werkte hij nog uitgebreid met potlood (afb. 137). Vooral de kruinen van de bomen en de partij op de voorgrond zijn daarmee verzwaard. De doorkijkjes tussen de bomen en de grote open luchtpartij creëren ruimte. De twee andere pentekeningen daarentegen zijn juist tot aan de randen gevuld met de pen, en in het geval van de voorstelling met de fontein tevens met het penseel; er zijn nauwelijks open plekken (afb. 136, 139). De kans dat de voorstelling bij een dergelijke werkwijze dichtslibt, is groot, maar Van Gogh wist dat te vermijden. De composities zijn overvol maar tegelijkertijd puur en transparant.

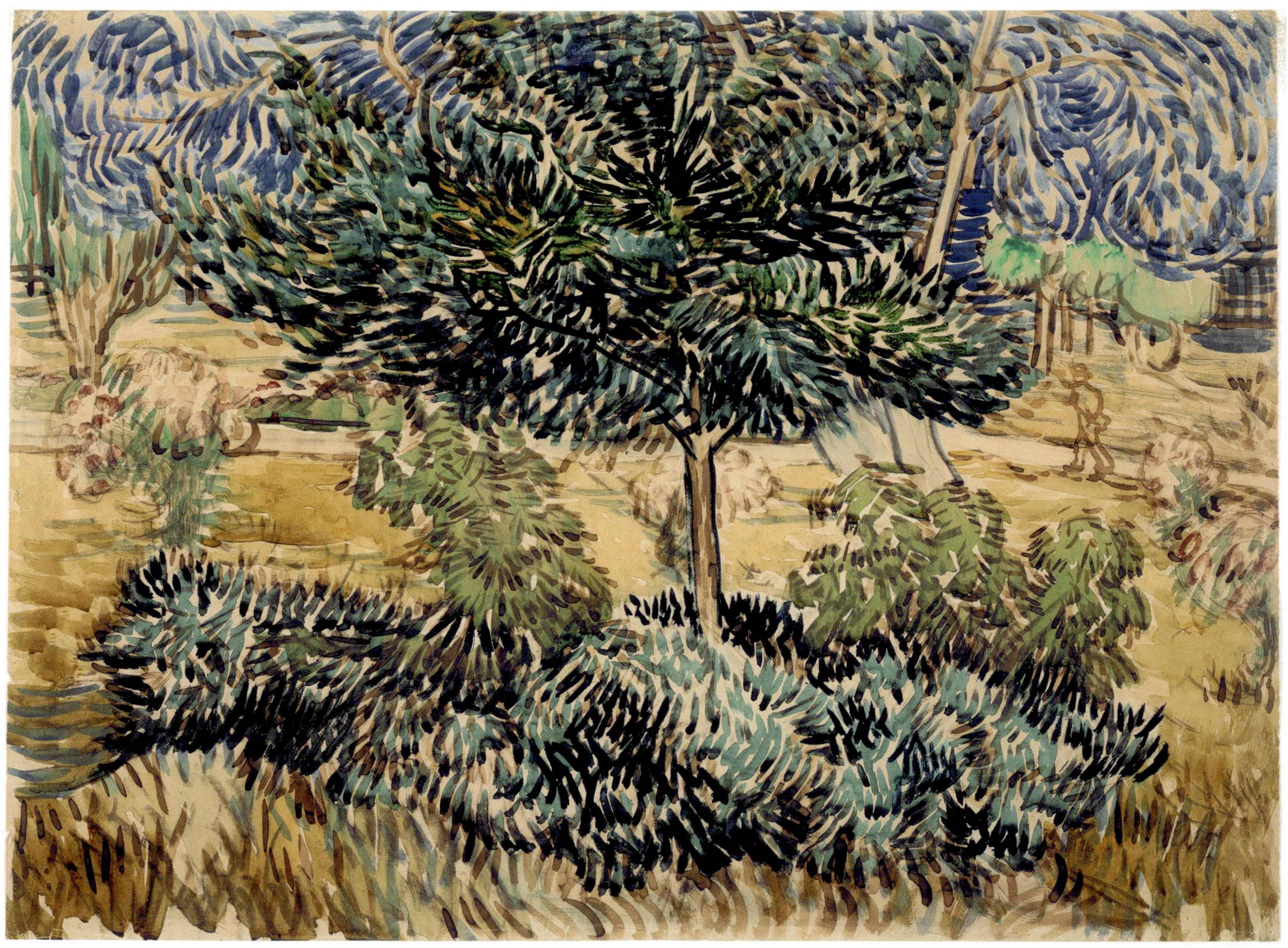

138
Boom en struiken in de tuin van de inrichting
eind mei-begin juni 1889
47 x 62 cm
Van Gogh Museum, Amsterdam

Iets dergelijks geldt voor een groep van zeven penseeltekeningen uit diezelfde tijd, uitgevoerd in (sterk verdunde) olieverf, in kleuren die ook in zijn vroegste doeken uit Saint-Rémy zijn terug te vinden. Vermoedelijk maakte Van Gogh deze tekeningen met restjes verf die niet reikten voor het maken van een schilderij (hij was in afwachting van een nieuwe zending schildermateriaal). De bladen zijn zo nieuw in techniek en stijl dat het opmerkelijk is dat er in de brieven geen spoor van terug te vinden is (afb. 138, 140). Van Gogh streefde er niet naar om diepte in de voorstellingen aan te brengen, maar concentreerde zich op ritme, met wervelende bladpartijen en zelfverzekerde penseelstreken. Het licht abstracte resultaat heeft bijna het karakter van een mozaïek en oogt uiterst modern.

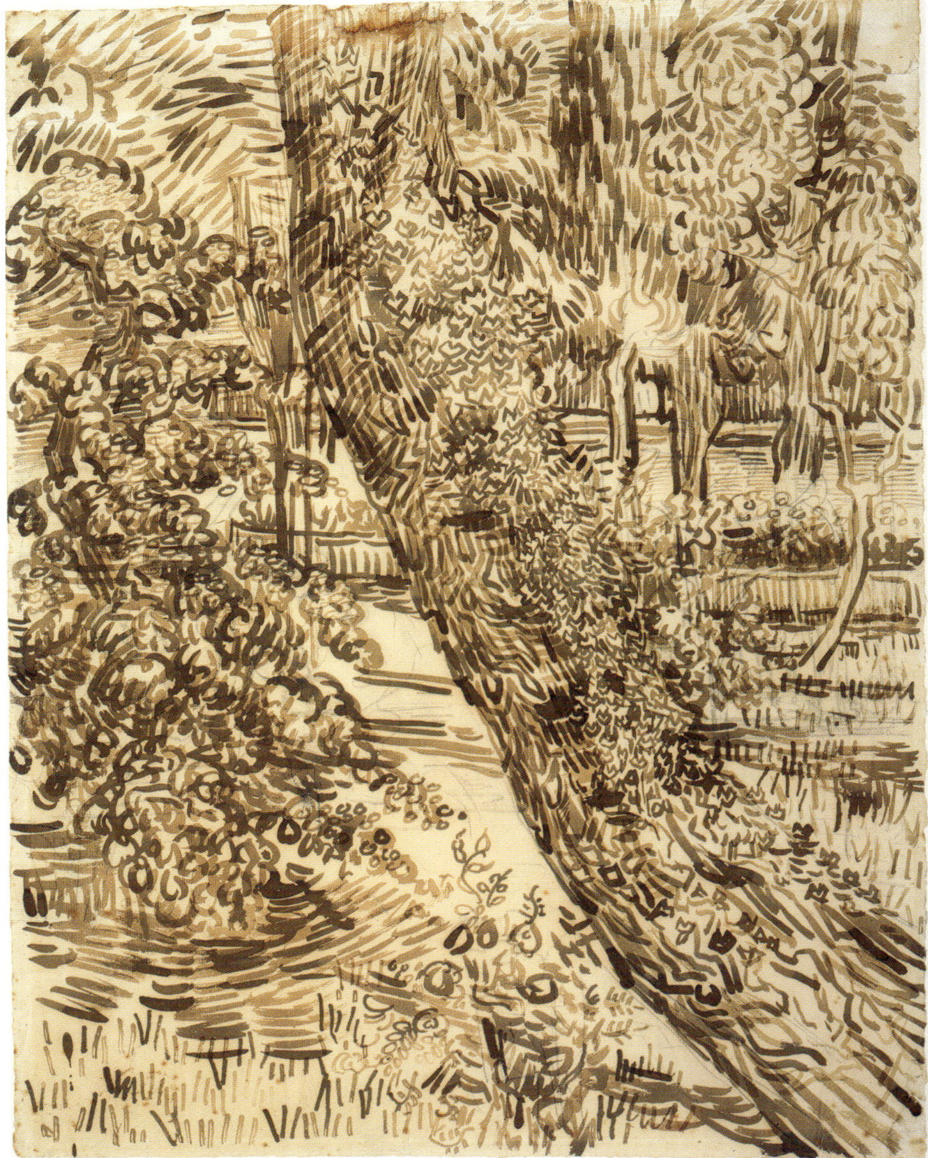

139
Boom met klimop in de tuin van de inrichting
laatste week mei-eerste week juni 1889
62 x 47 cm
Van Gogh Museum, Amsterdam

HET OMMUURDE VELD Vanuit zijn kamer keek Van Gogh uit op een ommuurd korenveld. Hij kon zo de groei van het gewas, de oogst, het nieuwe zaaien en alle andere agrarische werkzaamheden die daarbij hoorden, volgen. Vanzelfsprekend spraken die motieven hem sterk aan en deze akker werd het onderwerp van een omvangrijke reeks voorstellingen. De schilderijen daaruit tonen de sterkste ambities. Dat lag voor de hand omdat kleur een vooraanstaande rol speelde in het documenteren van de groei van het koren, van frisgroen onder een blauwe lucht naar diepgeel onder een zinderende zomerlucht (afb. 141).

Toch vinden we het ommuurde veld ook terug in tekeningen, meestal kleine potloodschetsen (afb. 142). In het blad *Korenveld met zon en wolk* werd het onderwerp op een volwaardige manier uitgewerkt (afb. 143). Ook hier is de voorstelling dicht gevuld met pennenstreken in vele variëteiten.

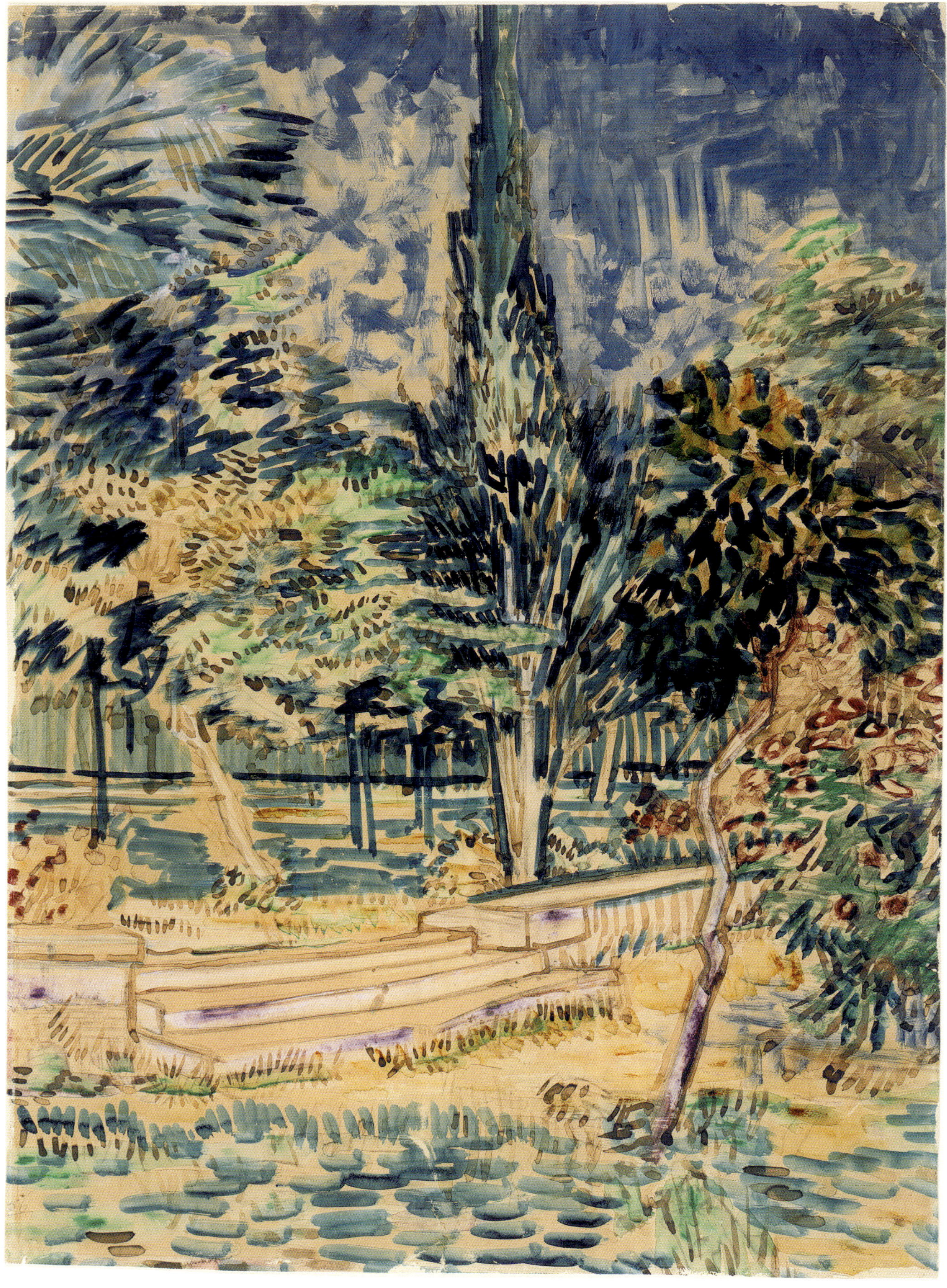

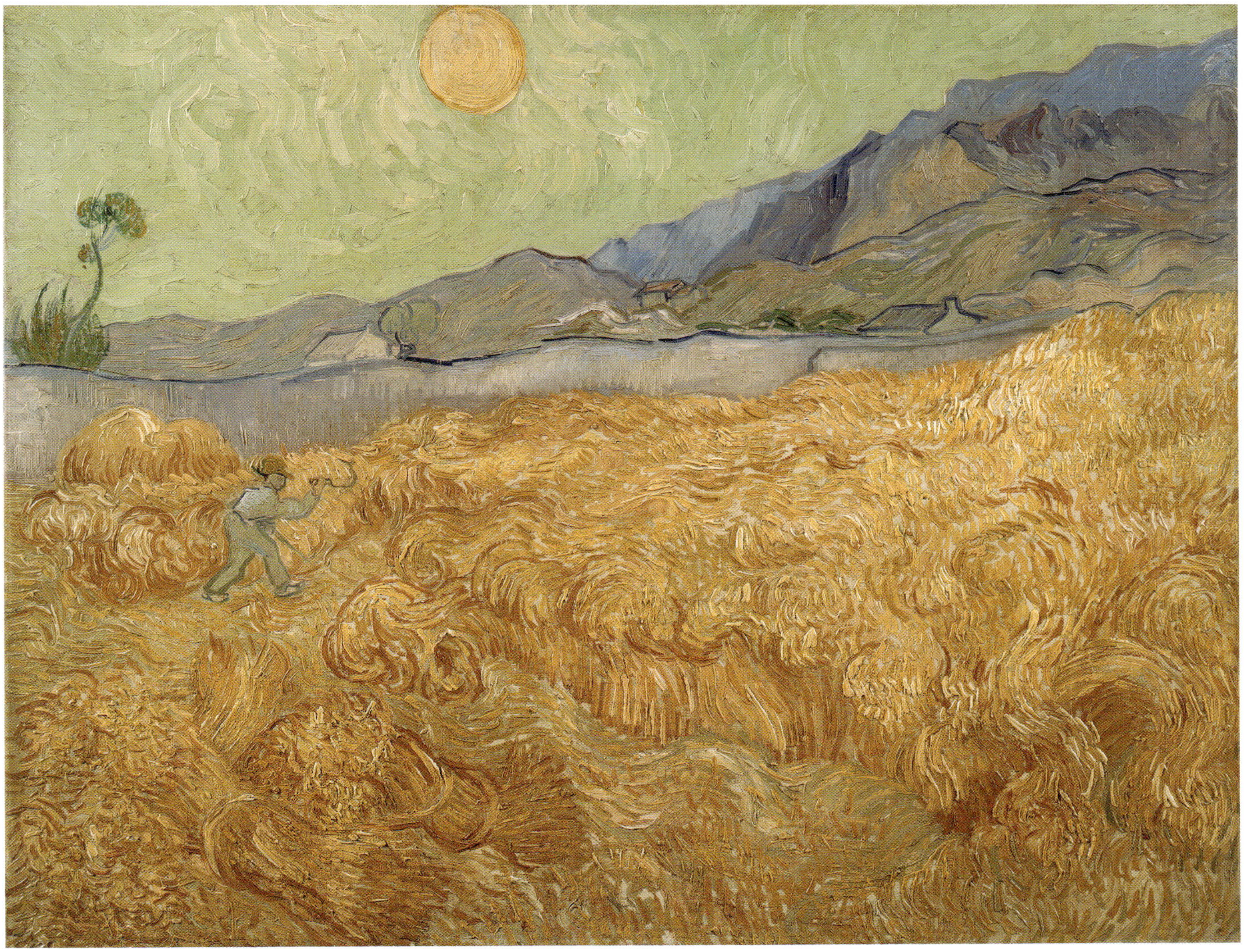

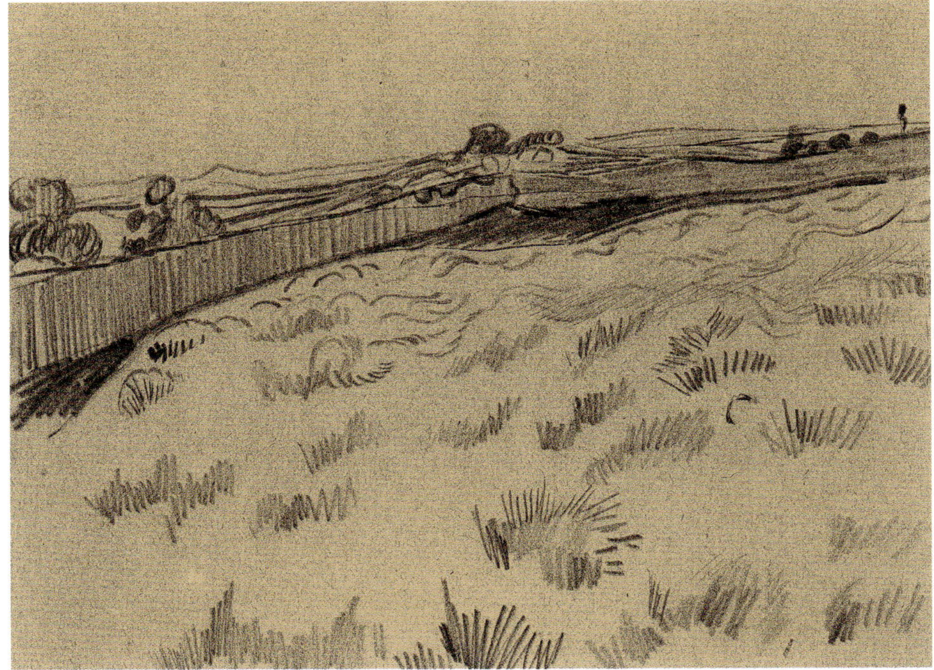

< 140
Trap in de tuin van de inrichting
laatste week mei-
eerste week juni 1889
63 x 46 cm
Van Gogh Museum,
Amsterdam

141
Korenveld met maaier
juli 1889
73 x 92 cm
Van Gogh Museum,
Amsterdam

142
Ommuurd veld
mei-juni 1889
25 x 33 cm
Privé-collectie

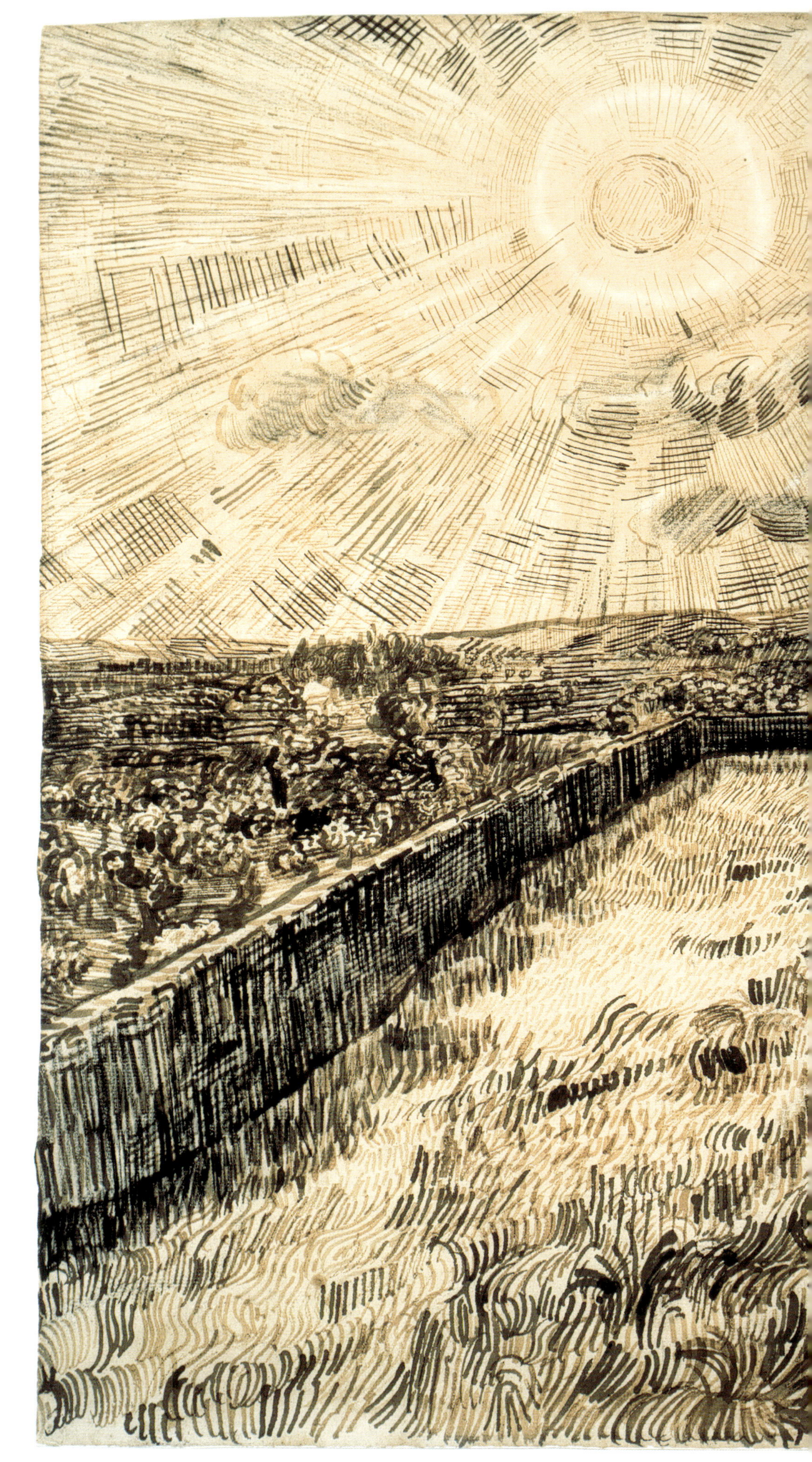

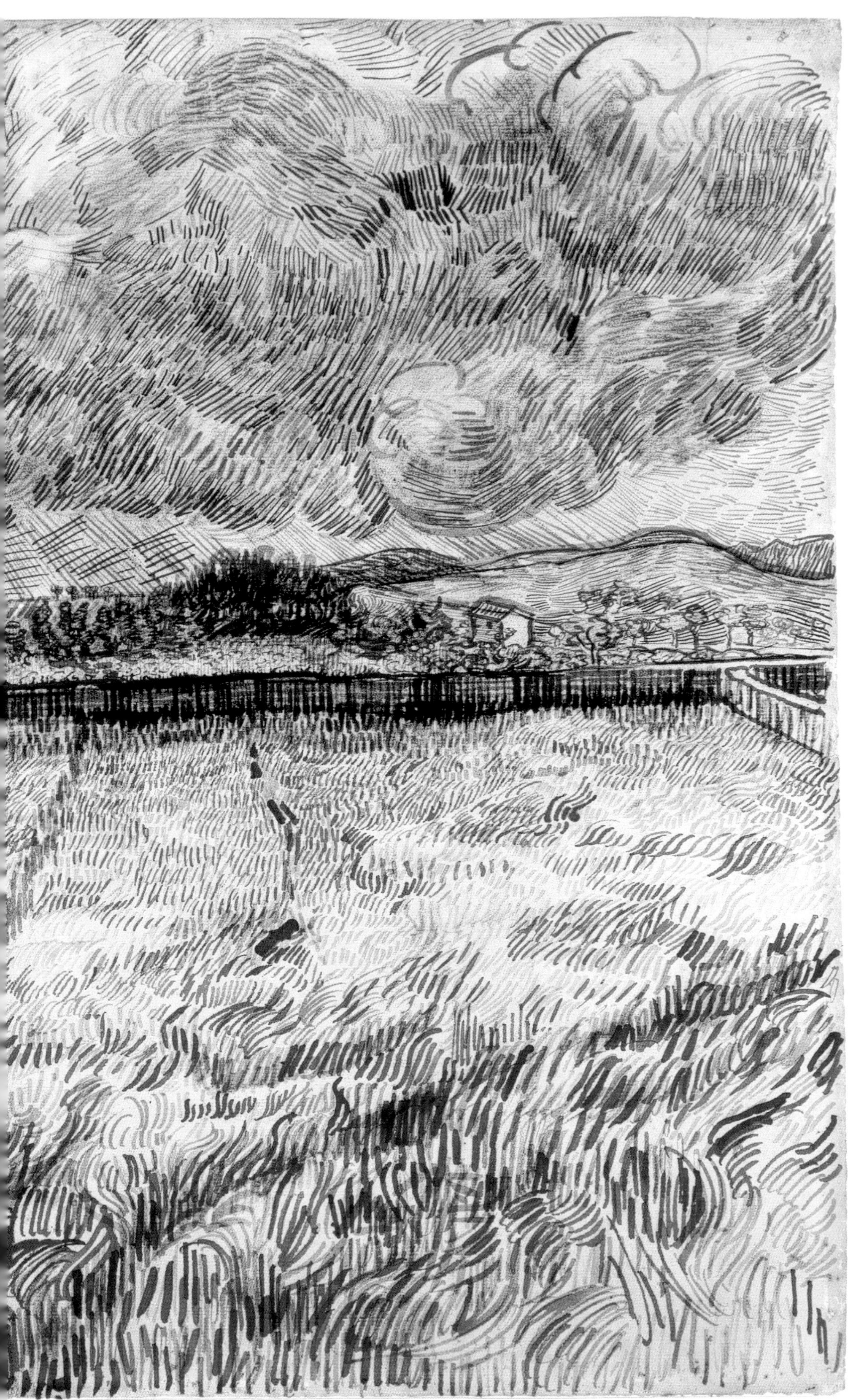

143
Korenveld met zon en wolk
eind mei-begin juni 1889
47 x 57 cm
Kröller-Müller Museum,
Otterlo

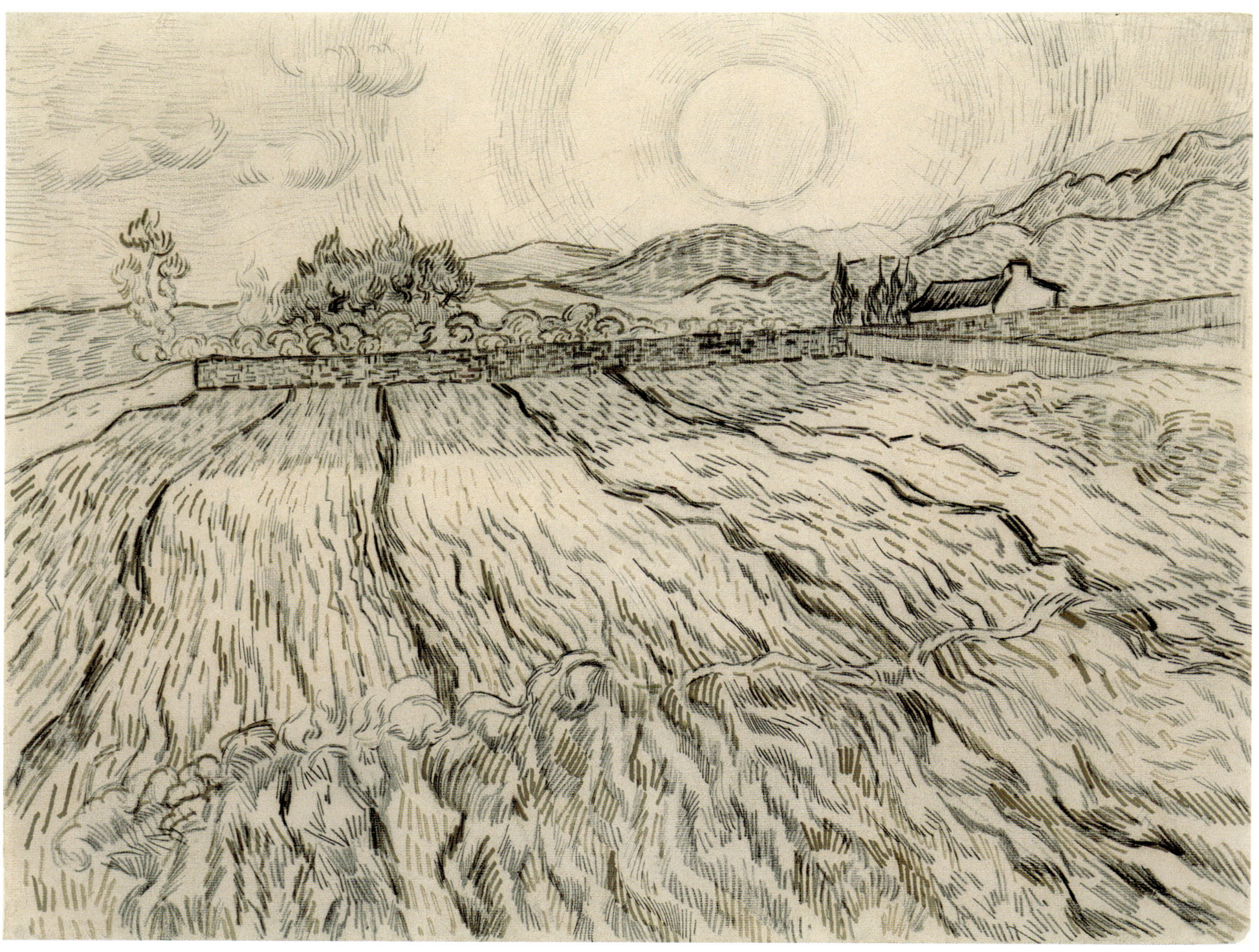

144
Ommuurd korenveld met opgaande zon
midden november-midden december 1889
47 x 62 cm
Staatliche Graphische Sammlung, München

In tegenstelling tot het merendeel van de voorstellingen van de akker – geschilderd of getekend – is de stemming enigszins dreigend, met een formidabele wolk die de compositie domineert, en waarvan we slechts kunnen gissen of ze net voor de zon is weggetrokken, of dat ze deze weldra zal bedekken.

Het korenveld zou in de periode midden november-midden december nogmaals in een grote tekening figureren (afb. 144). In tegenstelling tot het voorgaande blad is er hier een nauwe band met een schilderij (afb. 145), al is het niet duidelijk welk van de twee werken als eerste werd gemaakt.

KOPIEËN NAAR SCHILDERIJEN Met de ontvangst van de schildermaterialen begin juni 1889 brak een periode aan waarin Van Gogh vooral schilderde. Zijn gezondheid liet het nu toe dat hij buiten de muren van de inrichting werkte. Hij verkende het landschap rond Saint-Rémy, dat aan de

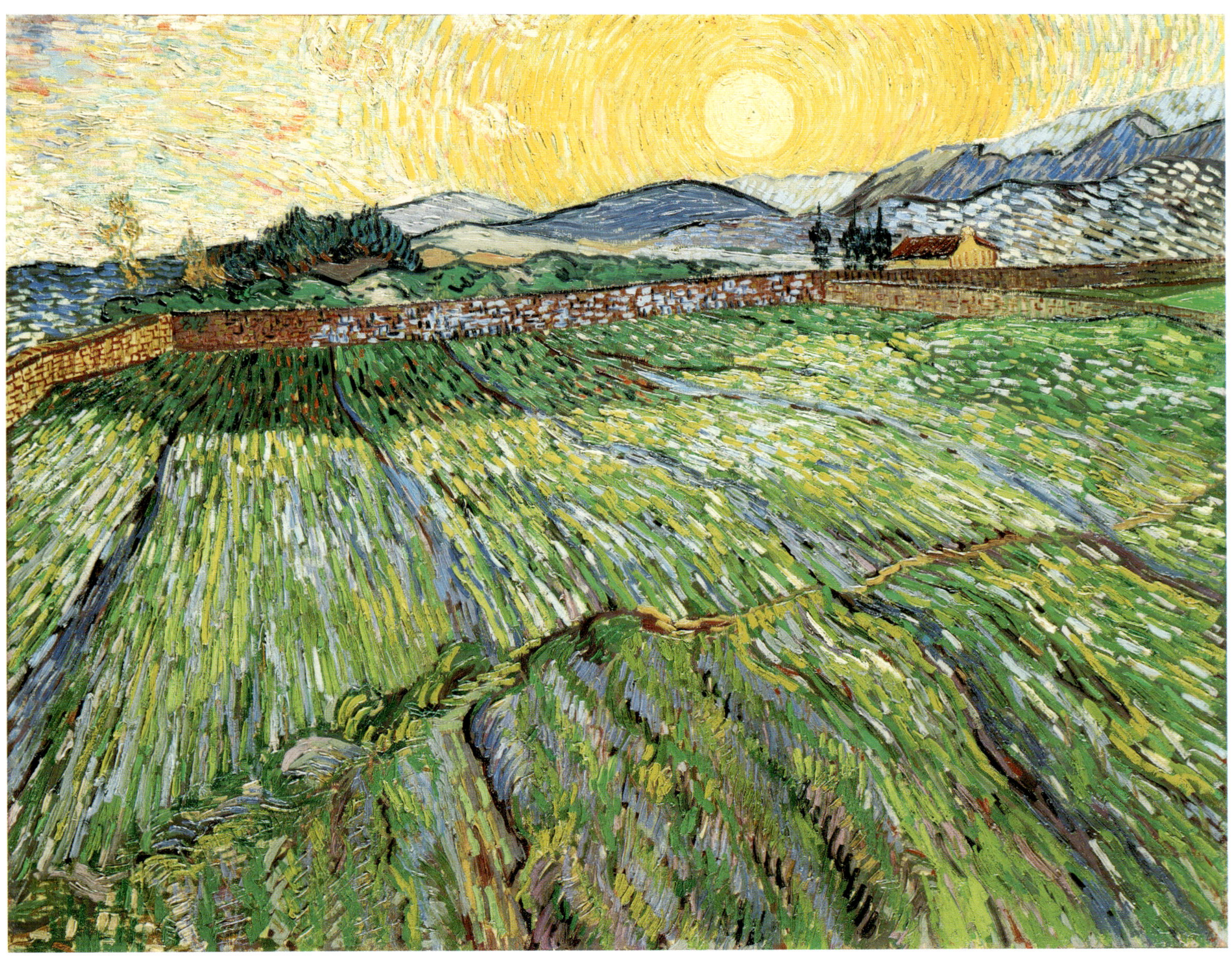

145
Ommuurd veld met jong koren en opkomende zon
1889
71 x 90 cm
Privé-collectie

voet van het kleine bergmassief de Alpilles ligt; een afwisselende omgeving waar Van Gogh behalve bergen ook korenvelden met cipressen, olijfboomgaarden, steengroeven en andere nieuwe landschappelijke elementen vond.

Terwijl Van Gogh nog aan deze reeks Provençaalse motieven werkte, was hij al begonnen aan pentekeningen naar de doeken, die hij aan Theo stuurde om hem een indruk te geven van zijn recente werk en de sterke stilering die hij daarin had gezocht. Hij maakte ze op vrij glad papier dat verder niet in zijn oeuvre voorkomt. De pen kon daar soepel overheen glijden, soms misschien te soepel: Van Gogh was er zelf uiteindelijk niet tevreden over, want naar zijn mening misten ze karakter en stevigheid. Toch zijn de bladen wel degelijk imposant te noemen. De *Cipressen* (afb. 146) bijvoorbeeld zijn niet bepaald minder monumentaal dan hun geschilderde tegenhangers (afb. 147). Van Gogh was zeer onder de indruk van deze bomen, 'qua lijnen,

>> 146
Cipressen
juni 1889
62 x 47 cm
The Brooklyn Museum, New York

>> 147
Cipressen
1889
93 x 74 cm
The Metropolitan Museum of Art, New York

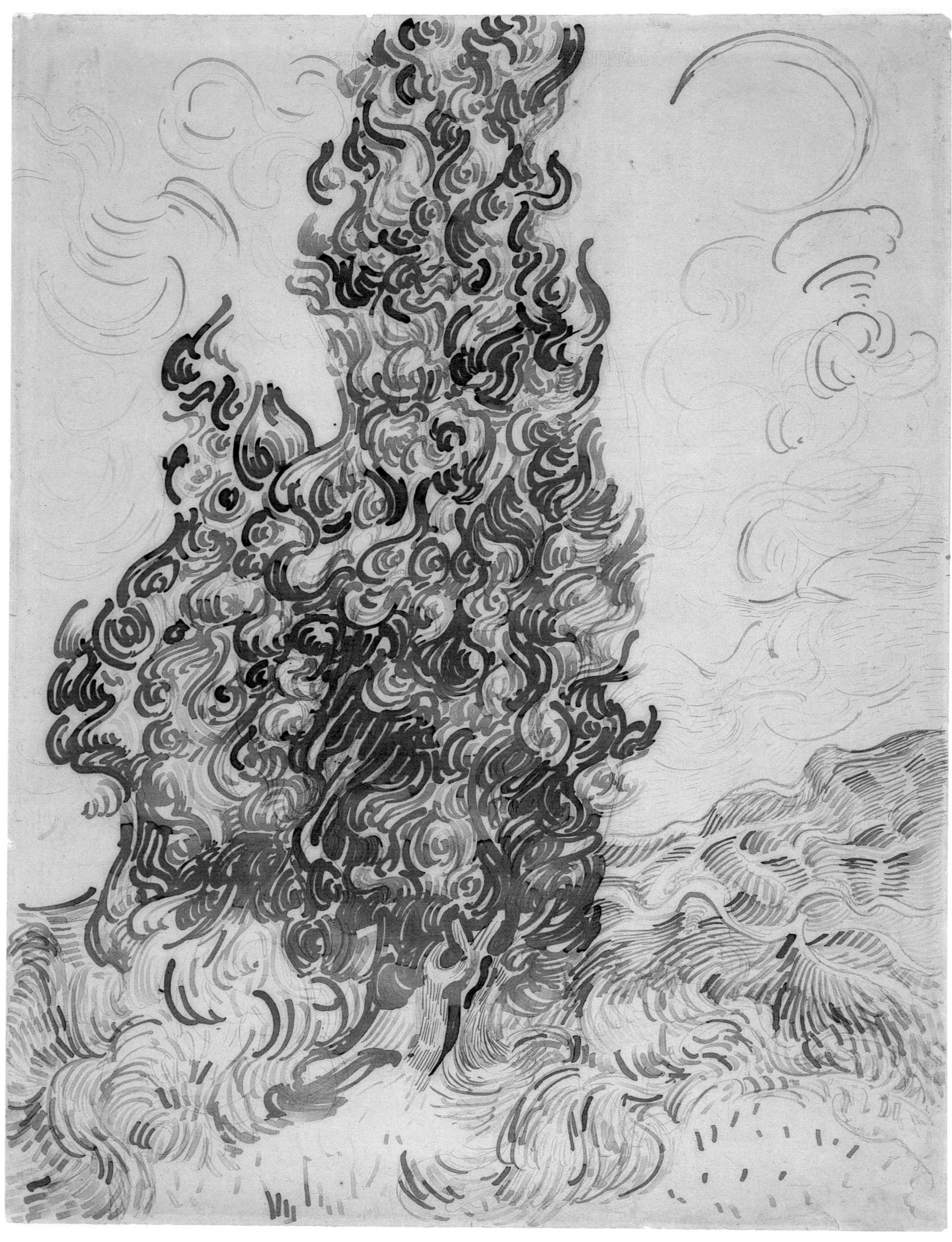

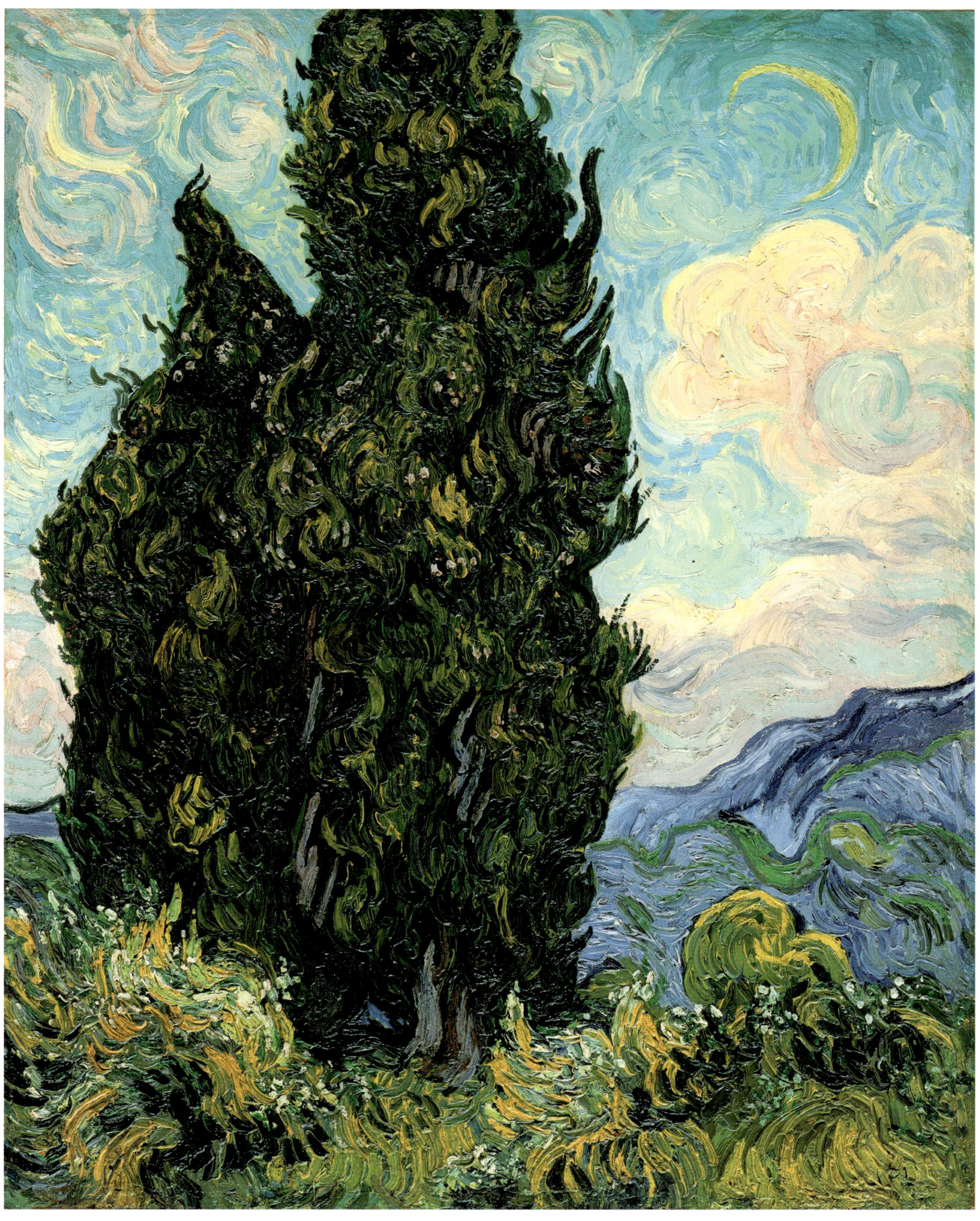

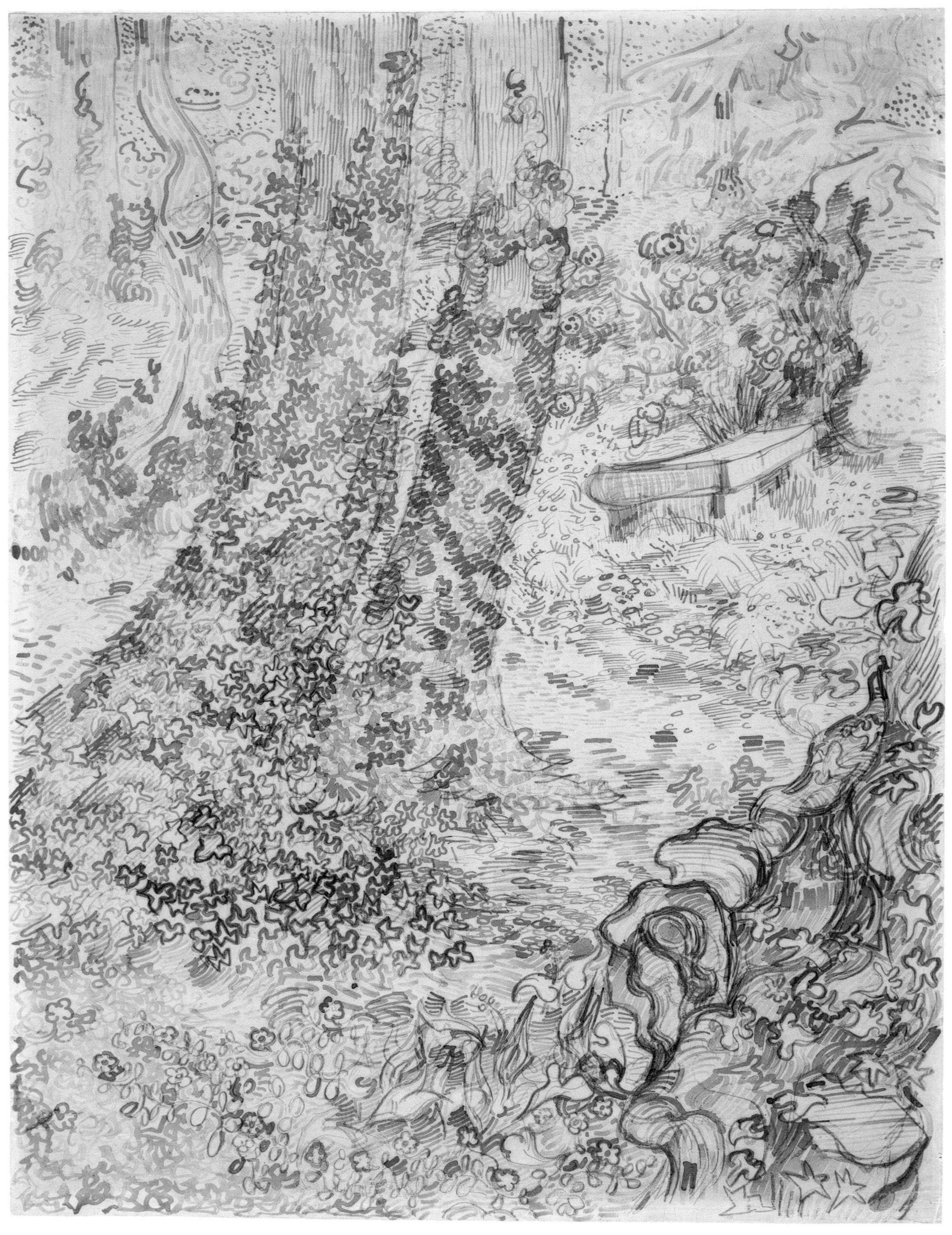

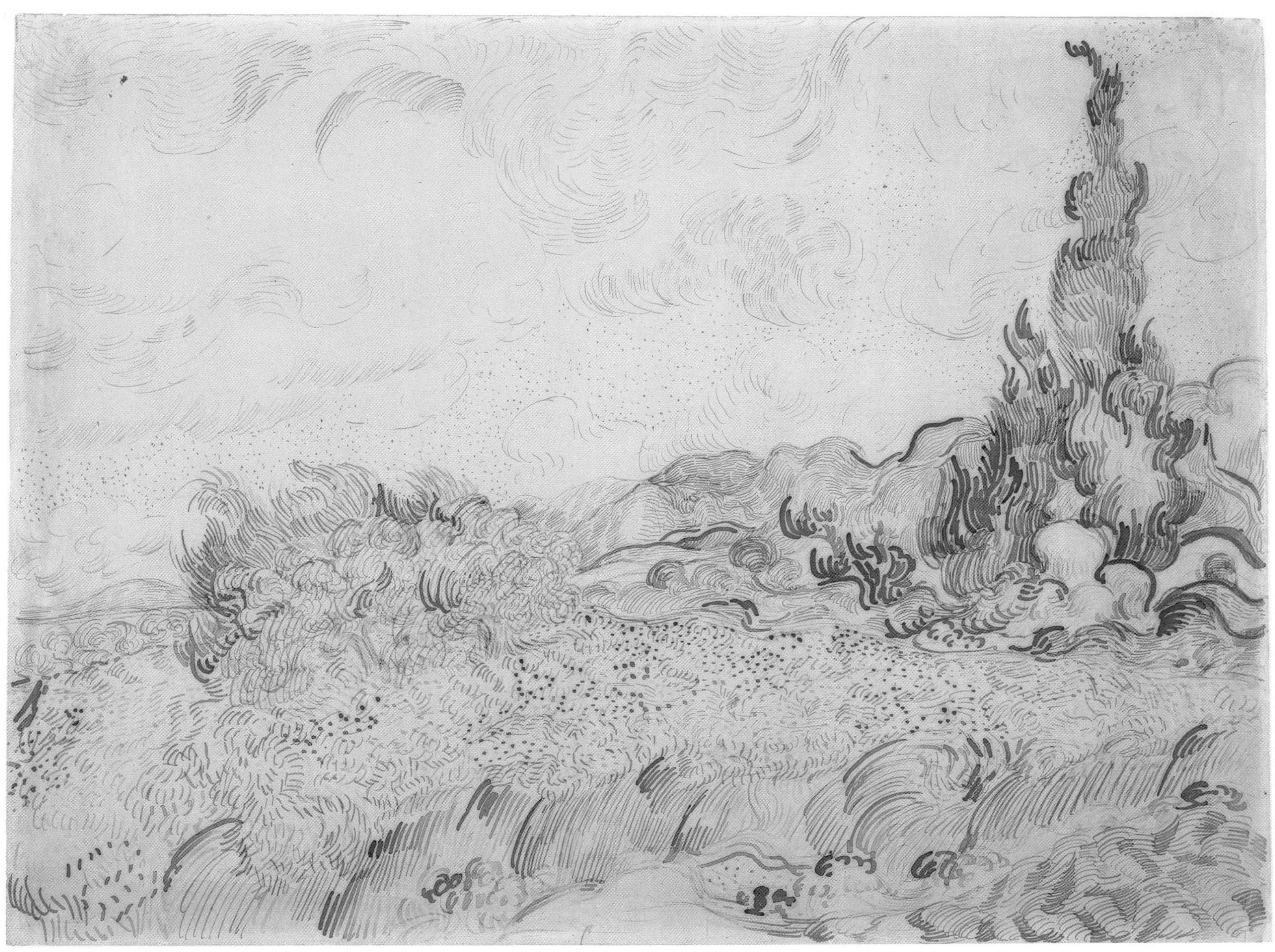

qua verhoudingen zo mooi als een Egyptisch obelisk. En het groen is zo uitzonderlijk. Het is de donkere vlek in een zonnig landschap, maar het is een van de interessantste donkere noten' [785/596]. Hij vertaalde deze impressies doeltreffend in dergelijke werken.

Andere voorbeelden van tekeningen naar schilderijen zijn *Bomen met klimop in de tuin van de inrichting* (afb. 148), *Korenveld met cipres* (afb. 149) en een tekening naar het fameuze schilderij *De sterrennacht* (afb. 150). Al deze tekeningen en schilderijen getuigen van Van Goghs doel om onderdelen van de compositie 'samen te brengen door middel van een tekening die de verstrengeling van de componenten probeert weer te geven' [818/613]. *Wilde begroeiing* (afb. 151), een blad waarin hij op een adembenemende manier de wilde Provençaalse vegetatie weergeeft, behoort in stilistisch en technisch opzicht tot deze werken, hoewel er geen geschilderde variant van bekend is.

< 148
Bomen met klimop in de tuin van de inrichting
half juni–2 juli 1889
62 x 47 cm
Van Gogh Museum, Amsterdam

149
Korenveld met cipres
half juni–2 juli 1889
47 x 62 cm
Van Gogh Museum, Amsterdam

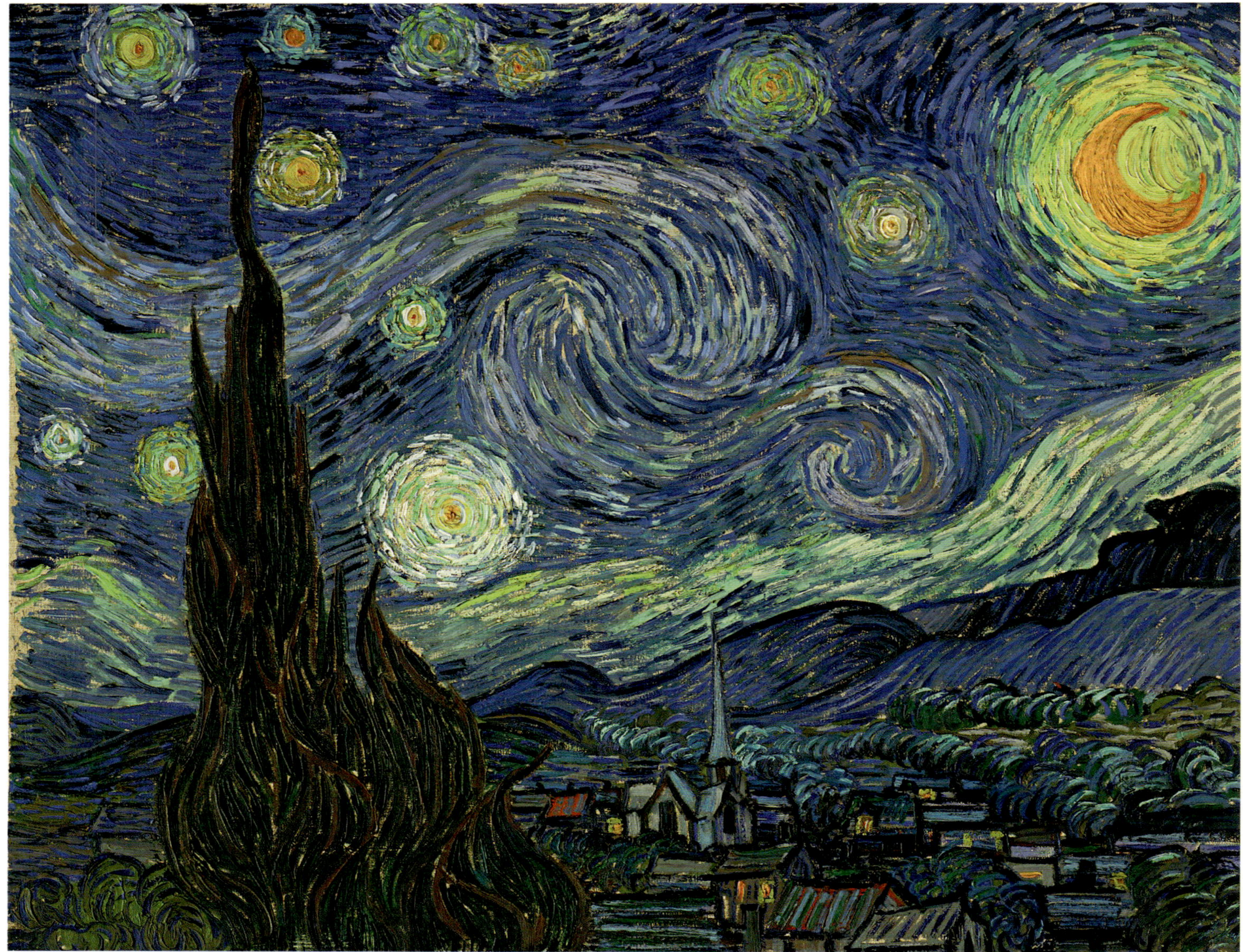

150
De sterrennacht
1889
74 x 92 cm
The Museum of Modern Art,
New York

Van Goghs nieuwe tekentrant leidde op deze wijze tot sterk gestileerde tekeningen die erg in het verlengde lagen van hun geschilderde voorbeelden. Daarvan had hij Theo een indruk willen geven, maar de tekeningen konden zijn broer maar matig bekoren; hij vond dat 'het zoeken naar stijl ten koste gaat van het echte sentiment van de dingen' [815/T 19].

SCHILDEREN OP PAPIER Van midden juli tot eind augustus maakte een hevige aanval van zijn ziekte Van Gogh het werken onmogelijk, en toen hij weer enigszins was opgeknapt, was hij zo verzwakt dat hij vooralsnog binnenshuis bleef werken. Hij vond soelaas in het maken van geschilderde kopieën naar zwart-wit prenten van geliefde voorbeelden als Millet, Delacroix en Rembrandt, een bezigheid die hij beschouwde als vertalen van het zwart-wit in kleuren.

Rond dezelfde tijd (september-oktober 1889) ontstonden vermoedelijk ook drie voorstellingen van het interieur van de inrichting: een blik in de

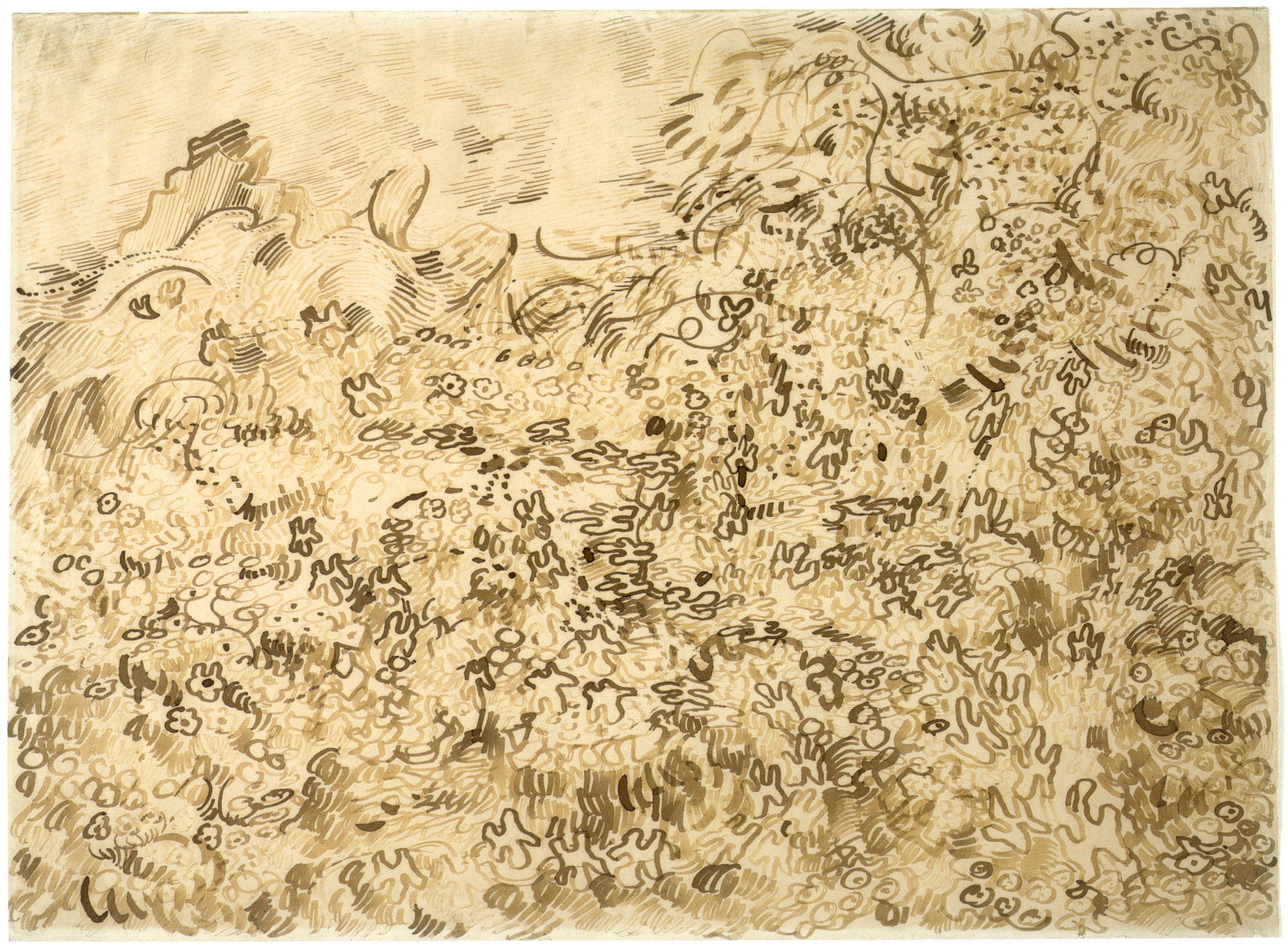

vestibule (afb. 152), een gang (afb. 153) en een raam van het atelier dat Van Gogh in een leegstaande kamer in Saint-Paul-de-Mausole had (afb. 154). Alledrie zijn gemaakt op roze vergépapier en uitgevoerd in olieverf. Terwijl Van Gogh dit materiaal in de tekeningen die enkele maanden eerder waren ontstaan (afb. 138, 140) op een sterk grafische manier had gebruikt, paste hij het hier veel zwaarder toe en vulde hij er ook hele vlakken mee. Daardoor houdt het karakter van de monumentale voorstellingen enigszins het midden tussen het luchtige van een tekening en het meer solide aspect van een schilderij.

151
Wilde begroeiing
half juni–2 juli 1889
47 x 62 cm
Van Gogh Museum, Amsterdam

>> 152
Vestibule in de inrichting
september-oktober 1889
62 x 47 cm
Van Gogh Museum, Amsterdam

>> 153
Een gang in het gesticht
september-oktober 1889
65 x 49 cm
The Metropolitan Museum of Art, New York

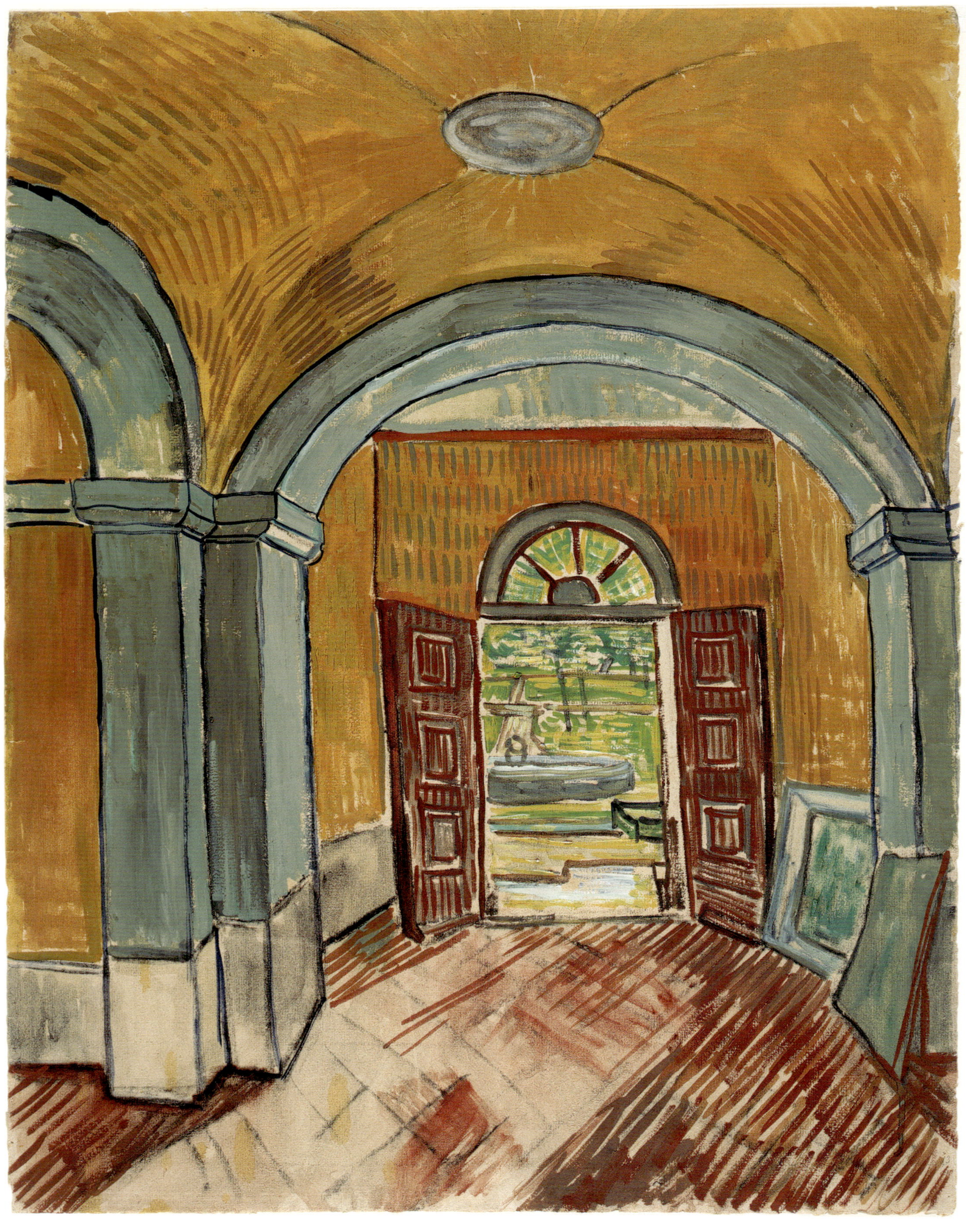

171 SAINT-RÉMY

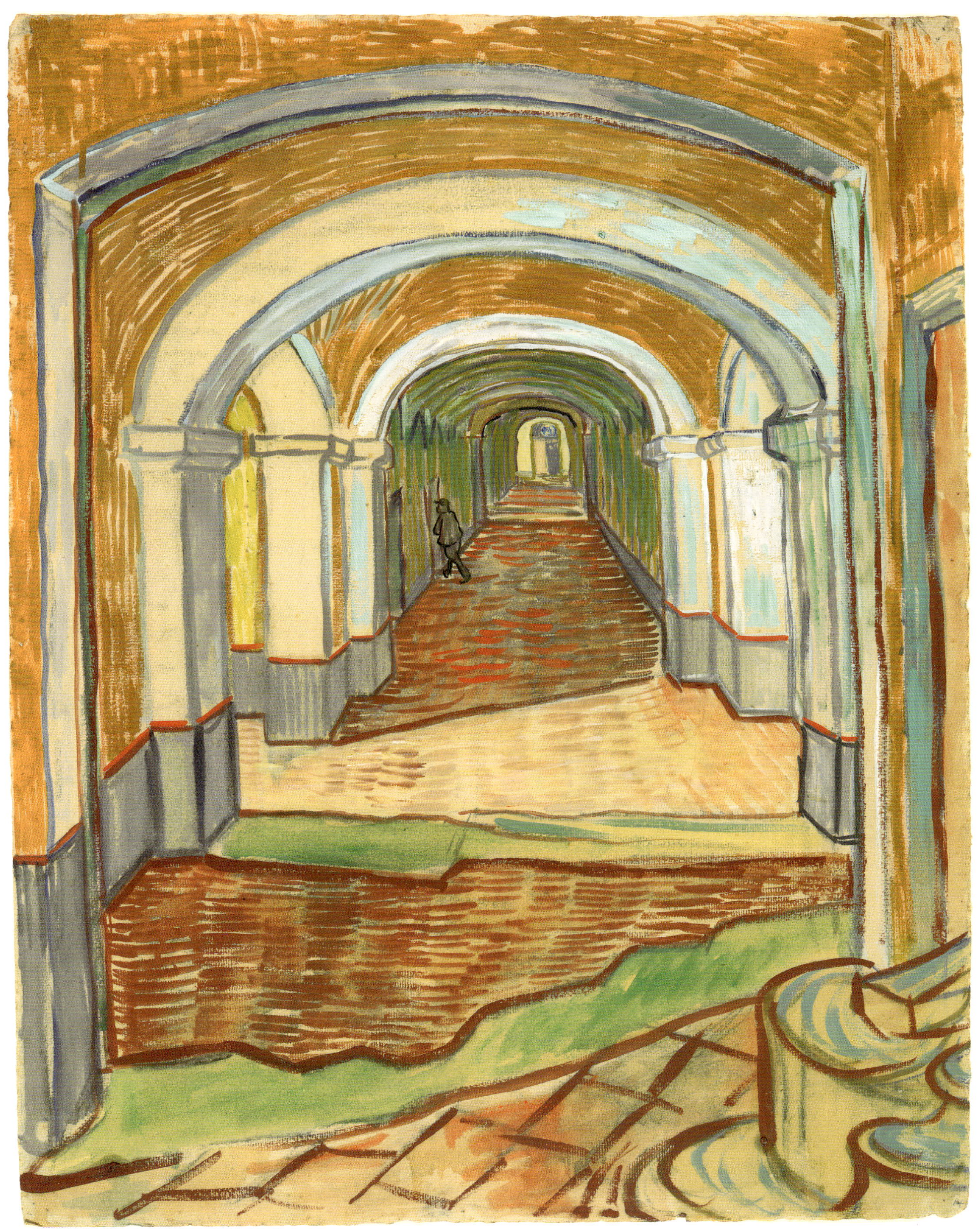

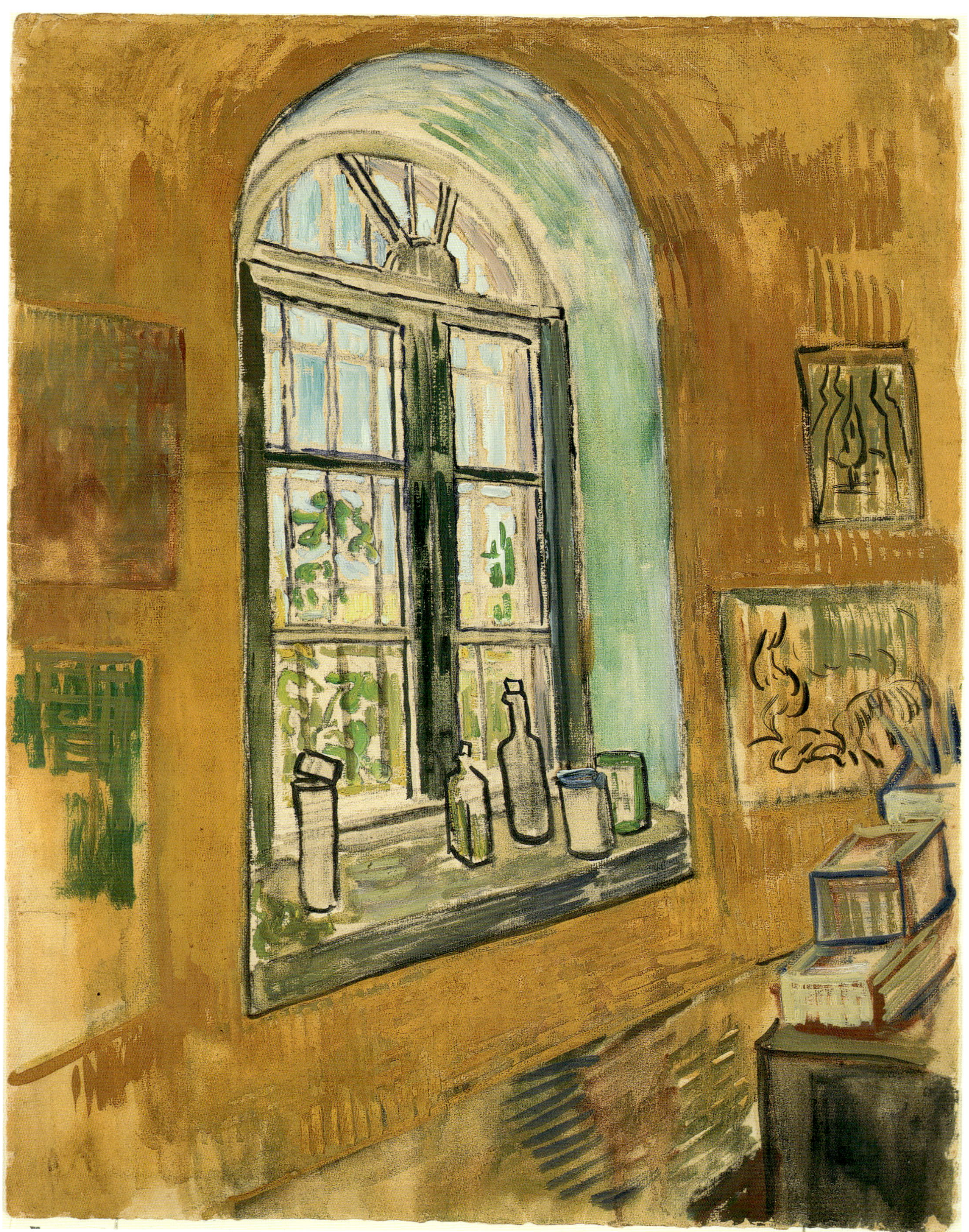

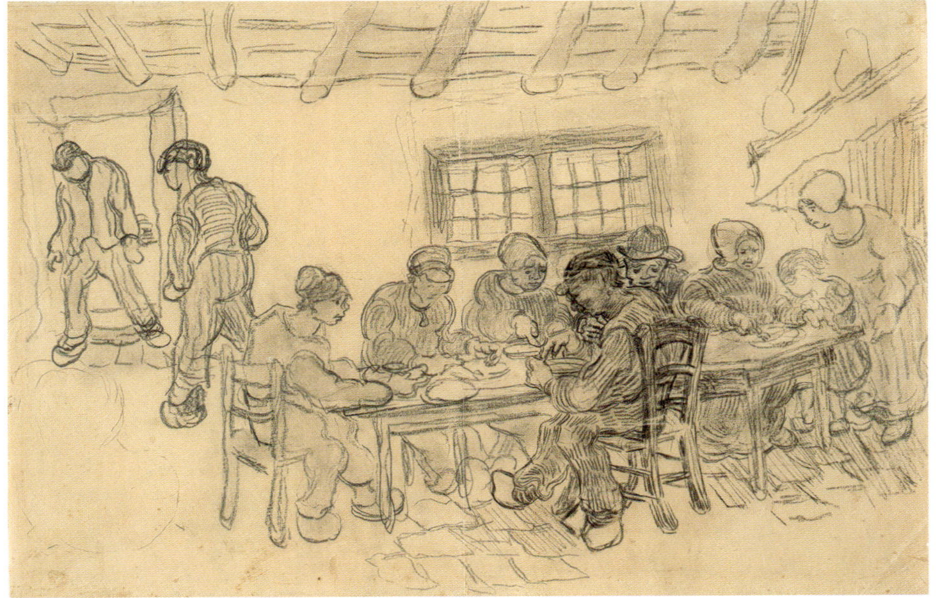

< 154
Raam in het atelier
september-oktober 1889
62 x 47 cm
Van Gogh Museum, Amsterdam

155
Interieur met mensen aan tafel
1890
33 x 50 cm
Van Gogh Museum, Amsterdam

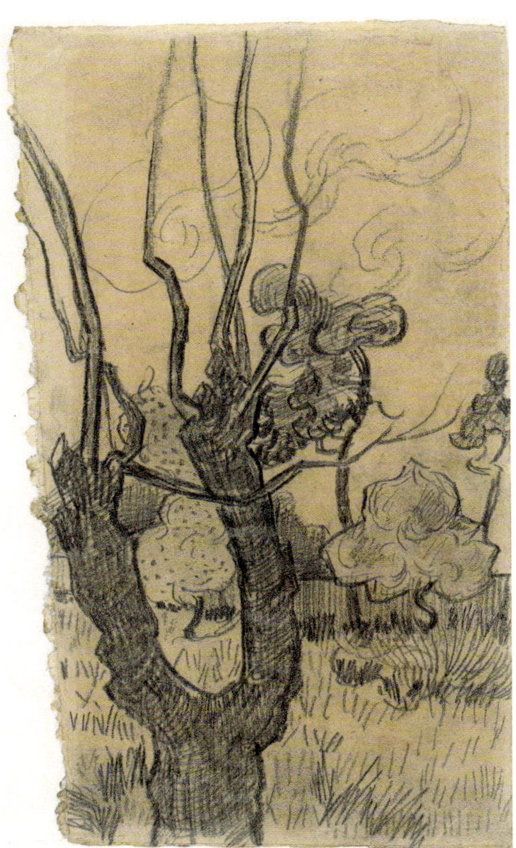

156
Kale boom in de tuin van de inrichting
1889–1890
30 x 17 cm
Van Gogh Museum, Amsterdam

SCHETSEN Rond begin oktober ging Van Gogh weer buiten werken; hij maakte onder andere een flink aantal kleine schetsen in de tuin (afb. 156). Deze hebben weinig of geen pretenties, maar geven vaak wel de knoestige bomen van de inrichting treffend weer. Vanaf december bemoeilijkte zijn ziekte hem het werk. In deze moeilijke en sombere tijd dacht Van Gogh vaak aan zijn geboorteland. Dit resulteerde in het voorjaar van 1890 in werken die hij in verscheidene brieven omschreef als 'Herinneringen aan het Noorden'. Er zijn zo'n 50 schetsen aan te wijzen die tot deze groep kunnen worden gerekend. De aarzelende tekenwijze geeft vaak een beklemmend beeld van de deplorabele gemoedstoestand van Van Gogh op dat moment. Hij overwoog in deze tijd ook om een moderne variant te maken van het meesterwerk uit zijn vroege jaren, *De aardappeleters*. Hoewel dat bij een voornemen bleef, maakte hij wel schetsen die studies waren in die richting (afb. 155). Het zijn de laatste tekeningen die hij in Saint-Rémy maakte.

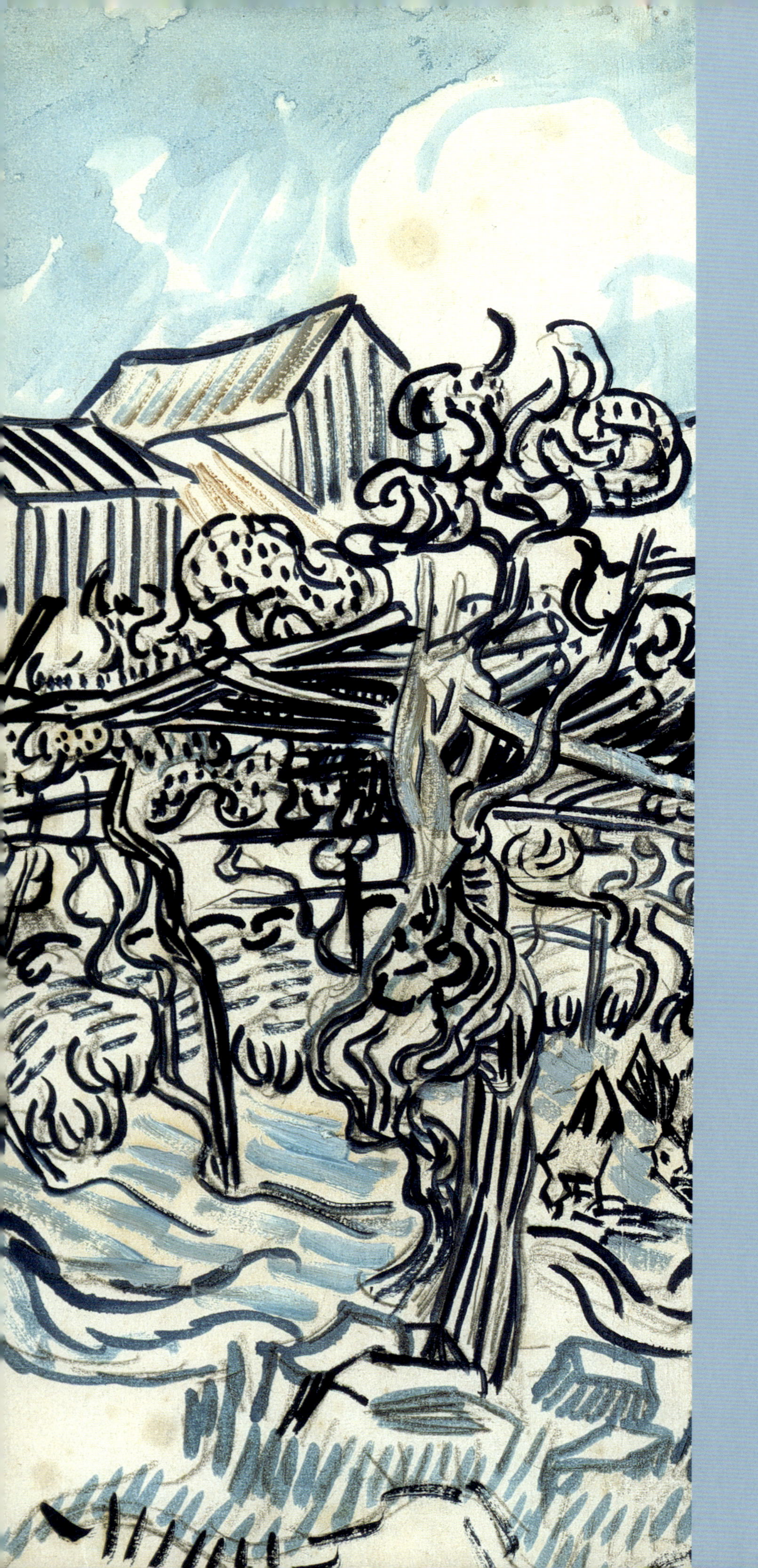

1890

Auvers-sur-Oise

Terugkeer naar het noorden

VAN GOGH KREEG HET GEVOEL dat zijn verblijf tussen geesteszieken in Saint-Rémy hem meer kwaad dan goed deed en in overleg besloot hij om in mei 1890 de inrichting te verlaten. Hij had al eerder over die mogelijkheid aan Theo geschreven en toen geopperd om zich in Noord-Frankrijk te vestigen. Zijn broer was via Camille Pissarro (1830–1903) op de gedachte gekomen dat Auvers-sur-Oise een geschikte woonplaats zou kunnen zijn. Een belangrijke factor bij die keuze was dat Pissarro Theo in contact had gebracht met Paul Ferdinand Gachet (1828–1909), een arts die in Auvers woonde en een oogje op Vincent kon houden.

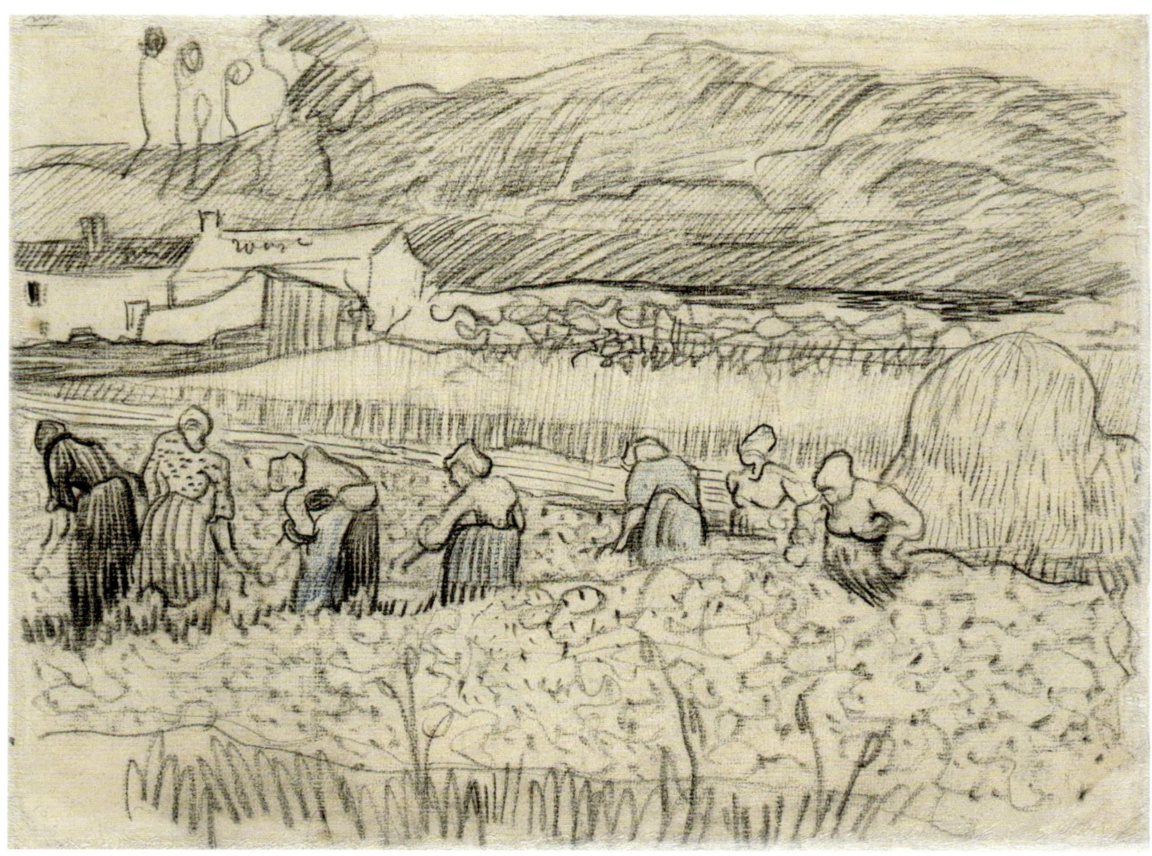

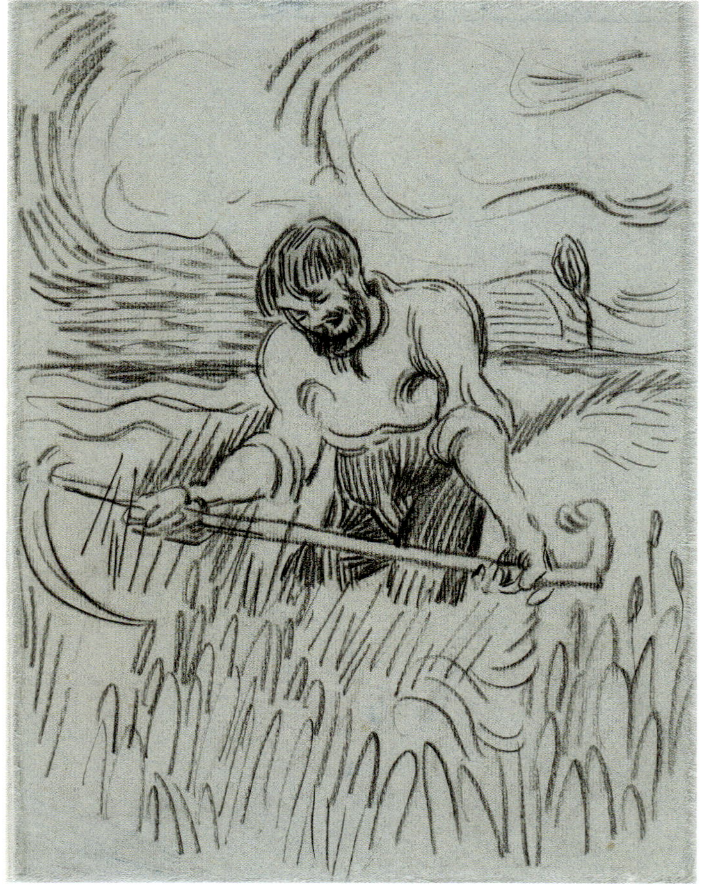

Van Gogh verliet Saint-Rémy op 16 mei 1890. Hij bezocht eerst Theo en zijn gezin in Parijs, waar hij voor de eerste keer diens vrouw, Jo van Gogh-Bonger, en zijn naar hem genoemde, enige maanden oude neefje Vincent Willem zag. Op 20 mei arriveerde hij in Auvers. De landelijke omgeving van het dorp beviel hem onmiddellijk en hij was zeer ingenomen met de schilderachtige hutten en boerderijen met strodaken die er nog in overvloed waren. Veel getekende studies laten zien hoe hij de omgeving verkende en daarbij ook oude, vertrouwde motieven herontdekte (afb. 157, 158).

Auvers stond echter vooral in het teken van het schilderen. Zelfs voor de altijd productieve Van Gogh is de hoeveelheid doeken die daar tot stand kwamen overweldigend: in minder dan tweeënhalve maand maakte hij ruim 70 schilderijen, waaronder vele die tot de meesterwerken uit zijn oeuvre worden gerekend (afb. 159, 160). Daartegenover staat maar een klein aantal grote,

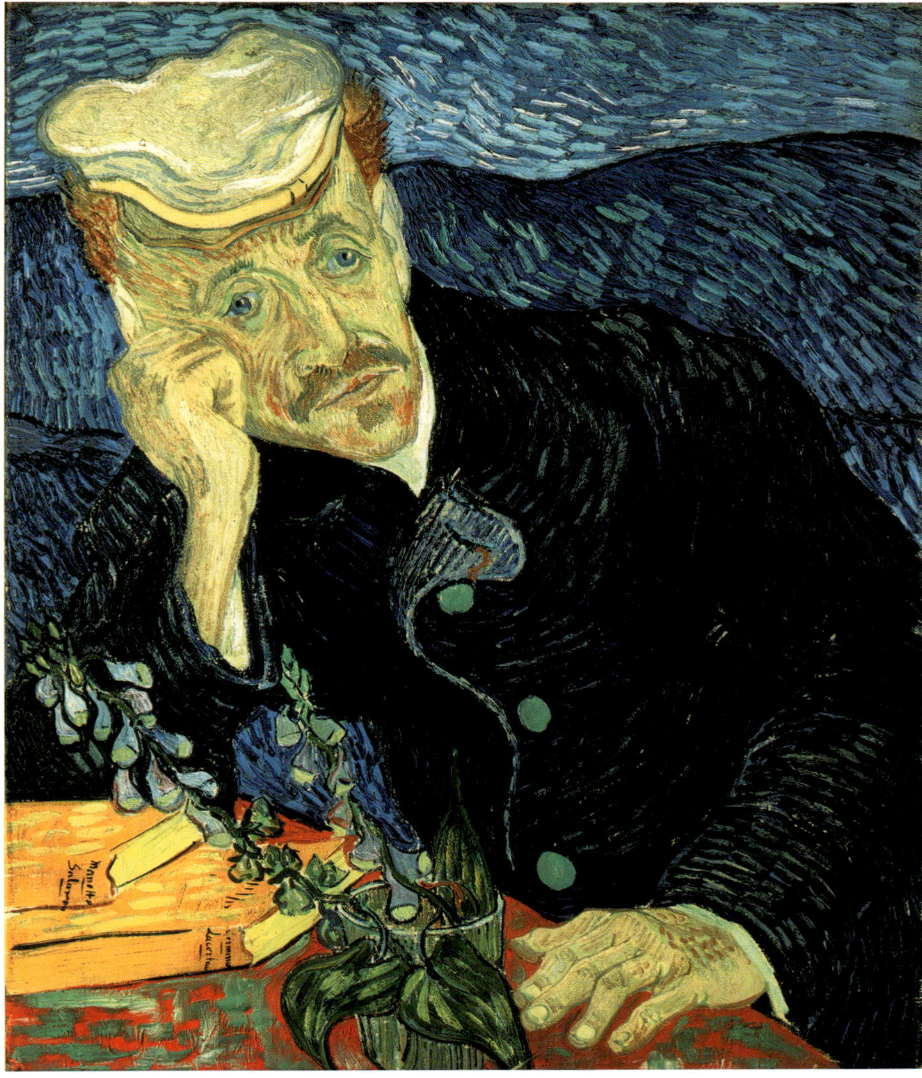

< 157
Op het veld werkende vrouwen
1890
24 x 31 cm
Van Gogh Museum, Amsterdam

< 158
Boer met zeis in het veld
1890
31 x 24 cm
Van Gogh Museum, Amsterdam

159
Portret van dokter Gachet
juni 1890
67 x 57 cm
Verblijfplaats onbekend

>> 160
Korenveld met kraaien
juli 1890
50 x 103 cm
Van Gogh Museum, Amsterdam

ambitieuze tekeningen. Van Gogh had in Saint-Rémy een wat terughoudender palet beproefd dan hij in Arles had gebruikt. Zijn terugkeer naar het noorden gaf hem opnieuw de noodzaak zijn kleurgebruik onder de loep te nemen. Ook laten zijn laatste schilderijen nieuwe experimenten zien met een penseelvoering waarin de golvende lijnen die het werk uit Saint-Rémy zo sterk bepalen, plaatsmaken voor een meer grafische, kernachtige werkwijze. Van Gogh had op momenten dat hij de noodzaak van zo'n experimentele fase onderkende nooit moeite om duidelijke keuzes te maken, en daarmee verhuisde het tekenen naar de achtergrond.

Twee werken in water- en olieverf die al vroeg in Auvers ontstonden, laten zien dat hij hier het oude probleem van het simultaan contrast weer oppakte (afb. 161, 162). De *Oude wijngaard met boerin* is overwegend in blauwe tinten opgezet, met enig complementair oranje, dat echter is verkleurd naar bruin. *Landschap met huizen* is zelfs geheel in blauwtinten opgezet. De bladen hebben een grote subtiliteit en een aantrekkelijke, soepele tekentrant met het penseel.

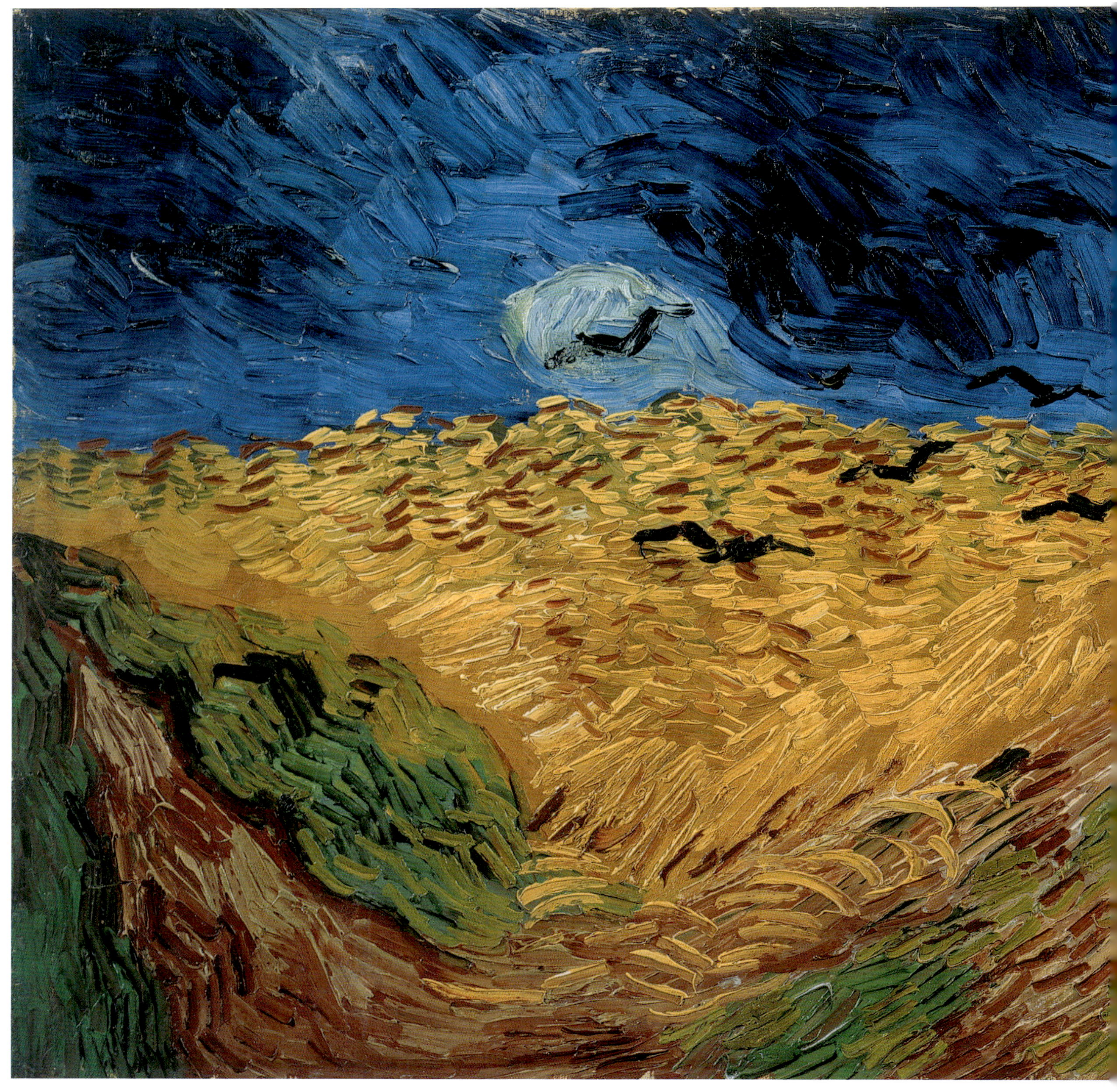

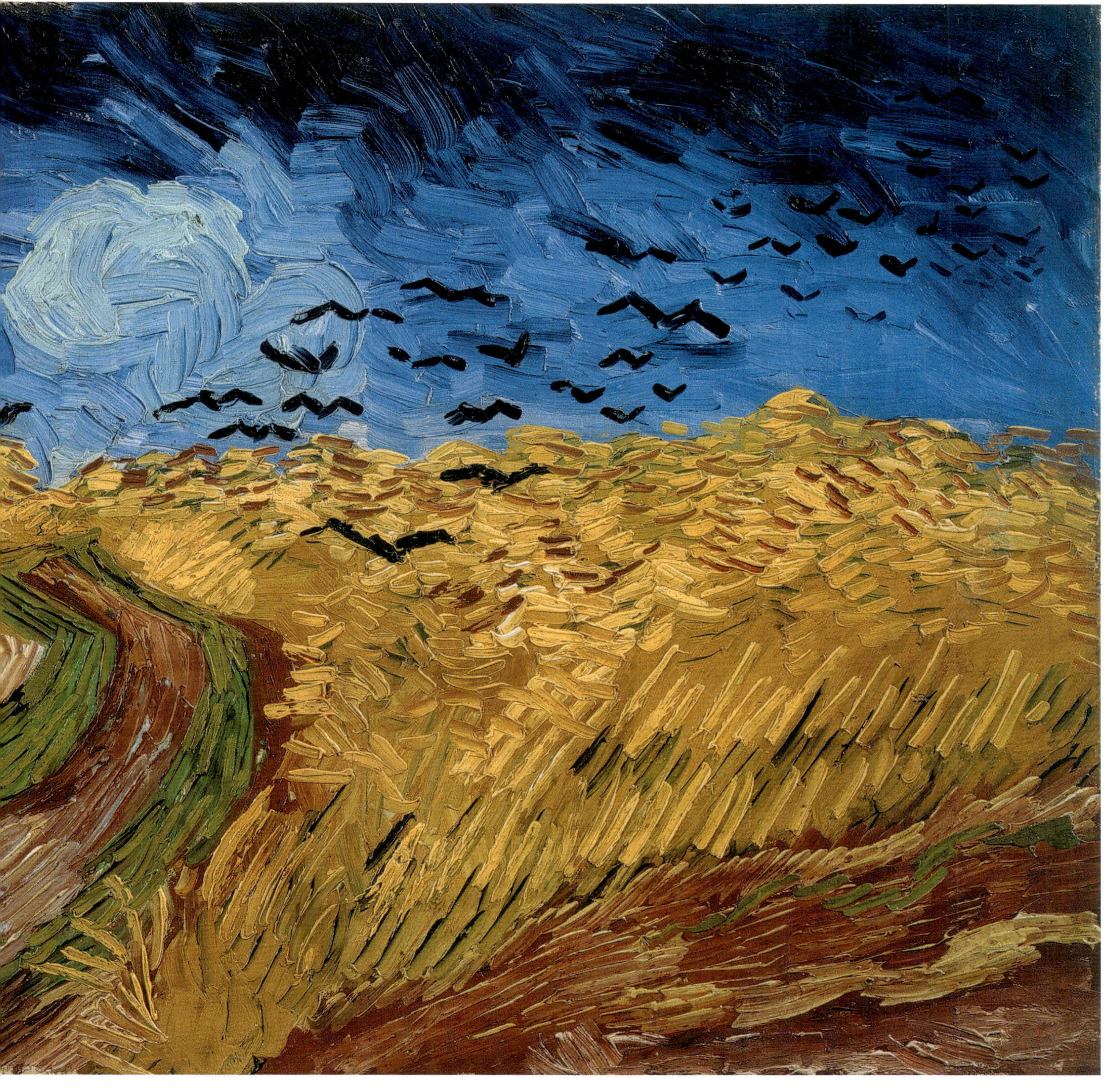

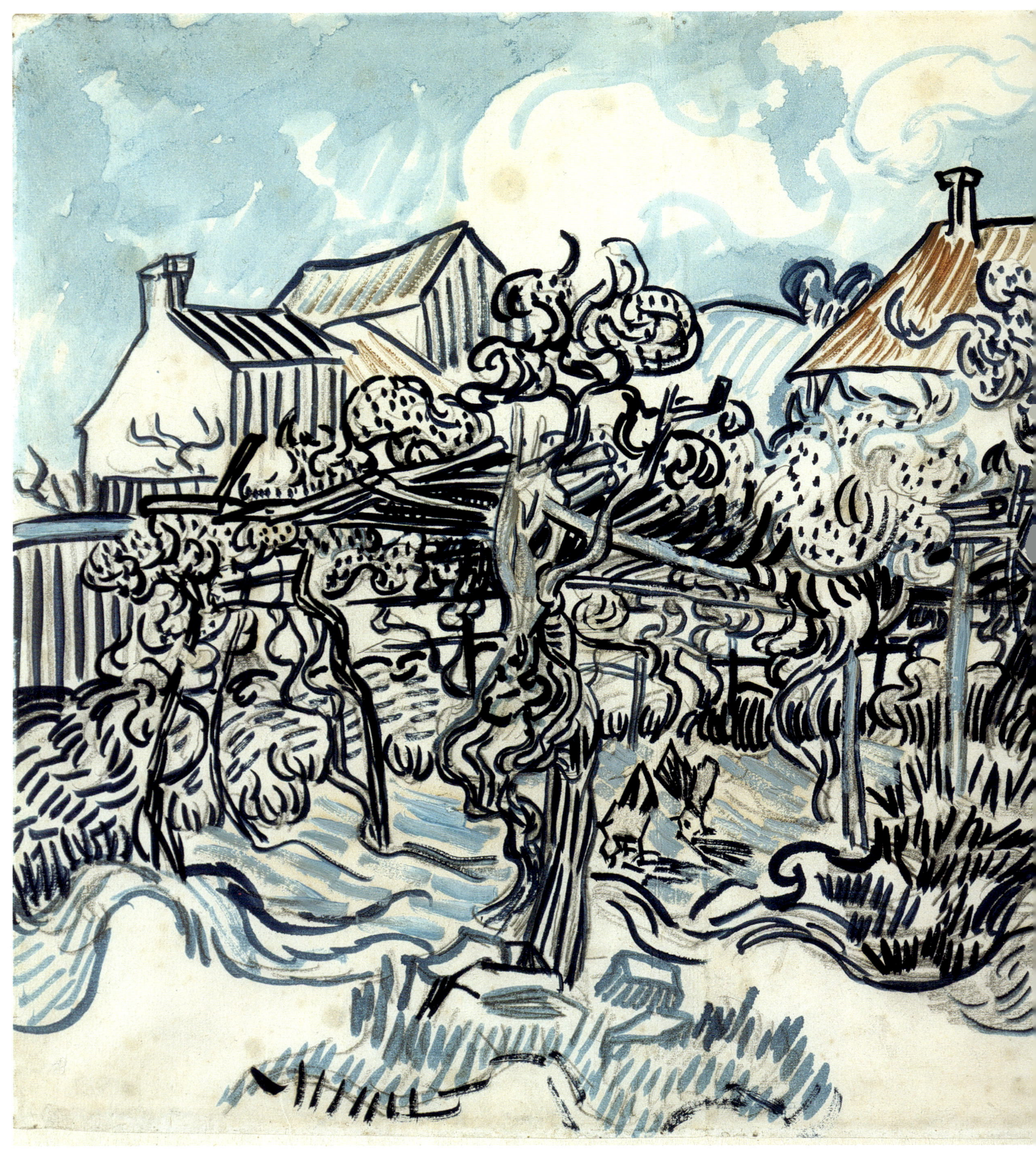

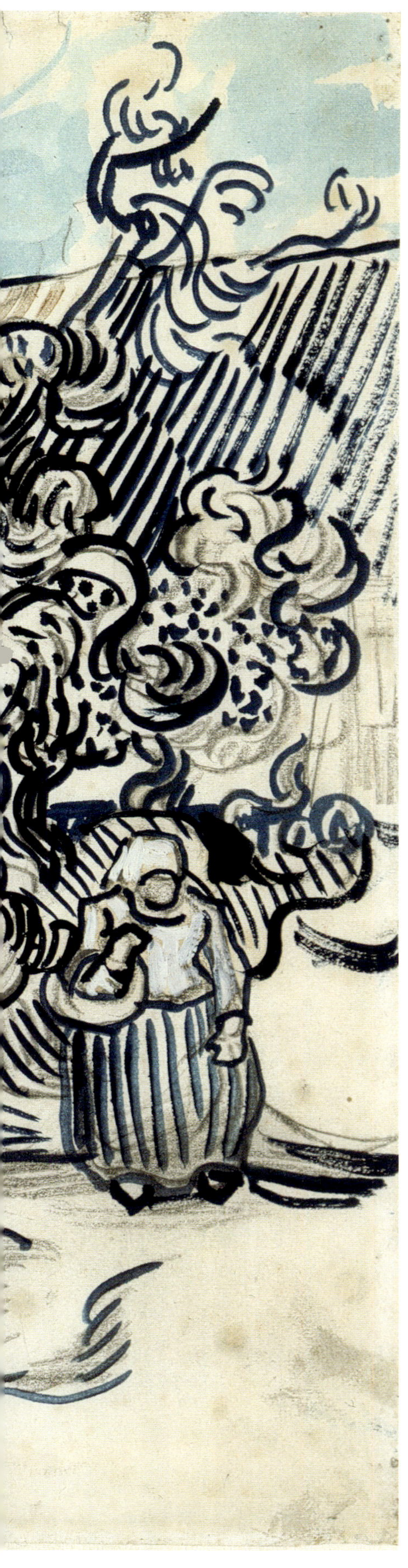

In *Landschap met brug over de Oise* (afb. 163) werkte Van Gogh zowel met simultaan als complementair contrast. De twee fabrieken aan de overkant van het water, waarvan er een schuilgaat achter de populieren, en de smeedijzeren brug rechts – op dat moment pas een half jaar in gebruik – duiden op de oprukkende moderne tijd, die hem zowel fascineerde als zorgen baarde.

BALANS VAN EEN OEUVRE Met de laatste tekeningen die Van Gogh in Auvers maakte, rondde hij een oeuvre af waarin sterke constanten en voortdurende vernieuwing hand in hand gaan. Door zijn carrière te beginnen als tekenaar en met grote volharding zijn talent te ontwikkelen, kwam zijn tekenaarschap eerder tot wasdom dan zijn schilderkunst.

Een zo grote hoeveelheid tekeningen en van zo'n grote kwaliteit als Van Gogh in tien jaar produceerde, is zeldzaam en was dat zeker in een tijd waarin de meeste kunstenaars vanwege de grotere coloristische mogelijkheden voor het schilderen kozen. Slechts een handjevol tijdgenoten leverde volwaardige getekende oeuvres af. Geen van hen bereikte echter zo'n grote hoogte in de techniek van de pentekening als Van Gogh. Erkende meestertekenaars als Paul Cézanne en Edgar Degas werkten meestal in respectievelijk aquarel en pastel. Georges Seurat excelleerde in intieme werken in zwart krijt. Odilon Redon werkte graag met zowel zwarte materialen als in pastel, en liet in beide technieken imposante bladen na. Henri de Toulouse-Lautrec zou zijn gehele carrière de menselijke figuur vastleggen in zijn rake, soepele tekentrant die zelfs in zijn schilderijen vaak overheerst. Van de jongere avant-gardisten ontplooide vooral Edouard Vuillard (1868–1940) zich ook als tekenaar. Veel jonge kunstenaars richtten zich in de jaren 1890 echter vooral op de lithografie als ze zich op het werken op papier concentreerden.

Dat Van Gogh zijn tekeningen als volwaardige tegenhangers van zijn schilderijen zag, is op vele momenten in zijn carrière duidelijk, en ook de laatste, zeer innovatieve werken laten daarover geen twijfel bestaan; een balans waarop slechts weinig van zijn collega's kunnen bogen.

161
Oude wijngaard met boerin
20–23 mei 1890
44 x 54 cm
Van Gogh Museum, Amsterdam

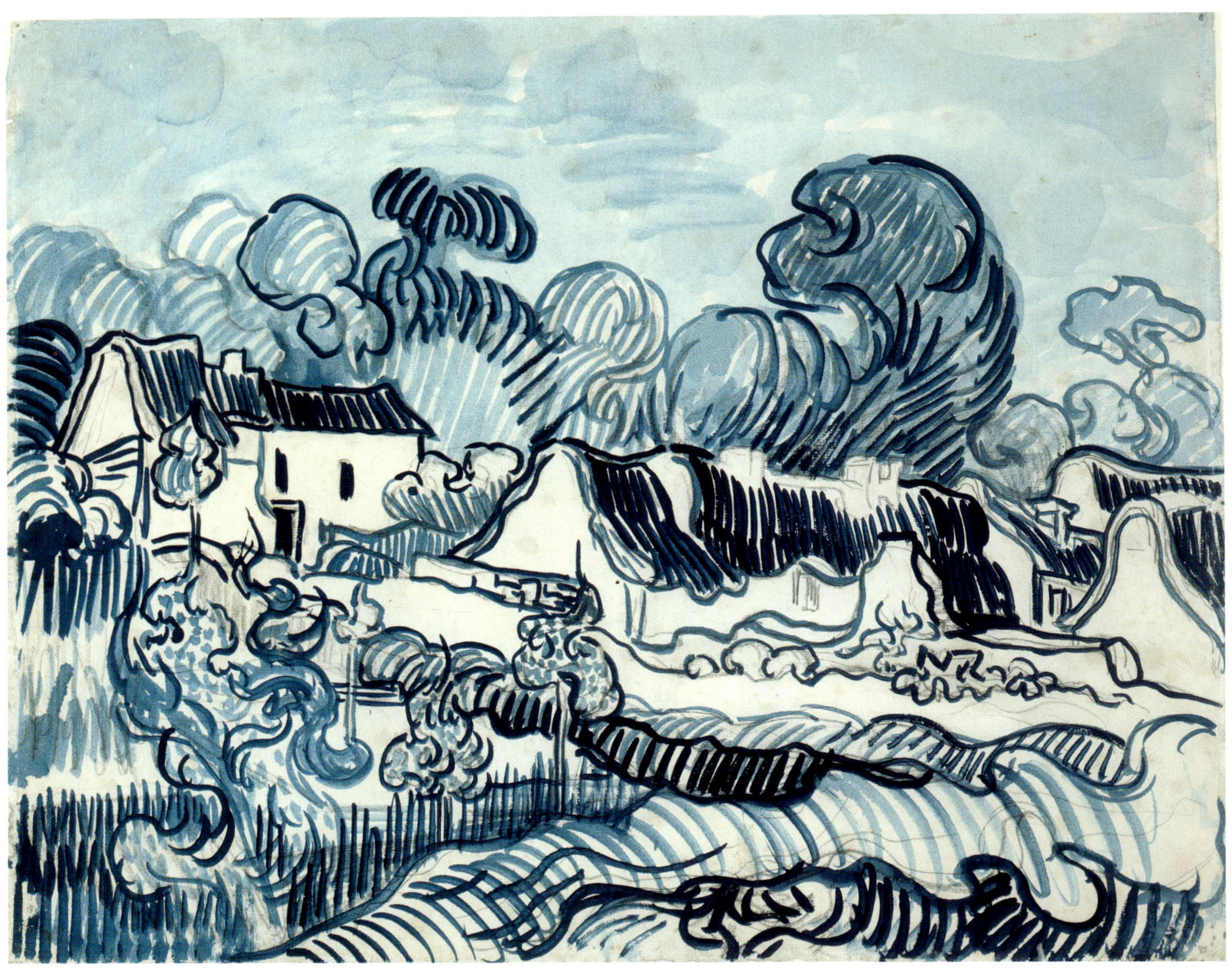

162
Landschap met huizen
ca. 23 mei 1890
44 x 54 cm
Van Gogh Museum,
Amsterdam

> 163
Landschap met brug over de Oise
eind mei-begin juni 1890
47 x 63 cm
Tate, Londen

VAN GOGHS DOOD Ondanks het vitale en kleurrijke karakter van zijn werk uit Auvers en het kennelijke enthousiasme waarmee hij oude motieven opnieuw verkende, was Van Gogh pessimistisch gestemd over de toekomst. Theo had hem steeds financieel ondersteund, maar moest inmiddels ook zijn jonge gezin onderhouden en overwoog bovendien zich als onafhankelijk kunsthandelaar te vestigen. Van Gogh vreesde dat hij een te grote last voor zijn broer zou worden. Op zondag 27 juli 1890 schoot hij zichzelf in de borst. Twee dagen later overleed hij, 37 jaar oud, in het bijzijn van Theo. De waardering voor zijn persoon en zijn groeiende reputatie als kunstenaar kwamen onmiskenbaar naar voren bij zijn begrafenis en in condoléances aan Theo, het meest treffend in de eenvoudige woorden van Eugène Boch (1855–1941): 'Een groot kunstenaar is dood.'

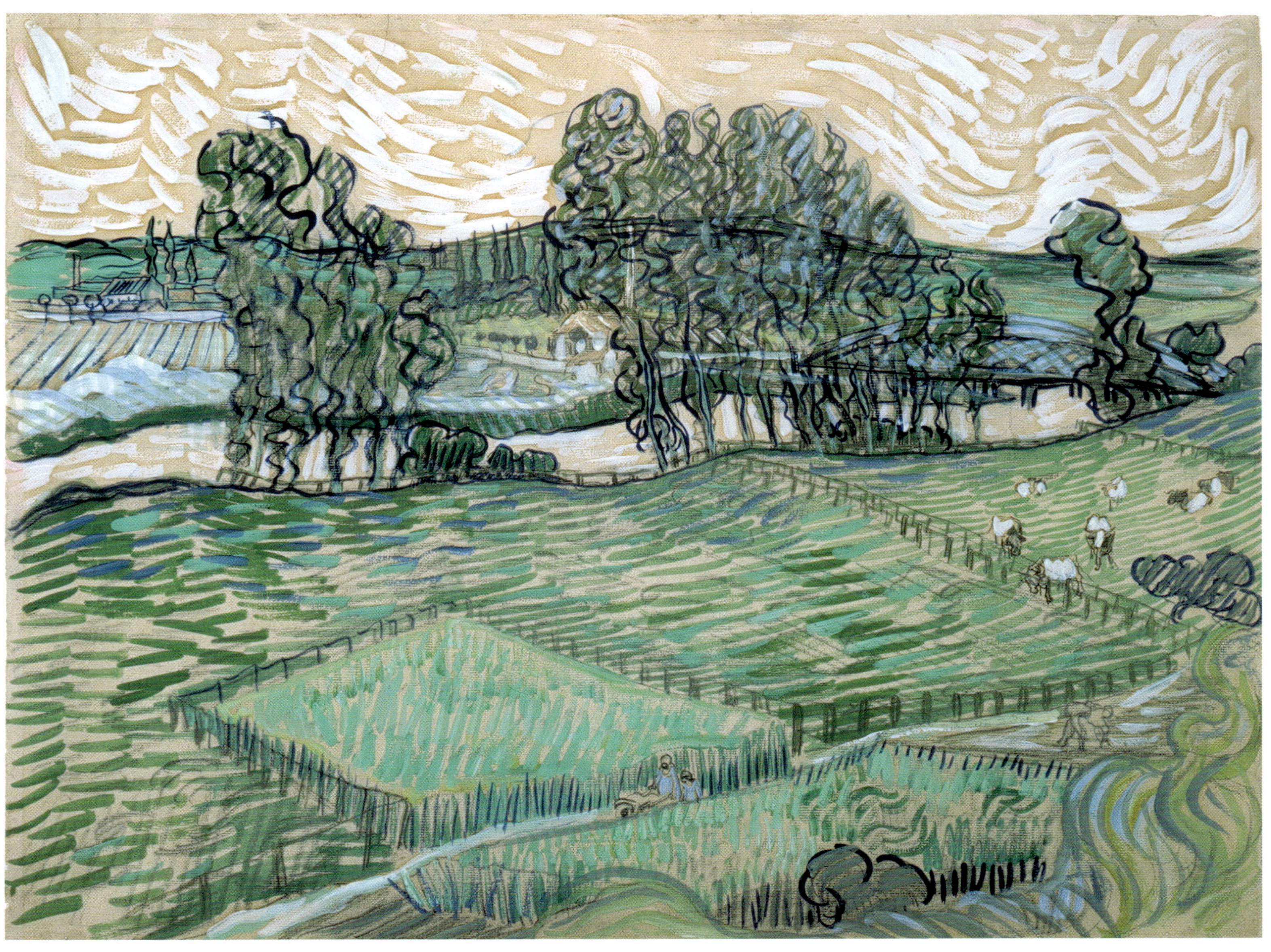

Suggesties voor verder lezen

Sjraar van Heugten, *Vincent van Gogh Tekeningen 1. Vroege jaren, 1880–1883*, Amsterdam (Van Gogh Museum), 1996
Sjraar van Heugten, *Vincent van Gogh Tekeningen 2. Nuenen 1883–1885*, Amsterdam (Van Gogh Museum), 1997
Marije Vellekoop en Sjraar van Heugten, *Vincent van Gogh Tekeningen 3. Antwerpen & Parijs, 1885–1888*, Amsterdam (Van Gogh Museum), 2001
Marije Vellekoop en Roelie Zwikker, *Vincent van Gogh Tekeningen 4. Arles, Saint-Rémy en Auvers-sur-Oise, 1888–1890*, Amsterdam (Van Gogh Museum), te verschijnen in 2006

Meer uitvoerige informatie kan ook worden gevonden in de Engelstalige wetenschappelijke catalogus bij de tentoonstelling: Colta Ives, Susan Alyson Stein, Sjraar van Heugten, Marije Vellekoop, *Vincent van Gogh. The Drawings*, The Metropolitan Museum of Art, New York/Van Gogh Museum, Amsterdam, 2005

Noot aan de lezer

Alle briefcitaten zijn genummerd. Het eerste nummer verwijst naar *De brieven van Vincent van Gogh*, ed. Han van Crimpen en Monique Berends-Albert, 4 dln., 's Gravenhage 1990, het tweede verwijst naar *Verzamelde brieven van Vincent van Gogh*, 4 dln., Amsterdam & Antwerpen 1952–1954.

Lijst van de werken

1 *Kanaal*
najaar 1872–voorjaar 1873
potlood, pen in bruine inkt,
op velijnpapier
25 x 26 cm
Van Gogh Museum, Amsterdam
Juv. XVI JH –

2 *Mijnwerkers in de sneeuw*
september 1880
potlood op velijnpapier
44 x 56 cm
Kröller-Müller Museum, Otterlo
F 831 JH Juv. 11

3 *The bearers of the burden*
begin 1881
potlood en inkt op vergépapier
43 x 60 cm
Kröller-Müller Museum, Otterlo
F 832 JH –

4 *Man met een zak hout*
najaar 1881
zwart krijt, potlood, op vergépapier
61 x 42 cm
Van Gogh Museum, Amsterdam
F 895 JH 21

5 *Jongen met een sikkel*
eind oktober–begin november 1881
zwart krijt, houtskool en dekkende
waterverf op vergépapier
47 x 61 cm
Kröller-Müller Museum, Otterlo
F 851 JH 61

6 *Een oude man die dorre rijzen op het vuur legt*
november 1881
potlood, krijt en dekkende waterverf op vergépapier
56 x 45 cm
Kröller-Müller Museum, Otterlo
F 868 JH 80

7 *Naaister*
eind 1881
zwart krijt en waterverf
op vergépapier
62 x 47 cm
Kröller-Müller Museum, Otterlo
F 1221 JH 70

8 *Worn out*
zomer 1881
potlood, inkt en waterverf
op vergépapier
23 x 31 cm
Stichting P. en N. de Boer,
Amsterdam
F 863 JH 34

9 *Een ven*
juni 1881
pen en zwarte inkt, potlood
op vergépapier
47 x 59 cm
National Gallery of Canada, Ottawa
F 846 JH 8

10 *Molens te Dordrecht*
augustus 1881
potlood, krijt, inkt en waterverf
op vergépapier
26 x 60 cm
Kröller-Müller Museum, Otterlo
F 850 JH 15

11 *Brug en huizen op de hoek Herengracht-Prinsessegracht, Den Haag*
maart 1882
potlood, pen en penseel in bruine
(ooit zwarte) inkt, dekkende witte
waterverf, bruingrijs gewassen,
op vergépapier
24 x 34 cm
Van Gogh Museum, Amsterdam
SD 1679 JH 121

12 *De ingang van de Bank van Lening, Den Haag*
maart 1882
potlood, pen en penseel in bruine
(ooit zwarte) inkt, witte dekkende
waterverf, grijs gewassen,
op vergépapier
24 x 34 cm
Van Gogh Museum, Amsterdam
F – JH 126

13 *Kwekerij aan de Schenkweg*
april 1882
zwart krijt, potlood, pen en penseel
met zwarte en bruine inkt,
gehoogd met wit op vergépapier
30 x 58 cm
The Metropolitan Museum of Art,
New York. Bequest of Walter C.
Baker
F 930 JH 138

14 *Timmermansloods en werf*
april 1882
potlood, pen in inkt, zwart krijt
en dekkende waterverf, gewassen
op vergépapier
28 x 47 cm
Kröller-Müller Museum, Otterlo
F 939 JH 150

15 *Allée d'arbres en perspective*
illustratie uit Armand Cassagne,
Traité pratique de perspective appliquée au dessin artistique et industriel, Parijs 1879

16 *Landweg*
maart–april 1882
potlood, pen en penseel in bruine
(ooit zwarte) inkt, witte dekkende
waterverf, op vergépapier
25 x 34 cm
Van Gogh Museum, Amsterdam
F 1089 JH 124

17 Schets in een brief aan Theo van
5 augustus 1882 [254/222]
Van Gogh Museum, Amsterdam

18 Schets in een brief aan Theo van
5 augustus 1882 [255/223]
Van Gogh Museum, Amsterdam

19 *Oude vrouw met omslagdoek*
maart 1882
potlood, pen in bruine (ooit zwarte)
inkt, lichtgroene dekkende waterverf, op velijnpapier
57 x 32 cm
Van Gogh Museum, Amsterdam
F 913 JH 109

20 *Sorrow*
april 1882
potlood, pen in inkt op velijnpapier
44 x 27 cm
Walsall Museum & Art Gallery,
Walsall
F 929a JH 130

21 *Worn out*
november 1882
potlood op aquarelpapier
50 x 32 cm
Van Gogh Museum, Amsterdam
F 997 JH 267

22 *Scharrendrogerij in Scheveningen*
juli 1882
potlood, aquarel en gouache
op velijnpapier
36 x 52 cm
Privé-collectie
F 945 JH 160

23 *Daken*
juli 1882
dekkende en transparante
waterverf op papier
39 x 56 cm
Privé-collectie
F 943 JH 156

24 *De armen en het geld*
september–oktober 1882
zwart krijt en dekkende waterverf,
pen in zwarte inkt, op velijnpapier
38 x 57 cm
Van Gogh Museum, Amsterdam
F 970 JH 222

25 Hubert Herkomer
Heads of the people drawn from life, II: The agricultural labourer – Sunday uit *The Graphic* 12
(9 oktober 1875)

26 Luke Fildes
Houseless and hungry
uit *The Graphic*, Portfolio 1877

27 *Portret van Jozef Blok*
november 1882
potlood, waterverf en lithografisch
krijt op velijnpapier
38 x 26 cm
Van Gogh Museum, Amsterdam
F 993 JH 254

28 *Sorrow*
november 1882
lithografie
39 x 29 cm
Van Gogh Museum, Amsterdam
F 1655 JH 259

29 *Worn out (At Eternity's Gate)*
26–27 november 1882
lithografie
40 x 34 cm
Van Gogh Museum, Amsterdam
F 1662 JH 268

30 *Oude man met hoge hoed*
december 1882–januari 1883
potlood, zwart lithografisch krijt,
pen en penseel in bruine (ooit
zwarte) inkt, gekrast,
op aquarelpapier
60 x 36 cm
Van Gogh Museum, Amsterdam
F 985 JH 286

31 *Treurende vrouw*
gezeten op een mand
januari–februari 1883
zwart lithografisch krijt, gekrast,
grijs gewassen, witte en grijze
dekkende waterverf,
op aquarelpapier
47 x 29 cm
Kröller-Müller Museum, Otterlo
F 1060 JH 326

32 *Soepuitdeling in een volksgaarkeuken*
maart 1883
zwart bergkrijt, penseel in zwarte
verf, witte dekkende waterverf,
gekrast, op aquarelpapier
57 x 44 cm
Van Gogh Museum, Amsterdam
F 1020a JH 330

33 *Landschap met turfhoop*
en boerderijen
september–december 1883
dekkende waterverf op velijnpapier
42 x 54 cm
Van Gogh Museum, Amsterdam
F 1099 JH 399

34 *Landschap in Drenthe*
tweede helft september–
begin oktober 1883
potlood, pen en penseel in bruine
inkt, witte dekkende waterverf,
op vergépapier
31 x 42 cm
Van Gogh Museum, Amsterdam
F 1104 JH 424

35 *Melancholie*
december 1883
potlood, pen in bruine inkt,
op velijnpapier
29 x 21 cm
Van Gogh Museum, Amsterdam
F 1127 JH 426

36 *Wever, en baby in een kinderstoel*
eind januari–begin februari 1884
potlood, pen in bruine inkt,
gehoogd met witte en lichtroze
dekkende waterverf,
op velijnpapier
32 x 40 cm
Van Gogh Museum, Amsterdam
F 1118 JH 452

37 *Achter de heggen*
maart 1884
potlood, pen in bruine (ooit zwarte)
inkt op velijnpapier
40 x 53 cm
Rijksmuseum, Amsterdam
F 1129 JH 461

38 *Wintertuin*
maart 1884
potlood, pen in bruine (ooit zwarte)
inkt, op velijnpapier
40 x 55 cm
Van Gogh Museum, Amsterdam
F 1128 JH 466

39 *Wintertuin*
maart 1884
potlood, pen in bruine (ooit zwarte)
inkt op velijnpapier
51 x 38 cm
Szépmüvészeti Museum,
Boedapest
F 1130 JH 465

40 *Knotberken*
maart 1884
potlood, pen in bruine (ooit zwarte)
inkt, gehoogd met witte dekkende
waterverf, op velijnpapier
39 x 54 cm
Van Gogh Museum, Amsterdam
F 1240 JH 469

41 *De ijsvogel*
maart 1884
potlood, pen en penseel in bruine
(ooit zwarte) inkt, gehoogd met
witte dekkende verf,
op velijnpapier
40 x 54 cm
Van Gogh Museum, Amsterdam
F 1135 JH 468

42 *Slootje*
april 1884
potlood, pen in inkt, gehoogd
met witte en groene dekkende verf,
op velijnpapier
42 x 34 cm
Van Gogh Museum, Amsterdam
F 1243 JH 472

43 *Huizen met rieten daken*
1884
pen in bruine inkt, potlood,
waterverf op velijnpapier
30 x 45 cm
Tate, Londen
F 1242 JH 474

44 *Kop van een vrouw*
december 1884–januari 1885
potlood, pen en penseel in bruine
inkt, bruin gewassen,
op vergépapier
14 x 10 cm
Van Gogh Museum, Amsterdam
F 1177 JH 609

45 *Kop van een man*
december 1884–januari 1885
potlood, pen, penseel en borstel (?) in bruine inkt, bruin gewassen op vergépapier
14 x 10 cm
Van Gogh Museum, Amsterdam
F 1198 JH 564

46 *Kop van een vrouw*
december 1884–mei 1885
zwart krijt op velijnpapier
40 x 33 cm
Van Gogh Museum, Amsterdam
F 1182 JH 590

47 *Twee handen met een stok*
december 1884–mei 1885
potlood op vergépapier
21 x 34 cm
Van Gogh Museum, Amsterdam
F 1159r JH 614

48 *Twee handen en twee armen*
december 1884–mei 1885
zwart krijt op vergépapier
21 x 34 cm
Van Gogh Museum, Amsterdam
F 1155 JH 744

49 *Zittende vrouw*
februari–mei 1885
potlood, pen in bruine inkt, op vergépapier
34 x 21 cm
Van Gogh Museum, Amsterdam
F 1190 JH 676

50 *De aardappeleters*
april 1885
lithografie
26 x 32 cm
Van Gogh Museum, Amsterdam
F 1661 JH 737

51 *De oude kerktoren te Nuenen ('Het boerenkerkhof')*
eind mei–begin juni 1885
olieverf op doek
65 x 80 cm
Van Gogh Museum, Amsterdam
F 84 JH 772

52 *Verkoping van afbraak*
mei 1885
zwart krijt of houtskool, transparante en dekkende waterverf, op aquarelpapier
38 x 55 cm
Van Gogh Museum, Amsterdam
F 1230 JH 770

53 *Verkoping wegens afbraak* (schetsblad)
mei 1885
zwart krijt op vergépapier
34 x 21 cm
Kröller-Müller Museum, Otterlo
F 1336r JH 767

54 *Spitter in een aardappelveld, februari*
juli–september 1885
zwart krijt, grijs gewassen, op velijnpapier
54 x 42 cm
Van Gogh Museum, Amsterdam
F 1302 JH 859

55 *Arenlezende boerin*
1885
zwart krijt op velijnpapier
51 x 41 cm
Museum Folkwang, Essen
F 1279 JH 836

56 Léon Lhermitte
The Woodcutters
uit *Le monde illustré* 1457 (1885)

57 naar Jean-François Millet
Les travaux des champs
1853 (serie van tien prenten)
Van Gogh Museum, Amsterdam

58 *Houthakker*
juli–september 1885
zwart krijt, grijs gewassen, op vergépapier
45 x 55 cm
Van Gogh Museum, Amsterdam
F 1327 JH 902

59 *Aardappelrooiende boerin*
augustus 1885
zwart krijt, grijs gewassen, op velijnpapier
40 x 45 cm
Van Gogh Museum, Amsterdam
F 1273 JH 909

60 *Werkende boer*
augustus–september 1885
zwart krijt op velijnpapier
44 x 33 cm
Kröller-Müller Museum, Otterlo
F 1326 JH 904

61 *Korenschelven en een molen*
augustus 1885
zwart krijt, grijs gewassen, op velijnpapier
44 x 56 cm
Van Gogh Museum, Amsterdam
F 1319v JH 911

62 *Portret van een vrouw*
eind december 1885
zwart en roodbruin krijt, zwart lithografisch krijt, op velijnpapier
51 x 39 cm
Van Gogh Museum, Amsterdam
F 1357 JH 981

63 *De discuswerper*
eerste helft februari 1886
zwart krijt, zwart krijt met bruine zweem, op velijnpapier
56 x 44 cm
Van Gogh Museum, Amsterdam
F 1364e JH 1080

64 *Staand vrouwelijk naakt van opzij gezien*
eind januari–eind februari 1886
potlood op velijnpapier
50 x 39 cm
Van Gogh Museum, Amsterdam
SD 1699 JH 1013

65 *Zittend meisje en Venus*
oktober 1886–januari 1887
zwart krijt op vergépapier
47 x 62 cm
Van Gogh Museum, Amsterdam
F 1366v JH 1044

66 Charles Blanc
Grammaire des Arts du Dessin,
Parijs 1867

67 *Guinguette*
februari–maart 1887
potlood, pen en penseel in zwarte inkt, wit krijt, op oorspronkelijk blauwgrijs vergépapier
39 x 52 cm
Van Gogh Museum, Amsterdam
F 1407 JH 1034

68 *Guinguette*
digitale reconstructie van de oorspronkelijke papierkleur

69 *Poort in de verdedigingswerken*
juni–september 1887
potlood, pen in bruine inkt, transparante en dekkende waterverf, op velijnpapier
24 x 32 cm
Van Gogh Museum, Amsterdam
F 1401 JH 1284

70 Hiroshige
Honderd gezichten op beroemde plaatsen in Edo: Nachtelijk gezicht op de theaterstraat Saruwakacho
1856–1859
kleurenhoutsnede
34 x 22 cm
Van Gogh Museum, Amsterdam

71 *Toegangspoort van de Moulin de la Galette*
juni–september 1887
potlood, pen in zwarte inkt, transparante en dekkende waterverf, op velijnpapier
32 x 24 cm
Van Gogh Museum, Amsterdam
F 1406 JH 1277

72 *Schuurtje met zonnebloemen*
augustus–september 1887
potlood, pen in bruine inkt, transparante en dekkende waterverf, op velijnpapier
32 x 24 cm
Van Gogh Museum, Amsterdam
F 1411 JH 1305

73 *Een buitenwijk van Parijs, gezicht vanaf Montmartre*
1887
dekkende waterverf, krijt, pen in inkt op vergépapier
39 x 53 cm
Stedelijk Museum, Amsterdam
F 1410 JH 1286

74 *Zelfportretten*
januari–juni 1887
potlood, pen in donkerbruine inkt, op velijnpapier
31 x 24 cm
Van Gogh Museum, Amsterdam
F 1378r JH 1197

75 *Landschap met pad en knotwilgen*
maart 1888
rietpen in bruine inkt, potlood op velijnpapier
26 x 35 cm
Van Gogh Museum, Amsterdam
F 1499 JH 1372

76 *Zonnebloemen*
1887
olieverf op doek
50 x 60 cm
Kunstmuseum Bern, Bern. Geschenk van Prof. H.R. Hahnloser
F 376 JH 1331

77 *Stilleven met kolen en uien*
najaar 1887
olieverf op doek
40 x 65 cm
Van Gogh Museum, Amsterdam
F 374 JH 1338

78 *Zelfportret*
1887–1888
olieverf op doek
44 x 38 cm
Van Gogh Museum, Amsterdam
F 344 JH 1353

79 *Provençaalse boomgaard*
30 maart–17 april 1888
potlood, pen en rietpen in bruine inkt, dekkende waterverf op vergépapier
39 x 54 cm
Van Gogh Museum, Amsterdam
F 1414 JH 1385

80 *De brug van Langlois*
april 1888
potlood, pen en waterverf op velijnpapier
30 x 30 cm
Privé-collectie
F 1480 JH 1382

81 *De weg naar Tarascon met een wandelaar*
april 1888
rietpen in inkt, potlood op velijnpapier
25 x 34 cm
Kunsthaus Zürich, Zürich
F 1502 JH 1492

82 *Ruïne van Montmajour*
reproductie in œuvrecatalogus uit 1928

83 *Landschap met pad en knotwilgen*
april 1888
olieverf op doek
31 x 39 cm
Privé-collectie
F 407 JH 1402

84 *Ruïne van Montmajour*
mei 1888
potlood, rietpen en pen in thans bruine inkt, op vergépapier
31 x 48 cm
Van Gogh Museum, Amsterdam
F 1417 JH 1434

85 *De vlakte van La Crau*
mei 1888
rietpen en pen in inkt op vergépapier
31 x 48 cm
Museum Folkwang, Essen
F 1419 JH 1430

86 *Vissersboten op het strand, Les Saintes-Maries-de-la-Mer*
juni 1888
rietpen in zwarte inkt, potlood op velijnpapier
39 x 53 cm
Privé-collectie
F 1428 JH 1458

87 Schets in een brief aan Theo van 28 mei 1888 [617/492]
Van Gogh Museum, Amsterdam

88 *Zeegezicht bij Les Saintes-Maries-de-la-Mer*
juni 1888
olieverf op doek
50 x 63 cm
Van Gogh Museum, Amsterdam
F 415 JH 1452

89 *Straat in Les Saintes-Maries-de-la-Mer*
eind mei–begin juni 1888
rietpen in bruine inkt, potlood op vergépapier
30 x 47 cm
Pierpont Morgan Library, New York, Thaw Collection
F 1434 JH 1449

90 *Huizen in de zon in Les Saintes-Maries-de-la-Mer*
eind mei–begin juni 1888
rietpen, pen en penseel in bruine inkt, op vergépapier
30 x 47 cm
Van Gogh Museum, Amsterdam
F 1437 JH 1450

91 *Huizen in Les Saintes-Maries-de-la-Mer*
eind mei–begin juni 1888
rietpen en penseel in bruine inkt, potlood op vergépapier
30 x 47 cm
Van Gogh Museum, Amsterdam
F 1438 JH 1448

92 *Twee huisjes in Les Saintes-Maries-de-la-Mer*
eind mei–begin juni 1888
rietpen in bruine inkt, potlood op vergépapier
30 x 47 cm
Pierpont Morgan Library, New York, privé-collectie
F 1440 JH 1451

93 *Gezicht op Les Saintes-Maries-de-la-Mer*
eind mei–begin juni 1888
rietpen en pen in bruine inkt op papier
43 x 60 cm
Sammlung Oskar Reinhart am Römerholz, Winterthur
F 1439 JH 1446

94 *De oogst*
juni 1888
rietpen en pen in bruine inkt, transparante en dekkende waterverf, op velijnpapier
48 x 60 cm
Privé-collectie
F 1483 JH 1439

95 *Vissersboten op het strand van Les Saintes-Maries-de-la-Mer*
juni 1888
olieverf op doek
65 x 82 cm
Van Gogh Museum, Amsterdam
F 413 JH 1460

96 *De oogst*
juni 1888
rietpen in bruine inkt, potlood, zwart krijt, trransparante en dekkende waterverf op vergépapier
39 x 52 cm
Fogg Art Museum, Harvard University, Cambridge. Legs Grenville L. Winthrop
F 1484 JH 1438

97 *De oogst*
juni 1888
olieverf op doek
73 x 92 cm
Van Gogh Museum, Amsterdam
F 412 JH 1440

98 *De zoeaaf*
juni 1888
olieverf op doek
65 x 54 cm
Van Gogh Museum, Amsterdam
F 423 JH 1486

99 *Zittende zoeaaf*
20–25 juni 1888
rietpen in thans bruine inkt, potlood op velijnpapier
49 x 61 cm
Van Gogh Museum, Amsterdam
F 1443 JH 1485

100 *De zoeaaf*
eind juli–begin augustus 1888
rietpen en pen in bruine inkt, potlood op velijnpapier
32 x 24 cm
Solomon R. Guggenheim Museum, New York. Thannhauser Collection, Gift, Justin K. Thannhauser
F 1482a JH 1535

101 *Portret van Joseph Roulin*
eind juli–begin augustus 1888
rietpen en pen in bruine inkt, potlood, op velijnpapier
32 x 24 cm
Getty Center, Los Angeles
F 1458 JH 1536

102 *La mousmé*
eind juli–begin augustus 1888
rietpen en pen in bruine inkt, potlood op velijnpapier
31 x 24 cm
Thomas Gibson Fine Art Ltd, Londen
F 1503 JH 1533

103 *Gezicht op Arles vanaf Montmajour*
mei 1888
rietpen en pen in bruine inkt, potlood op velijnpapier
48 x 59 cm
Nasjonalgalleriet, Oslo
F 1452 JH 1437

104 *Olijfbomen: Montmajour*
juli 1888
rietpen in bruine en zwarte inkt op velijnpapier
48 x 60 cm
Musée des Beaux-Arts de Tournai, Doornik
F – JH Add. 3

105 *De rots van Montmajour met pijnbomen*
eerste helft juli 1888
potlood, rietpen, pen en penseel in grijze en zwarte inkt, op velijnpapier
49 x 61 cm
Van Gogh Museum, Amsterdam
F 1447 JH 1503

106 *La Crau gezien vanaf Montmajour*
eerste helft juli 1888
rietpen en pen, potlood in thans bruine en zwarte inkt, op velijnpapier
49 x 61 cm
Van Gogh Museum, Amsterdam
F 1420 JH 1501

107 *Kloosterruïne bij Montmajour*
juli 1888
rietpen en pen in bruine inkt, potlood op velijnpapier
48 x 59 cm
Rijksmuseum, Amsterdam
F 1446 JH 1504

108 *Boten op zee, Les Saintes-Maries-de-la-Mer*
eind juli–begin augustus 1888
rietpen en inkt, potlood op velijnpapier
24 x 32 cm
Solomon R. Guggenheim Museum, New York. Thannhauser Collection, Gift, Justin K. Thannhauser
F 1430a JH 1526

109 *Landschap bij Montmajour met trein*
juli 1888
rietpen en pen in bruine inkt, zwart krijt, potlood op velijnpapier
49 x 61 cm
The British Museum, Londen
F 1424 JH 1502

110 *Korenschoven*
juni 1888
rietpen en pen in bruine inkt, potlood op velijnpapier
24 x 32 cm
Staatliche Museen zu Berlin, Kupferstichkabinett, Berlijn
F 1488 JH 1517

111 *Oogst in de Provence*
juli 1888
rietpen en pen in bruine inkt, potlood op velijnpapier
24 x 32 cm
Staatliche Museen zu Berlin, Kupferstichkabinett, Berlijn
F 1485 JH 1540

112 *De zaaier*
ca. 17–28 juni 1888
olieverf op doek
64 x 80 cm
Kröller-Müller Museum, Otterlo
F 422 JH 1470

113 *Zaaier met ondergaande zon*
juli 1888
rietpen en pen in bruine inkt op velijnpapier
24 x 31 cm
Privé-collectie
F 1442 JH 1508

114 *De brug van Langlois*
juli 1888
rietpen in bruine inkt, potlood op velijnpapier
24 x 32 cm
Los Angeles County Museum of Art, Los Angeles. Mr. and Mrs. George Gard de Sylva Collection
F 1471 JH 1420

115 *Korenschelven bij boerderij*
eind juli–begin augustus 1888
rietpen en pen in bruine ink, potlood op velijnpapier
24 x 31 cm
Philadelphia Museum of Art, Philadelphia. The Samuel S. White III and Vera White Collection
F 1427 JH 1525

116 *Hoek in het park van Place Lamartine*
eind juli–begin augustus 1888
rietpen in bruine inkt, potlood op velijnpapier
31 x 24 cm
Privé-collectie
F 1449 JH 1534

117 *Korenveld met schoven*
juli–augustus 1888
rietpen in bruine inkt, potlood
op velijnpapier
24 x 32 cm
Privé-collectie
F 1489 JH 1530

118 *Straat in Saintes-Maries*
juli 1888
rietpen in inkt, potlood
op velijnpapier
24 x 32 cm
The Metropolitan Museum of Art,
New York
F 1435 JH 1506

119 *Hoek in het park aan Place Lamartine*
augustus 1888
rietpen en pen in bruine inkt,
potlood op velijnpapier
24 x 32 cm
Menil Collectie, Houston
F 1451 JH 1545

120 *Boten op zee, Les Saintes-Maries-de-la-Mer*
augustus 1888
rietpen en pen in bruine inkt,
potlood op velijnpapier
24 x 32 cm
Koninklijke Musea voor Schone
Kunsten van België, Brussel
F 1430b JH 1541

121 *Korenveld met Arles op de achtergrond*
augustus 1888
rietpen en pen in bruine inkt,
potlood op velijnpapier
31 x 24 cm
J. Paul Getty Museum, Los Angeles
F 1492 JH 1544

122 *De zaaier*
augustus 1888
potlood, pen en rietpen in bruine
inkt, op velijnpapier
24 x 32 cm
Van Gogh Museum, Amsterdam
F 1441 JH 1543

123 *Park bij Place Lamartine*
eind april–begin mei 1888
potlood, pen en rietpen in bruine
inkt, op velijnpapier
26 x 35 cm
Van Gogh Museum, Amsterdam
F 1421 JH 1414

124 *Tuin in Montmartre met geliefden*
lente/zomer 1887
olieverf op doek
75 x 112 cm
Van Gogh Museum, Amsterdam
F 314 JH 1258

125 *Tuin van een badhuis*
begin augustus 1888
rietpen in bruine inkt, potlood
op velijnpapier
61 x 49 cm
Van Gogh Museum, Amsterdam
F 1457 JH 1539

126 *Tuin*
augustus 1888
rietpen en pen in bruine en zwarte
inkt, potlood op velijnpapier
61 x 49 cm
Privé-collectie
F 1456 JH 1537

127 *Park met hek*
tweede helft september 1888
rietpen in bruine inkt, potlood
op velijnpapier
32 x 24 cm
Van Gogh Museum, Amsterdam
F 1477 JH 1411

128 *Rhônedal*
april 1888
rietpen in inkt, potlood
op vergépapier
38 x 60 cm
Museum Boijmans van
Beuningen, Rotterdam
F 1472a JH 1497a

129 *Zandschepen op de Rhône*
augustus 1888
rietpen en pen in bruine inkt,
potlood op velijnpapier
48 x 62 cm
Cooper-Hewitt National Design
Museum, New York
F 1462 JH 1556

130 *Caféterras bij nacht (Place du Forum)*
ca. 16 september 1888
olieverf op doek
81 x 65 cm
Kröller-Müller Museum, Otterlo
F 467 JH 1580

131 *Caféterras op de Place du Forum*
september 1888
rietpen in bruine inkt, potlood
op vergépapier
62 x 47 cm
Dallas Museum of Art, Dallas.
The Wendy and Emery Reves
Collection
F 1519 JH 1579

132 *Het gele huis ('De straat')*
september 1888
olieverf op doek
72 x 92 cm
Van Gogh Museum, Amsterdam
F 464 JH 1589

133 *Het gele huis ('De straat')*
oktober 1888
rietpen en pen in bruine inkt,
potlood, dekkende en transparante
waterverf, op vergépapier
26 x 32 cm
Van Gogh Museum, Amsterdam
F 1413 JH 1591

134 *Een tuin op de Place Lamartine*
mei 1889
zwart krijt, rietpen en pen in
bruine en zwarte inkt
op velijnpapier
49 x 61 cm
The Art Institute of Chicago,
Chicago. Don Tiffany et Margaret
Blake
F 1468 JH 1498

135 *Tuin van het ziekenhuis*
mei 1889
rietpen, pen en penseel in bruine
en zwarte inkt, potlood
op vergépapier
47 x 60 cm
Van Gogh Museum, Amsterdam
F 1467 JH 1688

136 *Fontein in de tuin van de inrichting*
laatste week mei–
eerste week juni 1889
rietpen en pen in inkt, bruin krijt,
geschraapt, op velijnpapier
50 x 46 cm
Van Gogh Museum, Amsterdam
F 1531 JH 1705

137 *Pijnbomen in de tuin van de inrichting*
eind mei–begin juni 1889
rietpen, pen en penseel in inkt,
potlood op roze vergépapier
62 x 48 cm
Tate, Londen
F 1497 JH 1852

138 *Boom en struiken in de tuin van de inrichting*
eind mei–begin juni 1889
penseel in verdunde olieverf
en thans bruine inkt, zwart krijt
op velijnpapier
47 x 62 cm
Van Gogh Museum, Amsterdam
F 1533 JH 1710

139 *Boom met klimop in de tuin van de inrichting*
laatste week mei–
eerste week juni 1889
rietpen en penseel in inkt,
potlood op vergépapier
62 x 47 cm
Van Gogh Museum, Amsterdam
F 1532 JH 1696

140 *Trap in de tuin van de inrichting*
laatste week mei–
eerste week juni 1889
penseel in verdunde olieverf
en thans bruine inkt, zwart krijt
op dun karton
63 x 46 cm
Van Gogh Museum, Amsterdam
F 1535 JH 1713

141 *Korenveld met maaier*
juli 1889
olieverf op doek
73 x 92 cm
Van Gogh Museum, Amsterdam
F 618 JH 1773

142 *Ommuurd veld*
mei–juni 1889
potlood op papier
25 x 33 cm
Privé-collectie
F 1559 JH 1717

143 *Korenveld met zon en wolk*
eind mei–begin juni 1889
rietpen in bruine inkt, zwart krijt,
witte dekkende waterverf
op vergépapier
47 x 57 cm
Kröller-Müller Museum, Otterlo
SD 1728 JH 1706

144 *Ommuurd korenveld*
met opgaande zon
midden november–
midden december 1889
zwart krijt, rietpen en pen
in bruine inkt op roze vergépapier
47 x 62 cm
Staatliche Graphische Sammlung,
München
F 1552 JH 1863

145 *Ommuurd veld met jong koren*
en opkomende zon
1889
olieverf op doek
71 x 90 cm
Privé-collectie
F 737 JH 1862

146 *Cipressen*
juni 1889
rietpen en pen in bruine en zwarte
inkt op velijnpapier
62 x 47 cm
The Brooklyn Museum, New York.
Frank L. Babbott and A. Augustus
Healey Fund
F 1525 JH 1747

147 *Cipressen*
1889
olieverf op doek
93 x 74 cm
The Metropolitan Museum of Art,
New York. Rogers Fund
F 613 JH 1746

148 *Bomen met klimop in de tuin*
van de inrichting
half juni–2 juli 1889
rietpen en pen in thans bruine inkt,
potlood op crème velijnpapier
62 x 47 cm
Van Gogh Museum, Amsterdam
F 1522 JH 1695

149 *Korenveld met cipres*
half juni–2 juli 1889
rietpen en pen in thans bruine
inkt, potlood op velijnpapier
47 x 62 cm
Van Gogh Museum, Amsterdam
F 1538 JH 1757

150 *De sterrennacht*
1889
olieverf op doek
74 x 92 cm
The Museum of Modern Art,
New York. Acquired through the
Lillie P. Bliss Bequest
F 612 JH 1731

151 *Wilde begroeiing*
half juni–2 juli 1889
rietpen, pen en penseel in thans
bruine inkt, op velijnpapier
47 x 62 cm
Van Gogh Museum, Amsterdam
F 1542 JH 1742

152 *Vestibule in de inrichting*
september–oktober 1889
zwart krijt, penseel in olieverf,
op roze vergépapier
62 x 47 cm
Van Gogh Museum, Amsterdam
F 1530 JH 1806

153 *Een gang in het gesticht*
september–oktober 1889
penseel in olieverf, zwart krijt
op roze vergépapier
65 x 49 cm
The Metropolitan Museum of Art,
New York. Bequest of Abby
Aldrich Rockefeller
F 1529 JH 1808

154 *Raam in het atelier*
september–oktober 1889
penseel in olieverf, zwart krijt
op roze vergépapier
62 x 47 cm
Van Gogh Museum, Amsterdam
F 1528 JH 1807

155 *Interieur met mensen aan tafel*
1890
potlood en zwart krijt
op velijnpapier
33 x 50 cm
Van Gogh Museum, Amsterdam
F 1588 JH 1954

156 *Kale boom in de tuin*
van de inrichting
1889–1890
potlood op velijnpapier
30 x 17 cm
Van Gogh Museum, Amsterdam
F 1576r JH 1817

157 *Op het veld werkende vrouwen*
1890
zwart en blauw krijt op vergépapier
24 x 31 cm
Van Gogh Museum, Amsterdam
F 1615v JH 2085

158 *Boer met zeis in het veld*
1890
zwart krijt op vergépapier
31 x 24 cm
Van Gogh Museum, Amsterdam
F 1635v JH 2086

159 *Portret van dokter Gachet*
juni 1890
olieverf op doek
67 x 57 cm
Verblijfplaats onbekend
F 753 JH 2007

160 *Korenveld met kraaien*
juli 1890
olieverf op doek
50 x 103 cm
Van Gogh Museum, Amsterdam
F 779 JH 2117

161 *Oude wijngaard met boerin*
20–23 mei 1890
penseel in olieverf en waterverf,
potlood op vergépapier
44 x 54 cm
Van Gogh Museum, Amsterdam
F 1624 JH 1985

162 *Landschap met huizen*
ca. 23 mei 1890
penseel in olieverf en waterverf,
potlood op vergépapier
44 x 54 cm
Van Gogh Museum, Amsterdam
F 1640r JH 1986

163 *Landschap met brug over de Oise*
eind mei–begin juni 1890
penseel in dekkende waterverf
en olieverf, pen in inkt, potlood
op roze vergépapier
47 x 63 cm
Tate, Londen
F 1639 JH 2023

Manager publicaties
Suzanne Bogman

Uitgever
Mercatorfonds, Brussel

Productie
Tijdsbeeld & Pièce Montée, Gent
Ronny Gobyn (directeur)

Coördinatie
Barbara Costermans,
Tijdgeest, Gent
Petra Gunst,
Tijdsbeeld & Pièce Montée, Gent

Redactie
Aggie Langedijk

Assistent beeldredactie
Patricia Schuil

Vormgeving
Griet Van Haute, Gent

Zetwerk
Griffo, Gent

Fotogravure
Kristin Van Damme,
Tijdsbeeld & Pièce Montée, Gent
Die Keure, Brugge

Druk en bindwerk
Die Keure, Brugge

Hardcover
ISBN 90 6153 5875
D/2005/703/11
Paperback
ISBN 90 6153 596 4
D/2005/703/21

Voorplat
Vincent van Gogh, *Landschap met huizen* (detail), ca. 23 mei 1890, Van Gogh Museum, Amsterdam (zie p. 182)

Achterplat
Vincent van Gogh, *Zelfportretten*, januari-juni 1887, Van Gogh Museum, Amsterdam (zie p. 90)